행정법각론

길 준 규

법 영 사

머 리 말

우리나라도 근대법학교육을 본격적으로 도입한 지 반세기가 넘어가면서 특히 행정법, 특히 행정법각론으로 지칭되는 개별행정법분야는 눈부시게 발전하고 있다. 그러나 행정법각론교재는 빠르게 변한 행정법총론에 비하여 발전이 더디었다.

물론 행정법각론은 법학전문대학원 교육이나 일부 수험과목에서 인기가 적어서 출판시장에서도 행정법총론에 붙여 통합출판하는 추세이다. 그럼에도 행정법각론은 행정법총론의 이론·실무적인 기반이 되는 개별 행정법분야의 구체적인 법제, 판례, 법리를 다루므로 행정법각론을 공부한다면, 행정법총론을 훨씬 더 잘 이해할 수 있다. 이는 행정법공부는 총론과 각론이 서로 유기적인 관계에 있다는 방증이기도 하다. 따라서 이 점을 고려하여 종래 행정법입문으로 출판되던 체제를 유지하여 컴팩트한 행정법각론을 출간하게 되었다.

그동안 출판여건 때문에 교내교재로만 사용하던 행정법각론을 새로이 출판하게 되었다. 물론 적은 분량이지만, 새로운 행정법각론교재를 지향하고자 경제행정법 등 실험적으로 편제를 일부 바꾸었고, 종래 일본식의 서술을 벗어나 우리 개별법령(국유재산법, 하천법, 도로법, 문화재법 등)을 넣었고, 주요 판례를 설명하기 위하여 조세법이나 병역법도 일부 포함하였다. 물론 아직은 판례나 법리에서 다소 부족하지만, 행정법각론을 계속 새롭게 고쳐나고자 한다. 물론 부족한 부분은 경향제현들의 많은 지도를 부탁드린다.

교정은 아주대학교에서 법학부전공을 하는 사회학과 강가연 양이 맡아 주었다. 강양의 학업에 하느님의 가호가 함께 하시기를 기원한다. 또한 어려운 출판환경에도 불구하고 기꺼이 출판을 맡아준 법영사의 고호균 사장님과 조판을 도와주신 정정희 팀장님에게 다시 한 번 감사의 인사를 전한다.

2015년
廣敎軒에서
저 자

일러두기

☞ 학습요령

1) 입문자는 본문중심으로 읽어 나가되, 중요 개념은 암기한다. 2회독은 작은 글자체의 세부학설이나 판례도 읽는다. 해당 주제의 개념(의의)을 외우고, 이를 바탕으로 다른 개념과의 구분, 법적 성질, 요건, 효과, 권리구제 등을 마인드맵을 생각하면서 읽는다.
2) 심화학습자는 법령과 본문을 대비하여 작은 글자체까지 읽으면서 학설과 판례의 내용을 확인한다.
3) 시험마무리는 목차와 볼드체, 판례, 각주 위주로 읽어나간다.

☞ 교과서 작성방식

1. 본문 읽기(글자크기)
   1) 이해를 돕기 위하여 장이나 새로운 주제의 첫머리에 도입내용을 넣었다.
   2) 입문자를 위하여 기본적인 내용은 본문의 크기를 유지하였다.
   3) 심화학습자를 위한 자세한 학설이나 내용은 글자크기를 줄였고, 각주에 참고문헌을 달았다.
   4) 기본적인· 정의나 중요주제어는 강조체나 따옴표(' ')로, 법령이나 판례의 내용은 인용부호(" ")로 표시하였다.

2. 법령읽기(표시)
   1) 법령은 가능한 한, 의미를 알 수 있을 정도로 약어를 사용하였다(법령약어표 참조).
   2) 법령명이 없는 것은 그 분야의 일반법이거나 앞서 법령명을 언급하였다.
   3) 중요한 관련법령은 본문 또는 각주에 인용하였다.
   4) 법령인용은 항상 전년도 12월을 기준으로 하나 시행일이 발행연도 전반기인 경우에는 직접 인용하였다.

3. 판례읽기(표시)
   1) 본문에서는 가능한 선판례(처음 판시한 판례)를 인용하려고 하였다.
   2) 판례의 사건명이 볼드체로 되어 있는 것은 선판례이다. 대판 1988.3.12, 87누123
   3) 따름 판례가 많은 경우는 두 개만 인용하고자 하였다.
   4) 판시내용의 차이가 있는 경우는 전부 인용하고자 하였다.

법령 약어표

'개발이익환수법'	「개발이익환수에 관한 법률」
'개발제한법'	「개발제한구역의 지정 및 관리에 관한 특별조치법」
'경직법'	「경찰관직무집행법」
'공공기관법'	「개인정보 보호법」
'공무원노조법'	「공무원의 노동조합설립 및 운영 등에 관한 법률」
'공선법'	「공직선거법」
'공시법'	「부동산 가격공시 및 감정평가에 관한 법률」
'공유수면법'	「공유수면 관리 및 매립에 관한 법률」
'공유재산법'	「공유재산 및 물품관리법」
'공임령'	「공무원임용령」(대통령령)
'공징령'	「공무원 징계령」(대통령령)
'공토법'	「공익사업을 위한 토지 등의 취득 및 보상에 관한 법률」
'국가계약법'	「국가를 당사자로 하는 계약에 관한 법률」
'국공', '국공법'	「국가공무원법」
'국계법'	「국토의 계획 및 이용에 관한 법률」
'국토법'	「국토기본법」
'도정법'	「도시 및 주거환경정비법」
'도촉법'	「도시재정비촉진을 위한 특별법」
'문화재법'	「문화재보호법」
'민간투자법'	「사회기반시설에 대한 민간투자법」
'보조금법'	「보조금의 예산 및 관리에 관한 법률」
'부동산명의법'	「부동산 실권리자명의 등기에 관한 법률」
'부등법'	「부동산등기법」
'사법경찰관법'	「사법경찰관리의 직무를 수행할 자와 그 직무범위에 관한 법률」
'산재보험법'	「산업재해보상보험법」
'소방법'	「소방기본법」
'소환법'	「주민소환에 관한 법률」
'약관법'	「약관의 규제에 관한 법률」

‘운수사업법’	「여객자동차 운수사업법」
‘위임위탁령’	「행정권한의 위임 및 위탁에 관한 규정」(대통령령)
‘재건축이익환수법’	「재건축 초과이익 환수에 관한 법률」
‘재생법’	「도시재생 활성화 및 지원에 관한 법률」
‘정조법’	「정부조직법」
‘제특법’	「제주특별자치도 설치 및 국제자유도시 조성을 위한 특별법」
‘지공’, ‘지공법’	「지방공무원법」
‘지공임령’	「지방공무원 임용령」
‘지방교육법’	「지방교육자치에 관한 법률」
‘지자법’	「지방자치법」
‘지재법’	「지방재정법」
‘집시법’	「집회 및 시위에 관한 법률」
‘총포단속법’	「총포·도검·화약류 등 단속법」
‘통신사업법’	「전기통신사업법」
‘측수지법’	「측량·수로조사 및 지적에 관한 법률」
‘행정기관령’	「행정기관의 조직과 정원에 관한 통칙」(대통령령)
‘행정업무규정’	「행정업무의 효율적 운영에 관한 규정」(구 사무처리규정)
‘행정위원회법’	「행정기관 소속 위원회의 설치·운영에 관한 법률」

* 법령명이 긴 것은 처음 인용시만 원래 법령명을 기재하고, 이후에는 약어를 사용함.

** 잘 알려진 법령은 처음부터 약어를 사용함.

*** 본문에서 법령명이 없이 조문만 인용한 것은 앞서 언급한 법령이거나 해당 분야의 기본법임.

차 례

제1편 행정조직법

제1장 행정조직법

제2장 지방자치법

제 3 장 공무원법

제 4 장　공물법

제 6 장 건설행정법

제 3 편 급부행정법 및 보증행정법

제 7 장 경제행정법

제 9 장 재정법

제10장 그 밖의 특별행정법

▣ 특별행정법의 이해

우리나라는 행정법을 종래 일본식으로 '행정법총론'과 '행정법각론'으로 구분하였다. 그러나 형법이 실정법상 '총칙'과 '각칙'으로 구분되는 것과 달리 행정법은 단행법전이 없어서 그런 구분이 없다. 따라서 행정법총론은 행정법 전반에 기준이 되는 일반원리, 법개념, 법제도 등을 포괄적으로 이론구성한 법'을 다룬다는 점에 '일반행정법'(Allgemeines Verwaltungsrecht)으로 부르고, 행정법각론은 주로 개별분야의 실정법질서를 기반으로 한 법이론을 다루므로 '특별행정법'(Besonderes Verwaltungsrecht)이라고 부른다.

그러나 특별행정법(행정법각론)은 하나의 법분야(Rechtsgebiet)가 아니라, '지방자치법', '경찰법', '공무원법', '경제행정법', '환경법', '국토계획법 및 건축법', '사회보장법', '세법', '정보통신법' 등과 같은 개별분야의 행정법을 포괄하는 명칭이다. 따라서 개별행정법이라고도 부른다. 이러한 특별행정법의 편제는 종래 일본식으로 Wolff/Bachof의 구분에 따라 질서행정법, 급부(복리)행정법으로 양대 구분하였으나, 현재는 그동안의 법제변화를 고려하여 개별 행정법법제로 보고 있다. 따라서 이 책의 편제는 개별 행정법을 중심으로 하되, 기존의 편제를 고려하여 특별행정법을 구성하였다. 이 책의 편제는 아래와 같다.

제 1 편　행정조직법

- 제 1 장　행정조직법
- 제 2 장　지방자치법
- 제 3 장　공무원법 (인적 행정조직법)
- 제 4 장　공물법 (물적 행정조직법)

제 2 편　질서행정법

- 제 5 장　경찰법
- 제 6 장　건설행정법 (국토계획법/건축법/공용부담법)

제 3 편　급부행정법 및 보증행정법

- 제 7 장　경제행정법
- 제 8 장　환경법
- 제 9 장　재정법 (조세)
- 제 10 장　그 밖의 특별행정법 (사회보장법, 병역법)

제 1 편　행정조직법

제 1 장　행정조직법

민주국가에서는 국가(행정)를 어떻게 조직하고, 어떠한 법적 권한을 부여하여 국민을 위한 국가임무(행정사무)를 수행할 것인가는 매우 중요한 문제이다. 이러한 문제를 규율하는 분야가 바로 행정조직법(Verwaltungsorganisationsrecht)이다. 행정조직법의 대강은 헌법상 국가조직법(Staatsorganisationsrecht)에서 정해진다. 일반적으로 행정조직법은 국가와 지방자치단체의 행정조직을 중심으로 한다. 물론 넓게는 (협의의) 행정조직법외에도 국가의 인적요소를 규율하는 공무원법, 물적 요소를 규율하는 공물법(공공시설법) 등도 조직법요소가 중심이 된다.

또한 행정주체를 기준으로 본다면, 국가행정에 관한 (협의의) 국가조직법외에도 국가와 독립한 자치행정단체인 지방자치단체를 규율하는 지방자치법도 있다.

아울러 행정조직법에서는 행정조직이 법령에 의하여 수권받은 행위권한을 (행정) '권한'이라고 하고, 행정권한은 행정내부에서의 대리문제와 행정내·외부에서의 위임·위탁, 사인에 대한 민간위탁 등으로 권한이 이전할 수 있다.

이 장(행정조직법)에서는 지방자치법, 공무원법, 공물(공공시설)법, 공기업법 등은 독립하여 다루고, 단지 행정조직법의 일반이론과 국가행정조직법, 공공단체법을 다루기로 한다.

제 1 장　행정조직법

제 1 절　행정조직법 개설

Ⅰ. 행정조직법의 개념

행정조직법(Verwaltungsorganisationsrecht)은 전통적으로 '행정주체의 조직에 관한 법'으로 보거나(홍정선, 박균성), '행정조직에 관한 법'으로 본다(김남진/김연태, 김남철).[1)]

그러나 행정조직법은 국가가 1) 행정부 내부에서 어떻게 행정기관을 조직(설치, 변경, 폐지)하고, 2) 국가 외에 독립한 행정주체를 어떻게 설립하고(지방자치단체와 공공단체의 설립), 3) 국가내부의 행정기관간의 관계를 어떻게 규율할 것인가(행정권한의 위임/위탁)에 관한 법이다. 따라서 이를 포괄하여 넓게 보면, 행정조직법은 '행정주체과 행정기관의 조직과 권한, 상호관계를 규율하는 법'으로 정의할 수 있다(정하중).

Ⅱ. 행정조직법의 범위

행정조직법의 범위는 '행정주체' 내지 일반적으로 말하는 '국가'를 어떻게 볼 것이냐에 따라 달라진다. 행정조직의 범위는 국가를 기준으로 국가외부에 설립되는 독립한 공법인인 공공단체(지방자치단체 포함), 그리고 행정을 구성하는 인적 요소(공무원)와 물적 요소(공물)의 포함여부에 따라 아래의 학설과 같이 달라진다.

1) **최협의** - 지방자치단체와 공공단체를 제외한 '협의의 국가의 조직에 관한 법'에 한정한다. '헌법상의 국가조직법'에 근접하며, '(직접)국가행정조직법'이라고 한다.

2) **협　의** - 국가를 국가, 지방자치단체, 공공단체까지 포함하여 보는 견해이다. 즉, 국가 또는 공공단체 등의 조직에 관한 법을 말한다. 최광의의 행정조직법에서 행정조직의 인적·물적 구성요소인 공무원법, 공물법, 영조물법 등을 제외한 '순수 행정주체(국가 및 지방자치단체, 공공단체)의 조직에 관한 법'만을 말한다. 따라서 행정조직이나 행정기관의 설치 등과 권한 및 상호간의 관계를 규율한다. 일반적으로 행정조직법을 의미하는 다수 견해이다.

3) **광　의** - 국가 또는 공공단체 등의 '행정주체의 조직에 관하여 규율하는 모든

---

1) '행정주체의 활동의 전제가 되는 기관의 조직에 관한 법'이라고도 본다(장태주).

법'을 말한다. 이는 내용적으로 각 행정주체가 가진 행정기관의 설치・폐지・구성・권한 등에 관한 규율과 이러한 행정기관을 구성하는 일체의 인적 요소(공무원)・물적 요소(공물) 및 인적・물적 종합요소(영조물)에 관한 법이다. 여기에는 국가행정(조직)법, 자치행정(조직)법, 공공단체법, 공무원법, 공물법(영조물법) 및 공공시설법 등이 속한다. 이론상으로 가장 넓게 보는 개념이다.

5) 소 결 - 공무원법을 행정조직법에 포함하는 견해(김남진/김연태)도 있지만, 이 책에서는 다수의 견해처럼 광의의 행정조직법에서 지방자치적 요소를 제외한 국가와 공공단체의 행정조직에 관한 법으로 한정하여 보기로 한다.2)

Ⅲ. 행정조직법의 수권유형

행정조직법을 국가가 행정을 수행하는 방식으로 구분하면, 1) 일반적으로 협의의 국가가 스스로 내부에 행정기관을 설치하여 국가임무를 수행하는 '직접행정'(unmittelbare Verwaltung), 2) 국가가 외부에 국가로부터 독립한 공법인을 설립하고 국가임무를 수행할 행정권한을 법령에 따라 위임하여 시행하는 '간접행정'(mittelbare Verwaltung)으로 지방자치단체나 그 밖의 공공단체의 자치행정이 속한다. 3) 나아가 국가가 자신의 행정기관 또는 독립한 행정주체에게 행정사무의 수행을 법령에 의하여 위임하는 '위임행정' 내지 '위탁행정'이 있다. 물론 국가가 해당 사무를 법령에 의하여 다른 행정주체에게 이관한 경우는 위의 '간접행정'이 된다.

Ⅳ. 행정조직법의 조직원리

1. 헌법상 근거(규정) - 국가조직법

헌법은 '행정조직에 대한 최상위 근거규범'으로 행정조직의 법적 근거와 기본원칙을 정한다(장태주). 따라서 헌법은 전통적으로 국가조직편에서 '행정부에 관한 규정'을 두어 행정조직의 기본구조를 정하는 국가조직법(Staatsorganisationsrecht)을 규정하였다.3)

우리 헌법은 행정부에 대하여는 "행정권은 대통령을 수반으로 하는 정부에 속한

2) 우리나라는 국가와 지방자치단체가 행하는 행정(직접행정)을 제외한 나머지의 행정조직법(간접행정)에 관한 연구와 판례가 부족한 편이다. 따라서 광의의 행정조직법 개념을 취할 경우는 행정조직법외에도 공무원법, 공물법, 공공시설법 등이 포함되어 이들이 가진 행정조직법적인 의미 외에도 다른 법원리가 포함될 수 있다. 따라서 일반적으로 행정의 인적・물적요소에 관한 법은 개별 특별행정법분야로 분리하고 광의의 행정조직법을 '행정조직법'이라고 통칭한다. 더욱이 지방자치의 출범과 더불어 지방자치단체에 관한 내용은 독립적인 '지방자치법'에서 다뤄진다. 따라서 행정조직법에서는 우선 광의의 개념을 취하되, 주로 국가행정조직법과 간접행정법(공공단체)을 다루기로 한다.

3) 종래 우리나라에서는 '통치구조'라고 하였으나, 점차 '국가조직법'으로 바뀌고 있다.

다"(제66조 제4항)는 규정외에도 제4장 '정부'에서 제1절 대통령(제66조~제85조), 제2절 행정부(제86조~제100조)에서 국무회의(제88조이하), 국무총리(제86조), 행정각부(제94조이하)를 규정하였다. 그 밖의 국가행정기관으로 선거관리위원회(제114조 제7항), 감사원(제100조), 국가안전보장회의(제91조 제3항)등을 규정하였다.

2. 행정조직법정주의

한편 우리 헌법은 행정각부를 법률로 정하도록 규정하고(제96조), 행정조직법의 기본법인 정부조직법도 중앙행정기관은 법률로서 정하고, 하위기관은 하위법령에 위임하였다. 이러한 행정조직에 대한 법적 근거의 요구를 '행정조직법정주의'라고 한다.

「헌법」 제96조 "행정 각부의 설치 · 조직과 그 직무범위는 법률로 정한다" (행정조직법정주의)
「정부조직법」 제2조 제1항 "중앙행정기관의 설치와 직무범위는 법률로 정한다".

행정기관의 설치는 국민생활에 영향을 미치고, 국민의 예산부담을 증가시키므로 국민의 대표인 의회에서 법률로 결정되어야 한다(민주주의, 본질성이론)는 요구를 받아들였다고도 본다(홍정선, 박균성). 그러나 반드시 모든 국가가 모든 행정기관을 법률로 규정하는 것은 아니고, 우리나라도 하위법령에 위임된 것이 많고(박균성), 법리적으로도 행정조직사항은 전통적인 침해유보에도 해당되지 않는다. 물론 행정조직은 행정권한의 근거 등으로 법령에서 규정하여야 하는 것은 맞지만 반드시 법률차원에 규정사항은 아니다. 예를 들면, 독일은 행정각부는 법규명령으로 정한다.

헌법상 행정조직법정주의를 근거로 국가행정조직은 주로 「정부조직법」에서 규정한다. 정부조직법은 행정조직의 구체적인 사항(하부기관)을 직제(대통령령) 등에 위임하고 있다. 이는 행정의 탄력성과 능률성을 위한다는 장점도 있지만, 행정조직법정주의를 거스를 우려가 있다고 보기도 한다(홍정선).

3. 지방자치제도

한편 우리 헌법은 자치행정에 대한 헌법상 근거로서 지방자치단체의 종류(헌법 제117조 제2항), 조직 · 운영(제118조 제2항)을 규정하여 헌법상 지방자치제도를 보장하고, 기본법으로서 「지방자치법」을 제정하였다. 이는 국가행정에서 지방자치를 배제한다는 의미이기도 하다.[4)]

4) 행정조직법에서는 자치행정에 대한 사항을 제외한 일반행정조직에 관한 사항만 다룬다.

Ⅴ. 행정조직법의 법적 성질과 법원

1. 행정조직에 대한 법적 규율

근대국가 초기 '불침투성이론'에 따라 국가내부에는 외부법관계에 적용되는 법의 적용을 받지 않는다고 보았다. 따라서 행정조직법은 국민과의 관계를 규율하는 외부법관계가 아닌 내부법관계이므로 법규성이론이 적용되지 않았다.

이후 국가의 조직도 국민의 대표인 의회로 부터의 정당성을 확보하여야 한다는 주장이 제기되었다. 의회가 국민의 권리를 침해할 수 있는 행정기관을 확정하고, 그 임무를 법률상 기본적으로 규정하고, 그에 따른 예산조치를 결정한다는 의미이다. 물론 이에 대하여 행정권의 조직은 행정권의 고유한 권능이라는 행정유보이론도 있다.

2. 행정조직법의 법원

행정조직법은 헌법상의 국가조직법외에 행정조직법정주의에 따라 행정조직법의 기본법인 「정부조직법」을 기반으로 다음과 같은 법령이 제정되어 있다.

1) **국가행정기관의 설치와 권한** - 「정부조직법」과 「행정기관의 조직과 정원에 관한 통칙」(대통령령)와 중앙행정기관 단위로 「○○직제」(대통령령)와 「○○직제시행규칙」(부령)이 제정된다(행정기관령 제4조, 제4조의2).[5] 행정위원회의 설치 등에는 「행정기관 소속 위원회의 설치·운영에 관한 법률」 등이 있다.

2) **행정권한의 위임, 위탁, 민간위탁** - 「행정권한의 위임 및 위탁에 관한 규정」(대통령령) 등이 있다.

3) **공공단체** - 지방자치단체는 「지방자치법」, 그 밖의 공공단체에 대하여는 기본법인 「공공기관의 운영에 관한 법률」과 설치법인 개별법이 제정된다. 공공기관은 정보공개, 개인정보보호 등에서 행정기관 같은 규율을 받기도 한다.

제 2 절 행정조직

제 1 항 행정조직의 개념과 유형

Ⅰ. 행정조직의 개념

행정조직(Verwaltungsorganisation)은 '법령에 따라 국가임무를 수행하는 행정단위

---

5) 따라서 어떤 행정기관이 어떤 행정사무를 수행하는 것인가 또는 어떤 행정사무가 어떤 행정기관에 속하는가를 살펴보기 위하여는 위의 직제관련법령을 검토하여야 한다.

(Verwaltungseinheit)를 총체적으로 정의한 것'이다. 행정조직은 크게 행정주체, 행정기관, 행정청으로 구성된다.

Ⅱ. 행정조직의 구성유형

1) **행정권력의 분산여부 (집권형과 분권형)** - 한 나라의 행정조직을 어떻게 구성할 것인가에 대하여 크게 행정권을 1) 중앙정부에 집중시키는 (중앙)집권형, 2) 지방정부나 자치자치단체에 분산시키는 (지방)분권형으로 구분할 수 있다.[6]

2) **권력통합형과 권력분산형** - 행정조직의 권한분장과 관련하여 1) 권력통합형은 가능한 한 많은 행정권을 하나의 행정기관에 집중시키는 경우이고, 2) 권력분산형은 행정권을 많은 행정기관에 분산시키는 경우이다.

3) **독임형과 합의형** - 행정권의 행사와 관하여 1) 독임형은 행정기관 특히, 행정청처럼 하나의 의사결정자로 규정하는 것이다. 신속하고 통일적인 사무의 처리와 책임소재가 명확하다는 장점이 있으나, 독선에 흐를 위험이 있다. 현행 행정조직법은 독임형이 원칙이다. 2) 합의형은 행정기관을 복수의 의사결정자로 구성하는 것이다. 이는 정책판단의 신중·공정성 및 각종 이해의 공평한 조화가 장점이다. 예를 들면, 감사원, 토지수용위원회 등의 위원회형이다.

Ⅲ. 행정조직의 종류

☞ 국가임무를 수행하는 행정이 어떻게 조직되고 국가기관 내에서 어떻게 편성될 것인가 하는 조직론의 문제와 행정임무를 수행하는 누구를 대상으로 소송 등의 분쟁해결을 할 것인가 하는 주체의 문제가 발생한다.

우선 행정주체는 공법상 법인이어서 권리능력을 가지므로 행정상 법률관계의 권리와 의무의 보유자이다. 그러나 행정주체는 자연인이 아니어서 구체적인 행위를 할 '행위능력'(Handlungfähigkeit)이 없으므로 행정주체를 위하여 행위할 '도구'가 필요한데, 이것이 행정주체의 내부에서 활동하는 '행정기관'이다.[7]

행정기관은 행정주체를 위하여 행위할 행위능력은 있으나 독립한 법인격이 없으므로 법적으로는 단지 행정주체 내부에서만 활동할 수 있어서 국민과의 대외관계에서는 활동할 수 없고 독립한 행정주체도 아니다. 특히 행정주체가 국가인 경우에는 국

6) 물론 중앙집권형이나 지방분권형을 채택하던, 대부분의 국가가 지방행정을 한다는 데에는 일치되어 있다. 지방행정을 어떻게 조직할 것인가에 대하여 1) 자치분권형(Decentralization)은 '지방에 국가로부터 독립한 지방자치단체나 지방정부를 설치하고, 그 지방자치단체 등에 자치권을 부여한 경우'이고, 2) 행정권한의 분권형(Deconcentration)은 '국가가 직접 지방에 하급지방행정기관을 설치하여 국가의 행정권한과 업무를 분장하여 지방행정을 시행하는 경우'이다. 3) 양자가 지방행정을 집행하지만, 자치분권형은 지방자치단체에 의한 '자치행정'이고, 행정권한의 분권형은 국가에 의한 지방행정조직에 의한 '국가행정'이라는 점에서 차이가 있다.

7) *Erbguth*, S. 58 f.

가 스스로 결정할 수 없으므로, 행정주체의 이름으로 대외적으로 고권적으로 행위하는 기관을 법기술적으로 형성하였는데, 이를 '행정청'이라 한다.

제 2 항 행정주체

I. 행정주체의 개념

행정주체(Verwaltungsträger)는 '공공임무를 수행하는 공법상 법인'이다. 따라서 행정주체는 공법인으로서 권리능력(Rechtsfähigkeit)을 가지므로 공행정에서 권리나 의무가 귀속되는 권리주체이다. 그러므로 '행정상 법률관계에서 공동체를 위하여 행정권을 행사하고 그 법률효과가 궁극적으로 귀속되는 법인'이라 정의할 수 있다. 아울러 행정주체는 '공법상 법인'이기 때문에 '공법으로 귀속되는 법률에 의해서 또는 법률에 근거하여서만' 설치될 수 있다.

Ⅱ. 행정주체의 유형

☞ 국가는 근대국가 초기부터 지역을 중심으로 하는 지역단체(지방자치단체)와 사람을 중심으로 하는 단체(공법상 사단, 영조물, 공법상 재단)에 각기 자치행정권을 부여하여 국가권력을 분배하였다. 오늘날에는 사인도 국가로부터 국가임무를 위탁받아 행사하기도 한다(공무수탁사인).

1. 국 가

행정에서 전래적이고 고유한(시원적) 행정주체는 '국가'이다. 국가는 독립한 법인격을 갖는다. 다만, 국가는 주로 '행정청'을 통하여 행위하는데, 이는 법인격이 없으므로 그 법률효과는 모두 행정주체인 국가에 귀속한다.

국가의 발전에 따라 국가는 1) 자신의 기관을 통하여 행정권한을 직접 수행하는 '직접행정', 2) 인적·지역적 단체 등에게 자치행정을 위임한 '간접행정', 3) 행정권의 일부를 공공기관이나 사인에게 위임하는 '위임행정'도 행한다.[8)]

2. 지방자치단체

근대국가 이후로 국가는 '구역'(지역)을 중심으로 하는 지역사단(Gebietskörper-

8) 직접적인 행정은 행정임무를 스스로 자신의 행정청을 통하여 수행할 수 있는 경우인 국가를 말하고, 간접적인 행정은 행정임무의 수행을 법적으로 독립한 행정주체가 수행하는 것을 말한다(*Peine*, Rn. 64, 80), 국가를 제외한 지방자치단체, 공법상 사단, 영조물, 공법상 재단에 의한 행정은 전부 간접적인 행정이다.

schaften)을 설치하여 자치행정을 허용한 것이 지방자치단체의 시작이다. 이는 역사적으로 헌법상 지방자치의 보장에 의하여 '주민의 (복리)사무'에 한하여 지역단체인 지방자치단체에게 자신의 구역 내에서의 자치행정을 보장하고 있다.

3. 공법상 사단법인

근대국가이후로 국가는 사람을 중심한 인적 단체에 법인격을 부여하여 자치행정권을 위임하였다. 공법상 사단은 '특정한 목적을 위하여 결합된 인적 단체로서 자치권이 인정된 공공단체'이다. '공공조합'이라고도 한다.

4. 영조물(법인)

특별한 행정목적을 지속적으로 수행하기 위하여 단순히 (인적)사단만으로는 불가능하고 일정한 시설로써 국민의 생존배려를 수행할 필요가 있는 경우에는 영조물이 설치된다. 이러한 공법상 영조물(Anstalt)은 '특정한 공공목적에 지속적으로 봉사하도록 정해진 인적·물적 종합체'로서, 법인격을 가진 것은 '영조물법인'이라고 한다. 우리나라는 국공립대학과 도서관, 한국방송공사, 국립대학병원, 과학기술원 등을 영조물의 예로 들고 있다.

5. 공법상 재단법인

행정목적에 따른 국민에 대한 재정지원을 위하여 국가가 출연한 재산을 관리하기 위하여 국가는 공법상 재단법인을 설립할 수 있다. 따라서 공법상 재단법인은 '국가(행정주체)가 출연된 재산(기금, 물건 등)을 관리하기 위하여 설립된 공법상 법인'이다. 예는 한국연구재단, 한국학연구원 등이 있다.

6. 공무수탁사인

공무수탁사인은 '행정주체로부터 법률에 근거하여 행정사무를 위탁받아 자신의 이름으로 처리하는 권한을 부여받은 사인'을 말한다. 법인은 '공무수탁법인'이라 한다. 실정법상 '민간위탁'이라고 규정한다(행정권한령 제2조 제3호).

공무수탁사인은 행정주체의 기관(행정기관)이 아니라 법적으로 독립하여 자기책임으로 행위를 하는 행정주체이나, 국민에 대하여 대외적으로는 행정청이다(Erbguth, S. 65).

공무수탁사인(법인)은 위탁받은 범위에서 사인에 대하여 권력적으로 행동하고 행정행위도 발급할 수 있으므로 공무위탁에 따른 국가의 감독과 통제를 받는다. 공무수탁사인의 예로는 별정우체국업무를 수행하는 사인(별정우체국법 제3조), 운행중인 선박 내에서 경찰 및 가족관계등록사무를 수행하는 선장(가족관계등록법 제49조, 제86조) 등이 있다.

행정의 보조자(Verwaltungshelfer)도 공무수탁사인처럼 행정주체를 위하여 활동하지만, 비독립적이고 위탁에 의한 단순한 보조행위만 수행하고 관할 행정청의 지시에 따르므로 그 행위도 직접적으로 행정청에 귀속하여 대외적으로 행정주체(권리주체)가 아닌 점에서 구분된다. 예를 들면, 판례는 '소득세법상의 원천징수의무자'는 '행정보조자'로 본다(대판 1990.3.23, 89누4789).

사법상 계약으로 단순한 경영위탁만 받은 사인(out-sourcing)은 위탁의 범위내에서만 독립하여 행위하므로 행정의 보조자와 구분되고, 고권적인 권한이 허용되지 않는다는 점에서 공무수탁사인과도 구분된다. 아울러 법령에 의하여 공법상 의무를 부과받아 수행하는 '공의무부담사인'도 행정주체가 아니라는 점에서 공무수탁사인이 아니다. 나아가 '제한된 공법상 근무관계에 있는 자'도 공무수탁사인이 아니다.

대법원 1990. 3. 23, 89누4789 **판결【기타소득세등부과처분무효확인】**
원천징수하는 소득세에 있어서는 납세의무자의 신고나 과세관청의 부과결정이 없이 법령이 정하는 바에 따라 그 세액이 자동적으로 확정되고, 원천징수의무자는 소득세법 제142조 및 제143조의 규정에 의하여 이와 같이 자동적으로 확정되는 세액을 수급자로부터 징수하여 과세관청에 납부하여야 할 의무를 부담하고 있으므로, 원천징수의무자가 비록 과세관청과 같은 행정청이라 하더라도 그의 원천징수행위는 법령에서 규정된 징수 및 납부의무를 이행하기 위한 것에 불과한 것이지, 공권력의 행사로서의 행정처분을 한 경우에 해당되지 아니한다(대판 1983.12.13, 82누174; 1984.2.14, 82누177 참조).

사인이 공무를 위탁받아 대외적으로 행정주체로서 공무를 수행하기 위하여는 반드시 '법률의 근거'를 필요로 한다. 일반적인 법적 근거로는 「정부조직법」(제6조 제3항)과 「행정권한령」(대통령령), 「지방자치법」(제104조 제3항)이 있다.[9]

그 외에도 「공토법」 제4조, 「별정우체국법」 제3조, 「사법경찰관리법」 제7조, 「여객자동차운수사업법」 제76조 제1항, 「항공안전법」 제22조 제1항, 「선원법」 제6조 등에서 '권한의 민간위탁'을 규정하고 있다.

Ⅲ. 국가감독

국가는 다른 공법상 법인에게 일정한 자치권을 부여한 만큼 그 공법상 법인은

9) 「지방자치법」 제104조 제3항 "지방자치단체의 장은 조례 또는 규칙이 정하는 바에 의하여 그 권한에 속하는 사무 중 조사·검사·검정·관리업무 등 주민의 권리·의무와 직접 관련되지 아니하는 사무를 법인·단체 또는 그 기관이나 개인에게 위탁할 수 있다."

법률에 기속되어 행위를 하여야 하고, 본질적으로 수권한 국가의 감독을 받는다. 국가의 감독은 감독권, 지시권 외에도 관찰, 행정규칙에 의한 행위통제도 가능하다.

국가감독의 종류로 1) 법적 감독(Rechtsaufsicht)은 행위의 적법성을 통제하는 것이고, 2) 전문감독(Fachaufsicht)은 행정작용의 합목적성을 감독하는 것이고, 3) 직무감독(Dienstaufsicht)은 개인의 근무상태나 행정청의 내부사무와 관련하여 인적 사무의 결정권한에 대한 감독이다.

국가는 국가 내부의 행정기관에 대하여 법적 감독, 전문감독, 직무감독을 행할 수 있지만, 지방자치단체와 같은 자치행정에 대하여는 원칙적으로 법적 감독이 중심이 된다. 다만, 국가사무를 수행하도록 위탁된 위임사무에는 전문감독도 가능하다.

대통령은 헌법상 정부의 수반으로서 법령에 따라 모든 중앙행정기관의 장을 지휘·감독하는 행정감독권을 가진다(법 제11조 제1항). 따라서 대통령은 국무총리와 중앙행정기관의 장의 명령이나 처분이 위법 또는 부당하다고 인정하면 이를 중지 또는 취소할 수 있다(제2항).

제 3 항 행정기관

I. 행정기관의 개념

행정기관(Verwaltungsorgan)은 국가 또는 지방자치단체 등의 '행정주체를 위하여 실제로 행정사무를 담당하는 행정주체의 내부기관'을 말한다. 행정기관은 1) '행정청을 비롯한 행정청의 하부기관'으로 이해하지만(장태주, 박균성), 2) '행정주체의 (행정)기관(Organ)은 물론 행정기관의 하부행정기관(Unterorgan)'도 '행정기관'으로 본다.

국가의 (행정)기관은 '정부'이고, 정부의 하부(행정)기관은 대통령, 국무총리, 행정각부 내지 중앙행정기관이다. 중앙행정기관에는 다시 하부 행정기관(실, 국, 과, 계)이 있다. 단, 지방자치단체를 제외한 공공단체의 임직원·사무기관(행정기관)은 공무원이 아니고, 공무수탁사인도 행정사무를 위임을 받아 수행하지만 행정기관은 아니다.

행정기관의 행위에 따른 권리와 의무는 해당 행정기관이 소속된 행정주체에게 귀속된다. 행정기관은 법령에 규정된 해당 사무를 행할 '권한'에 따라 행할 뿐이다.

「정부조직법」 제2조 제2항 중앙행정기관은 이 법과 다른 법률에 특별한 규정이 있는 경우를 제외하고는 부·처 및 청으로 한다.

「지방자치법」 제85조 특별시장·광역시장·도지사·시장·군수 및 구청장은 지방자치단체의 집행기관(행정기관)이다.

Ⅱ. 행정기관의 법적 지위

1. 권리주체성 (외부법관계)

행정기관은 법인격을 가진 행정주체의 내부기관에 불과하므로 전통적으로 법인격이 없어서 권리주체로 인정되지 않았다. 따라서 행정주체의 내부에서 행위하는 기관일 뿐, 국민과의 외부법관계에서 행위는 하지만, 행위에 따른 권리나 의무는 법인격을 가진 권리주체인 행정주체(국가 등)에게 귀속한다. 다만, 행정기관도 권리는 아니지만, 법에 따라 부여된 권한을 보유하므로, 권한의 범위내에서 주관적 권리를 인정하거나 기관인격을 인정하자는 주장이 있다(장태주).

따라서 행정기관은 자기명의로 처분을 할 수 없고, 하여도 무권한자의 처분이 되어 무효이며, 행정기관에 대하여 원칙적으로 소송을 할 수도 없다. 반대로 행정기관은 처분의 대상인 권리자도 아니므로 행정기관에 대한 처분은 무권리자에 대한 처분이므로 당연무효이다(대판 1987.4.28, 86누93).

대법원 1987. 4. 28. **선고** 86누93 **판결 【관세부과처분취소】**
코리아 다이아몬드주식회사가 보세가공하여 일본으로 수출하려던 다이아몬드 346개가 서울국제우체국 구내에서 일본으로 발송하는 과정에서 분실되자 피고는 국가기관으로서의 서울국제우체국장인 원고를 위 다이아몬드의 보관인 또는 취급인으로 보아 원고에게 분실된 위 다이아몬드에 대한 관세부과처분을 하였다는 것인 바, **서울국제우체국장은 우편사업을 담당하는 국가의 1개기관에 불과할 뿐으로서 법률상 담세능력이 있다거나 책임재산을 가질 수 있다고 볼 수 없어 관세법상의 납세의무자가 될 수 없다** 할 것이므로 이 사건 과세처분은 결국 관세의 납세의무자로 될 수 없는 자를 그 납세의무자로 한 위법한 처분으로서 그 하자가 중대하고도 명백하여 당연무효라고 할 것이다.

2. 행정조직 내부관계 – 내부법관계

행정기관도 행정조직 내부에서는 법에 따라 부여된 권한을 가진 기관으로서 활동한다. 따라서 행정조직내부에서는 행정주체의 권한을 분담하여 각 행정기관이 법령에서 수권된 독립한 행정사무를 수행할 권한을 가진다. 행정기관간의 관계는 행정주체의 내부법관계로서 종래의 법규성과 다른 행정규칙 등에 의하여 규율되고, 기관소송을 제외하면 원칙적으로 소송대상이 아니다.

Ⅲ. 행정기관의 종류 - 권한을 기준으로

1. 행정청

행정기관에는 행정의 의사를 결정하여 외부에 표시하는 행정청이 있다. 행정청에는 크게 '행정각부'와 '중앙행정기관'(부, 처, 청), 지방자치단체 등이 있다.

2. 합의제 행정기관

행정기관에는 그 소관사무의 일부를 독립하여 수행할 필요가 있는 때에는 법률로 정하는 바에 따라 행정위원회 등 합의제 행정기관을 둘 수 있다(법 제5조). 지방자치단체로 조례로 합의제행정기관을 설치할 수 있다(지방자치법 제116조). 행정청형, 의결기관형, 심의기관형, 동의기관형 합의제행정기관은 법률에 근거하여 설치하고, 자문형 기관은 대통령령에 따라 설치할 수 있다(법 제4조).

3. 소속기관인 행정기관

행정청(중앙행정기관)에 소속된 특별지방행정기관과 부속기관, 그리고 행정청의 하부조직으로 보조기관과 보좌기관이 있다. (☞중앙행정기관 참조)

4. 그 밖의 행정기관

1) 분쟁해결기관으로 행정상의 분쟁을 해결하기 위하여 행정심판위원회를 설치할 수 있다. 2) 감사기관은 다른 행정기관의 사무처리·회계처리를 감시·검사하는 권한을 가지는 행정기관이다. 감사원이 있다. 3) 공기업 및 영조물(공공시설)기관은 공기업이나 영조물(공공시설)의 관리·운영을 담당하는 행정기관이다. 현업기관이라고도 한다(홍정선). 국립병원·국립도서관·국립대학 등의 영조물형 행정기관 등이 있다.

위 기관들은 그 권한의 범위내에서 행정에 관한 국가의사를 결정·표시할 수 있으므로 그 한도내에서 행정청의 지위에 선다.

Ⅴ. 행정기관의 설치

1. 근거규범

행정기관을 설치하는 경우에는 근거규범이 필요하다. 이를 '조직규범', '설립근거'라고도 한다.

1) **헌법에 의한 설치** - 헌법에 규정된 행정기관은 대통령(제66조~제85조), 국무총리(제86조), 국무위원(제87조), 국무회의(제88조~제89조), 행정각부(제94조~제96조), 국가원로자문회의(제90조), 국가안전보장회의(제91조), 민주평화통일자문회의(제92조), 국민경제자문회의(제93조), 감사원(제97조~제100조), 중앙선거관리위원회(제114조) 등이다.

2) **법률의 의한 설치** - 법률, 특히 「정부조직법」에 규정된 행정기관은 중앙행정기관(부·처·청, 제2조 제1항), 행정각부(제22조), 특별지방행정기관(제3조 제1항), 행정위원

회 등의 합의제 행정기관의 설치(제5조) 등이 있다. 지방자치단체도 시·군의 설치, 도사무의 소재지변경 등은 법률로서 규정하여야 한다.

3) **법규명령(대통령령)에 의한 설치** - 「정부조직법」에서 대통령령에 그 설치를 위임한 행정기관은 중앙행정기관의 보조기관(제2조 제3항), 특별지방행정기관(제3조 제1항), 부속기관(제4조) 등이다. 나아가 중앙행정기관의 소속기관 등에 대하여는 소위 '직제'(대통령령)에서 정한다.

한편 행정각부의 보좌기관은(제2조 제5항) 총리령이나 부령에 위임되어 있다. 따라서 행정각부의 그 소속기관의 설치는 '직제 시행규칙'(부령)으로 정한다. 지방자치단체는 시·군·자치구의 위치변경, 관할구역변경은 대통령령에서 정하고 있다.

4) **조례 및 규칙에 의한 설치** - 지방자치단체 소속 행정기관의 설치는 주로 '지방자치단체 규칙'으로 정한다.

5) **행정규칙에 의한 설치** - 그 밖에 행정각부의 인사규정, 계약직공무원 임용, 위임전결규정은 각 행정각부의 훈령이나 예규로서 제정한다.

6) **예산조치** - 행정기관 또는 소속기관을 설치하거나 공무원의 정원을 증원할 때에는 반드시 예산상의 조치가 병행되어야 한다(제9조).

2. 행정기관의 설치요건

행정기관령은 행정기관을 설치하고자 하는 경우에 사실상의 요건으로 1) '업무의 독자성과 계속성이 있을 것', 2) '기존행정기관의 업무와 중복되지 아니할 것', 3) '업무의 성질과 양으로 보아 기존행정기관의 기구개편 등으로 그 업무를 수행할 수 없을 만한 타당성이 있을 것'을 규정한다(제6조).

Ⅵ. 행정기관의 폐지

행정기관의 통합, 분리, 폐지는 근거법령의 제정, 개정 등에 의하여 행해진다. 행정기관이 통합, 분리, 폐지되는 경우에는 새로이 신설되는 행정기관이 사무, 공무원, 재산 등을 인수한다.

제 4 항 행정청

Ⅰ. 개 념

행정청(Behörde)은 '행정주체를 위하여 행정의 의사결정하여 이를 대외적으로 표시하는 행정기관'이다. 행정청의 범주를 우리나라는 '행정기관의 장'으로 좁게 보지만, 독일은 기능적으로 보아 대외적인 행정사무단위를 중심으로 넓게 본다. 종전에는 국가행정은 '행정관청'이라고도 하였으나, 최근에는 법령상의 표현에 따라 '행정청'으로 통일되고 있다.

Ⅱ. 법적 지위

1. 행정의 의사결정기관

행정주체는 행위능력이 없고, 행정기관은 행위능력은 있으나, 너무 많으므로, 행정의 대외적인 의사결정을 위하여 '행정청' 개념을 설정하였다. 즉, 행정주체의 이름으로 대외적으로 고권적으로 행위하는 행정기관이다. 따라서 행정청은 행정주체의 의사를 대외적으로 결정하여 표시하는 행정기관의 법적 지위를 가진다.

2. 소송수행자

행정청은 행정의 의사결정 및 대외적인 표시자이므로 행정의 상대방과의 분쟁이 발생할 경우에는 행정을 대신하여 소송을 수행할 권한을 갖는다. 따라서 분쟁이 발생한 경우에는 행정주체를 대신하여 소송을 수행하도록 행정소송법에 따라 피고적격도 인정된다(제13조).[10] 개별사건에서는 누가 행정소송의 피고가 될 수 있는 행정청인가로 논란이 될 수 있다.

Ⅲ. 행정청의 종류

1. 형식적 의미의 행정청

1) **행정각부** 우리나라는 주요 행정청으로 헌법과 정부조직법에서 '행정각부'를 규정한다. 행정각부는 정부조직법에 규정된 '부'로서(제22조 제1항) 대통령이 통할한다.

2) **중앙행정기관** 중앙행정기관은 "국가의 행정사무를 담당하기 위하여 설치된 행정기관으로서 그 관할권의 범위가 전국에 미치는 행정기관"을 말한다. 다만, 그 관할권의 범위가 전국에 미치더라도 다른 행정기관에 부속하여 이를 지원하는 행정기관은 제외한다(행정기관령 제2조 제1호). 중앙행정기관은 "부 · 처 및 청"을 말한다(정조법 제2조 제2항).

---

10) 물론 행정청은 행정주체를 위한 대외적인 의사결정기관이면서 소송수행권한도 가지고 있으나, 공법상 당사자소송이나 손해배상책임의 주체는 아니다. 장태주, 110쪽.

2. 실질적 의미의 행정청

개별법령(행정소송법 및 대집행법)에 규정된 행정청의 개념은 위의 형식적 의미의 행정청 개념보다 더 넓은 행정기관이나 독립한 공공단체를 포괄한다. 예를 들어 행정절차법은 "행정에 관한 의사를 결정하여 표시하는 국가 또는 지방자치단체의 기관, 그 밖에 법령 또는 자치법규(이하 "법령등"이라 한다)에 따라 행정권한을 가지고 있거나 위임 또는 위탁받은 공공단체 또는 그 기관이나 사인(私人)"으로 넓게 규정하고 있다(제2조 제1호). 따라서 판례에서는 해당 법령상의 행정청에 해당여부가 문제된다. '기능적 의미의 행정청'이라고도 한다(홍정선).

제 3 절 행정권한의 위임과 대리

제 1 항 행정권한의 개념

Ⅰ. 행정권의 개념

행정은 헌법과 법치국가원리에 의하여 그 조직이 규율되어야 한다. 왜냐하면, 모든 행정주체나 행정기관은 법치국가원리에 따라 법에 수권받은 '권한'(Kompetenz) 규정에 따라서만 행위할 수 있기 때문이다. 따라서 행정이 법에 의하여 국가임무를 집행하도록 수권받은 권한을 '행정권'(한)이라고 할 수 있다.

Ⅱ. 행정의 권한

1. 권한의 개념

행정권한은 '행정청이 법령에 의하여 행정주체를 위하여 행정의 의사를 결정하여 대외적으로 표시할 수 있는 수권범위'를 말한다. 정부조직법에서는 '직무범위', '직무권한' 등으로 규정된다. 행정은 국가기관이므로 개인과 달리 자신을 위한 권리(Recht)를 갖는 것이 아니라 법령에 의하여 엄격하게 통제되는 행위권한(Kompentenz)을 갖는다.

2. 권한의 유형

권한(규범)은 협의의 권한규범과 권능규범으로 구분될 수 있다. 권한위반은 법률의 유보원칙의 위반으로 위법성을 판단한다.

1) **권한규범(규정)** 행정주체가 자신의 행정기관을 단순하게 조직하거나 (국가)임무를 배분하는 추상적인 규범으로 '단순 조직규범'이나 '직무규범'(또는 임무(배분)규정, Aufgabeverteilungsnorm)이라고 한다. 조직규범은 '행정기관을 설치할 수 있는 근거규범'이고, 직무규범은 '행정임무를 추상적으로 정하는 것'이다. 주로 「정부조직법」에서 규정한다. 판례는 '행정조직법상 규범'이라고도 한다.

2) **권능규범** 그러나 구체적으로 국민의 권리를 침해하거나 의무를 부과하는 행정활동을 행할 경우는 위의 권한규범이 아니라 행정기관의 활동범위를 구체적으로 정하는 '권능규범'(Befugnisnorm)이 필요하다. 행정작용법상 근거규범이라고도 한다(헌재 2012.2.23, 2011헌가13).

3. 권한의 수권

행정은 행정조직법정주의에 따라 정부조직법 등에 의하여 설치되고, 관련법령에 의하여 (행정)권한을 수권받고, 수권받은 권한의 범위내에서 행위할 수 있다. 특히 행정권한은 법령에서 명확하게 규정됨으로써(명확성의 원칙), 국민에게 예측가능성을 부여하고, 행정청간의 업무중복 및 권한분쟁을 예방할 수 있다.

물론 행정은 법령에 의하여 부여된 권한을 임의로 변경할 수 없다(권한불변경의 원칙). 따라서 행정기관간의 권한다툼에 대하여는 1) 동일한 행정주체내의 권한쟁의는 공통되는 상급관청이, 공통되는 상급관청이 없는 경우는 서로 소속하는 상급행정청간의 협의로 결정한다(행정절차법 제6조 제2항). 2) 서로 상이한 행정주체에 소속된 행정기관간의 쟁의는 공동의 감독청이 결정하고(법 제6조 제2항 제1문), 3) 최종적으로는 행정의 최종감독권자인 대통령이 결정한다. 권한다툼이 해결되지 않으면 헌법재판소에 의하여 권한쟁의심판이 가능하다(헌법재판소법 제62조 제1항 제2호, 제3호).

4. 권한의 한계 - 관할

같은 권한을 가진 행정주체내의 행정기관간에는 관할(Zuständigkeit)이 문제된다.

1) **사항적 관할** 국가의 행정권한은 각 행정기관별로 전문분야에 맞게 법령에 의하여 부여된다. 예를 들면, 경찰청에는 법령에 의하여 치안에 관한 권한, 국민안전처에는 소방과 해양경찰에 관한 권한이 부여된다.

【판례해설】 종래 개정법령이 경찰서장의 권한이었으나 법령개정으로 시장 등에게 이관하였다면 개장명령은 군수 등의 사무로 본다(대판 1957.7.19, 4290행상114).

2) **지역적 관할** 행정권한은 대부분 '지역'을 경계로 권한의 한계가 설정

된다. 따라서 중앙행정기관은 전국적인 효력이, 지방행정기관은 해당 지역에만 효력이 발생한다. 아울러 하급행정기관간에는 지역을 경계로 관할이 나뉜다.

【판례해설】 지역광업소에서 따로 보험에 가입하여 산재보험료를 납부하였더라도 법상 보험가입단위는 공사 하나이므로 그 부과징수권은 공사에 대하 지역관할을 갖는 노동청 서울 중부지방사무소장에게 귀속된다(대판 1980.2.26, 79누365).

3) **인적 한계** 행정기관의 권한은 소속 공무원에게만 효력이 미친다.

4) **관할권 충돌시 해결** 행정주체에게 권한이 부여된 경우에 행정내부의 행정청 또는 행정기관간의 관할이 분명하지 않거나 다툼이 있는 경우에는 1) 상급행정청이 관할을 결정하며, 2) 공통의 상급행정청이 없는 경우에는 상급행정청간의 협의로 관할을 결정한다(행정절차법 제6조 제2항).

5. 권한의 효과

1) **일반적 효과 (적극적 효과)** 행정청이 적법하게 권한을 행사하면, 국가 등 행정주체의 행위로서 법령에서 정한 법적 효력이 발생한다. 물론 행정청을 구성하는 자연인의 변경은 행정청의 행위의 효력에 영향을 미치지 않는다.

2) **위법한 권한행사의 효과 (소극적 효과)** 행정청이 법령에 정한 권한이 없는 경우에 그 권한을 행사하면, 무권한한 행위로 무효가 된다. 행정청이 권한의 한계를 넘어 권한을 행사한 경우에는 위법한 행위가 된다.

3) **내부적 효과** 행정청의 권한은 법령에 의하여 결정되고, 행정청이 속한 행정조직의 내부관계에서는 행정청상호간 권한의 한계가 정해지므로 다른 행정기관의 권한에 속하는 행위를 할 수 없다. 권한에 따라 상하행정청간의 권한 및 감독관계도 설정된다.

제2항 행정권한의 위임과 위탁

I. 권한의 위임의 개념

권한의 위임(Auftrag)은 '법률에 규정된 행정기관의 장(행정청)의 권한 중 일부를 그 보조기관 또는 하급행정기관의 장이나 지방자치단체의 장에게 맡겨 그의 권한과 책임 아래 행사하도록 하는 것'이다(행정권한령 제2조 제1호). 권한의 위임은 외부적으로 권한이 수임기관으로 이전하는 것이다.

【판례해설】 권한의 위임은 법률이 위임을 규정한 경우에 '위임'에 따라 위임청에서 수임기관으로 권한에 대한 법적 귀속이 변경된다(대판 1986.12.9, 86누569). 따라서 권한위임은

수임기관가 자기이름으로 그 권한을 행사할 수 있도록 하는 것이다(같은 판례). 권한의 위임은 권한의 일부의 위임에 한정되고, 권한을 전부위임하면 '권한의 이관'이 된다.

한편 행정권한을 다른 독립한 행정기관(주로 공공기관)에게 맡기는 것은 '권한의 위탁'이라고 한다. 행정권한의 위임과 위탁은 법령이나 실무에서 혼용하기도 한다. 다만, 행정기관이 아닌 사인에 대한 권한위탁은 '민간위탁'이라고 한다.[11]

「폐기물관리법」 제62조(권한이나 업무의 위임과 위탁) ① 이 법에 따른 환경부장관의 권한은 대통령령으로 정하는 바에 따라 그 일부를 시·도지사 또는 소속 기관의 장에게 위임할 수 있다.
② 이 법에 따른 환경부장관 또는 지방자치단체의 장의 업무는 대통령령으로 정하는 바에 따라 그 일부를 「한국환경공단법」에 따른 한국환경공단, 협회 등 관련 전문기관에 위탁할 수 있다.
③환경부장관이나 지방자치단체의 장은 이 법에 따라 설치한 폐기물처리시설 등의 효율적인 관리·운영을 위하여 필요하다고 인정하면 환경부령(지방자치단체의 장의 경우에는 해당 지방자치단체의 조례)으로 정하는 바에 따라 그 관리·운영을 맡을 능력이 있는 자에게 위탁할 수 있다.

위임, 내부위임, 위탁, 대리와의 구분

	법적 근거	내부관계 (권한의 이전)	외부관계 (명 의)	법적효과
위임	○	권한의 이전	수임청	수임청
내부위임	×	×, 사실상 이전	위임자	위임청
위탁	○	권한의 이전	수탁청	수탁청
대리	임의대리×, 법정대리○	권한이전없음	피대리청	피대리청

Ⅱ. 구별개념

1. 권한의 대리

권한의 대리는 '제3자가 행정청의 행정권한을 대행할 뿐, 권한이 이전하지 않지만, 권한의 위임은 수임자에게 권한이 이전한다는 데에 차이가 있다. 권한의 위임은 법령의 근거를 요하나, 임의대리는 그렇지 않다. 권한의 위임은 주로 하급행정기관에 행해지나, 대리는 보조기관이 주로 행한다.

11) 「행정권한령」 제2조 3. "민간위탁"이라 함은 각종 법률에 규정된 행정기관의 사무 중 일부를 지방자치단체가 아닌 법인·단체 또는 그 기관이나 개인에게 맡겨 그의 명의와 책임하에 행사하도록 하는 것을 말한다.

2. 내부위임

1) 개 념 광의의 권한의 내부위임은 '행정청의 내부적인 사무처리의 편의를 도모하기 위하여 특정사항에 관한 권한을 그 하급행정청(내부위임) 또는 보조기관(위임전결)에게 위임하여 대외적으로는 위임관청의 이름으로 수임기관이 사실상 권한을 행사하게 하는 것'이다(대판 1986.12.9, 86누569; 1987.5.26, 86누757). 협의의 내부위임은 하급행정청에 대한 위임에 한정된다.

2) 법적 성질 내부위임은 법률상 근거도 필요하지 않고 권한도 이전하지 않는다는 점에서 법률상 근거에 따라 권한이 이전하는 위임과 구분된다. 협의의 내부위임과 위임전결은 권한의 이전이 없다는 점에서 실질적으로 같다고 보고(김남진), 판례도 구분하지 않는다(대판 1998.2.27, 97누1105). 다만, 협의의 내부위임은 하급행정기관이, 전결은 주로 보조기관이 행한다. 보통 장관의 권한을 담당과장이 결제하는 것은 위임전결이고, 서울특별시장을 대신하여 영등포구청장이 시행하면 내부위임이라고 본다.

대법원 1989. 9. 12. **선고** 89누671 **판결【석유판매업허가취소처분취소】**
행정권한의 위임은 행정관청이 법률에 따라 특정한 권한을 다른 행정관청에 이전하여 수임관청의 권한으로 행사하도록 하는 것이어서 권한의 법적인 귀속을 변경하는 것임에 대하여, 행정권한의 내부위임은 **행정관청의 내부적인 사무처리의 편의를 도모하기 위하여 그의 보조기관 또는 하급행정관청으로 하여금 그의 권한을 사실상 행하도록 하는데 그치는 것**이므로, 권한위임의 경우에는 수임관청이 자기의 이름으로 그 권한을 행사할 수 있지만, 내부위임의 경우에는 **수임관청은 위임관청의 이름으로만 그 권한을 행사할 수 있을 뿐 자기의 이름으로는 그 권한을 행사할 수 없는 것이다.** 그리고 행정권한의 위임이 위와 같이 권한의 법적인 귀속을 변경하는 것인만큼 법률이 위임을 허용하고 있는 경우에 한하여만 인정된다고 보아야 할 것이다(당원 1986.12.9. 선고 86누569 판결; 1987.5.26. 선고 86누757 판결; 1989.3.14. 선고 88누10985 판결 등 참조).

3) 유 형

(1) 내부위임 협의의 내부위임은 하급행정청에게 권한을 위임하여 위임관청의 이름으로 수임관청(하급행정청)이 사실상 권한을 행사하는 것이다. 외부적인 권한의 이전없이 내부적인 사실상 권한의 행사에 불과하다.

내부위임은 1) 수임관청이 위임관청의 이름으로만 권한을 행사할 수 있다. 따라서 수임관청의 이름으로 한 행정처분의 효력은 무권한한 행위이어서 무효이다(대판 1986.12.9, 86누569), 2) 단, 위임권한을 벗어난 경우에는 당연무효는 아니라고 본다(대판 1995.8.22, 94누5694).[12] 3) 소의 피고는 위임관청의 이름으로 권한을 행사한 경우에는 당연히 위임관청이 피고가 되나, 예외적으로 수임관청이 자기 이름으로 권한을 행사한 경우에는 명의자인 수임관청이 피고가 된다(대판 1989.11.14, 89누4765).

---

12) 김남진, 기본문제, 1153; 동, 판례월보, 96/1, 40.

대법원 1989. 11. 14. **선고** 89누4765 **판결** **【노동조합설립신고서반려처분취소등】**
행정처분의 취소 또는 무효확인을 구하는 행정소송은 다른 법률에 특별한 규정이 없는 한 그 처분을 행한 행정청을 피고로 하여야 하며, **행정처분을 행할 적법한 권한있는 상급행정청으로부터 내부위임을 받은데 불과한 하급행정청이 권한없이 행정처분을 한 경우에도 실제로 그 처분을 행한 하급행정청을 피고로 하여야 할 것**이지 그 처분을 행할 적법한 권한있는 상급행정청을 피고로 할 것은 아니다.

(2) (위임)**전결** (위임)전결은 '행정사무 처리의 편의상 행정청의 보조기관이 미리 제시된 조건하에서 행정청의 이름으로 행정청의 권한을 행사하는 행위'이다. 즉, 결재권(한)의 행사에 한정된다. 예를 들면, 국장이나 과장이 행정청의 이름으로 권한을 행사하는 경우이다.

대법원 1998. 2. 27. **선고** 97누1105 **판결** **【공유재산대부신청반려처분무효확인】**
설사 **행정관청 내부의 사무처리규정에 불과한 전결규정에 위반하여 원래의 전결권자 아닌 보조기관 등이 처분권자인 행정관청의 이름으로 행정처분을 하였다고 하더라도 그 처분이 권한 없는 자에 의하여 행하여진 무효의 처분이라고는 할 수 없다.**
뿐만 아니라, 기록에 의하면, 태안군사무전결처리규칙상 공유재산의 사용허가는 원래 부군수의 전결사항으로 규정되어 있으나 이 사건 거부처분 당시 부군수에게 직무를 담당할 수 없는 사정이 발생하여 재무과장이 태안군직무대리규칙에 의하여 직무대행자로 지정되어 이에 따라 재무과장이 전결권자로서 처분권자인 피고 이름으로 이 사건 거부처분을 한 것임이 명백하므로, 재무과장은 정당한 전결권자라 할 것이다.

(3) **대 결** (代決) 행정관청 내부에서 그 구성원의 일시부재시에 보조기관이 대신 결재하는 것이다(사무관리규정 제16조 제3항). 따라서 이는 권한의 '사실상 이전'이 아닌 '일시적인 (결제)권한의 행사'라고 볼 수 있다.

3. 권한의 위탁

1) **권한의 위탁** 권한의 위탁은 '각종 법률에 규정된 행정기관의 장의 권한 중 일부를 다른 행정기관의 장에게 맡겨 그의 권한과 책임하에 행사하도록 하는 것'이다(행정권한령 제2조 제2호). 공공기관에게 권한을 맡기는 경우가 '위탁'에 속한다. 전혀 지휘감독관계가 없는 행정기관에 맡기는 것은 위탁으로도 본다(홍정선, 박균성).

2) **민간위탁** 권한을 민간기관에게 위탁하는 것을 말한다.

2) **촉 탁** 행정사무의 처리와 관련하여 등기·소송에 관한 사무처리를 위탁하는 것을 촉탁이라 말한다(부동산등기법 제27조, 국세징수법 제216조 제1항).

4. 민법상 위임

권한의 위임은 수임자가 위임사항을 자기명의와 책임으로 수행하므로 법률효과도 민법상 위임(제680조)과 유사하다. 그러나 권한의 위임은 (법)인격주체간의 관계가 아니고, 계약도 아닌 법령이나 위임청의 일방적 의사표시로 성립한다.

5. 권한의 이관

1) **권한의 이관**　권한의 위임은 법정의 권한은 원 행정청에 남아 있고, 단지 수행할 권한만 위임하는 경우이고, 권한의 이관(Übertragung)은 '법령에 의하여 다른 행정기관으로 행정권한이 변동되는 것'이므로 위임의 법리가 적용되지 않는다. '권한의 이양'이라고도 한다. 국가사무가 자치사무로 이관하는 경우이다.

2) **민영화**　민영화는 행정청의 권한이 완전히 민간(사인)에게 이관(이양)되는 것을 말한다. 따라서 수임기관이 사인이 된다.

6. 권한의 대행

권한의 대행은 '행정청이 자신의 사무를 행정청의 명의로 다른 대행기관에게 사실상 행하도록 하고 그 법적 효력은 행정청에게 귀속하는 것'이다. 이는 권한의 이전이 없는 사실상의 임무수행에 불과하다. 이는 아웃소싱이다. 주로 행정청이 직접 할 필요가 없거나 전문지식이 필요한 감정, 검사, 인증 등의 사무에서 행해지며, 행정청은 업무대행자를 지정할 수 있다.

> 권한의 대행은 실정법에서는 1) 헌법 제71조의 대통령의 권한대행이 있으나 이는 지정대리의 일종이고(홍정선), 2) 고속국도법상 관리청의 대행은 '위탁'으로 보아야 하며(박균성), 3) 실제 도로교통법상 주정차위반차량 견인조치만 '대행'이다.

Ⅲ. 위임의 유형

권한의 위임은 수임기관의 법적 지위에 따라 위임과 수탁사무의 성질이 달라진다.

1) 하급행정청이나 보조기관에의 위임은 정상적인 권한의 위임에 해당한다. 주의할 점은 내부위임과 다른 점은 권한이 수임기관으로 넘어가 수임기관의 이름과 권한으로 행하며, 단지 법률효과만 위임기관으로 귀속할 뿐이다.

2) 지방자치단체(장)에의 위임은 위의 권한위임과 다르다. 지방자치단체 자체에 대한 위임은 단체위임이 되어 '단체위임사무'가 되지만, 지방자치단체장에 대한 위임은 단체장이 지방자치단체의 기관이므로 기관위임이 되어 '기관위임사무'가 된다. (☞자세한 것은 지방자치법상의 위임사무를 참조).

Ⅳ. 위임의 법률관계

1. 법적 근거

권한의 위임은 외부적인 권한의 일부가 이전하므로 반드시 법률상 근거가 있어야 한다(대판 1992.4.24, 92누5792). 지방자치단체는 조례나 규칙에 따른다(지자법 104조 제1항). 내부위임은 권한이 대외적으로는 변경되지 않고 내부적으로 사실상 변경되는 것이므로 법률상 근거를 요하지 않는다(대판 1995.11.28, 94누6475).

☞ 행정권한의 위임 또는 위탁의 근거규범은 「정부조직법」이고, 개별법에 별도 규정이 없는 경우에는 일반법으로 국가기관은 행정권한령, 지방자치단체는 지방자치법에 근거한다. 일반법은 「정부조직법」 제6조 제1항과 이에 따른 「행정권한령」(대통령령) 제3조~제9조, 「지방자치법」 제104조와 이에 따른 조례, 개별법으로는 「광업법」 제11조, 「교육법」 제175조, 「의료법」 제64조 등이 있다.

개별법령에 행정권한의 위임 등에 관한 규정이 없는 경우, 일반법인 정부조직법과 행정권한령을 근거법령으로 볼 수 있느냐에 대하여 1) 소극설은 이는 행정권한의 위임에 대한 일반원칙을 선언한 것에 불과하여 근거규범이 아니라고 보고(박균성), 2) 적극설은 상대방에 대한 권리침해가 아니므로 포괄적 위임이 가능하므로 위임의 근거로 볼 수 있다고 본다(김남진, 류지태). 3) 판례는 정부조직법 제6조가 행정권한의 위임 및 재위임에 대한 일반적인 근거규정이라고 본다(대판 1990.6.26, 88누12158; 1990.7.27, 89누6846). 단, '조례'로 위임권한을 규정하여야 할 것을 '규칙'으로 정한 것은 취소라고 본다(대판 1997.6.19, 95누8669).[13)]

2. 위임의 요건

권한의 위임은 '권한에 대한 법적 귀속의 변경'이므로 법률이 그 위임을 허용하고 있는 경우에 한하여 인정된다(대판 1986.12.9, 86누569). 행정청이 권한을 위임하기 위하여는 1) '위임한다'는 근거법령과 2) 위임하고자 하는 행정청의 의사표시가 필요하다.

3. 위임의 방식과 한계

위임은 상대방(수임기관)에게 통지와 일반에게 공보 등에 공시를 요한다. 공시사항은 위임청, 위임의 상대방(수임기관), 위임기간이다.

권한의 위임은 "사무 또는 권한의 일부"(지자법 제5조, 공유수면법 제9조)이다. 위임은 권한의 일부에 한해 가능하고, 권한의 전부위임 또는 주요부분의 위임은 금지되

---

13) 홍교수님은 '무효'라고 보시나, 당해 판례를 보면 당연무효가 아니라 '취소'로 본다.

며, 권한의 전부는 위임이 아니고 이양(이관)이다.

4. 재위임

위임 또는 위탁을 받은 기관은 특히 필요한 경우에는 법령이 정하는 바에 따라 위임 또는 위탁을 받은 사무의 일부를 보조기관 또는 하급행정기관에게 재위임할 있다(정조법 제6조 제1항 제2문, 행정권한령 제4조). 재위임에 대한 근거는 개별법에 규정이 없는 경우에는 정부조직법과 행정권한령이 일반적인 근거가 된다(대판 1995. 7.11, 94누4615). 실제 법령에서는 하위법령 등에서 지방자치단체에게 재위임하는 규정이 많으므로 해석에 주의하여야 한다.

대법원 1995. 8. 22. **선고** 94누5694 **전원합의체 판결【관리처분계획인가처분취소】**
도시재개발법 제8조, 같은법시행령 제58조 제1항 제12호에 의하면 건설부장관의 권한에 속하는 도시재개발법 제41조의 규정에 의한 관리처분계획의 인가등 처분권한은 시·도지사에게 위임되었을 뿐 시·도지사가 이를 구청장, 시장, 군수(이하 구청장등이라고 한다)에게 재위임할 수 있는 근거규정은 없으나, 정부조직법 제5조 제1항과 이에 기한 행정권한의위임및위탁에관한규정(1982.12.11. 대통령령 제10955호로 전문 개정) 제4조에 재위임에 관한 일반적인 근거규정이 있으므로, 시·도지사는 그 재위임에 관한 일반적인 규정에 따라 위임받은 위 처분권한을 구청장등에게 재위임할 수 있는 것이다(당원 1990.2.27. 선고 89누5287 판결, 1990.7.27. 선고 89누6846 판결, 1993.3.9. 선고 92누5294 판결 등 참조).

【판례해설】 지방자치단체의 장이 위임·위탁받은 사무를 재위임·재위탁하려면 미리 위임·위탁한 기관의 장으로부터 승인을 얻어야 한다(대판 1989.9.26, 88누12127). 단, 영업정지 등과 같은 국가사무는 지방자치단체의 장에게 위임된 기관위임사무이므로 시·도지사가 조례에 의하여 구청장 등에게 재위임할 수는 없고 행정권한령 제4조에 의하여 위임기관장의 승인을 얻은 후 지방자치단체장이 제정한 규칙이 정하는 바에 따라 재위임할 수 있다(대판 1995.7.11, 94누4615).

5. 효과 및 책임의 귀속

권한의 위임은 수임기관이 수임받은 권한을 자신의 이름으로 행사하며, 법적 책임도 진다. 내부위임은 위임관청의 명의로 권한을 행사한다. 수임기관이 권한을 위임받으면, 위임의 범위내에서 행정청의 지위를 갖는다(법 제6조 제2항). 따라서 분쟁이 생길 경우에도 권한의 위임은 수임기관이 피고이고, 내부위임은 원칙적으로 위임자가 피고가 된다(대판 1991.10.8, 91누520).

위임청은 권한의 위임으로 권한은 상실하나, 하급행정청에 대한 위임일 경우에는 상급청으로서 지휘감독권을 가진다. 위임·위탁청은 수임·수탁기관에 대하여 지휘권, 감독권을 가지고, 수임·수탁기관의 부당한 사무처리의 취소·정지권을 갖는다(영 제6조).

6. 비용부담

수임기관은 일단 자기비용으로 수임사무를 처리하나 위임청이 비용지원을 하는 것이 일반적이다. 따라서 권한의 위임시는 필요한 인력이나 예산을 이관하여야 한다(영 제3조 제2항). 예를 들면, 국가위임사무처리에 따른 지방자치단체에 대한 지원이다(지자법 제132조).

7. 종 료

위임관계는 위임의 해제, 위임행위의 실효·종기의 도래·해제조건의 성취, 근거법령의 소멸 등으로 종료된다.

제3항 행정권한의 민간위탁

Ⅰ. 민간위탁의 개념

민간위탁은 "법률에 규정된 행정기관의 사무 중 일부를 지방자치단체가 아닌 법인·단체 또는 그 기관이나 개인에게 맡겨 그의 명의로 그의 책임 아래 행사하도록 하는 것"을 말한다"(법 제6조 제3항, 영 제2조 제4호). 민간에게 완전히 행정권한의 전부를 위탁하는 것은 '민영화'이므로 구분해야 한다.

민간위탁은 행정사무를 민간에게 위탁하는 것이다. 따라서 지방자치단체가 아닌 법인이나 단체에는 '공법상 법인'이 있으므로 입법론적으로는 개정이 요구된다.

Ⅱ. 민간위탁의 기준과 선정

1. 민간위탁 금지사무

행정기관은 법령으로 정하는 바에 따라 그 소관사무 중 조사·검사·검정·관리 사무 등 국민의 권리·의무와 직접 관계되지 않는 사무를 민간위탁할 수 있다(영 제11조 제1항). 따라서 반대해석을 한다면, 국민의 권리와 의무에 직접 관계되는 사무를 민간위탁을 할 수 없다고 볼 수 있다. 이론적으로 보면, 민영화의 한계와 마찬가지로 국가의 우월적인 지위에서 행사하는 권력행정에 해당하는 사무를 민간위탁할 수 없다.

2. 민간위탁 가능사무

민간위탁이 가능한 행정사무는 1) 단순 사실행위인 행정작용, 2) 공익성보다 능률성이 현저히 요청되는 사무, 3) 특수한 전문지식 및 기술이 필요한 사무, 4) 그 밖에 국민생활과 직결된 단순 행정사무를 규정한다(영 제11조).

3. 민간위탁기관의 선정

행정기관이 민간위탁할 기관을 선정할 때에는 인력과 기구 등을 종합적으로 검토하여 적정한 기관을 선정하여야 하고(법 제12조 제1항), 법령에서 달리 정한 경우 외에는 공개모집하여야 한다(제2항). 민간수탁기관이 선정되면, 민간수탁기관과 위탁계약을 체결하고(제13조), 민간위탁사무의 처리에 대하여 지휘・감독할 수 있다(제14조).

제 4 항 행정권한의 대리

I. 대리의 개념

1. 의 의

권한의 대리는 '행정청이 권한의 일부 또는 전부를 다른 행정기관(대리청)으로 하여금 자신(피대리청)을 위한 것임을 표시하여 대리청의 이름으로 행사하고, 법적 효력은 피대리청에게 귀속하게 하는 행위'를 말한다. 헌법은 권한의 대행(제71조), 정부조직법 등에서는 "직무대행"(제19조), 직무대리, "권한의 대리" 등으로 규정한다. 대리는 권한의 이전없이 단지 대리하여 행사하는 것이다. 보통 장관의 권한을 차관이 대리한다. 권한의 대리는 법령에 근거한 법정대리가 원칙이다.

2. 구별개념

1) 대 표   대표는 대표자인 행정청의 행위가 직접 국가 등의 행위가 되는 특수한 측면의 대리를 말한다. 예를 들면, 법무부장관이 대한민국을 대표하여 소송수행을 하고 그 행위는 국가의 행위와 동일시된다(국가계약법 제2조).

2) 서 리   행정청(피대리청의 구성원)이 궐위된 경우의 대리를 말하고, 대리되는 자(피대리청)이 없는 것이 특징이다.

3) 보 조   행정청을 보조하여 비법률적 사실행위의 대행이나 보조기관이 행정청의 결정에 의해 성립한 행위를 명에 의해 상대방에 전달하는 것을 말한다.

Ⅱ. 대리의 종류 - 발생원인

1. 임의대리

1) **개 념** 행정청(피대리청)의 의사에 의하여 다른 행정기관에게 대리권을 수권(부여)하여 행해지는 대리이다. 위임대리 또는 수권대리라고 한다. 이때 행정청의 '수권'은 상대방(대리청)의 동의가 필요없는 일방적 행위이지만, 통지는 요한다.

2) **법적 근거** 대리는 권한의 이전이 아니므로 법적 근거가 필요하지 않다는 적극설(김도창)이 다수설이다. 다만, 권한의 대리도 법이 정한 권한분배가 변경되는 것이므로 명문의 근거규정을 요한다는 소극설(이상규)도 있다.

3) **대리권의 범위와 제한** 대리권의 범위는 대리권을 부여하는 행정청(피대리청)의 수권행위로 정해진다. 다만, 법령이 특정행위는 특정기관만 하도록 규정한 경우는 수권대상이 될 수 없고, 권한의 전부를 대리할 수 없다.

4) **법적 효력** 대리는 대리기관의 대리행위에 따른 법적 효과가 피대리청에게 귀속하므로, 이후 쟁송상의 피고적격은 피대리청에 있다. 다만, 대리권을 넘은 대리는 민법상 표현대리규정이 적용된다. 임의대리에서는 수권받은 대리권한을 다시 다른 행정기관에게 수권하는 복대리는 부인된다.

5) **피대리청의 책임** 피대리청도 수권행위로 신임을 주었으므로 지휘감독을 하며, 선임감독상 책임을 진다.

6) **대리권의 소멸** 대리권은 수권행위의 철회, 대리자의 사망·신분의 상실로 소멸한다.

2. 법정대리

1) **개 념** 법정대리는 '법령의 규정에 의해 성립하는 대리'이다. '직무대리'라고도 한다. 법정대리에 대하여는 헌법(제71조), 정부조직법(제7조 제2항, 제12조 제2항, 제19조), 지방자치법(제111조 제5항), 직무대리규정(대통령령) 등과 개별법상의 규정이 있다.

2) **종 류**

(1) 협의의 법정대리 법령에서 대리자가 명시되어 법정사실이 발생하면 당연히 대리관계가 성립되는 경우이다(정조법 제7조). 예는 대통령의 궐위 또는 사고시 국무총리, 법률이 정하는 국무위원의 순으로 권한을 대행하는 경우이다(헌법 제71조, 정조법 제7조 제2항, 제12조 제2항, 직무대리규정 제3조).

(2) 지정대리 법정사실이 발생하였을 때 일정한 자가 대리자를 지정함으

로써 비로소 대리관계가 발생하는 경우이다. 예를 들면, 국무총리의 사고시 대통령이 지명하는 국무위원이 직무대행하는 경우이다(정조법 제23조).

3) **대리권의 범위와 효력** 법정대리는 법령의 내용에 따라 대리권의 범위가 한정되며, 권한의 전부도 대리할 수 있다. 법정대리의 효력은 대리청이 모든 책임을 지며, 피대리청은 지휘감독권도 없고 책임도 지지 않는다. 복대리도 가능하다.

4) **소 멸** 법정대리는 대리권이 발생한 법률사실의 소멸(피대리청의 사고의 해소) 등이다.

Ⅲ. 권리구제

권한의 대리는 정상적인 대리관계에서는 피대리기관이 법률상 책임을 지므로 행정쟁송의 피고가 된다.

【판례해설】 대리기관이 대리관계를 밝히지 않은 경우에도 대리기관이 처분명의자로 피고가 된다(대판 1994.6.14, 94누1197). 다만, 상대방이 대리관계를 알거나 관행상 지속되어온 경우에는 대리기관이 자신의 명의로 처분한 경우에도 피대리청이 피고가 되기도 한다(대결 2006. 2.23, 2005부4).

Ⅳ. 권한의 서리

행정청의 구성자가 사망이나 해임 등의 사유로 궐위된 경우에 새로운 후임자의 임명전에 대리자 또는 후임자가 임명전에 그 권한을 행사하는 경우이다.

특히 우리나라는 국무총리 경질시 국회의 사전동의 전의 후임자를 '서리'라고 하여 권한행사를 한다. 1) 위헌설은 헌법상 국무총리는 국회의 사전동의가 필요하고 정부조직법도 국무총리의 권한대행을 규정하였다는 점에서 서리의 관행은 위헌이라고 본다. 2) 합헌설은 대통령제와 의원내각제적 요소가 혼합되어 구성된 상태에서 발생한 헌법적 관행이므로 합헌으로 보아야 한다는 것이다. 3) 절충적인 입장으로는 국회의 구성이나 소집이 불가능하여 국회의 사전동의가 곤란한 경우에는 합헌으로 보아야 한다는 것이다.

제 4 절 행정조직 내부관계

☞ 행정부는 수반인 대통령을 정점으로 각 행정청이 상하·대등관계로 이룬다.

I. 행정청간의 상하관계

1. 지휘감독권의 개념

상급행정청과 하급행정청과의 관계는 권한의 위임등을 제외하면, 지휘감독관계로 이루어진다.[14] 권한의 감독이란 '상급행정청이 하급행정청의 권한의 행사를 지휘하여, 그 합법성·합목적성을 보장하는 (통제적) 작용'이다. 감독은 행정의 통일성을 위한 것으로 주로 예방적 감독과 교정적 감독으로 구분된다.

일반적 감독권 자체에 대한 법적 근거(수권조항)를 요하므로, 정부조직법(제10조, 제15조, 제29조), 지방자치법(제156조, 제157조 등)이 근거법이다.

2. 유형

1) **감시권** 하급행정청의 권한행사상황을 알기 위한 상급행정청이 사무감사, 보고 등의 권한을 말하며, 별도의 법적 근거를 요하지 않는다. 일반적 감독권에서 나온다.

2) **훈령권**

(1) 개 념 훈령은 '상급행정청이 하급행정청의 권한행사를 지휘하기 위해 사전에 발하는 명령'이다. 훈령은 법적 근거없이 상급행정청은 지휘권으로서 가진다.

> 직무명령과의 차이 — 직무명령은 상관이 직무에 관하여 그 하급공무원 개인에게 발하는 개별적·구체적 명령이다. 훈령은 하급기관에 소속된 공무원을 구속하므로 직무명령의 성격을 갖기도 한다. 다만, 이론적으로는 1) 훈령은 하급기관을, 직무명령은 공무원의 의사를 구속하고, 2) 직무명령은 공무원의 변경으로 효력을 상실하나 훈령은 그렇지 않고, 3) 내용에서 훈령은 권한행사에 국한되지만, 직무명령은 공무원의 복무행동 등에 대해서도 가능하다.

(2) 성 질 훈령은 하급행정청을 일반적·추상적으로 구속할 뿐, 원칙적으로 국민에게 영향을 미치지 않으므로 행정규칙이다. 판례는 법규성은 인정하기도 한다(대판1994.8.9, 94누3414). 훈령에 위반한 행위는 위법이 아니며, 내부적 징계사유에 그친다.

(3) 종 류 훈령에는 협의의 훈령, 지시, 예규, 일일명령 등이 있다. 훈령은 구두나 문서로, 고시나 공고시는 5일후 효력이 발생한다(행정업무령 제6조 제3항).

---

14) 상하행정청간의 관계를 통설은 '상하관계', 권한의 위임은 '협력관계'로 설명한다. 이상규, 66; 遠蘇文夫, 行政機關相互間의 關係, 大系 7, 1985, 17

☞ 1) 협의의 훈령은 상급행정청이 하급행정청에 대하여 상당히 장기간에 걸쳐 그 권한의 행사를 일반적으로 지시하기 위하여 발하는 명령이다. 2) 지시는 상급행정청이 하급행정청에 대하여 개별적·구체적으로 발하는 명령이다. 3) 예규는 반복적 행정사무의 기준을 제시하기 위하여 발하는 명령이다. 4) 일일명령은 당직·출장·특근·각종 휴가 등 일일사무에 관하여 발하는 명령이다.

(4) 요 건 훈령의 형식적 요건은 1) 권한 있는 상급기관이 2) 하급행정청의 권한에 속하고, 3) 직무상 권한의 독립성이 보장된 사항이 아닐 것이다.

실질적 요건은 적법·타당·실현가능·명백할 것이다.

(5) 하자있는 훈령 훈령에 대한 하급행정청의 심사권 여부에 대하여, 형식적 요건은 심사가 가능하나, 실질적 요건은 불가하다. 단, 그 내용이 명백하게 범죄를 구성하거나, 하자가 중대명백한 경우에는 심사가 가능하다.

(6) 형식, 절차, 훈령의 경합 형식은 불요식행위이나, 사무관리규정은 협의의 훈령과 예규는 조문구조를 갖는다. 내용상 훈령이 경합된 경우 주관상급행정청, 직근상급행정청의 것이 우선한다.

3) **인가권 (승인, 동의)** 하급행정청의 명령·처분에 대해 상급행정청에 사전에 동의나 승인을 받는 것이다(구 도시계획법 제10조). 법령의 근거없이도 가능하다고 본다(통설).

4) **취소·정지권** 상급행정청은 직권 또는 행정심판 기타 불복신청에 의하여 하급행정청의 행위에 대하여 시정명령, 취소·정지하는 권한을 갖는다. 일반적인 취소·정지권은 정부조직법(제10조 제2항, 제15조 제2항)과 지방자치법(제157조)에서 규정하고 있다. 명문규정이 없는 경우는 논란이 있다.

5) **권한쟁의 결정권** 권한쟁의결정권은 소속 하급행정청 간 다툼 있는 경우에 상급행정청이 권한의 귀속을 결정하는 권한이다(헌법 제89조).

Ⅱ. 대등한 행정청간의 관계

1. 권한의 상호존중관계

대응한 행정청은 법령에 의하여 각기 다른 권한을 부여받으므로 서로 상호 권한을 존중하여야 한다.

2. 권한의 협력관계

1) **협 의** 협의는 하나의 사항이 둘 이상의 행정청의 권한과 관련되는 경우에는 대등한 행정청간의 의견통일을 위하여 결정하는 방법이다.

1) 주관(관할)행정청이 관계행정청과 협의하는 경우(감사원법 제17조, 토지수용법 제15조)는 주관행정청 명의로 한다. 2) 둘 이상의 행정청이 공동주관행정청으로서 대등하게 협의하는 경우(도로교통법 제59조, 양곡관리법 제60조 제2항)는 공동명의로 한다. 3) 행정청이 사업행정청의 지위에서 그 사업의 주관행정청과 협의하거나 그의 승인을 받는 경우 (구토지수용법 제14조) - 행정의 내부관계.

☞ 1) 하나의 행정사무가 여러 행정청의 권한과 관련되는 경우에 협의는 주된 지위에 있는 행정청이 주무행정청이 되고, 다른 행정청은 관계행정청이 되는 경우이고, 2) 동의는 둘이상의 행정청의 권한이 관련된 경우에 관계 행정청이 모두 주된 지위에 있는 경우 업무편의를 위하여 업무와 관계가 깊은 행정청이 주무관청이 되고, 다른 행정청은 관계행정청이 되는 경우이다. 3) 주무관청의 처분이 아니고 관계행정청의 부동의가 문제되는 경우에는 그 부동의가 내부결정이 아니라 주된 처분으로 삼아야 한다(박균성, 923).

대법원 2000. 10. 13. **선고** 99두653 **판결 【토지수용재결처분취소】**
택지개발촉진법 제3조에서 건설부장관이 택지개발예정지구를 지정함에 있어 미리 관계중앙행정기관의 장과 협의를 하라고 규정한 의미는 그의 자문을 구하라는 것이지 그 의견을 따라 처분을 하라는 의미는 아니라 할 것이므로 이러한 협의를 거치지 아니하였다고 하더라도 이는 위 지정처분을 취소할 수 있는 원인이 되는 하자 정도에 불과하고 위 지정처분이 당연무효가 되는 하자에 해당하는 것은 아니라고 봄이 상당하다 할 것이다(대법원 1992.8.14. 선고 91누11582 판결, 1997.9.26. 선고 96누10096 판결 등 참조).

2) **촉 탁** 직무상 필요한 사무가 타 행정청의 관할에 속하는 경우에 다른 행정청에 사무처리를 위탁하는 것이다(제5조 제1항, 행정권한령).

3) **행정응원** 행정응원은 일반적으로는 행정청간의 서류제출, 의견진술 및 보고, 파견근무, 일반적인 협력 등을 말한다. 다른 행정청이 행정응원에 응하는 제도이다(행절법 제8조 제5항, 행심법 제28조 제3항, 국공법 제32조의4, 공무원복무규정 제7조).

행정절차법(제8조 제1항)이 정하는 행정응원의 요건은 1) 독자적인 직무수행이 어려운 경우 2) 인원 및 장비의 부족 3) 전문기관의 협조가 필요한 경우이다.

행정응원에 대한 명문규정시는 응원요청을 거부할 수 없다(공무원임용령 제41조, 행절법 제8조 제2항, 자연재해대책법 제13조). 다만, 행정응원에 대한 거부는 명백한 사유가 요건인 바, 1) 다른 행정청이 더 능률적, 경제적으로 응원할 수 있는 경우 2) 행정응원으로 고유의 직무수행이 현저히 지장을 받는 경우이다(행절법 제2조).

한편 협의의 행정응원은 비상시의 행정응원으로서 재해·사변 기타 비상시에 다른 행정청의 청구나 자발적으로 그 행정청을 원조하는 제도로서, 경찰응원(경직법 제1조), 소방응원(소방법 제76조), 군사응원(위계령 제12조) 등이 있다. 보통 행정응원을 지칭한다고 보기도 한다(김남진, 박윤흔).

제5절 국가행정조직법

제1항 개 설

Ⅰ. 개 념

국가행정조직법은 '국가의 직접적인 행정(unmittelbare Staatsverwaltung)을 담당하는 행정기관의 조직에 관한 법'이다. 따라서 (행)정부를 구성하는 행정기관의 조직을 규율한다.

다만, 국가를 광의로 이해할 경우에는 '지방자치단체와 공공단체를 포함한 간접적인 국가행정을 담당하고 있는 인격 주체 및 기관의 설치·구성·권한 등에 관하여 규율하는 법'까지 포함하지만, 지방자치단체나 공공단체는 자치행정으로 분류되므로 여기서는 '협의의 국가'의 행정에 대한 법으로 한정된다.

Ⅱ. 법 원

우리 헌법은 "행정권은 대통령을 수반으로 하는 정부에 속한다"고 하여(제66조 제4항) 행정권을 규정하고, 정부형태는 대통령제에 의원내각제적 요소를 가미하여 대통령, 국무총리, 국무회의, 행정각부, 직할기관 등에 대하여 규정하고 있다. 이는 국가조직법(통치구조)이라고 한다.

한편 국가행정조직법으로서는 기본법인 「정부조직법」외에 「행정기관령」(대통령령), 각 중앙행정기관의 「직제」 및 「직제시행규칙」 등이 있다.

그 외에 개별법령으로는 「대통령경호실법」, 「국가정보원법」, 「감사원법」, 「선관위법」, 「국가안전보장회의법」(자문기관) 등이 있다. 한편 행정위원회의 설치에 관하여는 「행정위원회법」외에도 개별분야에서 「독점금지법」(공정위), 「국가공무원법」(소청심사위), 「공특법」(토지수용위) 등이 있다.

제2항 국가기관 (헌법기관)

Ⅰ. 국가기관의 개념

정부는 '국가의 기관'이다. '정부를 구성하는 기관'은 행정기관(정부기관)이다.

헌법상 규정된 정부기관은 대통령, 국무총리, 국무회의, 행정각부 등이 있다. 국가행정기관에는 대통령과 그 직속기관, 국무회의, 국무총리와 4개 직할기관 그리고 17개의 행정각부, 선거관리위원회, 행정위원회 등이 속한다.

Ⅱ. 대통령

우리나라는 헌법상 정부구조에서 대통령제를 취한다. 따라서 대통령은 1) 국가원수로서 국가를 대표하고(제66조 제1항), 2) 행정권을 행사하는 정부의 수반이다(제4항). 즉, 정부의 기관이다.

행정법적인 측면에서 대통령은 1) '정부의 수반'이고, 2) 국무회의 의장으로 국무회의를 주재하고(정조법 제12조), 3) 법령에 따른 중앙행정기관에 대한 행정감독권을 가진다(제11조). 대통령은 국법상 행위를 문서로써 하며, 이 문서에는 국무총리와 관계 국무위원이 부서한다(제82조). 다만, 대통령은 자신의 행위에 대한 행정법적인 책임을 지지 않는다.

대통령 부속기관은 청와대를 중심으로 대통령비서실(제14조), 국가안보실(제15조), 대통령경호실(제16조), 국가정보원(제17조), 감사원(제97조), 방송통신위원회, 국가인권위원회 등이 있다.

대통령 자문기구는 헌법상 국가원로자문회의(제90조), 국가안전보장회의(제91조), 민주평화통일자문회의(제92조), 국민경제자문회의(제93조)가 있고, 개별법령상의 대통령 소속 자문기관(대통령소속위원회)은 행정위원회인 개인정보위원회, 규제개혁위원회 외에도 지역발전위원회, 경제사회발전노사정위원회 등이 있다.[15)]

Ⅲ. 국무회의

국무회의는 정부의 권한에 속하는 중요한 정책을 심의하는 기관이다(헌법 제88조 제1항). 대통령·국무총리와 국무위원(15인 이상 30인 이하)으로 구성되며(제2항), 의장은 대통령이고, 부의장은 국무총리이다(제3항).

국무회의는 대통령, 국무총리, 국무위원이 의안을 제출하며, 법제처장, 서울특별시장 등이 배석하며, 필요시 중요 직위의 공무원도 배석할 수 있다.[16)] 중요심의사항으로 행정각부간 권한 획정 등이 있다(헌법 제89조).

15) 이들 개별법령상의 대통령 소속 자문기관은 「상훈법」 제5조 제1항에 따른 대통령직속기관에 해당되지 않아 서훈 추천권이 없다. 법령해석례, 법제처 09-0367, 2009. 12. 4.

16) 「국무회의규정」(대통령령) 제8조(배석 등) ① 국무회의에는 대통령비서실장, 국가안보실장, 국무조정실장, 법제처장, 국가보훈처장, 식품의약품안전처장, 공정거래위원회위원장, 금융위원회위원장, 중소기업청장 및 서울특별시장이 배석한다. 다만, 의장이 필요하다고 인정하는 경우에는 중요 직위에 있는 공무원을 배석하게 할 수 있다.

Ⅳ. 국무총리

국무총리는 국회의 동의를 얻어 대통령이 임명한다(제86조 제1항). 다만, 국회의 동의전에는 '서리'라 하여 실제 권한을 행사한다. 국무총리의 임무는 1) 대통령을 보좌하며, 2) 대통령의 명을 받아 행정각부를 통할한다(제86조, 행정감독권).

국무총리는 행정감독권으로 대통령의 명을 받아 각 중앙행정기관의 장을 지휘·감독하고, 중앙행정기관의 장의 명령이나 처분이 위법 또는 부당하다고 인정될 경우에는 대통령의 승인을 받아 이를 중지 또는 취소할 수 있다(제18조).

국무총리직속기관은 국무조정실(제20조)과 국무총리비서실(제21조)외에 5처로 국민안전처(제22조의2), 인사혁신처(제22조의3), 법제처(제23조), 국가보훈처(제21조), 식품의약품안전처(제25조), 3위원회로 국민권익위원회, 공정거래위원회, 금융위원회가 설치되어 있다.

Ⅴ. 행정각부

1. 개 념

행정각부는 '정부의 수반인 대통령과 국무총리의 통할하에 정부를 구성하는 중앙행정기관'이다. 헌법기관이라고 한다. 행정각부의 설치·조직과 직무범위는 헌법상 법률로 정한다고 규정하여(제96조). 정부조직법 제22조를 근거로 설치된다.

1. 기획재정부, 2. 교육부, 3. 미래창조과학부, 4. 외교부, 5. 통일부, 6. 법무부, 7. 국방부, 8. 행정자치부, 9. 문화체육관광부, 10. 농림축산식품부, 11. 산업통상자원부, 12. 보건복지부, 13. 환경부, 14. 고용노동부, 15. 여성가족부, 16. 국토교통부, 17. 해양수산부

2. 행정각부장관의 권한

행정각부의 장(장관)은 국무위원 중에서 국무총리의 제청으로 대통령이 임명한다(헌법 제94조). 행정각부장관은 1) 국무위원, 2) 행정각부장관의 법적 지위를 가진다.

행정각부 장관은 1) 소관사무의 통할 및 소속공무원의 지휘·감독권(제7조 제1항), 2) 소속 독립외청의 통할, 3) 법률이나 대통령령의 위임 또는 직권으로 부령제정권(헌법 제95조), 4) 소관사무에 대한 처분권, 4) 소관사무에 대하여 지방행정의 장을 지휘·감독한다(제26조 제3항).

3. 소속기관

우리나라의 행정각부는 외국과 달리 독립외청, 각종 행정위원회, 특별지방행정기관, 출연기관(공공기관) 등의 다양하고 많은 소속기관을 가진다.

제 3 항 중앙행정기관

Ⅰ. 개 념

중앙행정기관은 '국가의 행정사무를 담당하는 기관으로서 그 관할권의 범위가 전국에 미치는 행정기관'이다(행정기관령 제2조 제1호). 다만, 전국적인 관할권을 갖더라도 다른 기관에 부속된 경우에는 중앙행정기관으로 보지 않는다.

Ⅱ. 조 직

1. 중앙행정기관의 조직

중앙행정기관은 정부조직법상의 부·처·청을 말한다. 정부조직법은 중앙행정기관을 정부조직법과 다른 법률에 특별한 규정이 있는 경우를 제외하고는 '부·처 및 청'으로 한다(제2조 제2항). 부는 행정각부를 말한다. 한편 개별법에서도 '중앙행정기관'을 설치할 수 있다(방송통신위원회, 공정거래위원회, 금융위원회).[17)]

중앙행정기관의 설치와 직무범위는 '법률'로 정하고(제2조 제1항), 보조기관의 설치와 사무분장은 법률유보사항 외에는 '직제'(대통령령)로 정한다(제4항).

소속기관은 중앙행정기관에 소속된 기관으로 특별지방행정기관과 부속기관을 말한다(제5호). 중앙행정기관의 "하부조직"은 보조기관과 보좌기관을 말한다(제8호).

2. 합의제 행정기관

중앙행정기관에는 그 소관사무의 일부를 독립하여 수행할 필요가 있는 때에는 '법률'로 정하는 바에 따라 행정위원회 등 합의제 행정기관을 둘 수 있다(제5조). 합의제 행정기관에는 대외적인 결정을 가진 합의제 행정청과 의결, 심의, 자문 권한을 가진 합의제 행정기관으로 구분할 수 있다(대판 2000.11.10, 2000추36).

1) **행정위원회** 중앙행정기관은 "그 소관사무의 일부를 독립하여 수행할 필요가 있을 때에는 법률이 정하는 바에 의하여 행정기능과 아울러 규칙을 제정할 수 있는 준입법적 기능 및 이의의 결정 등 재결을 행할 수 있는 준사법적 기능을 가지는 행정위원회"를 둘 수 있다(영 제21조). 입법과 사법기능을 가진 미국식의 '독립규제위원회'를 말한다. 공정거래위원회, 방송통신위원회 등이 해당한다.[18)]

---

17) 현재 중앙행정기관은 17부, 3처, 18청, 3위원회가 있다.

18) 우리나라는 미국식의 독립규제위원회와 달리 주로 행정기관소속하에 위원회를 두고 있다. 이는 "위원회, 심의회, 협의회 등 명칭을 불문하고 행정기관의 소관 사무에 관하여 자문에 응하거

2) 합의제 행정청 위원회형태의 행정청으로는 감사원, 중앙선거관리위원회, 노동위원회, 중앙토지수용위원회, 본부배상심의회, 특허심판원, 해양안전심판원, 조세심판원, 행정심판위원회 등이 있다. 이들 기관은 합의제 형태의 행정청이므로 그 결정은 처분성이 있다. 사법적 기능을 가진 각종 행정심판위원회가 이에 속한다. 시도인사위원회의 위원장(대판 1997.3.28, 95누7055).

3) 의결기관 의결기관은 행정주체 내부에서 행정에 관한 의사 또는 판단을 결정할 수 있는 권한만을 가지고 대외적인 표시권은 없다(대판 2000.11.10, 2000추36). 의결기관의 결정은 최종결정권자인 행정청을 구속한다. 따라서 위원회의 의결을 거치지 않은 행정행위는 무권한한 행위이므로 당연무효가 된다. 각종 징계위원회와 소청심사위원회(국가공무원법, 교육공무원법, 지방공무원법 등), 교육위원회 등이 있다.

【판례해설】 폐기물처리장 입지선정위원회의 구성방법이나 절차가 위법한 경우, 그 하자 있는 입지선정위원회의 의결에 터잡아 이루어진 폐기물처리시설 입지결정처분도 위법하게 된다(대판 2007.4.12, 2006두20150).

4) 심의기관 심의기관형 위원회는 해당 사무에 관한 심의권만 가지므로 심의를 거치지 않은 행정청의 결정은 위법하여 취소사유이지만, 심의만 거치면 위법하지 않다(대판 2007.3.15, 2006두15806).

【판례해설】 법학교수위원회는 교육부의 심의기관에 해당할 뿐, 의결기관은 아니다(대판 2009.12.10, 2009두8359). 학교보건법상 상대정화구역내의 금지행위 및 시설의 해제여부에 관한 행정처분에서 학교환경위생정화위원회의 심의를 거치지 않으면 위법하다.

5) 자문기관 자문기관은 대통령령과 조례로 설치한다(제4조, 지방자치법 제104조). 자문기관은 부속기관중 행정기관의 자문에 응하여 행정기관에 전문적인 의견을 제공하거나, 자문을 구하는 사항에 관하여 심의·조정·협의하는 등 행정기관의 의사결정에 도움을 주는 행정기관을 말한다(영 제2조 제4호). 심의기관은 자문기관에 속한다고 볼 수 있다.

【판례해설】 1) 합의제행정청인 시도인사위원회의 공무원임용시험 불합격결정은 처분이다(대판 1997.3.28, 95누7055). 2) 의결권이 규정된 폐기물처리장 입지선정위원회은 의결기관형으로 위원회의 구성방법이나 절차를 위반한 경우에는 그 의결에 따른 처분도 위법하다(대판 2007.4.12, 2006두20150). 3) 법학교육위원회는 행정청소속하에 위원등이 임명이나 위촉되므로 의결기관이 아닌 심의기관에 불과할 뿐이다(대판 2009.12.10, 2009두8359). 4) 학교보건법상 상대정화구역의 금지행위 및 시설의 해제에 관한 학교정화위원회의 심의를 누락한 처분은 특별한 사정이 없는 한 취소사유이다(대판 2007.3.15, 2006두15806). 5) 단, 심의기관이어도 대외적 표시권 등을 가진 정보통신윤리위원회는 그 결정에 처분성을 인정한다(대판 2007.6.14, 2005두4397). 6) 교육공무원법상의 교수임용에 대한 대학 인사위원회의 동의부결을 이유로 한 임용제청거부행위는 재량의 일탈·남용이 없다(대판 2006.9.28, 2004두7818).

나 조정, 협의, 심의 또는 의결 등을 하기 위한 복수의 구성원으로 이루어진 합의제 기관"을 말한다(행정위원회법 제2조 제1항). 이는 합의제 행정기관으로서, 위원회의 중복설치를 막기 위하여 2008년 12월에 「행정위원회법」이 제정되었다.

대법원 2007. 6. 14. **선고** 2005두4397 **판결【청소년유해매체결정취소】**
피고(*정보통신윤리위원회) 명의로 외부에 표시되고 이의가 있는 때에는 피고에게 결정취소를 구하도록 통보하고 있어 객관적으로 이를 행정처분으로 인식할 정도의 외형을 갖추고 있는 점, 피고의 결정에 이은 고시 요청에 기하여 청소년보호위원회는 실질적 심사 없이 청소년유해매체물로 고시하여야 하고 이에 따라 당해 매체물에 관하여 구 청소년보호법상의 각종 의무가 발생하는 점, 피고는 이 사건 결정을 취소함으로써 구 청소년보호법상의 각종 의무를 소멸시킬 수 있는 권한도 보유하고 있는 점 등 관련 법령의 내용 및 취지와 사실관계에 비추어 볼 때, 피고의 이 사건 결정은 항고소송의 대상이 되는 행정처분에 해당한다고 봄이 상당하다.

3. 소속기관

소속기관은 "중앙행정기관에 소속된 기관"을 말한다. 소속기관에는 "특별지방행정기관과 부속기관"이 있다(영 제2조 제5호).

1) **특별지방행정기관**　　특별행정기관은 "특정한 중앙행정기관에 소속되어, 당해 관할구역내에서 시행되는 소속 중앙행정기관의 권한에 속하는 행정사무를 관장하는 국가의 지방행정기관"이다(행정기관령 제2조 제2호).[19] 예를 들면, 국세청의 각 지방세무서나 지방병무청, 우체국 등이다.

법적 근거는 정부조직법에서 "중앙행정기관은 소관사무를 수행하게 하기 위하여 필요한 때에는 특히 법률로 정하는 경우를 제외하고는 대통령령이 정하는 바에 의하여 지방행정기관을 둘 수 있다"고 규정한다(제3조 제1항). 아울러 업무의 특별성, 지역적인 특수성으로 통합수행이 효율적인 경우에는 대통령이 정하는 바에 따라 관련 중앙행기관의 사무를 통합하여 시행할 수 있다"(제3조 제2항).

2) **부속기관**　　"행정권의 직접적인 행사를 임무로 하는 기관에 부속하여 그 기관을 지원하는 행정기관"이다(영 제2조 제3호). 그 설치는 대통령령으로(법 제4조), 예외로 법률로 설치한다. 중앙행정기관에 부속하여 지원하는 기관이다.

부속기관에는 1) 시험연구기관(국립과학수사연구소, 국립보건연구원 등), 2) 교육훈련기관(중앙공무원교육원, 지방행정연수원 등), 3) 문화기관(국공립도서관, 박물관, 극장), 4) 의료기관(국립의료원, 경찰병원 등) 5) 제조기관(철도공작창, 국립영상제작소), 6) 자문기관(수도권정비위원회, 국토계획심의위원회 등) 등이 있다(법 제4조).

자문기관은 "부속기관중 행정기관의 자문에 응하여 행정기관에 전문적인 의견을 제공하거나, 자문을 구하는 사항에 관하여 심의 · 조정 · 협의하는 등 행정기관의 의사

---

19) 헌법상 지방자치제에 따라 국가의 지방행정을 위하여 보통행정기관은 따로 설치하지 않으나, 지방(시 · 도와 시 · 군 및 자치구)의 국가사무는 법령에 다른 규정이 없는 한, 지방자치단체의 장(시장, 도지사, 시장, 군수, 자치구청장)에게 위임하는 형식으로 국가사무를 처리한다(지방자치법 제93조).

결정에 도움을 주는 행정기관"이다(영 제2조 제4호).

4. 행정기관의 하부조직

행정기관의 하부조직은 행정청의 보조기관과 보좌기관을 말한다(제2조 제8호).

1) **보조기관** 보조기관은 행정청의 내부기관으로 '행정청에 소속되어 행정청의 권한행사를 보조하는 행정기관'이다. 법령에서는 "행정기관의 의사 또는 판단의 결정이나 표시를 보조함으로써 행정기관의 목적달성에 공헌하는 기관"이라고 한다(영 제2조 제6호).

중앙행정기관의 보조기관은 차관, 차장, 실장, 국장 등이다(제2조 제2항). 보조기관은 내부위임에 따라 행정청의 권한을 행사한다. 보조기관의 설치와 사무분장은 법률과 대통령령으로 정한다. 단, 대통령령으로 정하는 보조기관의 설치와 사무분장은 총리령 또는 부령으로 정할 수 있다(제4항).

2) **보좌기관** 보좌기관은 "행정기관(청)이 그 기능을 원활하게 수행할 수 있도록 그 기관장(행정청)이나 보조기관을 보좌함으로써 행정기관의 목적달성에 공헌하는 기관을 말한다"(영 제2조 제7호).

행정각부에는 장관이 특히 지시하는 사항에 관하여 '차관보'를 둘 수 있으며, 중앙행정기관에는 정책관·기획관·담당관을 둘 수 있다(영 제12조). 다만, 대통령령으로 정하는 보조기관에 상당하는 보좌기관은 총리령 또는 부령으로 둘 수 있다(제2조 제5항). 보좌기관은 간접적으로 참모로서 행정청의 의사결정에 참여할 뿐이다. 다만, 보좌기관은 보조기관의 일종으로 보기도 한다(김남진/김연태).

Ⅲ. 조직과 정원

1. 근거법령

중앙행정정기관의 조직과 정원은 특별한 사유가 없는 한 「정부조직법」(제2조 제2항)에 의한 중앙행정기관 단위의 대통령령인 "○○직제"로 정하고(제4조 제1항). 보조기관 또는 이에 상당하는 보좌기관의 설치와 사무분장을 정하는 총리령 또는 부령인 '○○직제시행규칙'으로 정한다(제1항).

2. 기구와 정원의 책정

행정자치부는 매년 "당해 연도의 정부행정조직의 관리·운영방침과 다음 연도의 기구개편안 및 소요정원안의 작성에 필요한 기준을 정한 정부조직관리지침을 수립하여 국무총리의 승인을 얻어 중앙행정기관의 장에게 통보하여야 한다(제8조). 중앙행정기관은 당해 기관과 소속기관의 기구와 정원을 조정할 필요가 있는 경우에 기구개편안과 소요정원안을 행정자치부장관에게 제출하면, 행정자치부장관이 검토하여 다음 연도의 소요기구와 정원을 책정한다.

제 6 절 간접행정조직법

Ⅰ. 공공단체의 개념

국가의 간접행정으로서 공공단체는 '국가로부터 자치행정권을 부여받은 독립한 공법상 법인'이다. 따라서 국가외에 행정목적을 수행하는 공법상 법인, 즉 자치단체라고도 말한다.

공공단체는 행정주체로서 국가사무를 수행하며, 공법상 권리의무의 주체로서의 법적 지위를 가진다. 공법상 권리・의무의 주체라는 점에서 행정주체의 내부기관에 불과한 행정기관이나, 공무담당자인 공무원과 차이가 있다. 예는 지방자치단체, 공공조합(공법상 사단법인), 영조물법인, 공법상 재단법인이 있다.

Ⅱ. 공공단체의 종류

1. 지방자치단체

지방자치단체는 '일정한 구역과 그 주민을 구성요소로 하여 자치권을 갖는 공공단체'(김남진)로서 국가아래서 국가의 영토의 일부를 구성요소로 하고 그 구역내의 주민에 대하여 포괄적 지배권을 가진 단체이다(김도창). '지역단체'라고도 한다.

지방자치단체는 그 구성과 업무의 일반성에 따라 1) 보통지방자치단체(특별시・광역시, 도, 군 , 자치구 등), 2) 특별지방자치단체(지방자치단체조합, 시, 군 자치구조합)로 나뉜다. 지방자치단체는 지방자치제에 따른 해당 지방의 공공사무의 전반에 대한 권한을 가지므로 권한의 일반성이 특색이다. (☞ 자세한 것은 지방자치법)

2. 공법상 사단

공법상의 사단법인은 '특수한 사업 내지 행정목적을 수행하기 위하여 일정한 자격을 가진 자(구성원, Mitglieder)에 의하여 구성된 인적 결합체'이며, 우리나라에서는 '공공단체' 또는 '공공조합'이라고 한다. 공법상 사단은 공공임무를 수행하기 위하여 법률에 의하여 또는 법률에 근거하여 설치되고, 국가의 감독을 받는다. 따라서 법인의 법적 근거(설립근거)가 공법에 있으면, 공법상 법인이다.[20] 공법상 사단의 구성원(조합원)의 자격은 법령에서 정해지고, 가입강제가 있기도 하다.

공법상 사단의 유형으로는 1) 재산권, 기업의 운영, 물적 수권을 중심으로 한 물적 사단(Realkörperschaften)인 상공회의소, 2) 특정한 구성원(회원)의 개인적 속성에 의존한 인적사단(Personalkörperschaften)인 농업협동조합과 같은 직업단체와 변호사회, 의사회, 약사회 등의 자유직업가단체, 3) 특정한 공공임무를 공동으로 수행하기 위하여 지방자치단체가 임의 또는 법적으로 설립한 지방자치단체조합처럼 법인이 구성원이 되는 조합사단(Verbandkörperschaft), 4) 지역을 중심으로 한 사단인 지방자치단체와 같은 지역사단(Gebietskörperschaft)이 있다.[21)]

설립목적에 따라 구분하면, 경제목적의 사단은 상공회의소, 중소기업협동조합, 수산업협동조합, 수출조합, 축산업협동조합, 수입조합 등이 있고, 지역개발 · 토목사업목적의 사단은 토지구획정리조합, 농지개량조합, 도시재개발조합, 산림계, 산림조합 등이 있고, 공적 자유직업인사단은 변호사회, 의사회, 약사회 등이 있고, 사회보험목적의 사단은 구의료보험조합, 건설공제조합, 대한교원공제회 등이 있다. 그밖에 재향군인회, 원호대상자단체 등이 있다. 우리나라는 특정한 행정목적의 수행을 위하여 설립된 조합에 공용수용 등의 특권을 인정하는 형태로 발전하였다. 토지구획정리조합, 농지개량조합, 주택재개발 · 재건축조합 등이다.

공법상 사단의 특징은 1) 공법상 특별법에 의하여 설립되며, 2) 회원에게 가입강제의무를 부여하고, 3) 구성원에 대하여 일정한 제재를 하는 등의 자치행정을 할 수 있다.[22)]

공법상 사단 자체는 공법상 법제도이어서 원칙적으로 구체적인 법령의 위임만 있으면 공법관계로 인정되어 사안에 따라서는 처분성도 인정되지만, 내부관계는 학설은 공법관계로 보지만(홍정선), 판례는 사법관계로 본다.

【판례해설】 농지개량조합과 직원의 근무관계는 공법상 특별관계로 행정소송의 대상이나(대판 1995.6.9, 94누10870), 한국토지공사의 출자회사인 한국토지신탁의 인사관계는 사법관계이다(헌재 2002.3.28, 2001헌마464).

3. 공법상 영조물

영조물은 '공행정주체에 의하여 특정한 공적 목적에 계속적으로 봉사하도록

---

20) *Detterbeck*, Rn. 89.

21) 성승제/고재종/권재열/김준규/전학선, 『공공기관의 운영에 관한 법률 비교법적 연구』, 한국법제연구원, 2008. 12.

22) 우리나라에서는 지역단체인 지방자치단체에 의한 자치행정 외에는 인적단체에 의한 상공회의소, 직업단체 등이 설치법(률)과 가입강제만 존재할 뿐 자치행정을 수행하지 못하고 이익단체로 전락해버렸다. 나아가 각종 공공기관도 판례에서는 '행정'으로 보는 경우가 적어서 간접행정의 의미가 퇴색해 있다. 이는 기능적인 의미와 법령상의 위임관계를 밝혀서 '행정'임을 찾아나가야 할 것이다.

정해진 인적·물적 수단의 총합체'를 말한다. 영조물법인은 영조물이 법인격을 취득한 공공단체를 말한다. (☞ 자세한 것은 영조물법)

> 영조물은 행정목적을 수행하기 위한 행정요원과 물적 수단의 조직적 총합체이고, 행정목적은 일정한 행정임무를 수행하는 것으로 이용자가 있다. 예로는 한국방송공사, 서울대학교병원, 적십자병원, 과학기술원, 한국기술검정공단 등이다. 대부분 국가와 지방자치단체에 의해 직영된다. 따라서 법인인 영조물은 적은 편이다.
>
> 영조물은 사단과 달리 '구성원'(회원)이 없고, '이용자'(Nutzer)만 있다. 영조물의 이용은 대부분 임의적이지만, 법률상 강제되는 것도 있다(교도소). 영조물은 권리능력이 있는 것과 없는 것이 있다. 영조물은 법률에 의하여 또는 법률에 근거하여서만 영조물주체(행정주체)가 설치할 수 있다. 권리능력있는 영조물은 독립한 행정주체이므로 부여된 공공임무를 자기책임으로 수행한다. 법인격없는 영조물은 단지 조직적으로만 독립적이고 법적으로는 설치한 행정주체에 속한다. 영조물은 주로 사회·문화적 목적을 수행하는 '공공시설'(öffentliche Einrichtung)과 영리경제적 목적을 수행하는 '공기업'(öffentliche Unternehmen)에 사용된다.

공법상 영조물 자체는 공법상 법제도이어서 원칙적으로 법령의 위임만 있으면 공법관계로 인정되나, 내부관계는 학설은 공법관계로 보지만(홍정선), 판례는 사법관계로 본다.

> **【판례해설】** 한국조폐공사의 직원파면처분에서 직원의 근무관계를 사법관계로 보며(대판 1978.4.25, 78다414), 한국방송공사의 직원채용관계도 사법관계로 공권력의 행사가 아니다(헌재 2006.11.30, 2005헌마855).

4. 공법상 재단

공법상 재단법인은 '행정주체가 재단설립자로서 특정한 공공목적을 수행하고자 출연한 재산(기금, 물건)을 관리하기 위하여 설립된 법인'을 말한다. 공법상 재단은 공법에 의하여 설립되고, 공공적 특색을 가진 단체로서, 조직적으로 독립하고 권리능력있는 법인이다. 공법상 재단에서는 구성원이나 이용자가 아니라 '이용향유자'(Nutznießer)가 문제된다. 공법상 재단은 출연을 규정한 법률이나 국가의 허가에 따라 법률행위적 의사표시로 출연하여 설치되고, 국가의 감독을 받는다. 예는 한국연구재단, 한국교류재단, 한국정신문화연구원 등이 있다.

Ⅲ. 특 색

1. 설립(근거)법 및 법적 지위

공공단체는 공법상 법률에 의하여 직접 설립되거나 법률에 근거한 행정행위를 통하여 설립된다. 물론 조례나 정관에 의하여 설립되는 경우도 있다. 공공단체는 독립된 공법상 법인으로서 권리·의무의 주체가 될 수 있다. 공공단체 상호간의 관계는 독립한 행정주체로서 법적으로는 대등한 권리의무관계이나, 실무에서는 사실상 소관 부처에 종속되는 불평등관계가 형성되기도 한다.

2. 행정임무의 수행

공공단체는 법령 또는 정관에 의하여 국가임무를 중심으로 특별히 명시된 임무(사업)만을 수행함이 원칙이다. 수행임무는 일반적으로 열기주의를 취한다. 공공단체의 임직원은 공무원인 경우도 있고, 준 공무원인 경우도 있다. 지방자치단체를 제외한 공공단체의 내부관계를 주로 '사법관계'로 본다.

공공단체는 법률의 근거하여 행정행위를 발급할 권한을 가질 수 있다. 따라서 법적 근거가 있으면, 공공단체도 공용부담특권, 강제징수권, 강제가입권 등의 공권력을 행사할 수 있는 권한이 부여된다. 물론, 이 경우 위법하면, 항고소송의 대상이 된다.

3. 공법상 특권

공공단체는 공법상 목적 수행을 위하여 면세, 보조금의 교부, 국공유재산의 무상임대 등의 공법상 특혜가 부여될 수 있다. 공공단체에게 법적 근거에 의하여 자치권이 부여되는 만큼, 국가로 부터의 특권에 상응하는 특별한 감독을 받는다. 국가감독은 원칙적으로 적법성 통제이나 예외적으로 합목적성 통제도 가능하다. 실제로 주무부서 장관의 일반적 통제외에 재무나 재산, 예산에 대한 통제가 가능하다.

Ⅳ. 현행법상 공공기관

1. 개 념

최근 우리나라는 종전의 정부투자기관, 정부출연기관 등의 용어 대신에 '공공기관'이라는 용어를 사용하고 있다. 공공기관은 일반법인 공공기관법에 따르면, "국가·지방자치단체가 아닌 법인·단체 또는 기관 중에서 법률에 의하여 설립되거나 국가 등이 출연하거나 재정적·사실상 지배력을 갖는 기관 중에서 기획재정부장관이 지정한 것"(공공기관법 제4조).[23]. 다만, 1) 구성원 내부의 목적을 위하여 설립된 기관, 2) 지방지치단체가 설립하고 운영에 관여하는 기관, 3) 한국방송공사와 한국교육방송공사는 제외된다. 이는 위의 공법상 사단, 재단 등을 포괄한다.

2. 유 형

1) 공기업 - 1) 시장형 공기업은 자산규모가 2조원 이상이고, 총수입액 중 자체수입액이 대통령령이 정하는 기준 이상인 공기업이고, 2) 준시장형 공기업은 시장형 공기업이 아닌 공기업이다.

2) 준정부기관 - 1) 기금관리형 준정부기관은 「국가재정법」에 따라 기금을 관리하거나 기금의 관리를 위탁받은 준정부기관이고, 2) 위탁집행형 준정부기관은 기금관리형 준정부기관이 아닌 준정부기관이다.

3. 개별법상 공공기관

공공기관은 일반법인 공공기관법 외에도 정보공개법, 개인정보보호법에서 문제된다. 이 경우에 공공기관은 종래의 행정주체인 공공단체 외에도 공적인 기능을 하는 사법상 단체나 법인까지 확대되어 있다.

---

23) 외국의 공공기관 유형에 대하여는 성승제/고재종/권재열/길준규/전학선, 앞의 책, 2008. 12 참조.

제 2 장

지방자치법

근대국가이후에 빠른 속도로 사회가 발전함에 따라 국가는 지역을 관할하는 독립적인 공법상 법인인 '지방자치단체'를 설립하거나 지방행정조직을 설치하여 근거리행정을 수행하였다. 이러한 점에서 종래의 국가행정에서 독립한 지방행정 특히 지방자치의 특수성이 인정되었고, 사회발전에 따라 국가사무가 근거리 행정을 위하여 점차 지방자치단체로 이양하게 되었다. 따라서 이러한 지방자치행정에 대한 특별한 규율과 특별한 법제도를 모은 법이 지방자치법이다. 지방자치법에서는 집행기관인 지방자치단체의 장과 그 소속기관, 자치입법기관인 지방의회와 주민의 권리와 의무, 그리고 지방사무의 특징 등을 다룬다.

제 2 장 지방자치법

제 1 절 지방자치의 개념과 헌법상 보장

제 1 항 지방자치의 개념

Ⅰ. 지방자치의 개념

지방자치(행정)은 '국가와 독립하여 국가내의 일정지역을 중심으로 스스로 운영하는 행정'을 말한다(장태주). 우리나라는 헌법상 지방자치를 보장하고 지방자치법에 따라 지방자치를 시행하고 있다.[1)]

근대국가의 성장에 따라 국가는 지역과 사람을 중심으로 각기 독립한 공법인(공공단체)을 설립하여 독자적인 자치행정을 시행하였다. 그중 '일정한 지역'(구역)을 기초로 하는 공법상 법인인 지방자치단체를 설립하여 지방사무를 법령의 범위안에서 (지역)주민의 의사에 따라 독자적으로 시행한 것이 지방자치(행정)의 시작이다.

지방자치단체는 헌법상 지방자치의 보장에 따라 지방사무에 대한 권한과 자기책임으로 자치행정을 시행한다. 다만, 우리나라는 독일과 달리 헌법규정에 의하여 '주민의 복리사무'에 한정된다.

Ⅱ. 지방자치의 유형

1. 주민자치

주민자치는 '국가이전에 해당 지역 주민 스스로 자신의 기관(의회)을 구성하여

---

1) 우리나라 지방자치의 역사는 1948년 정부수립과 더불어 제헌헌법(제96조, 제97조)에서 지방자치를 처음 규정하였고, 1949년 「지방자치법」을 제정하여 1952년에 지방의회를 구성한 것에서 시작한다. 그러나 1961년 군사쿠데타에 의하여 지방의회가 해산되면서 지방자치가 정지되었다. 이후 군사정부는 1972년 유신헌법 부칙 제10조에서 "통일이 이루어질 때까지 구성하지 아니한다", 1980년 헌법 부칙 제10조에서 "법률에 따라 재정자립도를 감안하여 순차적으로 지방자치를 실시한다"고 하여 지방자치를 실시하지 않았다. 1987년 헌법은 종전 부칙의 지방자치 불실시조항을 삭제하였고, 민간정부가 들어서면서 1991년에 지방의회(기초·광역) 선거를 시작으로 1994년 「지방자치법」을 개정하여 1995년부터 4대 지방선거를 전면 시행하여 지방자치가 다시 시행되고 있다.

그 지역의 행정을 처리하는 형태'를 말한다. 주로 영미에서 발달하였고, 법적 근거가 아니라 주로 역사적 경험에 의존하므로 '정치적 의미의 자치'라고도 한다. 이는 주로 중앙의 국가권력이 약한 나라에서 종족이나 지역을 중심으로 하여 역사적으로 자치행정을 형성한 것이다.

2. 단체자치

단체자치는 근대국가가 형성된 후, '국가에 의하여 국가내의 일정지역을 기초로 하는 공법상 법인인 지방자치단체를 설치하여 국가로부터 독립하여 스스로 그 자치사무를 처리하는 형태'이다. 주로 대륙법계에서 발달하였고, 특히 독일이나 프랑스의 전제군주국가에서 발달하였다. 국가에 의하여 법에 근거하여 지방자치단체를 형성하였다는 점에서 '법적 의미의 자치'라고 한다.

3. 현행법의 태도

우리나라는 헌법상 지방자치의 보장 규정에서 1) 지방의회제도(제118조 제1항)는 주민자치적 요소로, 지방자치단체의 자치권 규정(제117조 제1항)은 단체자치적 요소로서 보아 양자가 혼합되어 있다고 본다(헌재 2006.2.23, 2005헌마403, 박균성). 2) 그러나 헌법상 지방자치의 보장으로 지방자치단체를 설치하고 자치행정을 행한다는 점에서 오늘날 우리 지방자치제도는 단체자치를 중심으로 하여 일부 주민자치요소를 가미한 것으로 보아야 할 것이다(홍정선).

Ⅲ. 지방자치권의 법적 성질

1. 고유권설

국가성립이전에 이미 지방자치단체가 존재하였고, 국가에 대항하여 시민의 자유를 지켰으므로 지방자치권은 국가와 상관없는 자연권으로서 지방자치단체의 고유한 권리, '전국가적인 고유한 권능'이라고 본다.

2. 신고유권설

지방자치단체는 국가의 통치구조의 일부로 존재하지만, 헌법상 지방자치의 보장과 관련하여 지방자치단체는 국민의 기본권과 유사한 고유한 권리를 갖는다고 본다. 일본에서 주민주권론에 근거하여 주장된다(최우용).

3. 자치위임설

국가가 지방자치단체에게 자치권을 위임했다는 입장, 즉 국가의 주권에 따라 헌법 및 법률상 지방자치단체를 창설하여(제도보장), 자치권을 위임한 것에 불과하다는 입장이다(장태주). 국가권력의 단일성에 따라서 지방자치단체도 국가의 지배구조의 하나로 본다(홍정선). 전래설이라고도 한다(박균성). 다수설이다.

Ⅳ. 법 원

1. 개 념

형식적 의미의 지방자치법은 「지방자치법」이고(홍정선), 실질적 의미의 지방자치법은 '지방자치단체의 법적 지위, 조직 및 기관의 구성, 임무와 작용형식 등에 관한 공법법령의 총체'를 말한다. 따라서 지방자치의 법원은 실질적 의미의 지방자치법을 기초로 하여 지방자치와 관련된 다양한 법형식으로 구성된다.

2. 법적 근거

지방자치에 대한 헌법적 근거로 헌법상 지방자치를 보장하여 지방자치의 기본원칙을 규율하고 있다(제117조, 제118조). 한편 지방자치에 대한 법률상 근거는 기본법인 「지방자치법」이고, 이를 근거 내지 모법으로 하여 개별 분야의 단행법률이 제정되어 있다. 한편 지방자치행정에는 각 지방자치단체가 법령의 범위내에서 제정한 자치입법(조례, 규칙 등)도 중요한 법원이 된다.

자치행정 - 지방자치법, 지방교육자치에 관한 법률, 지방분권 및 지방행정체제개편에 관한 법률

지방재정 - 지방재정법, 지방세기본법, 지방세법, 지방교부세법, 지방세특례제한법, 지방교육재정교부금법, 지방자치단체기금관리지원법, 지방자치단체를 계약당사자로 하는 법률, 공유재산및물품관리법, 지방공기업법

지방공무원 - 지방공무원법, 지방공무원교육훈련법, 지방자치단체에 두는 국가공무원의 정원에 관한 법률

Ⅴ. 지방자치의 기능과 위기

1. 기 능

1) 민주주의의 보완 - 지방자치는 풀뿌리 민주주의의 실현으로 근거리 행정을 실현한다. 아울러 민주정치의 연습장으로서 민주주의를 훈련하는 터전이 된다. 한편 국

가권력의 통제라는 측면에서는 사회권력으로서 국가를 보완하는 입장에 있다.

2) 지방분권적 기능 - 지방자치는 민주주의에 따라 국가에서 지방으로 권력이양을 함으로 국가권력을 견제·분산하는 효과를 가진다.

3) 지역균형발전적 기능 - 지방자치는 '지역'을 중심으로 지방자치단체를 설치함으로써 지역균형발전을 주도하고 있다.

2. 지방자치의 위기

1) 사회구조의 변화 - 오늘날 수도권집중과 1일생활권화에 따라 지역에 의존한 향토애, 지역연대감 희박, 지역특색 약화 등으로 지방자치의 의미가 반감되고 있다.

2) 광역행정에 따른 신중앙집권화경향 - 최근 세계적으로 국가임무가 확대되면서 국가권력이 비대화되는 중앙집권화 경향이 있다. 일본이 특히 기초자치단체를 합병하여 광역화하고 있다.

3) 지방자치의 정당화 - 지방자치도 국가처럼 정당정치가 행해지면서, 지역정당이 속출하면서, 지방자치의 의미가 퇴색하고 중앙정치의 축소판이 되는 문제가 있다.

4) 열악한 지방재정 - 지방자치의 활성화를 위하여는 충분한 지방재정이 확보되어야 하는데, 재정자립도의 허약, 지역간 편차, 지방재정의 국가의존 등으로 인하여 충분한 지방재정이 확보되지 못하고 있다. 따라서 국가의 지원에 의존하는 국가의존도가 여전히 높다는 문제가 있다.

제 2 항 지방자치제도의 헌법적 보장

Ⅰ. 지방자치 보장의 개념

지방자치는 근대국가이후 헌법에 근거하여 국가가 지역에 근거한 지방자치단체를 설립하고 자치권을 부여하여 행정을 시작한데서 연원한다. 따라서 지방자치를 헌법상 규정한 것을 '헌법상 지방자치의 보장' 내지 '지방자치의 제도적 보장'(institutionelle Garantie)이라 한다.

「헌법」 제117조 ① 지방자치단체는 주민의 복리에 관한 사무를 처리하고 재산을 관리하며, 법령의 범위안에서 자치에 관한 규정을 제정할 수 있다. ② 지방자치단체의 종류는 법률로 정한다.
제118조 ① 지방자치단체에 의회를 둔다. ② 지방의회의 조직·권한·의원선거와 지방자치단체의 장의 선임방법 기타 지방자치단체의 조직과 운영에 관한 사항은 법률로 정한다.

Ⅱ. 지방자치 보장의 법적 성질

헌법상 지방자치의 보장은 1) 전통적으로 칼 슈미트의 제도적 보장이론에 따라, 지방자치를 '공법상의 제도'로서 헌법상 보장한 것이어서 입법자는 법률로서 형성하거나 제한하되 폐지할 수 없고, 제도의 본질적인 내용은 침해할 수 없다고 보았다(박균성, 헌재 1997.4.24, 95헌바48). 2) 최근에는 객관적 법이론에 따라 지방자치는 '제도'로서 '객관적인 법'으로 보장되거나 '객관적 가치'로서 기본권의 보장에 기여한다고 본다(장태주, 홍정선).

Ⅲ. 지방자치 보장의 내용

1. 지방자치단체의 보장

헌법상 지방자치의 보장은 공법상 제도로서 '지방자치단체'를 보장하는 것이다. 따라서 지방자치단체는 제도적 권리주체로서 보장되므로 다른 행정기관으로 대체될 수 없다는 것을 의미한다. 판례는 제주특별자치도의 기초지방자치단체의 폐지는 헌법상 지방자치의 보장을 위반하는 것이 아니라 입법자의 입법형성권에 속한다고 보았다(헌재 2006.4.27, 2005헌마1190).

2. 지방자치기능의 보장 – 자치권, 자기책임성

1) 헌법상 지방자치의 보장에 따라 지방자치단체는 국가로부터 부여된 '자치권'을 가진다. 이러한 자치권으로부터 지방자치단체의 인사고권, 조직고권, 재정고권, 계획고권, 자치입법고권 등이 나온다.

2) 지방자치의 보장은 지방자치단체가 자치사무를 스스로 고유한 행정과 책임으로 수행하여야 한다는 것이다. 이는 반대로 외부, 특히 국가의 간섭없이 원칙적으로 독립하여 자치적으로 행정을 수행한다는 것을 의미한다. 따라서 자치행정의 원리상 지방자치단체는 자기책임 내지 고유책임으로 지방사무를 수행하고, 법적인 책임도 스스로 부담한다.

3. 지방자치사무의 보장 – 전권한성

독일 기본법에서는 지방자치단체에게 '지역에 대한 포괄적인 자치사무'를 보장하므로 지방사무에 대한 지방자치단체의 '전권한성'(Allzuständigkeit)을 인정하였다. 이에 따라 우리나라에서도 전통적으로 지방자치단체의 전권한성이 주장된다.

그러나 우리 헌법은 단지 '주민의 복리에 관한 사무'와 '재산의 관리'를 '법령의 범위안에서 자치법규의 제정'으로 제한하여 규정하므로 헌법규정을 엄격해석하면, '주민의 복리사무'에 한정되므로(대판 1973.10.23, 73다1212), 독일처럼 '전권한성'이라고 말하기 어렵다. 따라서 지방자치단체는 경찰이나 소방과 같은 질서사무는 수행할 수 없다.

헌법재판소 2006. 2. 23. 2005**헌마**403 **【지방자치법 제87조 제1항 위헌확인】**
지방자치의 본질적 내용은 자치단체의 보장, 자치기능의 보장 및 자치사무의 보장이다(헌재 1994.12.29, 94헌마201, 판례집 6-2, 510, 522).

Ⅳ. 지방자치의 제한

지방자치는 국가의 통일적인 법질서 내지 법치국가 원칙상 '법령의 범위'안에서 허용된다. 따라서 국가는 지방자치단체를 법령의 범위안에서 자치행정을 제한할 수 있다. 이는 국가법질서의 통일성을 확보하기 위한 제도적인 수단이다. 따라서 이러한 범위내에서 지방자치단체는 근본적인 제한이 가해진다. 다만, 법령에 의하여 자치권을 제한하는 경우에도 본질을 훼손할 정도로 제한하는 경우에는 헌법상 지방자치의 보장에 위반된다(헌재 2009.5.28, 2007헌바80).

제 2 절 지방자치단체

제 1 항 지방자치단체의 개념과 유형

Ⅰ. 지방자치단체의 개념

지방자치단체는 '구역'을 기준으로 하여 '구역내의 모든 주민을 구성원으로 하는 공법상 사단으로서 법률의 범위 내에서 구역 내에서 포괄적인 지배권을 행사하는 공법상 법인'이다. 따라서 지방자치단체는 국가의 행정기관과 달리 독립한 행정주체이다.

지방자치단체는 주민, 구역, 자치권의 3요소로 구성된다.

Ⅱ. 지방자치단체의 법적 지위

1. 지역사단 – 행정주체

지방자치단체는 국가로부터 독립한 공법인(제3조 제1항), 즉 공법상 법인이다. 물론 지역을 중심으로 하는 공법상 사단법인, 즉 지역사단이다. 지방자치단체는 법인이므로 권리·의무의 주체라는 점에서 국가의 행정기관과 법적으로 구분되는 행정주체이다. 물론 지방자치단체는 행정청의 지위도 갖는다.

지방자치단체는 국가로부터 독립한 행정주체로서 권리능력과 행위능력, 소송능력을 갖는다. 단, 범죄능력과 형사상 책임능력은 없으나, 과태료부과권이나 배상책임능력(국가배상법)은 가진다.

2. 기본권주체성

공법상 사단법인인 지방자치단체가 권리, 특히 기본권을 가질 수 있는가, 즉 지방자치단체의 기본권주체성에 대하여 1) 부정설은 자치행정권(한)이 보장되므로 기본권의 인정을 부인하고(박균성), 2) 제한적 긍정설은 성질상 공법인에게 인정될 수 있는 기본권은 향유할 수 있다고 보거나(이기우, 허영), 원칙으로는 권한만 인정되지만, 제한적 범위내에서는 기본권도 인정될 수 있다고 보고(계희열), 3) 준기본권설은 자치행정권이 침해되는 경우 자치고권이 인정되는 범위에서는 기본권과 유사하게 기본권주체성이 인정된다고 본다(장태주, 홍정선).[2] 4) 판례는 공법인은 기본권의 수범자이지 기본권의 향유자(주체)가 아니라고 보아(헌재 2009.5.28, 2007헌바80), 지방자치단체(헌재 2009.5.28, 2007헌바80)나 지방의회(헌재 1998.3.26, 96헌마345)는 기본권주체가 될 수 없으므로 헌법소원도 제기할 수 없다고 본다. 5) 지방자치단체는 공법인이므로 원칙적으로 기본권을 향유할 수 없는 지방자치의 보장과 관련하여서는 국가에 대하여 기본권을 향유하므로 헌법소원을 제기할 수 있다고 보아야 할 것이다.

Ⅲ. 지방자치단체의 종류

지방자치단체는 조직과 권한에 따라 다음과 같이 구분할 수 있다.

1. 보통지방자치단체

보통지방자치단체는 '전국에 보편적으로 존재하고, 조직 · 구성 · 권한(사무)에서 일반적인 성격을 갖는 지방자치단체'를 말한다.

보통지방자치단체는 1) 광역자치단체인 특별시, 광역시, 특별자치시, 도, 특별자치도, 2) 기초자치단체인 시, 군, 구가 있다(제2조 제1항). 일반적으로 광역은 '시도', 기초는 '시군구'라고 약칭하기도 한다. 광역자치단체와 기초자치단체는 양자가 독립한 공법인이므로 상하복종관계가 아니라 대등한 관계를 갖는다. 그러나 실무에서는 광역자치단체의 감독이나 행정심판을 받는다.[3]

1) '시'는 ⅰ) 원칙적으로 대부분이 도시의 형태를 가진 인구 5만이상의 지역에 설

2) 자세히는 장태주, 『행정법개론』, 제8판, 1003쪽.

3) 광역지방자치단체는 정부의 직할로 두고, 시는 도의 관할구역안에, 군은 광역시, 특별자치시나 도의 관할 구역에 두며, 자치구는 특별시와 광역시, 특별자치시의 관할구역안에 둔다(제3조 제2항).

치되고(제7조 제1항), ii) 특례로 '도농복합형태의 시'가 설치될 수 있다(제2항).

2) '구'는 i) '특별시와 광역시의 관할구역안에 설치된 구'인 '자치구'로서 독립한 기초자치단체이고, 자치권의 범위는 법령이 정하는 바에 따라 시·군과 다르게 정할 수 있다(제2항). ii) 50만 이상의 시에는 자치구 아닌 구를 둘 수 있다(제3조 제3항). 예로서 수원시 영통구는 자치구가 아닌 (행정)구이다.

3) 기초지방자치단체의 관할구역내에 설치되는 읍(2만이상, 도시형), 면, 동은 자치단체가 아니고 단지 행정구역에 불과하다. '행정면', '행정동·리'라 한다(제4조의2).

4) 한편 제주특별자치도는 기초지방자치단체인 시·군을 두지 않는다(제특법 제15조 제1항). 따라서 제주특별자치도의 제주시 등은 단지 행정시일 뿐이다.

2. 특별지방자치단체

특별지방자치단체는 '특정한 목적을 수행하기 위하여 설치되는 지방자치단체'로서, 조직·구성·권한이 특수하며, 예외적인 지방자치단체이다(제2조 제3항). 국가의 행정기관인 특별지방행정기관과 구별하여야 한다.

특별지방자치단체는 '대통령령이 정하는 것'(제2조 제4항, 실제는 없음)과 '지방자치단체조합'(제159조)이 있다. 입법례는 특별구, 교육(학교)구 등이 있다. 지방자치단체조합은 '지방자치단체의 권한에 속하는 하나 또는 둘 이상의 사무를 공동으로 처리할 관계 지방자치단체간의 합의로 성립하는 법인'을 말한다(제159조).

Ⅳ. 명칭의 변경

1. 지방자치단체

지방자치단체의 명칭과 구역은 종전과 같이 한다(제4조 제1항, 제4조의2 제1항). 따라서 지방자치단체의 명칭이나 구역을 변경할 때에는 관계 지방의회의 의견을 들어 '법률'로 정한다(제4조 제1항). 단, 주민투표를 한 경우는 예외이다(제2항),

2. 지방자치단체가 아닌 기관

지방자치단체가 아닌 구(자치구가 아닌)와 읍·면·동의 명칭을 변경하는 경우에는 행정자치부장관의 승인을 얻어 지방자치단체의 조례로 정하고, 그 결과를 시·도지사에게 보고하여야 한다(제4조의2 제1항). 리의 명칭변경은 관할 지방자치단체의 조례로 정한다(제2항). 특히 제주특별자치도의 행정시의 명칭변경은 도조례로 정하고, 결과를 행정자치부장관에게 보고하여야 한다(제특법 제16조 제2항).

제 2 항 지방자치단체의 구역

Ⅰ. 구역의 개념

지방자치단체는 본질적으로 지역사단, 즉 지역을 중심으로 하는 공법상 사단법인이므로, 해당 지역에서만 자치행정권을 갖기 때문에 '지역'이 중심이 된다. 다만, 우리 지방자치법에서는 지역을 '구역'이라고 규정한다(제4조 등).

구역은 지방자치단체의 구성요소로서, '지방자치단체의 자치권 내지는 권한이 미치는 지리적 범위'를 말한다. 판례는 '자치권을 행사할 수 있는 장소적 범위'로 본다(헌재 2006.8.31, 2003헌라1). 구역은 육지와 바다를 포함하므로 공유수면에도 자치권이 미친다(같은 판례).

구역의 경계에 대하여 지방자치법은 "종전의 예와 같이 한다"고 규정하였는데(제4조 제1항), '최초의 지방자치법 시행당시의 구역'을 말한다(같은 판례). 특히 '리'(里)는 자연촌락을 기준으로 하되, 종전과 같이 한다(제4조의2 제2항).

헌법재판소 2006. 8. 31. 2003**헌라**1 **【광양시등과순천시등간의권한쟁의】**
지방자치법 제4조 제1항에 규정된 지방자치단체의 구역은 주민·자치권과 함께 지방자치단체의 구성요소로서 자치권을 행사할 수 있는 장소적 범위를 말하며, 자치권이 미치는 관할 구역의 범위에는 육지는 물론 바다도 포함되므로, 공유수면에 대한 지방자치단체의 자치권한이 존재한다.
현행 지방자치법 제4조 제1항은 지방자치단체의 관할구역 경계를 결정함에 있어서 '종전'에 의하도록 하고 있고, 지방자치법 제4조 제1항의 개정 연혁에 비추어 보면 위 '종전'이라는 기준은 최초로 제정된 법률조항까지 순차 거슬러 올라가게 되므로 1948.8.15. 당시 존재하던 관할구역의 경계가 원천적인 기준이 된다.

Ⅱ. 구역의 변경

1. 개 념

구역의 변경은 '지방자치단체가 관할하는 구역내의 주민의 실제 생활관계와 (행정)법정 구역이 일치하지 못한 경우에 행정의 효율성을 증대하기 위하여 구역을 조정하는 것'이다. 구역변경에 따라 관할 지방자치단체의 자치행정권이 제한되고, 그 사무나 재산의 승계 등이 문제되므로 그 이해관계의 조정과 전국적으로 통일적인 기준설정을 위하여 국가적인 법형식(법령)으로서 규정하는 것이다.

구역변경의 유형으로는 1) 기존 지방자치단체의 경계를 변경하거나(경계변경), 2) 지방자치단체를 폐치(설치, 폐지), 분합(분리, 합병)함에 따라 관할구역이 변경되는 경우, 3) 인구 감소 등 행정여건 변화로 인하여 필요한 경우에 행정편의상 법정 관할구역(법정동)과 다르게 행정구역을 설정하는 행정동제도(면, 동, 리)가 있다.

2. 종 류

1) **폐치·분합**(인격변동) 폐치분합은 '해당 구역내에 새로운 지방자치단체가 설치되거나 폐지되는 것'이다. 아울러 기존의 지방자치단체가 둘 이상의 지방자치단체로 분리되거나 기존의 둘 이상의 지방자치단체가 하나로 합병되는 것이다. 물론 합병은 합체(둘 이상이 하나로 신설합병), 편입(하나가 다른 것으로 흡수합병)으로, 분리는 분립(일부가 독립), 분할(하나가 둘 이상으로 분리)로 구분할 수 있다.

2) **경계변경** 경계변경은 단지 지방자치단체의 구역만 변경하는 것이다.

3) **미소속지의 편입** 이는 '어느 지방자치단체에도 속하지 않은 지역을 어느 지방자치단체의 구역에 소속시키는 행위'이다. 미소속지는 관할구역이 정해지지 않은 경우로 1) 「공유수면매립법」에 따른 매립지, 2) 「측수지법」 제2조 제19호의 지적공부에 등록이 누락되어 있는 토지는 지방자치단체중앙분쟁조정위원회의 심의·의결을 거쳐 행정자치부장관이 결정한다(제4조 제3항~제9항).

3. 절 차

지방자치단체의 명칭, 구역의 변경·폐치분합은 법률로 정하며, 시·군·자치구의 관할구역변경은 대통령령으로 정한다(제4조 제1항, 제2항). 자치구가 아닌 구·읍면동의 명칭·구역 변경, 폐치·분합은 행정자치부장관의 승인을 얻어 지방자치단체의 조례로 정하며(제3항, 제4항), 리는 자연촌락을 기준으로 하되, 지방자치단체의 조례로 정한다. 행정면, 행정동, 행정리의 특례로 2개 이상의 면, 동, 리를 하나로, 또는 하나를 2개 이상으로 운영할 수 있다.

폐치·분합, 명칭·구역 변경시는 지방의회의 의견을 들어야 한다(제2항 본문). 단, 주민투표를 하는 경우에는 그러하지 않다(주민투표법 제8조).

Ⅲ. 구역변경의 법적 효력

1. 종전 조례등의 계속 시행

지방자치단체의 변경시에 필요한 사항은 조례나 규칙을 제정하고, 그 시행전까지는 종전의 조례가 계속 적용된다.

2. 사무와 재산의 승계

지방자치단체의 구역변경시에는 구 지방자치단체의 사무와 재산은 새로 구역을 관할하는 지방자치단체가 승계한다. 구분이 곤란할 경우에는 사무와 재산의 한계와 승계할 지방자치단체를 시・도는 행정자치부장관이, 시・군・구는 시・도지사가 결정한다.

【판례해설】 이 때 '재산'은 "현금외 모든 재산적 가치가 있는 물건 및 권리"를 말하며, 채무는 제외되는 것이 원칙이다(대판 1992.6.26, 91다40498). 예외는 1) 흡수합병이나 합체시는 기존의 지방자치단체가 소멸하므로 그 채무는 새로운 지방자치단체가 승계하고(대판 1995.12.8, 95다36053), 2) 잡종재산은 불승계된다는 행정선례에 대하여 승계한다고 판시하였다(대판 1999.5.14, 98다8486). 3) 법률규정에 의하여 국가에 의하여 기관위임된 국가사무는 당연히 이전되는 것은 아니다(대판 1991.10.22, 91다5594).

Ⅳ. 구역변경에 따른 권리구제

지방자치단체의 구역설정과 변경은 국가의 조직고권이나 지방자치단체의 존속보호 및 공공복리의 원칙을 형량하여야 한다. 기타의 구역변경시 법률이나 대통령령인 경우에는 취소소송, 권한쟁의심판(장태주), 무효확인소송(류지태), 지역주민의 헌법소원(헌재 1994.12.29, 94헌마201) 등이 가능하다. 지방자치단체장을 원고로 한다.

주로 분쟁대상은 미소속지인 경우로 1) 귀속될 지방자치단체는 관련 지방자치단체와 상급지방자치단체 및 행정자치부가 협의로 결정하고, 2) 협의가 성립하지 않는 경우에는 지방자치단체중앙분쟁조정위원회(제4조 제6항)에서 심의・의결하여 행정자치부장관이 결정하고, 3) 이의가 있는 관계지방자치단체장은 결과를 통보받은 날로부터 15일 이내에 대법원에 소송을 제기한다. 4) 대법원이 인용결정을 하면, 행정자치부장관은 그 취지에 따라 다시 결정한다(제9항).

【판례해설】 행정안전부장관이 매립지가 속할 지방자치단체를 정하는 경우에는 상당한 형성의 자유를 가지고, 이는 계획재량적 성격을 가지므로 비교형량하여야 한다. 따라서 형량의 하자가 발생한 경우에는 재량권의 일탈・남용이 된다(대판 2013.11.14, 2010추73). 이때 원고는 지방자치단체의 장일뿐 지방자치단체가 아니다(같은 판례). 지방자치법(제4조 제4항～제7항)의 규정과 절차에 따라 결정하고 관계지방의회의 의견청취절차는 반드시 거칠 필요는 없다(같은 판례).

미소속지가 귀속(편입)될 지방자치단체의 결정기준으로 국립지리원이 간행한 지형도상의 해상경계선은 종래 지자체들이 어업행정 등을 한 행정관행이 상당히 오랜 기간 존재하므로 지방자치단체와 주민들의 법적 확신이 있어서 행정관습법상 경계선으로 판례도 인정하므로 행정판례법상 해상경계선이어서 불문법상 해상경계로 인정하여 법적 구속력을 가진다고 보았다(헌재 1994.9.23, 2000헌라2).

최근 헌재는 지형도상 해상경계선이 명시적으로 표시되지 않은 경우에는 행정관습법에 의하고 행정관습법이 성립하지 않은 경우에는 지형도상 해상경계선에서 합리적으로 추단할 수 있는 해상경계선에 의하여야 하나 그 확인에서 연혁적인 상황, 자연적인 조건, 행정권 행사 및 그 사무처리의 실상 등을 고려하여 종합적으로 판단하여야 한다고 본다(헌재 2011.9.29, 2009헌라3). 한편 대법원은 지형도상 해상경계선이 가진 관습법적 효력은 2009년 지방자치법 개정으로 변경 내지 제한되었다고 본다(대판 2013.11.14, 2010추73).

제3절 주 민

제1항 주민의 개념

I. 주민의 개념

주민(Einwohner)은 '해당 지방자치단체의 구역 안에 주소를 가진 자'이다(제12조).

주민은 연령·성별·행위능력·국적·자연인·법인을 불문한다. 이는 형식적(법적) 개념으로서 실제 '거주자'(Bewohner)와 구별된다. 주민은 그 일부에 속하는 '유권자로서의 국민'인 공민(公民)과는 구별된다.

II. 주민의 구별기준

주민의 구별기준은 법령에서 달리 정함이 없으면, 실무상 '공법상의 주소'인 '주민등록법상 주민등록지'를 기준으로 한다(대판 1968.11.19, 68도1331). 법인의 경우는 '주된 사무소의 소재지'가 기준이다(제36조). 단, 외국인은 출입국관리법상의 외국인등록제도에 따라 등록여부로 주민을 결정한다. 물론 주민등록이나 외국인등록은 하지 않은 자는 '단순한 거주자'이다.

제2항 주민의 권리

I. 참정권

주민은 법령이 정하는 바에 따라 지방선거, 즉 지방자치단체의 장과 지방의회 의원의 선거에 참여할 권리를 가진다(제13조 제2항).

1. 선거권

해당 지방자치단체의 주민으로서 지방자치단체 구역안에 주민등록이 되어 있는 19세 이상의 자(공선법 제15조 제2항), 외국인은 체류자격취득일 후 3년이 경과한 19세 이상의 외국인으로서 선거인명부작성기준일 현재 외국인등록대장에 등재된 자(공선법 제15조 제1항 제2호)는 지방선거의 선거권을 가진다.

【판례해설】 1) 공무담임권의 연령인 18세와 달리 선거권 연령을 20세로 규정한 것은 입법부에 주어진 합리적인 재량의 범위를 벗어나지 않았으므로 합헌이라고 본다(헌재 2001. 6.28, 2000헌마111). 2) 외국인에게 선거권을 부여하면서 국내거주 재외국민의 지방선거권과 피선거권을 제한하는 것은 평등권, 지방의회의원선거권, 공무담임권을 침해하여 위헌이라고 본다(헌재 2007.6.28, 2004헌마644 등).

2. 피선거권

해당 지방자치단체의 주민으로서, 지방자치단체 구역안에 선거일 현재 계속하여 60일 이상 주민등록 되어있는 25세 이상의 자는 지방선거에 출마할 피선거권을 가진다(공선법 제16조 제3항).

【판례해설】 국내에 거주하는 재외국민은 재외국민이 국회의원선거 피선거권을 가진다는 사실에 비추어 공무담임권을 침해한다(헌재 2007.6.28, 2004헌마644 등)

Ⅱ. 행정서비스권

1. 행정서비스 이용권

주민은 관할 지방자치단체로부터 균등하게 행정의 혜택을 받을 권리를 가진다(헌법 제11조, 법 제13조 제1항). 지방사무의 혜택을 받을 권리를 말한다. 행정서비스를 아래의 재산과 공공시설이용권을 제외한 그 밖의 행정서비스로 보기도 하지만(홍정선), 지방행정사무가 우선적인 사무라는 점에서 타당하지 않다.

【판례해설】 인천공항고속도로이용료지원조례사건에서 이는 추상적이고 선언적인 규정이어서 주민에게 지방자치단체에 대한 구체적이고 특정한 권리가 발생하지 않고, 지방자치단체에게도 균등한 행정적 혜택을 부여할 법적 의무가 발생하는 것은 아니므로 일부 국민에게 지원혜택이 발생한다고 하여 법 제13조 제1항은 침해하는 것은 아니다(대판 2008.6.12, 2007추42).

2. 공공시설이용권

1) **개 념** 해당 지역내의 주민은 법령이 정하는 바에 의하여 소속지방자치단체의 재산과 공공시설을 이용할 권리를 가진다(제13조 제1항).

2) **이용대상** 재산은 '현금 외의 모든 재산적 가치가 있는 물건과 권리'를 말한다(제142조 제3항). 공공시설은 '주민의 복지를 증진하기 위하여 설치한 시설'

로서(제144조 제1항), 주로 생존배려를 위하여 제공된 사회문화적 시설을 말한다.

1) '재산'을 물적설비인 '공공시설'과 구분하거나(류지태), 공물과 동등한 것(김남진)으로 보아 공공시설과 구분하였으나(박균성), 2) 재산의 개념을 주민에게 제공된 것이라고 기능적으로 보아 공공시설과 동의어로 본다(홍정선). 3) 현재는 입법적으로 해결하여 재산과 공공시설을 같은 차원으로 본다. 그러나 지방자치단체의 공물(재산), 공공시설, 공기업은 본질상 구분되어야 한다.

2) **이용주체** 주민은 당연히 이용주체에 포함된다. 주민이 아닌 자는 사실상 이용하는 것일 뿐, 지방자치법에 따른 이용은 아니라고 보지만(박균성), 구역내에 토지·영업소를 가진 자도 이용할 수 있다고 보아야 한다. 행사참가자도 이용권이 있다고도 한다(홍정선).

3) **이용권의 법적 성질** 이용권의 법적 성질은 반사적 이익이라는 견해도 있으나 거부시 시정청구권을 갖는다는 점에서 개인적 공권으로 본다(홍정선, 박균성).

4) **이용권의 설정, 내용, 한계** 이용권의 설정, 내용, 한계는 법령(조례, 규칙)이나 공용지정행위로 지정된다. 이용료는 징수할 수 있지만, 반드시 이용료납부가 이용권의 전제는 아니다. 공공시설 등이 제정한 자치규정은 영조물규칙으로 법규명령의 성질을 가진다. 법리상 행정규칙으로는 이용권의 제한이 불가하다.

Ⅲ. 청원권

주민은 지방의회에 청원을 할 수 있다. 청원을 하려면, 지방의회의원의 소개를 받아 지방의회에 청원서를 제출하여야 한다(제73조). 단, 재판에 간섭하거나 법령에 위반된 내용은 대상이 아니다(제74조). 지방의회의 의장은 청원서를 접수하면, 소관위원회나 본회의 회부하여 심사하게 하고, 사안에 따라서는 지방자치단체의 장에게 이송할 수 있다.

【판례해설】 1) 청원한 내용의 처리결과는 청원자에게 통지하여야 하나, 통지하면 끝나므로 통보조치는 헌법소원의 대상인 구체적인 공권력의 행사 내지 불행사로 보지 않아(헌재 1994.2.24, 93헌마213 등) 불복수단은 없다. 2) 지방의원이 청원소개를 거부한 경우에 의원소개절차는 청원의 남발을 규제하고 심사의 효율을 위한 것이므로 위헌은 아니라고 본다(헌재 1999.11.25, 97헌마54).

Ⅳ. 주민투표권

1. 개 념

주민은 지방자치단체의 장이 주민에게 과도한 부담을 주거나 중대한 영향을 미치는 지방자치단체의 주요 결정사항 등에 대하여 부의한 주민투표에 참여할 권리를 가진다(제14조). 외국인은 체류자격을 가진 자로서 지방자치단체의 조례가 정하는 바에게 주민투표권이 있다(주민투표법 제5조 제2항).

법적 근거는 기본법인 지방자치법(제14조)외에 주민투표의 대상, 발의자, 발의요건, 그 밖에 투표절차 등에 관한 사항은 법률에 위임하여, 2004년에 「주민투표법」이 제정되었다.

주민투표의 법적 성질은 헌법상 보장되는 기본권(참정권)이나 헌법에 열거되지 아니한 권리가 아니라 입법에 의하여 채택된 권리이므로 '법률상 보장되는 참정권'으로 본다(헌재 2005.12.22, 2004헌마530).

헌법재판소 2005. 12. 22, 2004**헌마**530 **전원재판부 【주민투표법제7조제1항등위헌확인】 주민투표권은 법률이 보장하는 권리일 뿐이지 헌법이 보장하는 기본권 또는 헌법상 제도적으로 보장되는 주관적 공권으로 볼 수 없다**(헌재 2001.6.28. 2000헌마735, 판례집 13-1, 1431, 1439-1440 참조).

2. 주민투표의 대상

1) **지방자치단체의 주요 결정사항** 지방자치단체의 장이 주민투표에 부의할 수 있는 대상은 "주민에게 과도한 부담을 주거나 중대한 영향을 미치는 지방자치단체의 주요 결정사항 등"이다(제14조 제1항). 이는 지방자치단체장의 권한으로 결정할 수 있는 사항에 대하여 주민의 의사를 물어 행정에 반영하려는 데에 목적이 있다(대판 2002.4.26, 2002추23).

주민투표의 예외사항은 1) 법령에 위반되거나 재판중인 사항, 2) 국가 또는 다른 지방자치단체의 권한 또는 사무에 속하는 사항, 3) 지방자치단체의 예산·회계·계약 및 재산관리에 관한 사항과 지방세·사용료·수수료·분담금 등 각종 공과금의 부과 또는 감면에 관한 사항, 4) 행정기구의 설치·변경에 관한 사항과 공무원의 인사·정원 등 신분과 보수에 관한 사항, 5) 다른 법률에 의하여 주민대표가 직접 의사결정주체로서 참여할 수 있는 공공시설의 설치에 관한 사항. 다만, 제9조 제5항의 규정에 의하여 지방의회가 주민투표의 실시를 청구하는 경우에는 그러하지 아니하다, 6) 동일한 사항(그 사항과 취지가 동일한 경우를 포함한다)에 대하여 주민투표가 실시된 후 2년이 경과되지 아니한 사항이다(법 제7조).

【판례해설】 1) 미군부대의 이전은 지방자치단체의 장의 권한에 의하여 결정할 수 있는 사항이 아님이 명백하므로 주민투표의 대상이 될 수 없다(대판 2002.4.26, 2002추23). 2) 주민투표의 실시대상이어도 주민투표의 시행여부는 지방자치단체장의 임의적인 재량에 맡

겨져 있다. 따라서 일정한 기간내에 반드시 주민투표를 실시하도록 규정한 조례(안)은 지방자치단체장의 고유한 권한을 침해한다(같은 판례).

2) **국가정책수립에 대한 사항** 중앙행정기관의 장은 지방자치단체의 폐치·분합 또는 구역변경, 주요시설의 설치 등 국가정책의 수립에 관한 주민의 의견을 듣기 위하여 주민투표의 실시를 지방자치단체장에게 요구할 수 있다(제8조 제1항).

【판례해설】 국가정책에 관한 주민투표의 법적 성질은 중앙행정기관의 장이 주민의 의견을 묻는 의견수렴의 성격을 갖는다(헌재 2008.12.26, 2005헌마1158).이 때 중앙행정기관의 장은 국가정책과 관련된 주민투표의 실시여부와 구체적인 실시지역에 대하여는 재량권을 갖는다. 따라서 국가정책에 관한 주민투표에 대한 주민투표소송은 배제되고, 이는 '합헌'으로 판시하였다(헌재 2009.3.26, 2006헌마99).

시행절차는 중앙행정기관의 장이 주민투표의 실시구역을 정하고 미리 행정자치부장관과 협의하고(제8조 제1항), 요구받은 지방자치단체장은 지체없이 공표하고, 30일 이내에 지방의회의 의견을 들어야 하고, 그 결과를 중앙행정기관의 장에게 통지하고, 이후 주민투표를 시행한다.

3. 실시요건

주민투표는 1) 지방자치단체의 장이 직권으로 부의, 2) 주민 또는 지방의회의 청구, 3) 중앙행정기관의 장의 요구에 의하여 지방자치단체의 장이 실시할 수 있다(제9조 제1항). 판례는 단체장의 실시여부 및 실시구역의 결정은 상당한 범위의 재량을 가진다고 본다(대판 2002.4.26, 2002추23).

주민은 주민투표청구권자 총수의 1/20이상의 19세이상의 주민의 서명으로 청구할 수 있고, 지방의회는 재적의원 과반수의 출석과 출석의원 3분의 2이상의 찬성으로 청구할 수 있으며, 지방자치단체의 장이 직권으로 주민투표를 실시하려면 지방의회 재적의원 과반수 출석에 출석의원 과반수의 동의를 얻어야 한다.

4. 주민투표의 효력

주민투표 결과에 따라 지방자치단체장과 지방의회는 확정된 내용대로 행정·재정상의 필요한 조치를 하여야 한다(제24조 제5항). 특히 확정된 사항에 대하여는 2년 이내에 이를 변경하거나 새로운 결정을 할 수 없다(제24조 제6항). 국가정책에 관한 주민투표의 결과는 법적 구속력이 없다고 보거나(홍정선), 주민투표의 법적 구속력 자체를 반대하기도 한다(박균성).

5. 권리구제

1) **소 청** 주민투표의 효력에 대한 이의는 주민투표권자가 총수 1/100

이상의 서명으로 주민투표결과 공표일로부터 14일 이내에 관할 선거관리위원장을 피소청인으로 하여 시 · 군 및 자치구는 시 · 도선거관리위원회, 시 · 도는 중앙선거관리위원회에 소청을 제기할 수 있다(법 제25조 제1항).

2) **주민투표소송** 소청에 불복하는 경우에는 관할 선거관리위원장을 피고로 하여 결정서를 받은 날로부터 10일 이내에 시 · 도는 대법원, 시 · 군 · 자치구는 관할 고등법원에 소를 제기할 수 있다(법 제25조 제2항).

3) **항고소송** 주민의 주민투표청구에 대하여 지방자치단체장이 수리하여 발의한 행위는 '처분'으로 보아 항고소송을 제기할 수 있다. 해당 지역 주민이 집행정지를 신청할 수 있다(서울행결 2011.8.16, 2011아2179).

V. 조례제정 및 개폐청구권

1. 개 념

19세 이상 주민은 연서로 해당 지방자치단체의 장에게 조례를 제정하거나 개정하거나 폐지할 것을 청구할 수 있다(제15조).

> 조례제정등청구권의 법적 성질은 지방의회의 조례제정 등의 해태를 시정하기 위한 것으로 청원권의 집단적 행사(홍정선), 주민발의의 일종(박균성)으로도 본다. 판례는 헌법상 인정된 참정권이 아니라 입법자에게는 지방자치제도의 본질적 내용을 침해하지 않는 한도에서 제도의 구체적인 내용과 형태의 형성권이 폭넓게 인정된 '법률상 권리'로 본다(헌재 2009.7.30, 2007헌바75).

2. 청구인

청구인은 1) 해당 지방자치단체의 관할구역에 주민등록이 되어 있는 사람, 2) 「재외동포의 출입국과 법적 지위에 관한 법률」 제6조 제1항에 따라 해당 지방자치단체의 국내거소신고인명부에 올라 있는 국민, 3) 「출입국관리법」 제10조에 따른 영주의 체류자격 취득일 후 3년이 경과한 외국인으로서 같은 법 제34조에 따라 해당 지방자치단체의 외국인등록대장에 올라 있는 사람이다(제15조 제1항). 즉 주민, 국내체류 재외국민, 거주 외국인이다.

> 청구인의 범위는 1) 시 · 도와 인구 50만 이상 대도시는 주민 총수의 100분의 1이상 70분의 1이하, 2) 시 · 군 및 자치구는 주민 총수의 50분의 1이상 20분의 1이하의 범위에서 지방자치단체의 조례로 정하는 19세 이상의 주민 수 이상의 연서로 단체장에게 청구한다(제15조 제1항).

3. 청구대상

청구대상은 지방의회가 제정하는 조례와 관련된 모든 사항이다. 단, 예외사항은 1) 법령을 위반하는 사항, 2) 지방세·사용료·수수료·부담금의 부과·징수 또는 감면에 관한 사항, 3) 행정기구를 설치하거나 변경하는 것에 관한 사항이나 공공시설의 설치를 반대하는 사항이다(제15조 제2항).

판례는 '법령을 위반하는 사항'에 관한 주민의 조례제정청구를 단체장이 각하하도록 조례제정의 한계를 규정한 지방자치법 제15조는 위헌이 아니라고 본다(헌재 2009.7.30, 2007헌바75).

4. 청구절차

청구절차는 1) 청구인의 대표자를 선정하여 청구인명부와 조례의 제정안·개정안 및 폐지안을 작성하여 단체장에게 제출하고(제15조 제3항), 2) 단체장은 청구를 받은 날부터 5일 이내에 그 내용을 공표하여야 하며, 청구를 공표한 날부터 10일간 청구인명부나 그 사본을 공개된 장소에 갖추어 두어 열람할 수 있도록 하여야 한다(제4항). 청구인명부의 서명에 관하여 이의가 있는 자는 제4항에 따른 열람기간에 해당 지방자치단체의 장에게 이의를 신청할 수 있다(제5항). 3) 단체장은 제7항에 따라 청구를 수리한 날부터 60일 이내에 조례의 제정안·개정안 또는 폐지안을 지방의회에 부의하여야 하며, 그 결과를 청구인의 대표자에게 알려야 한다(제9항).

단체장은 청구된 조례안에 이견이 있는 경우에는 지방의회 부의시에 의견을 첨부할 수 있고, 지방의회는 의결전 청구인대표자의 청구취지를 들을 수 있다.

Ⅵ. 주민감사청구권

1. 개 념

19세 이상의 주민은 그 지방자치단체와 그 장의 권한에 속하는 사무처리가 법령에 위반되거나 공익을 현저히 해친다고 인정되면, 감독청에게 감사를 청구할 수 있다(제16조). 주민의 감시와 참여를 촉진하는 제도이다.

2. 감사청구대상

감사청구대상은 '지방자치단체와 단체장의 권한의 속하는 사무'로 '그 사무처리가 법령에 위반되거나 공익을 현저히 해한다고 인정되는 사항'이다(제16조 제1항).

감사청구의 예외사항은 1) 수사나 재판에 관여하게 되는 사항, 2) 개인의 사생활을 침해할 우려가 있는 사항, 3) 다른 기관에서 감사하였거나 감사 중인 사항(다만, 다른 기관에서 감사한 사항이라도 새로운 사항이 발견되거나 중요사항이 감사에서 누락된 경우와 제17조 제1항에 따라 주민소송의 대상이 되는 경우에는 그러하지 아니하다), 4) 동일한 사항에 대하여 제17조 제2항 각호의 어느 하나에 해당하는 소송이 진행 중이거나 그 판결이 확정된 사항이다(제1항).

3. 청구인과 상대방

청구인의 범위는 시·도는 500명, 인구 50만 이상 대도시는 300명, 그 밖의 시·군 및 자치구는 200명을 넘지 아니하는 범위에서 그 지방자치단체의 조례로 정하는 19세 이상의 주민 수 이상의 연서로, 시·도에서는 주무부장관에게, 시·군 및 자치구에서는 시·도지사에게 청구할 수 있다. 즉, 감사청구는 사무를 처리한 해당 지방자치단체가 아니라 감독청에게 하는 것이다(상대방).

4. 청구기한

감사청구는 청구기한이 있다. 즉, 사무처리가 있었던 날이나 끝난 날부터 2년이 지나면 제기할 수 없다(제16조 제2항).

5. 감사절차

주민감사청구를 받은 주무부장관이나 시·도지사는 감사청구를 수리한 날부터 60일 이내에 감사청구된 사항에 대하여 감사를 끝내야 하며, 감사결과를 청구인의 대표자와 해당 단체장에게 서면으로 알리고, 공표하여야 한다. 다만, 그 기간에 감사를 끝내기가 어려운 정당한 사유가 있으면 그 기간을 연장할 수 있다. 이 경우 이를 미리 청구인의 대표자와 해당 단체장에게 알리고, 공표하여야 한다(제16조 제3항). 단, 감사청구사항이 다른 기관에서 이미 감사한 사항이거나 감사 중인 사항이면 그 기관에서 실시한 감사결과 또는 감사 중인 사실과 감사가 끝난 후 그 결과를 알리겠다는 사실을 청구인의 대표자와 해당기관에 알려야 한다(제4항).

주무부장관이나 시·도지사는 주민감사청구를 처리할 때 청구인의 대표자에게 반드시 증거제출 및 의견진술의 기회를 주어야 한다(제5항).

6. 감사결과의 이행

감사결과에 따라 주무부장관이나 시·도지사는 기간을 정하여 해당 단체장에게 필요한 조치를 요구할 수 있고, 그 단체장은 조치결과를 지방의회와 주무부장관 또는 시·도지사에게 보고하여야 한다(제16조 제6항).

주무부장관이나 시·도지사는 위 조치요구내용과 조치결과를 청구인의 대표자에게 서면으로 알리고, 공표하여야 한다(제7항).

Ⅶ. 주민소송

1. 개 념

주민은 재정관련사항에 대하여 감사청구한 사항과 관련하여 위법행위나 업무의 해태가 발견된 경우에는 해당 단체장을 대상으로 하여 제기하는 소송이다(제17조 제1항). '감사전치주의'라고도 한다. 주로 재정관련사무가 대상이다.

주민소송의 법적 성질은 개인의 권리침해가 아니라 공익목적으로 제기되는 민중소송으로서 적법성확보를 목적으로 하는 객관적 소송이라고 본다(장태주, 박균성).

주민소송의 대상은 1) 공금의 지출에 관한 사항, 2) 재산의 취득·관리·처분에 관한 사항, 3) 해당 지방자치단체를 당사자로 하는 매매·임차·도급 계약이나 그 밖의 계약의 체결·이행에 관한 사항 또는 4) 지방세·사용료·수수료·과태료 등 공금의 부과·징수를 게을리한 사항을 주민이 감사청구한 경우이다.

대법원 2011. 12. 22. 선고 2009두14309 판결 【손해배상청구】
구 지방자치법 제13조의5 제1항에 규정된 주민소송의 대상으로서 **'공금의 지출에 관한 사항'이라 함은 지출원인행위 즉, 지방자치단체의 지출의 원인이 되는 계약 그 밖의 행위로서 당해 행위에 의하여 지방자치단체가 지출의무를 부담하는 예산집행의 최초 행위와 그에 따른 지급명령 및 지출 등에 한정되고,** 특별한 사정이 없는 한 이러한 지출원인행위 등에 선행하여 그러한 지출원인행위를 수반하게 하는 당해 지방자치단체의 장 및 직원, 지방의회 의원의 결정 등과 같은 행위는 포함되지 않는다고 보아야 할 것이다.

주민소송절차는 주민은 1) 주무부장관이나 시·도지사가 감사청구를 수리한 날부터 60일(제16조 제3항 단서에 따라 감사기간이 연장된 경우에는 연장기간이 끝난 날)이 지나도 감사를 끝내지 아니한 경우, 2) 감사결과 또는 조치요구에 불복하는 경우, 3) 주무부장관이나 시·도지사의 조치요구를 지방자치단체의 장이 이행하지 아니한 경우, 4) 단체장의 이행조치에 불복하는 경우에 해당하면, 그 감사청구한 사항과 관련이 있는 위법한 행위나 업무를 게을리한 사실에 대하여 해당 단체장(해당 사항의 사무처리에 관한 권한을 소속 기관의 장에게 위임한 경우에는 그 소속 기관의 장)을 상대방으로 하여 소송을 제기할 수 있다(제17조).

2. 종 류

1) **중지청구소송** (제1호소송) '해당 행위를 계속하면 회복하기 곤란한 손해를 발생시킬 우려가 있는 경우에 그 행위의 전부나 일부를 중지할 것을 요구하는 소송'이다(제17조 제2항 제1호). 단, 중지청구소송은 해당 행위를 중지할 경우 생명이

나 신체에 중대한 위해가 생길 우려가 있거나 그 밖에 공공복리를 현저하게 저해할 우려가 있으면 제기할 수 없다(제3항).

2) **취소소송 또는 무효등확인소송** (제2호소송) '행정처분인 해당 행위의 취소 또는 변경을 요구하거나 그 행위의 효력 유무 또는 존재 여부의 확인을 요구하는 소송'이다. 이때는 무효확인소송도 제소기한이 있다.

3) **부작위위법확인소송** (제3호소송) '업무를 게을리한 사실의 위법확인을 요구하는 소송'이다. 이는 일반행정소송법상의 무효등확인소송과 달리 90일이라는 제소기간의 제한이 있다(제4항).

4) **손해배상 또는 부당이득반환청구소송** (제4호본문소송) '해당 지방자치단체의 장 및 직원, 지방의회의원, 해당 행위와 관련이 있는 상대방에게 손해배상청구 또는 부당이득반환청구를 할 것을 요구하는 소송'이다.[4)]

5) **변상명령소송** (제4호단서소송) 그 지방자치단체의 직원이 「지방재정법」 제94조나 「회계관계직원 등의 책임에 관한 법률」 제4조에 따른 변상책임을 져야 하는 경우에는 변상명령을 할 것을 요구하는 소송을 말한다. 판결이 확정되면, 단체장은 확정된 날로부터 60일 이내에 변상명령을 명령고, 미납시는 지방세체납처분의 예에 따라 징수할 수 있다. 이에 불복할 경우는 행정심판이 아닌 행정소송을 제기하여야 한다(제19조).

3. 당사자와 제소기간

1) **당사자** 주민소송의 원고는 감사청구한 주민이면 누구나 제기할 수 있다. 다만, 같은 사항의 소송이 진행중인 경우에는 소송을 제기할 수 없다. 주민소송의 피고는 해당 사무를 행한 공무원이 아니라 지방자치단체의 장이 된다.

주민소송은 소송의 계속중에 소를 제기한 주민이 사망하거나 주민의 자격을 잃으면, 소송절차가 중단되고(제17조 제6항), 다른 주민이 이러한 사유가 발생한 날로부터 6개월 이내에 소송절차를 수계할 수 있다. 그러나 소송을 수계하지 않으면, 소송절차는 종료된다(제7항).

2) **제소기간** 해당사유발생일로부터 90일 이내에 청구하여야 한다.

중지청구소송(제1호)은 감사청구를 수리한 날부터 해당 60일이 끝난 날(감사기간이

---

4) 이 소송에서 판결이 확정되면, 단체장은 판결이 확정된 날부터 60일 이내를 기한으로 하여 책임이 있는 당사자에게 기불을 청구하여야 한다. 다만, 당사자가 단체장인 경우에는 지방의회 의장이 지불을 청구하여야 한다(제18조 제1항). 지불청구를 받은 당사자가 지불하지 않으면, 손해배상·부당이득의 청구를 목적으로 하는 소송을 단체장이 제기하여야 한다. 단체장이 상대방인 경우에는 지방의회의장이 지방자치단체를 대표하여 소를 청구한다(제2항).

연장된 경우에는 연장기간이 끝난 날), 취소소송등(제2호)은 해당 감사결과나 조치요구내용에 대한 통지를 받은 날, 부작위위법확인소송(제3호)등은 해당 조치를 요구할 때에 지정한 처리기간이 끝난 날, 손해배상소송등(제4호)은 해당 이행 조치결과에 대한 통지를 받은 날부터 제소기간이 시작한다(제17조 제4항).

4. 소송절차

주민소송은 해당 지방자치단체의 사무소 소재지를 관할하는 행정법원에 제기한다(제17조 제9항).

주민소송에서 승소(일부 승소를 포함)한 경우 그 지방자치단체에 대하여 변호사 보수 등의 소송비용, 감사청구절차의 진행 등을 위하여 사용된 여비, 그 밖에 실제로 든 비용을 보상할 것을 청구할 수 있다. 이 경우 지방자치단체는 청구된 금액의 범위에서 그 소송을 진행하는 데에 객관적으로 사용된 것으로 인정되는 금액을 지급하여야 한다(제16항).

Ⅷ. 주민소환권

1. 개 념

주민은 지방자치에 관한 주민의 직접참여를 확대하고 지방행정의 민주성과 책임성을 제고함을 목적으로 그 단체장 및 지방의회의원(비례대표 지방의회의원은 제외한다)을 소환할 권리를 가진다(제20조 제1항). 주민소환권은 「주민소환에 관한 법률」에 상세하게 규정되어 있다.

2. 소환권자 등

주민소환투표권자는 주민소환투표인명부 작성기준일 현재 1) 당해 지방자치단체 관할구역에 주민등록이 되어 있는 19세 이상의 주민, 2) 영주의 체류자격 취득일 후 3년이 경과한 자 중 당해 지방자치단체 관할구역의 외국인등록대장에 등재된 19세 이상의 외국인이다. 주민소환의 대상자는 단체장과 지방의회의원이다(지자법 제20조 제1항).

소환권자의 범위는 1) 특별시장·광역시장·도지사는 청구권자 총수의 100분의 10 이상, 2) 시장·군수·자치구의 구청장은 청구권자 총수의 100분의 15이상, 3) 지역선거구시·도의회의원 및 지역선거구자치구·시·군의회의원은 청구권자 총수의 100분의 20이상에 해당하는 주민의 서명으로 그 소환사유를 서면에 구체적으로 명시하여 관할선거관리위원회에 주민소환투표의 실시를 청구할 수 있다(소환법 제7조 제1항).

한편 주민소환사유에는 제한이 없다. 법이 소환사유를 규정하지 않은 것도 소환대상자의 공무담임권을 침해하지 않는다고 본다(헌재 2009.3.26, 2007헌마843).

3. 청구기간

주민소환의 청구기간은 주민소환의 실효성을 확보하기 위하여 1) 선출직 지방공직자의 임기개시일부터 1년이 경과하지 아니한 때, 2) 선출직 지방공직자의 임기만료일부터 1년 미만일 때, 3) 해당선출직 지방공직자에 대한 주민소환투표를 실시한 날부터 1년 이내인 때에는 주민소환투표의 실시를 청구할 수 없도록 규정하고 있다(제8조).

4. 주민소환절차

1) **주민소환투표의 청구 및 서명요청활동** - 주민소환절차는 주민의 서명과 소환사유를 서면에 구체적으로 명시하여 관할선거관리위원회에 주민소환투표의 실시를 청구한다(제7조 제1항). 서명의 편의를 위하여 소환청구인대표자와 서면에 의하여 소환청구인대표자로부터 서명요청권을 위임받은 자는 서명요청활동을 할 수 있다(법 제9조). 판례는 선거관리위원회의 주민소환투표청구 수리결정은 적어도 소환청구인들의 구체적인 권리의무에 직접적인 변동을 초래하는 법적인 행위로서 항고소송의 대상이 되는 '처분'에 해당한다고 본다(수원지법 2007.11.21, 2007구합9571).

2) **소환투표의 공표 및 통지, 발의** - 관할선거관리위원회는 주민소환투표청구가 적법하다고 인정하는 경우에는 지체 없이 그 요지를 공표하고, 소환청구인대표자 및 해당선출직 지방공직자에게 그 사실을 통지하여야 한다(제12조 제1항). 주민소환투표의 발의는 주민소환투표대상자의 소명요지 또는 소명서 제출기간이 경과한 날부터 7일 이내에 주민소환투표일과 주민소환투표안(소환청구서 요지 포함)을 공고하여 발의하여야 한다(제2항).

3) **소환대상자의 소명 및 법적 지위** - 관할 선거관리위원회는 주민소환대상자에게 소명을 요청하고, 주민소환투표대상자는 그 요청을 받은 날부터 20일 이내에 500자 이내의 소명요지와 소명서(필요한 자료를 기재한 소명자료를 포함한다)를 관할선거관리위원회에 제출하여야 한다. 소명요지는 주민소환투표일과 주민소환투표안을 공고시에 함께 공고하여야 한다. 주민소환투표대상자는 관할선거관리위원회가 주민소환투표안을 공고한 때부터 주민소환투표결과를 공표할 때까지 그 권한행사가 정지되고, 부단체장이 권한을 대행한다. 주민소환이 확정된 때에는 주민소환투표대상자는 그 결과가 공표된 시점부터 그 직을 상실한다.

4) **소환투표일 지정 및 실시** - 관할선거관리위원회는 공고일부터 20일 이상 30일 이하의 범위 안에서 주민소환투표일을 정한다. 다만, 주민소환투표대상자가 자진사퇴, 피선거권 상실 또는 사망 등으로 궐위된 때에는 주민소환투표를 실시하지 아니한다

(제13조 제1항).

주민소환투표 공고일 이후 90일 이내에 1) 「주민투표법」에 의한 주민투표, 2) 「공직선거법」에 의한 선거 · 재선거 및 보궐선거(대통령 및 국회의원 선거를 제외), 3) 동일 또는 다른 선출직 지방공직자에 대한 주민소환투표의 어느 하나에 해당하는 투표 또는 선거가 있을 때에는 주민소환투표를 그에 병합하거나 동시에 실시할 수 있다(제2항).

5) 소환투표운동 및 필요경비 - 주민소환투표 공고일의 다음날부터 투표일 전일까지(주민소환투표운동기간) 주민소환투표운동은 할 수 있다. 주민소환투표운동은 "주민소환투표에 부쳐지거나 부쳐질 사항에 관하여 찬성 또는 반대하는 행위"를 말한다. 다만, 단순한 의견개진 및 의사표시나 준비행위는 주민소환투표운동으로 보지 아니한다.

주민소환투표에 필요한 경비는 당해 지방자치단체가 부담하되, 주민소환투표운동의 경비는 각자 부담한다.

【판례해설】 주민소환투표의 요건은 입법자의 재량이므로 청구요건은 남용될 위험이 크다고 볼 수 없으며, 주민소환투표가 공고된 날부터 그 결과가 공표될 때가지 소환대상자의 권한행사를 정지하는 것은 입법목적의 달성을 위한 것으로 공무담임권의 본질적 내용이 침해되는 것은 아니다. 주민소환투표청구권자 총수의 100분의 15이상으로 서명만으로 지방자치단체장의 소환투표청구를 할 수 있도록 한 법 제7조 제1항 제2호는 과잉금지의 원칙을 위반하여 청구인의 공무담임권을 침해하지 않는다(헌재 2009.3.26, 2007헌마843).

5. 주민소환투표의 효력

주민소환은 주민소환투표권자 총수의 1/3이상의 투표와 유효투표 총수의 과반수 이상의 찬성으로 확정된다(법 제22조 제1항). 주민소환투표에 의하여 주민소환이 확정되면, 주민소환대상자는 그 결과가 공표된 시점부터 그 직을 상실한다(제23조 제1항).

6. 주민소환투표소송

1) 소 청 주민소환투표의 효력에 관하여 이의가 있는 해당 주민소환투표대상자 또는 주민소환투표권자(주민소환투표권자 총수의 100분의 1이상)는 제22조 제3항의 규정에 의하여 주민소환투표결과가 공표된 날부터 14일 이내에 관할선거관리위원회 위원장을 피소청인으로 하여 지역구시 · 도의원, 지역구자치구 · 시 · 군의원 또는 시장 · 군수 · 자치구의 구청장을 대상으로 한 주민소환투표에 있어서는 특별시 · 광역시 · 도선거관리위원회에, 시 · 도지사를 대상으로 한 주민소환투표에 있어서는 중앙선거관리위원회에 소청할 수 있다.

2) 주민소환투표소송 해당 선거관리위원회의 소청결정에 불복하는 자는 그 결정서를 받은 날로부터 10일 이내에 관할 고등법원 또는 대법원에 소를 제기할 수 있다(제24조).

제 3 항 주민의 의무

Ⅰ. 비용분담의무

주민은 법령이 정하는 바에 따라 소속 지방자치단체의 비용을 분담하여야 할 의무를 진다(제21조). 구 지자법상 노역·물품, 부역·현품은 폐지되었고, 조세국가 원리에 따라 단지 공과금의 납부의무를 부담한다.

지방자치법은 공과금으로 지방세(제135조), 사용료(제136조), 수수료(제137조), 분담금(제138조) 등을 규정한다. 이 중 지방세를 제외한 것은 조례로 정해지며(제139조), 징수는 '지방세징수의 예'에 의한다(제140조 제2항). 그 외에 재해발생에 대한 응급조치의무가 있다(농어업재해대책법 제7조).

Ⅱ. 기타의무

그 밖에 주민은 자신의 토지를 지방자치단체의 공적 필요에 의한 '공적사용'에 제공될 수 있다. '이용제공의 강제,' 또는 '연결강제'라고도 한다. 이는 정당한 공적 보상이 제공된다. 이용강제의무로서 주민은 지방자치단체의 일정한 시설이용에 강제되기도 한다. 이는 '이용강제'이다.

제 4 절 지방자치단체의 기관(조직)

제 1 항 지방자치단체의 조직 개설

Ⅰ. 지방자치단체의 기관의 개념

우리 헌법은 지방자치제도를 보장하면서, "지방자치단체의 종류는 법률로 정한다"고 규정하여(제117조 제2항), 지방자치단체의 기관의 조직과 구성에 대하여는 「지방자치법」에서 규정한다.

지방자치단체는 헌법과 지방자치법에 의하여 지방사무에 대한 자치행정권을 수권받은 공법인이다. 따라서 '공법상 법인으로서 행정주체인 지방자치단체는 자신의 의사를 결정하고 사무를 수행하기 위하여 행위능력을 가진 일정한 조직'이 필요한데, 이것이 지방자치단체의 기관이다. 지방자치단체의 조직으로 보기도 한다(홍정선, 박균성).

Ⅱ. 지방자치단체 기관의 유형

지방자치단체(제2조이하)의 기관은 1) 지방자치단체를 대표하는 집행기관인 '지방자치단체의 장'(제93조~제121조), 2) 주민을 대표하는 의결기관인 '지방의회'(제30조~제92조)이 있다.[5] 3) 지방자치단체의 교육·과학 및 체육에 관한 사무를 분장하기 위하여 「지방교육자치에 관한 법률」에서 지방교육자치제도를 규정하여 집행기관인 교육감이 있다.[6] 4) 그 외에 개별법률에 의하여 지방자치단체에 설치되는 행정기관(인사위원회, 행정심판위원회 등)이 있다(홍정선). 5) 단체장과 지방의회는 상대방의 고유권한을 침해하지 않으면서 상호견제와 균형을 하도록 이루도록 한다(대판 2009.4.9, 2007추103).

> 우리나라 지방자치단체제도는 국가와 마찬가지로 대통령제 내지는 수장주의에 따라 단체장제도를 두고, 보조기관(의결기관)으로서 지방의회를 둔다.[7] 한편 권한과 사무로 구분한다면, 지방의회, 단체장은 지방자치단체의 일반사무를 관장하는 보통기관이고, 교육위원회(교육장), 국가의 지방조직(선관위, 인사위, 지방공무원소청심사위, 지방토지수용위)는 해당 사무에 한정된 권한을 갖는 특별기관이라고 볼 수 있다.

지방자치단체의 기관 구성과 관련하여 「지방자치법」외에도 1995년 「공직선거법」이 제정되어 지방선거를 통하여 민선지방자치단체장·지방의회를 구성하였다. 다만, 자치구·시·군의원에는 특정정당의 지지·추천금지를 규정한다.

제 2 항 지방의회(의결기관)

Ⅰ. 지방의회의 개념과 법적 근거

1. 개 념

우리 헌법(제118조 제1항)과 지방자치법(제30조)은 지방자치단체에 '의회'를 둔다고 규정한다. 따라서 '지방자치단체에 구성되는 의회'(의결기관)를 '지방의회'라고 한다. 지방의회는 '주민을 대표하여 지방자치단체의 의사를 결정하는 기관'이다.

지방의회는 법적으로 '독립된 권리주체'(행정주체)가 아니므로 권리능력은 없는 지방자치단체의 기관으로서(제30조), 행정조직내부기관의 법적 지위를 갖는다. 물론

---

5) '최고의결기관'이라고도 한다. 대법원 2009.4.9. 선고 2007추103 판결; 홍정선, 896쪽.

6) 지방교육사무에 대한 의결기관으로 미국식 교육위원회를 도입하였으나, 폐지된다.

7) 의원내각제에 따라 집행기관과 의결기관이 같은 경우는 기관통합형, 분리된 경우를 기관대립형이라고도 본다. 박균성, 『행정법강의』, 제10판, 2013, 951쪽.

지방의회 내부의 조직권은 가질 수 있다.

한편 지방의회는 정치적으로는 '주민의 대표기관'으로 보기도 한다.

2. 종 류

지방의회의 종류에는 특별시의회, 광역시의회, 특별자치시의회, 도의회, 특별자치도의회, 구의회, 시의회, 군의회로 구분된다.

3. 법적 근거

지방의회는 헌법(제118조 제1항)에 규정되어 헌법상 근거가 있으므로 헌법기관으로 보는 견해도 있으나(장태주, 박균성) 논란이 있다. 이는 합의제헌법기관으로서, 우리나라에서는 1952년에 도입하였으나 1961년에 폐지되었다가 1991년에 다시 설치되었다.

Ⅱ. 법적 성질

지방의회는 입법기관이 아니라 지방자치단체의 기관인 의결기관에 불과하다.

지방의회의 법적 성질은 1995년 지방자치의 본격실시이후 논란이 되었다. 1) 입법기관설은 실무가나 지방자치의 고유권설 등을 주장하는 입장에서는 지방의회가 주민의 직접선거로 선출되어 민주적 정당성을 갖고, 기능면에서 국회처럼 입법을 제정하고 집행기관을 견제하는 점에 입법기관이라고 본다. 2) 집행기관설은 우리나라는 지방자치가 국가이전의 고유한 제도가 아니라 헌법상 지방자치라는 제도적 보장에 의하여 비로소 성립되었고, 국가의 입법기능은 의회주권의 원리에 의하여 국회에만 부여되고, 지방의회는 지방자치단체의 구성기관에 불과하다는 점 등에서 행정기관 내지 집행기관이라고 본다(김동희, 석종현, 홍정선, 유지태, 이기우, 박균성). 3) 준입법기관설은 법리적으로는 집행기관이라는 입장에는 동의하지만 입법·의결기관으로서의 기능도 갖는다는 점을 강조한다(김남진). 4) 지방의회는 의회입법원리에 의해 제정된 법령의 범위에서 자치행정을 의결하는 것일 뿐이므로 지방자치단체의 기관인 의결기관에 불과하다.

Ⅲ. 법적 지위

1. 주민대표기관

지방의회는 주민에 의하여 선출된 주민대표기관의 법적 지위를 가지고, 주민의 의사를 대표한다. 지방자치단체의 대표는 지방자치단체의 장이다(제101조).[8]

2. 의결기관

지방자치단체의 중요사항을 의결하는 의결기관이다(제39조). 물론 지방의회의 의결사항에는 일정한 제한이 있다. 1) 의결사항의 제한(교육위원회 결정), 2) 단체장 등의 재의요구권(제107조), 3) 선결처분발급권(제109조) 등이다.

> 판례는 구 지방재정법 등의 공유재산관리행위를 '중요재산의 취득과 처분'으로 보아 지방의회의 의결을 거쳐야 한다는 입법규정이 없는 경우는 의결사항에서 배제하는 것이 아니라 조례로 정하도록 용인하는 것으로 본다(대판 2000.11.24, 2000추29).

3. 집행기관에 대한 통제기관

지방의회는 의결기관으로서의 지위 외에도 지방자치단체의 집행기관인 단체장과 하부기관의 행정을 감시하고 통제하는 기관으로서의 법적 지위도 갖는다.

> 집행기관에 대한 직접적 통제는 서류제출요구권(제40조), 행정사무 감사권 및 조사권(제41조), 행정사무처리상황 보고 및 질문권(제42조) 등이 있고, 간접적 통제는 지자체의 중요사항 의결권(제39조), 예·결산권(제122조이하), 의장의 확정조례공포권(제26조 제6항) 등이 있다.

> **대법원** 1997. 4. 11. **선고** 96추138 **판결 【옴부즈만조례안재의결무효확인】**
> 집행기관의 사무집행에 관한 감시·통제기능은 지방의회의 고유 권한이므로 이러한 지방의회의 권한을 제한·박탈하거나 제3의 기관 또는 집행기관 소속의 어느 특정 행정기관에 일임하는 내용의 조례를 제정한다면 이는 지방의회의 권한을 본질적으로 침해하거나 그 권한을 스스로 저버리는 내용의 것으로서 지방자치법령에 위반될 것이지만, 이 사건 조례안은 이와 같은 **지방의회의 행정 감시·통제기능을 옴부즈맨에게 일임하도록 정하고 있지 아니할 뿐 아니라 지방의회에 관한 사항은 옴부즈맨의 관할로 하지 않고 있으므로, 집행기관 내에 독립성을 갖는 옴부즈맨이라는 합의제 행정기관을 설치하여 행정 감시·통제기능을 수행하도록 하는 것은 지방의회의 감시·통제기능과는 별도로 집행기관 스스로 사무집행의 공평·정확성을 확보하려는 것으로서 지방의회의 감시·통제기능을 보완하는 것일 뿐 지방의회의 감시·통제권한을 제한·박탈하거나 그 권한을 옴부즈맨에게 일임하는 것이 아니라 할 것**이어서, 이 사건 조례안이 지방의회의 감시·통제기능을 스스로 저버리는 위법한 것이라고 할 수 없다.

4. (의회)행정기관

지방의회는 지방자치단체의 행정기관이다(위의 법적 성질 참조). 이외에도 지방의회의 의장은 의회를 대표하고 의사(議事)를 정리하며, 회의장 내의 질서를 유지하고

---

8) 「지방자치법」 제101조(지방자치단체의 통할대표권) 지방자치단체의 장은 지방자치단체를 대표하고, 그 사무를 총괄한다.

의회의 사무를 감독한다는 점에서(제49조) 의회행정기관의 성질을 갖는다. 따라서 지방의회는 행정기관으로서의 성질을 갖는다.

5. 조례제정기관 (자치입법기관)

지방의회는 의결기관이라는 점 외에도 지방자치단체의 중요 법형식인 조례(Satzung)를 제정하는 기관이다(제39조 제1항 제1호). 이는 의결기관으로 포섭할 수 있지만, 조례제정 자체가 자치입법으로 중요한 측면이 있다. 다만, 자치입법기관(장태주, 홍정선)로 보기에는 지방자치규칙은 지방자치단체의 장이 제정한다는 점에서 조례제정기관으로 본다.

Ⅳ. 지방의회의 구성과 운영

1. 지방의회의 구성

지방의회는 주민이 보통・평등・직접・비밀선거에 따라 선출한 지방의회의원으로 구성된다(제31조). 지방의회를 구성하는 지방의원은 지역구의원과 비례대표의원이 있다. 지방의회는 시・도의회와 시・군・구의회가 있다.

지방의회의원의 선거는 공직선거법에서 자세히 규정한다.

2. 지방의회의 조직

지방의회의 조직으로는 의장과 부의장, 위원회, 사무처 등의 기관을 둔다.

1) 의장과 부의장 의장은 1) 지방의회의 대표자이고 2) 회의주재자로서 의사를 정리하여 의회내 질서를 유지하고 3) 의회행정청으로서 의회사무를 통할하여 의회사무처를 감독한다(제49조). 의장의 사고시에는 부의장이 직무를 대리하고 부의장도 사고시는 임시의장을 선출하여 직무대행을 한다.

의장은 지방의회에서 무기명선거로 선거되며(제48조 제1항), 임기는 2년이다. 의장과 부의장이 법령을 위반하거나 정당한 사유없이 직무를 수행하지 않으면 불신임의결을 할 수 있다. 판례는 의장선거행위(대판 1995.1.12, 94누2602)와 의회의장에 대한 불신임의결(대판 1994.10.11, 94두23)에 처분성을 인정한다.

의장의 권한은 지방의회대표권, 임시회소집공고권, 회의장내 질서유지권, 의회사무감독권, 위원회출석발언권, 의결된 조례안의 단체장에의 이송권, 확정된 조례의 공포권, 폐회중 의원의 사직허가권 등이 있다.

2) 위원회 지방의회는 조례에 따라 위원회를 설치할 수 있다(제56조 제1항).

위원회의 종류는 1) 소관 의안과 청원 등을 심사·처리하는 상임위원회, 2) 특정한 안건을 일시적으로 심사·처리하기 위한 특별위원회(제2항)를 둔다. 3) 의원의 윤리심사 및 징계를 심사하기 위한 윤리특별위원회를 둘 수 있다(제57조).

위원회의 위원은 본회의에서 선임한다(제56조 제3항). 위원회는 소관에 속하는 의안과 청원 등 또는 지방의회가 위임한 특정한 안건을 심사한다(제58조). 위원회에는 전문위원을 둔다(제59조). 일반인은 위원장의 허가로 방청할 수 있다(제60조).

3) **사무처** 지방의회의 사무를 처리하기 위하여 조례로 정하는 바에 따라 지방의회에 사무처를 둔다(제90조). 사무처직원은 지방공무원으로 보하며, 의장의 추천을 받아 단체장이 임명한다(제91조 제2항). 사무직원은 의장의 명을 받아 의회사무를 처리한다(제1항).

3. 회 의

1) **정례회** 지방의회는 매년 2회 정례회를 개최한다(제44조 제1항). 운영에 필요한 사항은 대통령령이 정하는 바에 따라 조례로 정한다(제2항).

2) **임시회** 지방의회의장은 단체장 또는 재적의원 1/3이상이 요구하면 15일 이내에 임시회를 소집하여야 한다. 소집은 집회일 3일 전에 공고하여야 한다. 다만, 긴급할 때에는 그렇지 않다(제45조). 총선거 후 최초로 집회되는 임시회는 의원의 임기 개시일부터 25일 이내에 소집한다.

지방의회의 개회·휴회·폐회와 회기는 지방의회의 의결로 정한다. 지방의회의 연간 회의 총일수와 정례회 및 임시회의 회기는 해당 지방자치단체의 조례로 정한다(제47조).

3) **회의원칙** 지방의회의 회의에는 1) 회의공개원칙(제65조), 2) 회기계속의 원칙(제67조), 3) 일사부재리원칙(제68조) 등이 적용된다.

4. 지방의회의 의결

의결은 '지방의회에서의 의사결정과정의 결과'이다. 단, 의결정족수에 미달하는 경우에는 의결이 행해질 수 없다. 지방의회의 의결은 성질상 '조례' 또는 '기타의 의결'로 결정된다.[9] 의결의 법적 성질은 1) 조례는 외부적 효력을 가질 수 있으나, 2) 조례를 제외한 그 밖의 의결은 원칙적으로 지방자치단체의 기관행위이므로 지방자치단체의 내부적인 결정이 된다. 따라서 다른 집행행위로 전환되지 않으면 그 자체로 외부적 효력을 가지지 않는다(홍정선).

---

9) 의결사항은 제39조에서 규정하지만, 명시적인 규정이 없더라도 조례로 의결할 수 있으므로 성질상 지방의회의 의결사항에서 배제되는 것은 아니다(대판 2000.11.24, 2000추29).

【판례해설】 판례는 '그 밖의 의결'은 원칙적으로 처분성을 인정해야 하나(광주고법 4286. 5.25, 4286행4), 지방의회의장의 선임의결(대판 1995.1.12, 94누2602), 지방의회의장에 대한 불신임의결(대결 1994.10.11, 94두23), 지방의회의원의 제명의결(대판 1993.11.26, 93누7341) 등 제한적으로 외부효를 가진 경우에만 처분성을 인정한다. 특히 지방의회의 의결이 법령이나 조례를 위반한 경우에는 무효이다. 또한 지방의회의 의결사항인데도 의결을 거치지 않은 행위도 무효이다(대판 1962.9.27, 62다407).

지방의회의 의결은 새로 소집된 회의에서의 변경 및 폐지 의결, 단체장의 이의에 따른 재의결, 감독청 및 법원의 결정 등에 따라 변경되거나 폐지될 수 있다(대판 1963.11.28, 63다362).

한편 지방의회의 의결에서 의장이나 의원은 직접 이해관계있는 안건에 대하여는 의사에 참여할 수 없는 제척제도를 두고 있다(제70조). 제척사유가 있는 의원이 의결에 참여한 경우는 무효로 보아야 한다(홍정선).

Ⅴ. 지방의회의 권한

1. 의결권 (조례제정권)

의결권은 지방의회의 본질적 권한으로 조례, 예산 등의 지방자치단체의 중요사항을 의결한다(제39조). 의결사항은 열기주의로서 지방자치법 제39조 제1항에서 규정하고 있다. 다만, 징계의결시 '처분'으로 볼 수 있다.

지방의회의 의결사항 - 1) 조례의 제정·개정 및 폐지, 2) 예산의 심의·확정, 3) 결산의 승인, 4) 법령에 규정된 것을 제외한 사용료·수수료·분담금·지방세 또는 가입금의 부과와 징수, 5) 기금의 설치 ·운용, 6) 대통령령으로 정하는 중요 재산의 취득·처분, 7) 대통령령으로 정하는 공공시설의 설치·처분, 8) 법령과 조례에 규정된 것을 제외한 예산 외의 의무부담이나 권리의 포기, 9) 청원의 수리와 처리, 10) 외국 지방자치단체와의 교류협력에 관한 사항, 11) 그 밖에 법령에 따라 그 권한에 속하는 사항이다.

지방의회는 의결권의 일환으로 자치입법중의 하나인 조례제정권을 갖는다.

2. 집행기관에 대한 통제권

1) **서류제출요구권** 본회의나 위원회는 그 의결로 안건의 심의와 직접 관련된 서류의 제출을 의장을 경유하여 해당 단체장에게 요구할 수 있다(제40조).

2) **행정사무감사·조사권** 지방의회는 원칙적으로 자치사무에 대한 감사권과 조사권을 갖는다(제41조). 행정사무감사·조사권은 지방의원의 권한이 아니라 지방의회의 권한이다(대판 1992.7.28, 92추31). 지방의회의원은 사무집행에 간섭할 수 없다.

1) 감사권은 정기감사로 지방자치단체의 사무에 대하여 매년 1회 시·도는 14

일의 범위에서, 시·군 및 자치구는 9일의 범위에서 감사를 실시한다. 2) 조사권은 지방자치단체의 사무 중 특정사안에 관하여 본회의 의결로 본회의나 위원회에서 조사하는 것이다(제41조 제1항). 감사·조사방법은 현지확인, 서류제출요구, 출석답변요구권 등을 갖는다(제2항). 지방의회는 감사결과에 대하여 시정요구하거나 해당 기관의 처리가 타당한 경우에는 이송할 수 있다(제41조의2).

> 위임된 국가사무와 시·도사무는 위임자(국가나 시·도)의 사무이기 때문에 제한적 감사권을 가진다. 즉, 지방자치단체 및 그 장이 위임받은 국가사무와 시·도의 사무는 국회와 시·도의회가 직접 감사하기로 한 사무 외에만 해당 시·도의회와 시·군 및 자치구의회가 감사할 수 있다. 이 경우 국회와 시·도의회는 그 감사결과에 대하여 그 지방의회에 필요한 자료를 요구할 수 있다(제41조 제3항).

3) **행정사무처리상황의 보고와 질문응답권** 지방의회나 그 위원회가 요구하면, 지방자치단체의 장이나 관계 공무원은 지방의회나 그 위원회에 출석하여 행정사무의 처리상황을 보고하거나 의견을 진술하고 질문에 답변하여야 한다(제42조). 지방의회나 그 위원회에 출석하여 답변할 수 있는 관계 공무원은 조례로 정한다.

3. 지방의회 내부의 권리

1) **선거권** 지방의회는 의장, 부의장을 본회에서 무기명으로 선거하고, 임시의장를 선출하며(제48조, 제52조), 위원회위원은 본회의에서 선임하며(제56조 제3항), 결산검사위원을 선임한다(제134조 제3항).

2) **자율권** 지방의회는 의회 및 의원에 대한 자율권을 갖는다. 의장 등의 내부조직권(제48조 이하), 사무처의 설치(제90조 이하), 개회·휴회·폐회와 회기의 결정(제47조), 의원의 자격심사, 징계권 및 사직허가권(제77조, 제89조, 제80조), 의장불신임결의(제55조), 회의규칙제정권(제71조) 등을 갖는다.

한편 자율권의 일환으로 지방의회는 지방의회의원이 준수하여야 할 지방의회의원의 윤리강령과 윤리실천규범을 조례로 정하여야 한다(제38조 제1항).

4. 주민대표권

1) **의견제출권** 지방의회에는 국가나 지방자치단체에 대하여 지방자치단체나 그 주민의 의사에 대한 의견을 제시하거나 제출할 수 있다.

2) **청원의 심사·처리권** 지방의회는 제출된 청원을 심사하고 처리할 권한을 갖는다(제73조 이하). 지방의회의원의 소개로 제출된 청원서를 지방의회의장이 소관 위원회나 본회의에 회부하여 심사를 하게 하고, 청원을 소개한 의원은 소관

위원회나 본회의가 요구하면 청원의 취지를 설명하여야 한다. 위원회가 청원을 심사하여 본회의에 부칠 필요가 없다고 결정하면 그 처리결과를 의장에게 보고하고, 의장은 청원한 자에게 알려야 한다.

5. 지방재정권

지방의회는 해당지방자치단체의 재정과 관련하여 1) 예산의 심의·확정, 2) 결산의 승인, 3) 법령에 규정된 것을 제외한 사용료·수수료·분담금·지방세 또는 가입금의 부과와 징수, 4) 기금의 설치·운용, 6) 중요 재산의 취득·처분, 7) 공공시설의 설치·처분, 8) 법령과 조례에 규정된 것을 제외한 예산 외의 의무부담이나 권리의 포기 등에 관한 사항을 의결한다.

Ⅵ. 지방의회의원

1. 선출과 신분

지방의회의원은 주민의 보통·직접·평등·비밀선거에 의해 선출된다(제31조). 임기는 4년이며, 1) 총선거는 전임의원의 임기만료일의 다음 날로부터 개시하며(제32조), 2) 보궐선거나 증원선거는 당선이 결정된 날로부터 개시하여 전임자의 잔여임기로 한다(공선법 제14조 제2항 단서).

지방의원의 신분이 '공무원'인가에 대하여는 헌법 제7조상 넓은 의미의 공무원에 속하는 것으로 보며, '선출직 공무원'이다. 한편 지방의회의원은 지방의회가 의회가 아니므로 국회의원의 면책특권이나 불체포특권은 인정되지 않는다.

지방의회의원의 신분은 사망, 임기만료(제32조), 지방의회의 의결이 요구되는 사직(제77조), 퇴직사유의 발생(제78조), 특별정족수에 의한 자격상실의결과 제명(제79조, 제80조), 선거무효판결, 당선무효판결, 지방의회의 임의해산 등으로 상실한다.

【판례해설】 판례는 지방의회 의원과 의장간의 권한쟁의심판은 부정하고(헌재 2010.4.29, 2009헌라11), 지방의회의원의 징계의결(의원제명의결)은 의원의 권리에 직접 법률효과를 미치므로 처분성을 인정한다(대판 1993.11.26, 93누7341).

2. 법적 지위

지방의회의원은 '지방의회의 구성원'이므로 지방의회에서 각종 권리와 의무를 가진다. 지방의회의원은 주민의 (정치적) 대표자로서 주민의 정치적 의사를 대표한다. 따라서 공공의 이익을 우선하여 양심에 따라 행동하여야 한다(제35조 제1항).

지방의회의원은 종래 무보수명예직이었으나, 현재는 유보수 선출직 공무원이다.

3. 권 리

1) **직무상 권리** 지방의회의원은 직무상 권리로서 의안발의권(제66조 제1항), 행정사무처리에 대한 질의권, 본회의나 위원회 등에서의 토론권 및 표결권, 의장 등의 선거권, 임시회의 소집요구권 등을 갖는다.

2) **재산상 권리** 재산권상의 권리로서 의정자료의 수입, 연구 및 보조활동에 대한 비용을 보전하기 위하여 매월 지급되는 의정활동비, 공무여행시 여비, 직무활동에 대한 월정수당 등을 지급받는다(제33조). 지방의원이 회기중 직무로 신체에 상해를 입거나 사망한 경우와 그 상해 또는 직무로 인한 질병으로 사망한 경우에는 보상금을 지급받을 수 있다(제34조 제1항).

종전에는 실비보상의 무보수명예직이었으나, 2003년 개정으로 명예직 규정이 삭제되었다. 의정활동비 등이 현실화하면서 의정비심의위원회에서 결정하여 지방자치단체 조례로 정한다. 판례는 월정수당은 직무활동의 대가로 지급되는 '보수의 일종'으로 본다(대판 2009.1.30, 2007두13487). 아울러 유급보좌관을 둘 수 없다고 본다(대판 1996.12.10, 96추121). 무보수명예직 규정이 삭제되었으므로 둘 수 있다는 견해도 있다(홍정선).

4. 의 무

지방의회의원은 영리행위금지를 비롯한 겸직금지의무(법 제35조)외에도 공익우선한 성실직무수행의무(제36조 제1항), 청렴의무 및 품위유지의무(제2항), 지위남용금지의무(제3항) 등의 의무를 부담한다.

의무위반시 지방의회의결로 징계되며, 민사상 손해배상책임의무를 부담한다. 지방의회의 지방의회의원에 대한 징계의결은 '처분'으로 본다(대판 1993.11.26, 93누7341)

의원의 제척으로 본인 또는 직계비속과 직접 이해관계가 있는 안건에 대하여는 참여가 금지된다. 단, 동의시는 발언이 가능하다.

제 3 항 집행기관

지방자치단체는 자치행정으로서 지방사무를 수행하는 집행기관을 둔다. 집행기관에는 단체장, 교육감, 하부행정기관(위원회)가 있다. 협의는 '단체장'을 말한다.

Ⅰ. 지방자치단체의 장

1. 단체장의 개념과 법적 지위

지방자치단체의 장(이하 단체장)은 지방자치단체의 집행기관이자, 지방자치단체의 대표기관이다. 다만, 교육·학예에 관한 사무에 대하여는 광역단체의 교육감이 지방자치단체를 대표한다.

1) **지방자치단체의 대표기관** 단체장은 법적으로 지방자치단체를 대표한다(제101조). 따라서 단체장은 지방자치단체를 대표하는 행위를 할 수 있고, 행위의 법률효과는 지방자치단체를 기속한다. 다만, 법률상 제한(지방의회의 동의 등)이 있는 경우는 그를 따라야 한다.

【판례해설】 교육·학예사무에서 광역지방자치단체를 대표하는 교육감이 단체장이 대표하는 광역지방자치단체를 상대로 소를 제기하는 경우에는 자기가 자기를 상대로 소를 제기하는 것이어서 권리보호의 이익이 없어 부적법하다(대판 2001.5.8, 99다69341).

2) **행정청(집행기관)** 단체장은 자치행정의 통할기관이자, 최고행정청이다. 따라서 지방자치단체의 사무와 법령에 따라 위임된 사무를 관리하고 집행한다(제103조). 단체장은 자치조직권에 따른 자치행정권으로서 보조기관, 소속행정기관 및 하급행정기관을 지휘·감독한다(제101조, 제119조). 따라서 법적 책임을 지므로 행정소송법상의 피고가 된다.

3) **위임자의 행정기관** 단체장은 위임한 행정주체의 행정기관으로서의 지위를 갖는다. 국가위임사무에서는 국가행정기관으로서의 지위를 갖기도 한다.

【판례해설】 국가로부터 국가행정사무를 위임받아 집행한 경우에는 그 직무에 대한 책임은 수임자인 지방자치단체가 아니라 국가가 직무상 위법행위에 대한 국가배상책임을 진다(대판 1982.11.24, 80다2303).

4) **지방의회의 견제기관** 단체장은 지방의회에 대하여 견제기관으로서 조례안에 대한 공포거부권, 재의요구권, 선결처분권 등을 갖는다. 지방의회의 의결에 대하여도 위법, 월권, 예산부족을 이유로 재의를 요구할 수 있다.

2. 신분상 지위

단체장은 60일 이상 당해 구역에 주민등록이 된 25세 이상의 자 중에서 주민의 직접선거에 의하여 선출되며(제94조), 임기는 4년, 연임은 3기에 한한다(제95조).

단체장의 신분상실은 1) 임기만료, 2) 겸임할 수 없는 직에 취임하거나 피선거권의 상실, 지방자치단체의 폐치분합에 따른 단체장직의 상실시의 퇴직, 3) 법령에 위반하거나 정당한 사유없이 직무를 수행하지 않으면 지방의회의 불신임의결에 의하여 해임, 4) 사임 등이다.

체포구금된 단체장이 있으면, 관계 수사기관의 장은 지체 없이 영장사본을 첨부하여 해당 지방자치단체에 알려야 한다(제101조 제1항 제1문). 형사사건으로 공소제기후 확정판결시도 각급법원장은 지체없이 해당 지방자치단체에 알려야 하고, 통지받은 지방자치단체는 즉시 행정자치부장관에게 보고하여야 한다.

3. 의 무

단체장은 지방자치단체의 대표자로서 품위유지 및 직무전념의무를 가진다. 특히 1) 다른 공직의 겸직금지의무로 대통령, 국회의원, 헌법재판소재판관 등의 일정한 직을 겸임할 수 없고(제96조 제1항), 2) 영리행위금지의무로 지방자치단체와 영리목적의 거래를 하거나 관계있는 영리사업에 종사할 수 없고(제2항), 3) 퇴직할 때에는 그 소관사무의 일체를 후임자에게 인계하여야 한다(제106조).

4. 권 한

1) **대외적 통할대표권** 단체장은 대외적으로 지방자치단체를 대표한다(제101조). 대표권은 정치적 대표라고도 보지만, 법적 대표로 보아야 한다.

2) **대내적 사무관리 · 집행권** 단체장은 지방자치단체를 대표하여 지방사무를 총괄한다(제92조 제2문). 즉, 지방자치단체의 사무인 자치사무외에도 법령에 따라 그 단체장에게 위임된 국가위임사무 등도 관리하고 집행한다. 한편 단체장은 최고행정청으로서 하급행정기관을 지휘감독한다(제119조).

3) **사무의 위임 · 위탁** 단체장은 조례나 규칙으로 정하는 바에 따라 그 권한에 속하는 사무의 일부를 1) 보조기관, 소속 행정기관 또는 하부행정기관에 위임하거나, 2) 관할 지방자치단체나 공공단체 또는 그 기관(사업소 · 출장소를 포함한다)에 위임 · 위탁하거나, 3) 조사 · 검사 · 검정 · 관리업무 등 주민의 권리 · 의무와 직접 관련되지 아니하는 사무를 법인 · 단체 또는 그 기관이나 개인에게 민간위탁할 수 있다. 물론 위임 · 위탁시는 수임 · 수탁기관의 장의 승인을 받아야 한다(제104조 제4항). 이 때 조례에 의한다는 것은 지방의회의 사전동의를 받아야 한다는 의미이다.

4) **기초지방자치단체에 대한 행정감독권**

(1) **지도감독권** 광역단체장(시 · 도지사)은 기초단체(시 · 군 · 자치구) 또는 그 자가 위임받아 처리하는 국가사무와 시 · 도의 위임사무에 대하여 지도 · 감독을 할 수 있다(제167조). 즉 국가사무 등에 대한 지도감독권을 가진다.

(2) **시정명령 및 취소·정지권** 광역단체장(시 · 도지사)은 기초단체(시 · 군 · 자치

구)의 명령이나 처분이 법령에 위반되거나 현저히 부당하여 공익을 해친다고 인정될 때에는 기간을 정하여 서면으로 시정명령을 하고, 그 기간내에 불이행할 경우에는 이를 취소하거나 정지할 수 있다(제169조). 물론 취소・정지권에 불복할 경우에는 기초단체장은 처분을 통보받은 날로부터 15일 이내에 대법원에 제소할 수 있다(제2항).

대법원 2007. 3. 22. **선고** 2005추62 **전원합의체 판결 【승진임용직권취소처분취소청구】**
지방자치법 제157조 제1항 전문은 "지방자치단체의 사무에 관한 그 장의 명령이나 처분이 법령에 위반되거나 현저히 부당하여 공익을 해한다고 인정될 때에는 시・도에 대하여는 주무부장관이, 시・군 및 자치구에 대하여는 시・도지사가 기간을 정하여 서면으로 시정을 명하고 그 기간 내에 이행하지 아니할 때에는 이를 취소하거나 정지할 수 있다."고 규정하고 있고, 같은 항 후문은 "이 경우 자치사무에 관한 명령이나 처분에 있어서는 법령에 위반하는 것에 한한다."고 규정하고 있는바, 지방자치법 제157조 제1항 전문 및 후문에서 규정하고 있는 사무에 관한 그 장의 명령이나 처분이 법령에 위반되는 경우라 함은 명령이나 처분이 현저히 부당하여 공익을 해하는 경우, 즉 합목적성을 현저히 결하는 경우와 대비되는 개념으로, 시・군・구의 장의 사무의 집행이 명시적인 법령의 규정을 구체적으로 위반한 경우뿐만 아니라 그러한 사무의 집행이 재량권을 일탈・남용하여 위법하게 되는 경우를 포함한다고 할 것이므로, 시・군・구의 장의 자치사무의 일종인 당해 지방자치단체 소속 공무원에 대한 승진처분이 재량권을 일탈・남용하여 위법하게 된 경우 시・도지사는 지방자치법 제157조 제1항 후문에 따라 그에 대한 시정명령이나 취소 또는 정지를 할 수 있다고 할 것이다.

(3) **직무이행명령권** 광역단체장(시・도지사)은 국가나 시・도의 위임사무의 관리와 집행이 명백히 게을리하고 있다고 판단되는 경우에는 기간을 정하여 그 이행할 사항을 명령할 수 있는 직무이행명령권을 가진다. 직무이행명령에도 불구하고 기간내에 이행되지 않은 때에는 당해 지방자치단체의 비용으로 대집행하거나 행・재정상의 필요한 조치를 할 수 있다(제170조 제1항, 제2항). 이행명령에 이의가 있는 단체장은 이행명령서를 접수한 날로부터 15일 이내에 대법원에 제소할 수 있고 집행정지결정도 신청할 수 있다(제3항).

(4) **감사권** 광역단체장(시・도지사)은 지방자치단체의 자치사무에 관하여 보고를 받거나 서류・장부 또는 회계를 감사할 수 있다. 이 경우 감사는 법령위반사항에 대하여만 실시한다(제171조).

5) **직원임면권** 단체장은 소속 직원을 지휘・감독하고 법령과 조례・규칙으로 정하는 바에 따라 그 임면・교육훈련・복무・징계 등에 관한 사항을 처리한다(제106조). 지방의회의 사무직원 임면권도 갖는다(제91조 제2항).

【판례해설】 단체장의 인사권을 지방의회가 독자적으로 행사하거나 동등한 지위에서 합의하여 행사할 수 없으며(대판 1994.4.26, 93추175), 지방의회가 사전동의를 얻도록 제한하

는 것(조례안에 규정된 행정불만처리조정위원회 위원)은 위법하지만(같은 판례), 사후에 견제권의 범위에 드는 것은 적법한 것으로 본다(대판 1997.4.11, 96추138).

6) **규칙제정권** 단체장은 법령이나 조례가 위임한 범위에서 그 권한에 속하는 사무에 관하여 규칙을 제정할 수 있다(제23조). 즉, 지방자치단체의 사무규율을 위한 규칙제정권을 가진다

7) **재정에 관한 권한** 단체장은 해당 지방자치단체의 지방재정에 대한 예산편성권과 지방채발행 등의 권한을 가진다.

8) **주민투표부의권** 단체장은 지방자치단체의 폐치·분합 또는 주민에게 과도한 부담을 주거나 중대한 영향을 미치는 지방자치단체의 주요결정사항에 대하여 주민투표에 붙일 수 있다.

Ⅱ. 지방의회와의 관계

☞ 지방자치단체의 (구성)기관인 단체장과 지방의회는 집행기관과 의결기관으로서 상호 협조 및 견제하도록 규정되어 있다. 따라서 단체장도 지방의회에 대하여 다음 권한을 가진다.

1) **의회임시회의 소집요구권** 단체장은 지방의회의 임시회를 요구할 수 있고(제45조 제1항), 요구시 지방의회의장은 15일이내에(총선후 최고 임시회는 25일 이내에) 소집하여야 한다.

2) **의회출석·진술권** 단체장은 지방의회나 그 위원회에 출석하여 행정사무의 처리상황을 보고하거나 의견을 진술하고 질문에 응답할 수 있다(제4조 제1항). 단체장은 관계공무원을 출석답변시킬 수도 있고, 특별한 이유가 있으면 관계공무원으로 대신 출석답변시킬 수 있다(제42조 제2항).

3) **의회부의안건의 공고** 단체장이 지방의회에 부의할 안건은 단체장이 미리 공고하여야 한다. 다만, 회의 중 긴급한 안건을 부의할 때에는 그렇지 않다(제46조).

4) **의안발의권** 단체장은 지방의회에서 의결할 의안을 발의할 수 있다(제66조).

5) **조례안공포권** 단체장은 지방의회에서 의결된 조례안을 이송받으면, 20일 이내에 공포하여야 한다(제26조 제2항).

6) **재의요구권**

(1) **조례재의요구권** 단체장은 지방의회의 결정을 거쳐 이송받은 조례안에 이의가 있으면, 기간(20일)내에 이유를 붙여 지방의회로 환부하여 재의(再議)를 요구할 수 있다(제26조 제3항). 이 경우 단체장은 조례안의 일부에 대하여 또는 조례안을 수정하여 재의를 요구할 수 없다. 즉 수정재의요구는 금지된다. 이때 지방의회는

재의에 부쳐 재적의원 과반수 출석에 출석의원 3분지 2이상으로 의결하면 해당 조례는 확정된다(제26조 제4항). 한편 재의결에 대하여는 지방자치법 제107조에 따라 대법원에 기관소송을 제기할 수 있다(김남철, 대판 1999.4.27, 99추23).

(2) 의결재의요구권 단체장은 지방의회의 의결이 1) '월권'이거나 '법령에 위반'되거나 '공익을 현저히 해친다'고 인정되면 그 의결사항을 이송받은 날부터 20일 이내에 이유를 붙여 재의를 요구할 수 있다(제107조 제1항).

재의결절차를 거친 재의결된 사항이 법령에 위반된다고 인정되면, 대법원에 소(기관소송)를 제기할 수 있다(제107조 제3항). 물론 집행정지도 가능하다.

(3) 예산상 재의요구권 단체장은 지방의회의 의결이 예산상 집행할 수 없는 경비를 포함하고 있다고 인정되면 그 의결사항을 이송받은 날부터 20일 이내에 이유를 붙여 재의를 요구할 수 있다(제108조 제1항). 특히 1) 법령에 따라 지방자치단체에서 의무적으로 부담하여야 할 경비, 2) 비상재해로 인한 시설의 응급 복구를 위하여 필요한 경비의 경비삭감의결을 한 경우도 같다(제2항).

(4) 감독청의 요구에 의한 재의요구권 지방의회의 의결이 법령에 위반되거나 공익을 현저히 해친다고 판단되면 시·도에 대하여는 주무부장관이, 시·군 및 자치구에 대하여는 시·도지사가 재의를 요구하게 할 수 있고, 재의요구를 받은 지방자치단체의 장은 의결사항을 이송받은 날부터 20일 이내에 지방의회에 이유를 붙여 재의를 요구하여야 한다(제172조 제1항). 판례는 교육감은 감독관청의 재의요구후 재의요구를 철회할 수 있다고 본다(헌재 2013.9.26, 2012헌라1). 집행정지도 가능하다.

7) **제소권**

(1) 재의요구권에 따른 제소권 위 재의요구권에 의하여 지방의회에서 절대다수(재적의원 과반수의 출석에 출석의원 2/3이상의 찬성)로 전과 같이 재의결된 사항이 법령에 위반된다고 판단되는 경우에 해당 단체장은 재의결된 날로부터 20일 이내에 대법원에 소를 제기할 수 있고, 집행정지결정도 신청할 수 있다(제107조 제3항). 지방자치법 제107조에 의한 기관소송이고, 법적 성질은 객관소송이다.

위의 재의결된 사항이 법령이 위반되는 것으로 판단됨에도 해당 지방자치단체의 장이 소를 제기하지 아니하면, 주무부장관이나 시·도지사는 그 지방자치단체의 장에게 제소를 지시하거나 직접 제소 및 집행정지결정을 신청할 수 있다.

제소의 지시는 기간(20일)이 지난 날부터 7일 이내에 하고, 해당 지방자치단체의 장은 제소지시를 받은 날부터 7일 이내에 제소하여야 한다(제172조 제4항).

(2) 감독처분에 대한 제소권 단체장은 주무부장관 또는 시·도지사가 발급한 자치사무에 관한 시정명령이나 처분의 취소 또는 정지에 대하여 이의가 있으

면, 그 취소처분 또는 정지처분을 통보받은 날부터 15일 이내에 대법원에 소를 제기할 수 있다(제169조 제2항). 이는 지방자치법 제169조에 의한 기관소송이고, 그 법적 성질은 객관소송이다.

단체장은 국가위임사무나 시도위임사무의 관리나 집행에 대한 주무부장관 또는 시·도지사의 직무이행명령에 이의가 있으면 이행명령서를 접수한 날부터 15일 이내에 대법원에 소를 제기할 수 있고, 집행정지결정을 신청할 수 있다.

8) **선결처분권** 선결처분권은 지방자치단체의 비상상황에서 시행하는 긴급권이다. 즉, 단체장은 1) 지방의회가 성립되지 않은 때(의원이 구속되는 등의 사유로 의결정족수에 미달하게 될 때), 2) 지방의회의 의결사항 중 주민의 생명과 재산의 보호를 위하여 긴급하게 필요한 사항으로 지방의회를 소집할 시간적 여유가 없는 경우, 3) 지방의회의 의결이 지체되어 의결되지 않은 경우에 선결처분할 수 있다(제109조 제1항).

물론 선결처분은 예외적인 경우이므로 지체없이 지방의회에 보고하여 승인을 얻어야 하며(제2항), 승인을 얻지 못한 때에는 그때부터 효력을 상실한다(제3항). 지방자치단체장은 선결처분의 승인 및 효력상실에 대한 사항을 공고하여야 한다(제4항).

지방의회의 승인거부에 대하여는 지방의회의 의결로 보아 재의요구 및 기관소송이 가능하다고 보고(박균성), 선결처분에 대하여는 처분으로 보아 권익을 침해받은 자는 항고소송을 할 수 있다고 본다(박균성). 처분성의 인정과 원고적격의 인정은 의문이다.

Ⅲ. 보조기관

보조기관은 '집행기관인 단체장의 내부기관으로서 행정청(단체장)의 의사결정을 보조하는 권한을 갖는 기관'이다. 보조기관에는 부단체장과 행정기구가 있고, 그 밖의 보조기관은 대통령령이 정하는 기준에 따라 조례로 정한다(제112조 제1항).

1) **부단체장** 부단체장은 단체장을 보좌하여 사무를 총괄하고, 소속직원을 지휘·감독한다(제110조 제5항). 단체장이 궐위된 경우, 공소제기된 후 구금상태에 있는 경우, 의료기관에 60일 이상 계속하여 입원한 경우는 부단체장이 권한대행을 한다(제11조 제1항).

부단체장으로 특별시, 광역시, 특별자치시는 부시장, 도, 특별자치도는 부지사, 시는 부시장, 군은 부군수, 자치구는 부구청장을 둔다. 부단체장의 정수는 1) 특별시는 3명 이내에서 2) 광역시 및 도와 특별자치도(인구 800만 이상의 광역시나 도는 3명)는 2명 이내에서 대통령령으로 정하고, 3) 시, 군 및 자치구는 1명이다(제110조 제1항).

직급은 1) 광역자치단체는 대통령령에 따라 정무직 또는 일반직 국가공무원으로 보한다. 다만, 광역자치단체에 2명이나 3명을 두는 경우에 1명은 대통령령에 따라 정무직·일반직 또는 별정직 지방공무원으로 보하되, 정무직과 별정직 지방공무원으로 보할 때의 자격기준은 해당 지방자치단체의 조례로 정한다(제2항).

광역자치단체의 보좌기관의 임명절차는 정무직 또는 일반직 국가공무원으로 보하되, 해당 광역자치단체장의 제청으로 행정자치부장관을 거쳐 대통령이 임명한다. 이 경우 제청된 자에게 법적 결격사유가 없으면 30일 이내에 그 임명절차를 마쳐야 한다(제110조 제3항).

기초지방자치단체의 보좌기관(부시장, 부군수, 부구청장)은 일반직 지방공무원으로 보하되, 그 직급은 대통령령으로 정하며 해당 자치단체장이 임명한다(제4항).

2) **행정기구와 지방공무원** 지방자치단체는 사무분장을 위하여 필요한 행정기구와 지방공무원을 둔다(제112조 제1항). 행정기구의 설치와 지방공무원의 정원은 인건비 등 대통령령으로 정하는 기준에 따라 그 지방자치단체의 조례로 정한다(제2항).

【판례해설】 단체장이 조례안으로 제안한 행정기구를 지방의회의원이 종류 및 업무가 다른 행정기구로 전환하는 수정안을 발의하여 지방의회가 의결 및 재의결하는 것은 단체장의 고유권한 행사에 적극적으로 개입하는 것이어서 허용되지 않는 것으로 본다(대판 2005.8.19, 2005추48).

행정자치부장관은 지방자치단체의 행정기구와 지방공무원의 정원이 적정하게 운영되고 다른 지방자치단체와의 균형이 유지되도록 하기 위하여 필요한 사항을 권고할 수 있다(제112조 제3항).

물론 지방자치단체에도 법률로 정하는 바에 따라 국가공무원을 둘 수 있고(제5항), 이중 5급 이상의 국가공무원이나 고위공무원단에 속하는 공무원은 해당 단체장의 제청으로 소속 장관을 거쳐 대통령이 임명하고, 6급 이하의 국가공무원은 그 단체장의 제청으로 소속 장관이 임명한다(제6항).

Ⅳ. 소속행정기관

지방자치단체는 소속행정기관으로서 직속기관, 사업소, 출장소, 합의제행정기관, 자문기관을 설치하여 운영할 수 있다.

1. 직속기관

지방자치단체는 그 소관 사무의 범위 안에서 필요하면 대통령령이나 대통령령에 따른 지방자치단체의 조례로 자치경찰기관(제주특별자치도에 한함), 소방기관, 교육훈련기관, 보건진료기관, 시험연구기관 및 중소기업지도기관 등을 직속기관으로 설치할 수 있다(제113조).

2. 사업소

지방자치단체는 특정 업무를 효율적으로 수행하기 위하여 대통령령에 따라 그 지방자치단체의 조례로 사업소(Stadtwerk)를 설치할 수 있다(제114조). 사업소의 법적 성질은 지방공기업으로서 행정기업의 형태를 가진 비독립적인 조직이다.

3. 출장소

지방자치단체는 원격지 주민의 편의와 특정지역의 개발촉진을 위하여 대통령령으로 정하는 바에 따라 그 지방자치단체의 조례로 출장소를 설치할 수 있다(제115조).

4. 합의제 행정기관

지방자치단체는 그 소관 사무의 일부를 독립하여 수행할 필요가 있으면 법령이나 그 지방자치단체의 조례로 정하는 바에 따라 합의제행정기관을 설치할 수 있다. 합의제행정기관의 설치·운영에 관하여 필요한 사항은 대통령령이나 그 지방자치단체의 조례로 정한다(제116조).

【판례해설】 판례는 합의제행정정기관은 조례에 따라 설치할 수 있으며, 합의제행정기관에는 그 의사와 판단을 결정하여 외부에 표시하는 권한을 가지는 합의제행정관청뿐만 아니라 행정주체 내부에서 행정에 관한 의사 또는 판단·결정할 수 있는 권한만을 가지는 의결기관도 포함된다고 본다(대판 2000.11.10, 2000추36).

5. 자문기관

지방자치단체는 그 소관 사무의 범위에서 법령이나 그 지방자치단체의 조례로 정하는 바에 따라 심의회·위원회 등의 자문기관을 설치·운영할 수 있다. 위 자문기관은 해당 지방자치단체의 조례로 정하는 바에 따라 성격과 기능이 유사한 다른 자문기관의 기능을 포함하여 운영할 수 있다(제116조의2).

Ⅴ. 하부행정기관

지방자치단체는 하부행정기관으로서 하부행정기관의 장과 하부행정기구를 둘 수 있다. 이는 단체장에 소속되지만, 일정한 독립성을 가지고 지방자치단체의 사무를 지역적으로 분담하여 처리하는 기관이다.

지방자치단체는 자치구가 아닌 구에 구청장, 읍에 읍장, 면에 면장, 동에 동장을 둔다. 이 경우 면·동은 행정면·행정동을 말한다(제117조). 하부행정기관의 장은 일반직 지방공무원으로서 해당 지방자치단체장이 임명한다(제118조). 하부 행정기관은 해당 지방자치단체장의 지휘·감독을 받아 소관 국가사무와 지방자치단체의 사무를 맡아 처리하고 소속 직원을 지휘·감독한다(제119조).

【판례해설】 하부기관에 위임된 사무는 수임자의 이름과 권한으로 처리한다(대판 1997.2.14, 96누15428). 하부행정기관은 위임된 사무를 민간에게 재위임하는 것은 별도의 법령상 근거가 필요하다(대판 2000.11.10, 2000추36). 다만, 위임청의 감독권한은 위법뿐만 아니라 부당한 처분에도 미친다(대판 1996.12.23, 96추114). 그러나 지방의회의원(구의회의원)이 하부행정기관장(동장)을 통제할 권능을 부여한 조례안은 하부집행기관의 권능을 제한한 것이다(대판 1992.7.28, 92추31).

제 4 항 교육자치제도

1. 개 설

우리나라는 지방자치단체의 '교육·과학 및 체육에 관한 사무'를 분장하기 위하여 별도의 기관을 두는 교육자치제도를 도입하였다(제121조 제1항). 이는 「지방자치법」 제121조 제1항에 근거하여 교육·과학 및 체육에 관한 기관의 조직과 운영에 관하여 필요한 사항은 1991년에 제정된 「지방교육자치에 관한 법률」에 의한다. 지방교육법은 '교육·학예'를 "교육·과학·기술·체육 그 밖의 학예"로 규정한다(제1조).

교육자치제는 광역자치단체에만 실시하므로 '시·도의 사무'이고(제2조), 시·군·구는 교육지원청을 설치하며, 집행기관은 교육감을 두고, 의결기관은 시·도의회에 교육위원회를 두었으나, 2014년에 폐지되었다.

2. 교육위원회

1) 개 념 교육위원회는 교육의 자주성, 전문성과 지방교육의 특수성을 살리고 지방자치단체의 교육·학예(교육·과학·기술·체육 그 밖의 학예)에 관한 의안과 청원 등을 심사·의결하는 기관이다(지방교육법 제1조, 제4조). 교육위원회는 합의제 의결기관으로 시·도의회에 상임위원회로서 두었다(제4조). 종전에는 시·도교육청에 설치되었다. 현재는 폐지되었다.

2) 구 성 교육위원회는 1) 시·도의회의원과 2) 교육경력 또는 교육행정경력을 가진 자로서 별도로 선출된 교육의원으로 구성하되, 교육의원이 과반수가 되도록 구성한다(제5조 제1항).

3. 교육감

1) 선 출 교육감은 교육·학예에 관한 소관 사무로 인한 소송이나 재산

의 등기 등에 대하여 당해 시·도를 대표하는 시·도의 교육·학예에 관한 사무의 집행기관이다(제18조).

교육감은 직접선거로 선출하며, 정당은 추천할 수 없고, 임기는 4년이다. 교육감의 자격은 1) 당해 시·도지사의 피선거권이 있는 자, 2) 후보자등록신청개시일부터 과거 1년 동안 정당의 당원이 아닌 사람, 3) 후보자등록신청개시일을 기준으로 교육경력 또는 교육공무원으로서의 교육행정경력이 3년 이상 있거나 또는 양 경력을 합하여 3년 이상 있는 자이어야 한다(제24조).

2) **권 한**

(1) 교육·학예사무 처리권 교육감은 교육·학예에 관한 사무를 관장한다(제20조).

교육·학예사무는 1. 조례안의 작성 및 제출에 관한 사항, 2. 예산안의 편성 및 제출에 관한 사항, 3. 결산서의 작성 및 제출에 관한 사항, 4. 교육규칙의 제정에 관한 사항, 5. 학교, 그 밖의 교육기관의 설치·이전 및 폐지에 관한 사항, 6. 교육과정의 운영에 관한 사항, 7. 과학·기술교육의 진흥에 관한 사항, 8. 평생교육, 그 밖의 교육·학예진흥에 관한 사항, 9. 학교체육·보건 및 학교환경정화에 관한 사항, 10. 학생통학구역에 관한 사항, 11. 교육·학예의 시설·설비 및 교구(敎具)에 관한 사항, 12. 재산의 취득·처분에 관한 사항, 13. 특별부과금·사용료·수수료·분담금 및 가입금에 관한 사항, 14. 기채(起債)·차입금 또는 예산 외의 의무부담에 관한 사항, 15. 기금의 설치·운용에 관한 사항, 16. 소속 국가공무원 및 지방공무원의 인사관리에 관한 사항,[10] 17. 그 밖에 당해 시·도의 교육·학예에 관한 사항과 위임된 사항이다(제20조 제1항).

(2) 재의요구권 및 제소권 교육감은 교육·학예에 관한 시·도의회의 의결이 법령에 위반되거나 공익을 저해한다고 판단된 때에는 그 의결사항을 이송받은 날부터 20일 이내에 이유를 붙여 재의를 요구할 수 있다. 교육감이 교육부장관으로부터 재의요구를 하도록 요청받은 경우에는 시·도의회에 재의를 요구하여야 한다(제28조 제1항). 판례는 철회할 수 있다고 본다.

재의요구가 있을 때에는 재의요구를 받은 시·도의회는 재의에 붙이고 시·도의회 재적의원 과반수의 출석과 시·도의회 출석의원 3분의 2이상의 찬성으로 전과 같은 의결을 하면 그 의결사항은 확정된다(제2항).

시·도의회가 재의결된 사항이 법령에 위반된다고 판단될 때 교육감은 재의결된 날부터 20일 이내에 대법원에 제소할 수 있다. 이는 교육감의 제소권이다.

물론 교육부장관은 재의결된 사항이 법령에 위반된다고 판단됨에도 해당 교육감이 소를 제기하지 않은 때에는 해당 교육감에게 제소를 지시하거나 직접 제소할 수 있다.

(3) 선결처분권 교육감은 소관 사무 중 교육위원회 또는 시·도의회의

---

10) 인사권은 최근 논란이 되는데, '국가사무'라고 본다.

의결을 요하는 사항에 대하여 1) 시·도의회가 성립되지 아니한 때(시·도의회의원의 구속 등의 사유로 의결정족수에 미달하게 된 때), 또는 2) 학생의 안전과 교육기관 등의 재산보호를 위하여 긴급하게 필요한 사항으로서 시·도의회가 소집될 시간적 여유가 없거나 시·도의회에서 의결이 지체되어 의결되지 아니한 때에 해당하는 경우에는 선결처분을 할 수 있다(제29조 제1항).

(4) 기 타 교육감은 법령 또는 조례의 범위 안에서 그 권한에 속하는 사무에 관하여 교육규칙제정권(제25조), 조례 또는 교육규칙이 정하는 바에 따라 사무의 위임·위탁권(제26조), 직원의 임용권(제27조) 등을 갖는다.

4. 그 밖의 교육행정기관

그 밖의 교육행정기관으로는 보조기관, 교육기관, 하부교육행정기관이 있다.

보조기관은 교육감을 보좌하는 부교육감이 있고, 부교육감은 국가공무원으로서 고위공무원단에 속하는 일반직공무원 또는 장학관으로 보하되, 당해 시·도교육감이 추천한 자를 교육부장관의 제청으로 국무총리를 거쳐 대통령이 임명한다(제30조). 실무적으로 교육부에서 파견된다.

교육감은 그 소관 사무의 범위 안에서 필요한 때에는 대통령령 또는 조례가 정하는 바에 따라 교육기관을 설치할 수 있다(제32조).

하급교육행정기관은 시·도의 교육·학예에 관한 사무를 분장하기 위하여 1개 또는 2개 이상의 시·군 및 자치구를 관할구역으로 하는 교육지원청을 둔다(제34조 제1항). 교육지원청에 교육장을 두되 장학관으로 보한다(제3항).

제 5 항 특별기관

지방자치단체가 소관사무의 일부를 독립하여 수행할 필요가 있는 경우에 법령·조례에 의하여 합의제 행정기관을 설치하고 있다.

지방자치단체의 합의제행정기관으로는 1) 선거구관리위원회(공직선거법 제12조), 2) 인사위원회(지방공무원법 제7조 제1항), 지방공무원소청심사위원회(지공법 제13조), 4) 행정심판위원회(행심법 제6조), 5) 도시계획위원회(도시법 제75조), 토지수용위원회(공토법 제49조) 등이 있다.

제 5 절 지방자치단체의 권한

우리 헌법은 "지방자치단체는 주민의 복리에 관한 사무를 처리하고 재산을 관리하며, 법령의 범위 안에서 자치에 관한 규정을 제정할 수 있다"고 규정한다(제117조 제1항). 이는 헌법상 지방자치제를 보장함으로 지방자치단체는 주민의 복리에 관한 지방사무에 대하여 법령에 근거하여 전권한성을 가지고 포괄적인 자치(고)권을 가진다는 것이다.

제 1 항 자치(행정)권

Ⅰ. 지역고권

국가는 헌법에 근거하여 지방자치단체에게 국가주권의 일부를 위임하였다. 따라서 지방자치단체는 '해당 구역을 중심으로 주민에 대한 포괄적인 지배권'인 지역고권을 가진다. 자치(행정)권은 지역고권에 근거한 주민에 대한 포괄적인 지배권이다. 자치권으로서 조직, 인사, 재정, 계획 등으로 구성된다.

Ⅱ. 자치조직권

1. 자치조직권의 개념과 법적 근거

자치조직권은 '지방자치단체가 자치행정을 수행하기 위하여 필요한 조직을 스스로 설치, 변경, 폐지할 수 있는 권한'을 말한다.

법적 근거로 헌법에서 "지방자치단체의 조직에 관한 사항은 '법률'로 정한다"(제118조 제2항)고 규정하였고, 지방자치법에서는 지방자치단체의 조직의 기본적인 사항을 정하고 있으며, 그 외에 특별법으로 수도로서의 특수성을 고려한 「서울특별시 행정특례에 관한 법률」, 행정체제의 특수성을 고려한 「제주특별자치도법」, 「세종특별자치시법」에서 특례를 인정하고 있다(제174조). 물론 그 외의 세부사항은 법령에 따라 조례로도 정할 수 있다.

2. 자치조직권의 내용

지방자치법은 지방자치단체의 기관으로 지방의회(제5장), 집행기관인 단체장(제6장)을 중심으로 자치조직을 정한다. 지방자치단체는 법령의 범위 안에서 세부적인 자치조직을 조례나 규칙 등의 자치입법으로 정할 수 있다. 예를 들면, 보조기관(제110조~제112조), 소속행정기관(제113조~제116조의2), 하부행정기관(제117조~제120조)의 자주조직권이 인정된다.

Ⅲ. 자치행정권

자치행정권은 '지방자치단체가 법령의 범위 안에서 스스로 지방사무를 시행할 수 있는 권한'을 말한다. 지방자치단체는 자치행정권을 수행하고자 집행기관인 단체장을 두어 지방사무를 총괄하고(제101조), 행정권한으로 행정사무를 위탁받거나 위임할 수 있도록 규정한다(제102조, 제104조).

자치행정권으로 단체장외에도 보조기관인 부단체장(제110조), 행정기구와 공무원(제112조)을 두며, 소속행정기관으로서는 직속기관(제113조), 사업소(제114조), 출장소(제115조), 합의제 행정기관(제116조), 자문기관(제116조의2)을, 하부행정기관으로서는 하부행정기관의 장(제117조)과 하부행정기구(제120조), 교육행정기관(제121조)을 둔다. 또한 행정목적의 달성과 공익상 필요한 경우에 재산의 보유나 특정한 자금을 운용하기 위한 기금(제142조), 주민의 복지를 증진하기 위하여 공공시설(제144조), 주민복지증진과 사업의 효율적 수행을 위한 지방공기업(제146조) 등을 설치한다.

Ⅳ. 자치계획권

지방자치단체는 자치권에 근거하여 관할 구역 내의 계획고권인 자치계획권을 가진다. 이는 '지방자치단체가 구역내의 공간계획을 자기의 책임하에 수립하거나 상급계획과정에 참여할 수 있는 권한'을 말한다. 계획고권에 근거하여 공용부담특권도 가진다.

Ⅴ. 자치인사권

지방자치단체는 자신의 경비(예산)로 지방공무원을 둘 수 있다. 자치인사권은 '지방자치단체가 소속공무원의 선임, 승진, 징계, 해임 등의 인사권을 국가로부터 독립하여 행할 수 있는 권한'이다. 지방공무원의 임용, 급여, 수당, 징계 등의 결정권이 포함한다(제112조). 단, 자치인사권은 전국적인 통일과 균형을 위하여 시험, 정원 등은 법률로 제한할 수 있다.

제 2 항 자치입법권

자치입법권은 국가가 지방자치단체에게 자치행정권을 보장함에 따라 '지방자치단체가 수권된 자치권에 근거하여 법령의 범위 안에서 스스로 지방사무에 관하여 필요한 일반적·추상적 명령을 정립할 수 있는 권한'을 말한다.

지방자치단체의 자치입법에는 의결기관에 따라서 조례(지방의회), 규칙(단체장), 교육규칙(교육감)으로 나뉜다.[11]

Ⅰ. 조례제정권

1. 조례의 개념

조례는 '지방자치단체가 법령의 범위안에서 지방의회의 의결을 거쳐서 제정하는 규범'이다(제22조). 조례는 지방사무인 자치사무와 단체위임사무를 규율한다.

2. 법적 성질

조례는 '지방자치단체의 구역 내에서 법규의 성질을 가지는 규범'이다.

1) **자치(입)법** 조례는 해당 지방자치단체의 구역내에서만 효력을 가지는 규범이다. 따라서 조례는 지역법이자 자치입법의 법적 성질을 갖는다.

> 자치입법 중에서 지방자치규칙은 단체장이 제정한다는 점에서 지방의회가 제정하는 조례와 구별된다. 아울러 조례가 지방자치규칙보다 상위규범이다(대판 1995.7.11, 94누4615).

2) **외부법** 조례의 법적 성질에 대하여는 자치법규설(김남진), 행정작용설(지방의회의 법적 성질과 관련) 등이 있으나 행정권이 제정하는 행정입법으로 외부적으로 법규의 성질을 가질 수 있는 법규명령과 유사한 실질적 법률이다. 물론 조례에도 조직 등에 관한 행정규칙의 성질을 가진 것도 있다.

> 조례는 법규명령과 유사한데, 1) 법규명령은 법률의 구체적 위임(수권)에 의하여 제정되지만, 조례는 일정사항 외에는 법령의 범위안에서는 법률의 구체적 위임이 필요하지 않은, 즉 포괄적 위임(수권)으로 제정된다는 점에서 구분되고, 2) 제정주체도 법규명령은 행정주체 내지는 행정청도 제정할 수 있지만, 조례는 지방의회가 제정한다는 점에서 구분된다.

3) **조례의 종류**

조례는 법령의 근거여부에 따라 1) 지방자치단체의 자유의사에 의하여 제정되는 '고유조례'(직권조례, 자치조례)와 2) 법령에 의하여 그 제정이 의무지워진 위임조례로 구분할 수 있다.[12]

---

11) 과거에는 교육과 학예에 관한 사항을 교육조례로 제정하였다.

12) 고유조례(직권조례)와 지방자치단체의 사무에 관한 위임조례를 자치조례로도 본다. 박균성, 강의, 988쪽.

【판례해설】 지방자치단체가 법령의 범위안에서 재정할 수 있는 자치조례는 원칙적으로 자치사무와 법령에 의하여 지방자치단체에게 속하는 단체위임사무이다(대판 2001.11.27, 2001추57). 예외적으로 개별법령이 특별히 위임하고 있는 경우에는 기관위임사무에도 위임조례를 제정할 수 있다(대판 2000.11.24, 2000추29).

법률의 수권여부에 따라서 1) 주민의 권리제한, 의무부과, 벌칙사항에 관한 것으로 법률의 수권(위임)하에 주민에게 구속력을 갖는 조례, 2) 그 밖의 사항을 규율하므로 법령의 수권이 필요하지 않고 주민에 대한 구속력도 갖지 않는 조례로 구분된다.

내용에 따라서는 지방자치단체의 행정조직에 관한 조례, 공공사무조례, 행정사무조례 등으로도 구분된다.

3. 법적 근거

지방자치단체는 「헌법」 제117조 제1항에 근거하여 「지방자치법」 제22조에 따라 주민의 복리사무에 관하여 법률의 범위안에서 조례를 제정할 수 있다. 따라서 지방자치단체는 원칙적으로 1) "법령의 범위 안에서"(im Rahmen des Gesetzes) 2) 주민의 '복리사무'(지방사무)에 관하여 조례를 제정할 수 있다.

4. 조례제정권의 범위

지방자치단체가 가진 조례제정권의 범위를 넘은 조례(안)은 '법령위반' 등으로 위법한 조례가 된다.

1) 법률우위의 원칙

(1) 원 칙 헌법상 지방자치 보장규정(제117조 제1항)과 지방자치법은 "법령의 범위 안에서… 조례를 제정할 수 있다"고 규정한다(제22조).[13] 이는 조례는 법령을 위반해서는 안 된다는 '법령우위의 원칙'이다. 따라서 1) 조례는 법규범의 순위에 따라 '법령의 범위안에서'만 원칙적으로 제정할 수 있고, 2) 행정의 법률적합성원리 중 '법률의 우위' 원칙에 따라 법령의 범위를 넘어선 조례는 위법하고 그 법적 효력이 무효이다(대판 2002. 4.26, 2002추23).

【판례해설】 판례는 원칙적으로 "법령의 범위 안에서"란 '법령에 위반되지 않는 범위 내에서'로 해석하므로 조례가 법령에 위반되는 경우에는 효력이 없다고 본다(대판 2002.4.26, 2002추23).

조례를 제정하는 경우에도 헌법을 위반하거나(대판 2007.7.26, 2005두2612) 국제법을 위반한 경우(대판 2005.9.9, 2004추10)에는 위헌이거나 위법한 조례가 되어 무효이다.

---

13) 헌법은 "지방자치단체는 …법령의 범위 안에서 자치에 관한 규정을 제정할 수 있다"(제117조 제1항), 지방자치법은 "법령의 범위 안에서 그 사무에 관하여 조례를 제정할 수 있다"(제22조)고 규정한다.

특히 헌법상 기본권을 제한하는 경우에는 법률의 위임이 있어야 법적 효력이 있다(대판 2009.5.28, 2007추134).

(2) "법령의 범위안에서"의 위반여부 헌법과 지방자치법이 규정한 "법령의 범위안에서"는 '법령에 위반되지 아니하는 범위 안에서'라고 해석해야 하므로 조례의 법령위반여부를 판단하는 기준이 된다. 최근 판례가 일본의 법률선점론을 받아들여 조례의 자치입법적 성격을 강조하여 법률우위의 원칙을 완화하여 해석하면서 조례의 위법여부가 복잡해졌다.

최근 일본의 영향으로 법령이 반드시 전국적으로 일률적으로 규정하는 것이 아니라 전국적인 최저기준을 정하는 것이어서 각 지방자치단체가 그 지방의 실정에 맞게 별도로 규율하는 것을 용인한다고 보아 법령의 내용을 추가 또는 초과하는 조례가 허용된다고 본다(김남진/김연태, 장태주). 이는 조례의 내용(규율대상)에 따라 침해적인 행위는 법령의 우위가 적용되어 무효이지만, 수익적 행위는 법령을 넘어 조례에서 규정할 수 있다고 본다(정하중, 대판 1997.4.25, 96추244).

1) 법률선점론 - 법률이 규율하는 사항은 이미 국가법이 명시적 또는 묵시적으로 선점하므로 법률의 명시적인 위임이 없으면, 조례제정이 허용되지 않는다는 이론이다. 따라서 "법령의 범위"라는 엄격한 법령의 기준이 적용된다.14) 이 견해에 따르면, 조례와 법률이 규율사항은 같지만 1) 규율목적이 다른 경우와 2) 조례의 규율목적은 법률과 기본적으로 같지만, 조례의 규율대상이 법률보다 더 넓은 경우(추가조례)는 법률선점론에 위반되지 않아 정당화될 수 있고, 3) 법률상 기준을 초과하여 규제하는 경우(초과조례)는 법령의 범위를 넘어선 위법한 조례라고 본다.

2) 수정론 - 법률선점이론을 완화하여 단순히 법률의 선점여부가 기준이 아니라 주민의 기본권 보장측면을 중시하여 합리성이 인정되면 초과조례라도 인정하자는 입장이다. 1) 환경법이나 자치사무에서는 오히려 조례가 지방자치의 본질에 맞고, 2) 법령은 전국적 최저기준이므로 지방의 행정수요에 따라 자율적으로 법령의 목적·효과를 저해하지 않는 한, 조례제정이 허용된다고 본다(대판 1997.4.25, 96추244). 이는 수정법률선점이론이라고 하여 소위 "초과조례"의 경우에 지지하는 견해가 늘고 있다(유상현, 김남진, 법제연구9, 8).

대법원 2000. 11. 24, 2000추29 판결 【단양군공유재산관리조례중개정조례안에대한재의결】
지방자치법 제15조에서 규정하고 있는 '법령의 범위 안'이라는 사항적 한계가 적용될 뿐이라고 할 것인데, 여기서 말하는 **'법령의 범위 안'이라는 의미는 '법령에 위반되지 아니하는 범위 안'이라는 의미로 풀이되는 것으로서, 특정 사항에 관하여 국가 법령이 이미 존재할 경우에도 그 규정의 취지가 반드시 전국에 걸쳐 일률적인 규율을 하려는 것이 아니라 각 지방자치단체가 그 지방의 실정에 맞게 별도로 규율하는 것을 용인하고 있다고 해석될 때에는 조례가 국가 법령에서 정하지 아니하는 사항을 규정하고 있다고 하더라도 이를 들어 법령에 위반되는 것이라고 할 수가 없다**(대법원 1997.4.25. 선고 96추244 판결 참조).

14) 이는 시민주권론에 기반하여 지방자치단체에만 적용되는 자치법은 "한 지방자치단체에만 적용되는 특별법은 주민투표의 과반수의 동의를 얻지 못하면, 국회가 입법을 제정할 수 없다"는 일본국헌법규정(제95조)에서 나온 것이다.

(3) 판단기준

(가) 원 칙 법령상 규정이 있는 사항에 대한 조례제정의 법령위반 여부는 각 규정의 취지, 목적, 목적 내용, 효과를 비교하여 양자에 모순이 있는지 여부를 개별적·구체적으로 판단하여야 한다(대판 2008.6.12, 2007추42).

(나) 법령과 입법목적이 같은 경우 '법령과 입법목적이 동일하지만, 법령이 정하지 않은 사항을 조례가 제정하는 경우'는 1) 수익적 행위를 정하는 조례(추가조례)는 허용되지만, 법령상 요건을 강화하는 것(수익초과조례)은 위법하고 완화하는 경우(수익추가조례)에는 허용된다.

판례는 법령의 취지가 지방자치단체에게 별도의 규율을 용인하는 경우에는 적법한 것으로 허용된다고 본다(대판 1997.4.25, 96추244, 2007.12.13, 2006추52). 즉, 법령과 동일한 사항에 입법목적도 같은 경우에도 법령이 전국에 걸쳐 일률적으로 동일한 내용을 규율하려는 것이 아니라 각 지방의 실정에 맞게 별도로 규율하는 것을 용인하려는 취지로 해석되는 경우에는 위반되지 않는다(같은 판례). 이 경우에도 원칙은 법령과 행정법의 일반원리를 침해해서는 안 된다(대판 1997.4.25, 96추244; 2007.12.13, 2006추52).

2) 침해적 내용을 정하는 조례(초과조례)는 법률의 유보에 따라 법률의 근거가 필요하다. 조례의 내용을 살펴, 법령에 규정된 사항보다 더 침해적인 내용의 조례는 무효이다(대판 1997.4.25, 96추251).

(다) 법령과 입법목적이 다른 경우 '법령의 규정이 있어도 조례가 법령과 서로 다른 목적으로 규율하는 경우'는 법령이 의도하는 목적과 효과를 전혀 저해하지 않는 경우에는 조례제정이 가능하다. 단, 이때에도 주민의 권리제한, 의무부과, 벌칙사항은 법령의 위임이 필요하고, 상위법인 법령의 내용에 반하지 않아야 한다.

2) 법률유보의 원칙

(1) 원 칙 지방자치법은 "법령의 범위 안에서 그 사무에 관하여 조례를 제정할 수 있다. 다만, 주민의 권리 제한 또는 의무 부과에 관한 사항이나 벌칙을 정할 때에는 법률의 위임이 있어야 한다."고 규정한다(제22조). 이때 단서조항이 법률의 유보원칙을 선언한 것으로 볼 수 있다.

(2) 지방자치법 제22조 단서조항의 위헌론

지방자치법 제22조 단서규정에 대하여 1) 위헌설은 헌법에는 없는 유보조항을 두어 지방자치단체의 자치입법권을 지나치게 제약하므로(박윤흔), 포괄적인 입법권을 부여한 취지에 반하므로(김남진) 위헌으로 보고, 2) 합헌설은 기본권의 제한은 법률로 해야하는 법률유보원칙의 적용이어서 합헌으로 보고(김동희, 홍정선), 3) 절충설은 법령의 규정이 없는 경우에는 법령의 위임없이도 직접 규율을 할 수 있다고 보며(류지태), 4) 판례는 합헌설로 법률의 위임을 필요로 한다고 본다(대판 1995.5.12, 94추28; 1997.4.25,

96추251; 헌재 1995.4.20, 92헌마264·279병합). 5) 헌법이 지방자치단체에 자치권을 보장하였다 하더라도 이는 국가권력에 근거하여 자치권을 위임한 것에 불과하고, 특히 침해행정은 전국적인 통일성을 요하므로 국가의 법령의 범위안에서 보장한 것이어서 당연히 합헌으로 보아야 한다.

(3) 지방사무의 내용에 따른 법률의 위임여부 지방사무의 성질에 따라 1) 복리사무는 법령의 범위안에서 법률의 위임이 없어도 제정할 수 있으나, 2) 질서사무(권리제한, 의무부과, 벌칙)은 법령의 범위안에서 법률의 위임이 있는 경우에만 제정할 수 있다.

이때 주민의 질서사무에 해당하는 권리제한, 의무부과, 벌칙 등을 규정한 지방자치법 제22조 단서조항에서 법률의 위임이 필요한 것인가 하는 법률의 유보문제가 발생할 수 있다. 그러나 제도보장 내지는 단체자치의 입장에서 볼 때 지자체의 자치는 법령에 근거한 것으로 보아야 한다.

【판례해설】 주민의 권리제한이나 의무부과사항은 수권(법률의 위임)을 요한다(담배자판기설치금지조례, 헌재 1995.4.20, 92헌마264, 279, 대판 1995.5.12, 94추28). 그 외에는 수권이 필요하지 않는다(대판 1970.2.10, 69다2121; 1992.6.23, 92추17).

(4) 위임의 한계 - 포괄적 위임 지방자치법 제22조 단서의 "법률의 위임"에서 그 위임의 범위에 대하여 1) 구체적인 위임(수권)이 있어야 한다는 견해(이광윤), 2) 반드시 구체적인 위임을 의미하는 것이 아니라 포괄적 위임도 가능하는 견해가 있는데(김남진/김연태), 3) 판례는 국가법에 적용되는 일반적인 위임입법의 한계가 적용될 여지는 없고(대판 2000.11.24, 2000추29), 포괄적이고 일반적인 위임도 허용하고 있다(헌재 1995.4.20, 92헌마264·279병합, 대판 1997.4.25, 96추251).

(5) 벌칙 및 행정강제 구법하에서는 벌칙 및 행정강제 및 조례의 실효성을 확보하기 위한 강제수단은 법률상 위임을 요한다고 보았으나,[15] 새 법에서는 '벌칙'을 정하는 경우로 한정하고 있다(제22조). 그러나 과태료외의 벌칙을 정할 수 있는가는 논란이 있다.

현행법에서는 1) 조례위반행위는 1,000만원 이하 과태료를 부과가능(제27조 제1항). 단체장이 부과징수하고, 2) 사기 기타 부정한 방법으로 사용료·수수료 또는 부담금의 징수를 면한 자, 사용료, 수수료, 분담금 등 포탈행위 에 대하여는 그 징수를 면한 액의 5배 이내의 과태료를, 3) 공공시설을 부정사용한 자는 50만원의 과태료를 부과할 수 있다(제139조 제2항).

다만 법률이 직접 규정하지 않은 사항에 대하여 스스로 벌칙을 제정할 수 있

15) 구법 제20조에서는 벌칙으로 3월이하의 징역, 10만원이하의 벌금으로 규정하여 논란이 되었다가. 죄형법정주의를 이유로 삭제되었다(1994.3.16). 대법원 1995.6.30, 93추113

다는 견해(위헌설)이 있으나, 조례의 실효성 확보를 위한 벌칙을 포함한 강제수단은 법률의 위임을 필요로 한다는 입장(합헌설)이 다수설과 판례이다.

3) 지방사무 – 사항적 한계

(1) **원 칙** 조례는 지방자치법 제22조는 "그 사무에 관하여" 조례를 제정할 수 있다고 규정하고, 지방자치단체의 사무범위를 정한 제9조를 보면, "관할구역의 자치사무나 법령에 따라 지방자치단체에 속하는 사무"로 규정하므로 '지방자치단체에 속하는 사무'(제9조 제1항)에 대하여만 제정할 수 있다.

원칙적으로 해당 지방자치단체의 구역내의 자치사무와 개별법령으로 지방자치단체에게 위임한 단체위임사무만 조례를 제정할 수 있다. 즉, 자치사무와 단체위임사무는 조례로 정할 수 있고, 기관위임사무는 정할 수 없다(김남철, 대판 2001.11.27, 2001추57). 그러나 실무에서는 자치사무와 기관위임사무의 구별이 쉽지 않고 예외적으로 기관위임사무의 경우에도 위임조례를 제정할 수 있다. 따라서 단체장에게 위임된 기관위임사무에 관하여는 원칙적으로 조례로 제정할 수 없다. 다만, 예외적으로 법률의 위임에 의하여서만 제정할 수 있다(대법원 2000.5.30, 99추85; 대법원 1997.3.28, 96추60.대판 1992.7.28, 92추31).

> **【판례해설】** 자치사무와 기관위임사무의 구별기준으로 판례는 법령의 규율형식과 취지를 우선 고려하고, 그 밖에도 사무의 성질상 전국적인 통일적 처리여부, 경비부담, 최종적인 책임귀속주체 등도 고려한다(대판 2013.4.11, 2011두12153). 예외적으로 기관위임사무도 개별법령이 일정사항을 조례로 정하도록 위임하는 경우에는 위임조례를 제정할 수 있고(대판 2000.5.30, 99추85), 개별법령에서 기관위임사무를 조례로 제정하도록 위임한 경우는 위헌은 아니다(대판 1999.9.17, 99추30).

4) 광역자치단체조례 우위의 원칙

기초지방자치단체(시·군 및 자치구)의 조례는 상위법인 광역자치단체(시·도)의 조례를 위반할 수 없다(제24조). 물론 법리적으로 기초자치단체와 광역자치단체는 서로 독립적이나, 행정의 통일성을 위하여 허용하는 것이다(김동희, 장태주).

5) 단체장의 권한사항

지방자치단체는 단체장의 고유권한을 침해하지 않는 범위내에서 조례를 제정할 수 있다. 따라서 1) 사무집행권을 본질적으로 침해하거나(대판 2001.11.27, 2001추57), 2) 법률의 규정이 없는 견제장치를 만들거나(대판 1997.3.28, 96추60), 3) 인사권을 침해하는 조례는 허용되지 않는다. 반대로 지방의회의 통제권을 제한·박탈하거나 집행기관에 일임하는 조례도 허용되지 않는다(대판 1997.4.11, 96추138).

> **【판례해설】** 지방공기업 등의 대표에 대한 임명권행사에 앞서 지방의회의 인사청문회를

거치도록 한 경우(대판 2004.7.22, 2003추44), 시의회의장의 공유재산심의회 위원추천권(대판 1996.5.14, 96추15), 정부업무평가기본법상의 자체평가의 대상과 절차에 관한 규정(대판 2007.2.9, 2006추45) 등은 단체장의 권한을 침해하여 위법한 조례라고 보았다.

5. 조례의 제정절차

1) 제 안 조례(안)은 단체장 또는 지방의원(재적의원 1/5이상이나 지방의원 10인 이상의 서명으로) 지방의회의장에게 제출한다(제66조). 교육조례는 교육감이 제출할 수 있다(지방교육법 제29조 제1항).

2) 의 결 조례(안)은 지방의회의 의결로 제정된다. 다만, 새로운 재정부담을 수반하는 조례 등을 의결하려면, 미리 단체장의 의견을 들어야 한다(제132조). 의결정족수는 특별한 경우를 제외하면 일반정족수(단순다수결)로서 재적과반수 출석에 출석과반수의 찬성으로 의결한다(제64조 제1항).

3) 이송과 공포 조례(안)이 지방의회에서 의결되면, 의장은 의결된 날부터 5일 이내 단체장에게 이송하여야 하며, 단체장은 이송받으면 20일 이내에 공포하여야 한다(제26조 제1항, 제2항).

4) 재의요구와 확정

(1) 단체장의 재의요구 단체장은 이송받은 조례(안)에 이의가 있으면, 이송받은 후 20일 이내(공포기간)에 이유를 붙여 지방의회에 환부하고 재의(결)를 요구할 수 있다(제26조 제3항 제1문). 이 경우 단체장은 조례(안) 일부환부나 수정재의를 요구하지 못한다(제2문).

(2) 감독청의 재의요구 지방의회의 의결이 법령에 위반되거나 공익을 현저히 해친다고 판단되면 시·도는 주무부장관이, 시·군 및 자치구는 시·도지사가 재의요구권을 갖는다. 이때 재의요구를 받은 단체장은 의결사항을 이송받은 날부터 20일 이내에 지방의회에 이유를 붙여 재의를 요구하여야 한다(제172조 제1항). 재의는 지방의회에서 재적의원 과반수 출석과 출석의원 3분의 2 이상의 찬성(절대다수결)으로 전과 같은 의결을 하면 그 의결사항은 확정된다(제26조 제4항, 제172조 제2항).[16] 감독청은 지방의회의 의결에 대한 재의요구규정만 있으나 이를 조례(안)에 준용한다.

5) 조례의 확정 단체장이 공포기간(20일이내)에 공포나 지방의회에 대한 재의요구를 하지 않은 때에는 공포기간의 경과로 조례안은 조례로서 확정된다(제26조 제5항). 물론 재의요구시는 지방의회의 재의결로도 확정된다(제4항).

---

16) 「지방자치법」 제26조는 조례에 대하여만, 제172조는 지방의회의 의결 전체에 적용되는데, 감독청의 재의요구는 제172조에만 규정하고 있으므로 논란의 여지가 있다.

6) **조례의 공포** 단체장은 확정된 조례를 지체 없이 공포하여야 한다. 재의결에 따라 조례가 확정된 후 또는 확정조례가 단체장에게 이송된 후 5일 이내에 단체장이 공포하지 않으면 지방의회 의장이 공포한다(제6항).

7) **효력발생** 조례는 특별한 규정이 없으면 공포한 날부터 20일(시행유예기간)이 지나면 효력을 발생한다(제7항). 조례의 공포에 관하여 필요한 사항은 대통령령으로 정한다.

8) **보 고** 조례를 제정, 개정, 폐지할 경우, 조례가 지방의회에서 의결되어 이송된 날부터 5일 이내에, 시·도지사는 행정자치부장관에게, 시장·군수 및 자치구 구청장은 시·도지사에게 그 전문을 첨부하여 각각 보고하여야 하며, 보고를 받은 행정자치부장관은 이를 관계 중앙행정기관의 장에게 통보하여야 한다(제28조).

6. 조례의 효력과 하자

1) **효 력** 조례는 위의 시행유예기간을 지나면, '해당 지방자치단체의 구역'내에서 그리고 '지역주민'에게 법적 효력이 발생한다. 조례의 효력은 법규명령에 준한다.

2) **하 자**

(1) **조례 자체의 효력** 조례는 조례의 요건인 "법령의 범위 안에서"를 위반하여 상위규범인 헌법과 법령에 위반하거나 조례제정권의 범위, 행정법상의 일반원칙, 조례제정절차 등을 위반하면 하자가 발생한다.

1) 위법한 조례에 대하여는 명문규정은 없으나, 일반적으로 그 법적 효력을 무효로 본다(대판 2009.4.9, 2007추103).

> 다만, 절차상 하자로 인한 조례의 법적 효력에는 논란이 있다. 즉, 절차상 하자는 외부에서 알기 어렵고, 일단 적법한 효력을 가진 조례를 무효화하는 것은 법적 안정성을 해친다는 점에서 일정한 시간이 지나면 더 이상 다투지 못하게 하는 방안이 필요하다는 견해가 있다(이기우, 류지태, 홍정선).

2) 조례의 내용이 일부만 위법한 '일부무효인 조례'의 법적 효력은 절차적 반복과 주민의 이익을 위하여 민법상 법률행위의 일부무효의 법리를 원용하여 일부무효를 인정하자는 일부무효설도 있으나(신봉기), 다수설과 판례는 일부의 위법사유로 조례(안) 전부가 무효가 된다는 전부무효설이다(대판 2000.11.10, 2000추36).

(2) **위법한 조례에 근거한 행정행위의 효력** 위법한 조례에 근거한 행정행위의 법적 효력에 대하여 1) 무효설은 조례가 무효이면 법적 근거를 결한 처분이 되므로 무효로 보아야 한다고 보고(장태주), 2) 취소설은 그 하자는 중대하지만 명

백하지는 않으므로 단순취소사유로 본다. 3) 판례는 하자의 일반이론에 따라 객관적으로 명백하지 않으면, 취소로 본다(대판 1995.7.11, 94누4615; 2007.10.29, 2007두26285). 4) 그러나 조례가 위법하면, '무효'인데, 무효인 조례에 근거한 행정행위를 '취소사유'로 보는 것은 부당하다. 무효로 보아야 한다.

> 대법원 1995. 7. 11. 선고 94누4615 전원합의체판결【건설업영업정지처분무효확인】
> **무효인 서울특별시행정권한위임조례의 규정에 근거하여 이 사건 처분을 한 것이므로 이 사건 처분은 결과적으로 적법한 위임없이 권한없는 자에 의하여 행하여진 것과 마찬가지가 되어 그 하자가 중대하다고 할 것이나,** 지방자치단체의 사무에 관한 조례와 규칙은 조례가 보다 상위규범이라고 할 수 있고, 또한 헌법 제107조 제2항의 "규칙"에는 지방자치단체의 조례와 규칙이 모두 포함되는 등 이른바 규칙의 개념이 경우에 따라 상이하게 해석되는 점 등에 비추어 보면 이 사건 처분의 위임과정의 하자가 객관적으로 명백한 것이라고 할 수 없으므로 이로 인한 하자는 결국 **당연무효 사유는 아니라**고 봄이 상당하다.

7. 조례에 대한 통제

1) 지방자치단체장에 의한 통제

(1) 재의요구권 단체장은 조례안에 대하여 이의가 있으면(제26조), 재의요구를 요구할 수 있다. 일부에 대한 재의나 수정재의는 요구할 수 없다(제26조 제3항). 이의사유에는 제한이 없다.

(2) 제소권 단체장은 지방의회에서 재의결된 경우에 "재의결된 사항이 법령에 위반된다고 인정되면" 대법원에 제소할 수 있다고 하여 지방의회의 '의결'에만 제소권을 인정하고 있다(제107조 제3항).

따라서 조례의 재의결에 대한 제소권은 지방자치법 제26조상 명문규정이 없으므로 지방의회의 의결을 규정한 제107조를 근거로 제소권을 인정할 것인가에 대하여 1) 지방의회의 의결에 조례가 포함되고, 재의결요건도 동일하다는 점에서 제107조 제3항을 근거로 한 재의결을 인정하자는 견해가 있고(홍정선), 2) 판례도 지지한다(대판 1999.4.27, 99추23). 이 소송은 조례안의 무효확인을 구하는 형식으로 이루어지는 기관소송이다. 이때 무효확인소송에서는 일부취소는 불가하며 전부무효만 가능하고(대판 1996.10.25, 96추107), 심리대상도 재의요구시 이의사항에 한정된다(대판 2007.12.13, 2006추52).

> 그러나 이는 법규범의 엄격해석에 의하면 명확한 입법적 불비라고 볼 수 있다. 즉 조례는 재의는 요구할 수 있지만, 제소는 할 수 없고, 기타 지방의회의 의결에 대하여는 월권과 법령위반, 공익위반의 경우로 제한하여 재의요구를 허용하고, 법령위반에만 제소권을 인정한 것으로 볼 때, 그리고 조례는 지방의회의 고유한 입법권이라는 점에서 조례에 대한 지방자치단체의 제소권은 금지하고 다른 형태의 소송을 허용하

여야 할 것이다.

2) **감독청에 의한 통제** 지방의회의 의결이 법령에 위반되거나 공익을 현저하게 해친다고 판단되는 경우에는 감독청(시·도는 주무부장관, 시·군·구청장은 시·도지사)이 해당 단체장에게 재의요구명령권을 가진다(제172조 제1항). 이로써 해당 단체장은 감독청의 지시에 의하여 지방의회에 대한 재의요구의무를 진다.

감독청의 재의요구지시에도 불구하고 지방의회에서 재의결된 사항이 법령에 위반된다고 판단됨에도 불구하고 해당 단체장이 소(訴)를 제기하지 않으면 단체장에게 제소를 지시하거나(제소지시권), 직접 제소 및 집행정지결정을 신청할 수 있다(제4항).

제소권에 따른 소송은 통상의 기관소송이 아니라 특수한 규범소송으로 보는 견해가 있다(홍정선). 왜냐하면 이는 추상적 규범통제의 성격을 가지기 때문이다.

3) **법원에 의한 통제** 조례의 위법여부를 다투기 위하여 현행 구체적 규범통제제도 하에서는 특정한 조례에 근거하여 발급된 행정행위의 무효나 취소를 주장하는 항고소송을 통하여 소를 제기할 수 있다.

그러나 현재 판례는 조례가 개별적·구체적 규율을 통하여 직접 주민의 법률상 이익을 침해하는 경우에는 처분성이 있다고 인정한다. 따라서 조례의 무효확인소송이 가능할 것이다.

4) **헌법소원** 조례가 주민의 기본권을 침해한다면, 그 주민은 헌법소원을 통하여 조례의 위헌여부를 다툴 수 있다(헌재 1994.12.29, 92헌마216). 다만, 지방자치단체의 집행기관은 기본권주체가 아니므로 조례에 대한 헌법소원을 제기할 수 없다.

5) **주민에 의한 통제** 주민은 조례의 위법성이나 부당성을 직접 다툴 수 있는 방법은 단지 조례제정개폐청구제도에 의하여 해당 조례를 개정 또는 폐지를 청구하는 것이다(제15조). 그 외에 간접적인 방법으로는 지방의회의장이나 의원에 대한 주민소환제도를 이용하거나 청원하는 방법도 고려할 수 있다.

Ⅱ. 규칙제정권

1. 규칙의 개념

규칙은 "지방자치단체의 장이 법령이나 조례가 위임한 범위에서 그 권한에 속하는 사무에 관하여 제정하는 규범"이다(제23조). 단체장의 권한에 속하는 사무에 관하여 제정한다.

규칙의 법적 성질은 1) 위임명령의 성질을 가진 '법규명령'이라고 보기도 하고, 2) 판례는 '행정규칙'이라고도 보지만(1985.7.9, 83누189; 1985.12.23, 84누 343), 3) 양자의 성질을 다 가진다고 보아야 할 것이다.

2. 종 류

규칙에는 1) 법령 또는 조례가 위임한 사항에 대하여 제정하는 위임규칙과 2) 법령이나 조례의 위임없이 단체장이 직권으로 제정하는 직권규칙이 있다.

3. 법적 근거

규칙은 법령이나 조례의 근거(위임)가 필요한가에 대하여 1) 현행법상 “법령이나 조례가 위임한 범위에서”에 제정할 수 있다고 규정하므로 법규명령의 법리를 적용하여 상위법령·조례의 개별적·구체적 위임이 있어야 규정할 수 있다는 견해(류지태, 대판 1978.8.22, 78누164)와 2) 반드시 상위법령과 조례의 위임이 있어야 하는 것은 아니고 법령의 수권이 필요없는 직권명령이라는 견해(김남진)가 있다. 특히 규칙이 국민의 권리를 제한하거나 의무를 부과하는 침해적 사항이 아닌 한 법령의 위임은 필요하지 않다고 본다(김동희, 장태주). 3) 침해적 사항이 아니면, 법령의 위임이 필요하지 않은 것으로 보는 것이 타당하다.

4. 규율의 한계

1) **규율대상** 규칙의 규율범위는 교육·학예사무와 벌칙을 제외한 단체장의 권한에 속하는 모든 사무이다. 즉, 자치사무, 단체위임사무 및 기관위임사무에 관하여 규칙을 제정할 수 있다. 조례는 기관위임사무는 제외하고 있으므로 규칙으로 제정하여야 한다(대판 1995.11.14, 94누13572). 조례로 제정할 사항을 규칙으로 제정한 경우에 그 규칙은 무효이다(대판 1997.6.19, 95누8669).

2) **법률우위의 원칙** 규칙은 “법령 또는 조례가 위임한 범위에서”만 제정할 수 있으므로 법령이나 조례를 위반할 수 없다. 아울러 기초단체의 규칙은 광역단체의 규칙도 위반해서는 안 된다(제24조).

3) **법률유보의 원칙** 조례와 달리 규칙, 특히 위임규칙은 법령이나 조례의 개별적·구체적 위임이 있어야 한다. 아울러 주민에 대한 권리제한이나 의무부과의 경우에는 법령에 근거가 있어야 한다.

5. 제정절차

규칙은 공포예정일 15일 이전에 감독관청(시도지사는 행정자치부장관에게, 시군구청장은 시도지사)에게 전문을 첨부하여 보고하여야 하며, 보고를 받은 행정자치부장관은 이를 관계 중앙행정기관의 장에게 통보하여야 한다(제28조). 조례의 보고절차와 같다.

6. 효력발생

규칙은 특별한 규정이 없는 한 공포한 날로부터 20일이 경과함으로써 효력이 발생한다(제26조 제1항). 구법 제111조에서는 상급기관의 사전승인을 받도록 하는 제도가 있었으나, 현재는 폐지되었다.

Ⅲ. 교육규칙제정권

교육규칙은 교육·학예에 관한 사무의 집행기관인 교육감이 법령 또는 조례의 범위안에서 자신의 권한에 속하는 사무에 관하여 제정하는 법규범이다(지방교육자치법 제25조 제1항). 교육감은 대통령령이 정하는 절차와 방식에 따라 교육규칙을 공포하여야 하며, 교육규칙은 특별한 규정이 없는 한 공포한 날부터 20일이 경과함으로써 효력을 발생한다. 조례로 정할 것을 교육규칙으로 정한 경우에 그 효력은 무효이다(대판1997.6.19, 95누8669).

Ⅳ. 내부규칙(행정규칙)제정권

내부규칙이란 '지방자치단체의 기관이 상위법령의 위임없이 자신의 권한범위내에서 기관 내부의 사항으로 규율하는 법규범'이다. 이를 '직권규칙'이라고도 한다(홍정선). 예를 들면, 지방자치단체장의 훈령(행정규칙), 영조물규칙 등이 있다.

제 3 항 자치재정권

Ⅰ. 자치재정권과 지방재정의 개념

자치재정권은 '지방자치단체의 소요경비를 위한 수입을 확보하고 지출을 관리하는 권한'이다. 지방자치단체는 자치사무의 수행에 필요한 경비와 위임된 사무에 필요한 경비를 자기책임으로 지출할 의무를 가진다.

지방자치단체의 재정을 '지방재정'이라 한다. 지방재정은 '지방자치단체의 수입·지출 활동과 지방자치단체의 자산 및 부채를 관리·처분하는 모든 활동'을 말한다(지방재정법 제2조 제1호).

Ⅱ. 지방재정의 기본원리

1. 재정건전성과 재정효율성의 원리

지방재정은 수지균형의 원칙(재정건전성)에 따라 건전하고 효율적으로 운영되어야 한다(122조 제1항, 지방재정법 제3조 제1항). 재정건전성의 원칙과 재정효율성의 원칙을 규정한 것이다.

2. 지방재정의 자주성

지방재정은 자주성원리에 따라 국가재정에 독립하여 운영되어야 하고 국가의 부담을 지방자치단체에게 넘겨서는 안 된다(제122조 제2항). 다만, 지방자치단체는 부족한 재정자립도에 따라서 국가의 재정지원을 받을 수 있다. 따라서 지방의 재정확보를 위하여 교부금, 보조금 제도 등의 다양한 국가의 재정지원제도가 있으나, 과다한 재정지원에 따른 지방의 국가의존이 문제된다.17)

나아가 지방간의 다양한 재정능력의 편차를 시정하기 위하여 재정력이 우수한 지방이 약한 지방을 지원하는 재정균형을 위한 지방재정형평제도(Finanzausgleich)도 있다.

3. 국가사무의 경비부담

지방자치단체가 국가사무를 위임받아 시행하는 경우에 이러한 국가시책의 구현을 위한 경비는 국고보조율과 지방비부담율에 따라 정하는데, 이는 법령으로 정한다(제123조 제2항). 따라서 국가위임사무는 원칙적으로 국가, 예외적으로 지방이 부담하도록 규정한 것이다.

Ⅲ. 지방자치단체의 세입

1. 지방세

1) **개 념** 지방세는 '지방자치단체가 법률에 의하여 부과하고 징수하는 조세'이다(제135조). 즉, 지방재정을 확보하기 위한 목적으로 반대급부없이 일방적으로 부과·징수하는 금전급부의무이다. 이는 지방재정의 주요 재원이다.

지방세는 "특별시세, 광역시세, 도세 또는 시·군세, 구세"라고 법적 정의하고 있다(지방세기본법 제2조 제3항).

---

17) 지방재정의 현황에 대하여는 '재정고'를 참고.

2) **관련 개념과의 구분** 지방세는 지방재정목적으로 부과되므로 행정목적으로 부과되는 과태료 등의 행정법상 제재수단과 구별된다. 나아가 특정한 이해관계자에게 부과하는 부담금(분담금)이나 이용에 따른 반대급부인 사용료, 수수료 등과도 구분된다.

3) **법적 근거** 지방세도 조세이므로 헌법상 조세법률주의가 적용되어 법률에 근거하여야 한다(제38조). 따라서 지방세는 「지방자치법」외에 「지방세기본법」, 「지방세법」, 「지방세특례제한법」이 있다. 특히 「지방세기본법」은 지방자치단체가 지방세에 관하여 조례로 필요한 사항을 정하도록 위임하고 있다(제5조).

「지방세기본법」에서 지방자치단체는 지방세의 세목, 과세대상, 과세표준, 세율 그 밖의 부과・징수에 관하여 필요한 사항을 정할 때에는 「지방세기본법」과 지방세관계법이 정하는 범위안에서 '조례'로써 정하여야 한다(제5조 제1항). 지방자치단체의 장은 지방세 관련 조례의 시행에 따르는 절차 그 밖에 그 시행에 관하여 필요한 사항을 '규칙'으로 정할 수 있다(제3조 제3항). 조세법률주의 위반논란에 대하여 법률에서 지방세의 주요사항을 정하고 조례는 세부사항만 정하며, 법정외세를 인정하지 않는다는 점에서 위반되지 않는다고 본다(박윤흔, 김동희).

4) **종 류** 지방세는 과세주체에 따라서는 광역자치단체세인 특별시세, 광역시세, 도세와 기초자치단체세인 시・군세, 구세로 구분할 수 있고(제2조 제3호), 조세수입의 용도 및 대상에 따라서는 보통세와 목적세로 구분한다(제7조 제1항).

지방세의 종류

	보통세	목적세
특별시・광역시세	취득세, 레저세, 담배소비세, 지방소비세, 주민세, 지방소득세, 자동차세	지역자원시설세, 지방교육세
도세	취득세, 등록면허세, 레저세, 지방소비세	지역자원시설세, 지방교육세
시・군세	담배소비세, 주민세, 지방소득세, 재산세, 자동차세	
(자치)구세	등록면허세, 재산세	

5) **부과와 징수** 지방세를 징수하고자 할 때에는 단체장 또는 그 위임을 받은 공무원은 납세의무자 또는 특별징수의무자에 대하여 납부 또는 납입할 금액, 기한, 장소 기타 필요한 사항을 기재한 문서(전자문서를 포함)로써 납부 또는 납입의 고지를 하여야 한다. 지방세를 납부하지 않는 경우에는 국세와 마찬가지로 강제징수절차에 따른다(제91조 이하).

6) **불복절차** 지방세에 대한 불복은 1) 과세전적부심심사(제116조), 2) 해

당 지방자치단체장에게 이의신청(제118조), 2) 광역자치단체장에게 심사청구, 3) 조세심판원장에게 심판청구를 할 수 있다(제119조).

지방세에 관한 범칙행위에 대하여는 처벌조항을 두고 있다(제129조 이하).

2. 협의의 세외수입

1) **사용료 · 수수료 또는 분담금** 지방자치단체는 사용료, 수수료, 분담금을 부과 · 징수할 수 있다.

사용료는 '공공시설의 이용 또는 재산(공물)의 사용에 대한 대가'이고(제136조), 수수료는 '특정인을 위한 지방자치단체의 사무(서비스)에 대한 대가로서의 반대급부'이고(137조), 분담금은 '지방자치단체의 재산 또는 공공시설의 설치로 주민의 일부가 특히 이익을 받은 경우에 그 이익을 받은 자로부터 그 이익의 범위에서 징수하는 금전'이다(제138조).

사용료 · 수수료 또는 분담금의 징수에 관한 사항은 해당 지방자치단체의 조례로 정한다(제139조 제1항). 단, 국가위임사무와 자치사무중 '전국적으로 통일할 필요가 있는 수수료'는 대통령령이 정하는 표준금액으로 징수하되, 달리 하고자 하는 경우에는 표준금액의 100분의 50의 범위안에서 조례로 가감하여 징수할 수 있다(제1항 단서).

사용료 · 수수료 또는 분담금의 징수는 '지방세 징수의 예'에 따르고(제140조 제2항), 그 부과나 징수에 이의신청은 해당 지방자치단체장에게 하되(제3항), 이의신청의 방법과 절차 등에 관하여는 「지방세기본법」을 준용한다(제7항). 사용료 등의 수입은 지방자치단체의 수입으로 한다. 다만, 위임사무에 대한 수수료는 법령에서 달리 정한 경우를 제외하고는 위임받은 해당 지방자치단체의 사무처리경비를 위한 수입으로 한다(제137조 제3항).

사용료 등의 제재수단으로 과태료제도를 도입하여, 사기 그 밖의 부정한 방법으로 사용료 등의 징수를 면한 자는 면한 금액의 5배 이내의 과태료를, 공공시설을 부정사용자에는 50만 원 이하의 과태료를 조례로 정할 수 있다(제139조 제2항). 사용료(과태료)의 부과 · 징수, 재판 및 집행 등의 절차에 관한 사항은 「질서위반행위규제법」에 따른다(제3항).

2) **재산수입** 지방자치단체는 행정목적을 달성하기 위한 경우나 공익상 필요한 경우에는 재산을 보유하거나 특정한 자금을 운용하기 위한 기금을 설치할 수 있다(제142조 제1항).

재산수입은 '지방자치단체가 보유하는 재산 및 기금에서 얻어지는 수입'을 말하며, 재산의 보유, 기금의 설치 · 운용에 관하여 필요한 사항은 조례로 정한다(제2항). 이때 재산은 "현금 외의 모든 재산적 가치가 있는 물건과 권리"를 말한다(제3항). 공유재산에 대하여는 「공유재산 및 물품관리법」이 있다.

지방자치단체의 재산은 법령이나 조례에 따르지 아니하고는 교환·양여·대여하거나 출자 수단 또는 지급 수단으로 사용할 수 없다(제143조).

3) **사업수입** 사업수입은 '지방자치단체가 공공시설, 지방공기업 등의 사업경영을 통해서 얻어지는 수입'이다. 공공시설은 주민의 복지증진, 공기업은 주민의 복지증진과 사업의 효율적 수행을 위하여 설치·운영된다(제144조).

4) **교부금** 교부금은 '국가가 국가사무를 지방자치단체 또는 그 기관에 위임하여 수행하는 경우에 국가 당해 지방자치단체에게 교부하는 소요경비'이다(지재법 제21조 제2항).

5) **이월금** 이월금은 '동일한 지방자치단체의 지방회계에서 전년도 잉여금중 금년도로 이월된 금액'을 말한다. 종류는 1) 명시이월비(제50조 제1항), 2) 사고이월비(제50조 제2항), 3) 순차이월비(제50조 제3항)가 있다.

6) **기타(잡수입)** 잡수입으로는 기여금(기부금), 과태료, 체납처분비, 위약금, 불용품의 매각 등에서 얻어지는 수입이 있다.

Ⅳ. 국가로부터의 지원 (재정지원제도)

1. 지방교부세

지방교부세는 '국가가 재정적 결함이 있는 지방자치단체에게 교부하는 금액'이다(지교세법 제2조 제1호). 지방교부세는 지방자치단체의 행정운영에 필요한 재원을 교부하여 그 재정을 조정함으로써 지방행정을 건전하게 발전시키고자 하는 것이다(제1조). 지방교부세를 위하여는 지방교부세법이 제정되어 있다.

지방교부세의 종류는 교부목적의 특정 여부에 따라 보통교부세·특별교부세·분권교부세 및 부동산교부세로 구분한다(제3조).

보통교부세는 해마다 기준재정수입액이 기준재정수요액에 못 미치는 지방자치단체에 그 미달액을 기초로 교부하는 것이다(제6조 제1항). 지방교부세의 대부분을 차지한다. 기준은 매년 8월 1일자의 주민등록된 주민수이다.

특별교부세는 1) 기준재정수요액의 산정방법으로는 파악할 수 없는 지역현안에 대한 특별한 재정수요가 있는 경우(30%), 2) 보통교부세의 산정기일 후에 발생한 재난을 복구하거나 재난 및 안전관리를 위한 특별한 재정수요가 생기거나 재정수입이 감소한 경우(50%), 3) 국가적 장려사업, 국가와 지방자치단체 간에 시급한 협력이 필요한 사업, 지역 역점시책 등 특별한 재정수요가 있을 경우(10%)에 교부한다.

분권교부세는 국고보조사업을 이양받은 지방자치단체에 교부하는 것으로 지방 이양사업과 관련된 인구 등의 통계자료와 종전의 국고보조금 지원수준 등을 고려하여 대통령령으로 정하는 바에 따라 산정한다(제9조의2 제1항, 제2항).

부동산교부세는 지방자치단체에 전액 교부하되, 교부기준은 지방자치단체의 재정여건이나 지방세 운영상황 등을 고려하여 대통령령으로 정한다(제9조의3). 그 재원은 국세인 종합부동산세이다.

2. 국고보조금

국가는 정책상 필요하다고 인정되는 때 또는 지방자치단체의 재정사정상 특히 필요하다고 인정되는 때에는 국가예산의 범위 안에서 지방자치단체에 보조금을 교부할 수 있다(지재법 제23조 제1항). 국고보조금은 용도를 특정하여 보조한다는 용도결정에서 지방교부세와 구분된다.

3. 지방채, 일시차입금

1) **지방채** 지방채는 '지방자치단체가 재정수입의 부족액을 메꾸기 위하여 증서차입 또는 채권발행의 방법에 의하여 자금을 조달하는 일 회계년도를 넘는 장기차입금'이다.

단체장은 지방자치단체의 항구적 이익이나 긴급한 재난복구의 필요시에 행정자치부장관의 승인을 얻은 범위내에서 지방의회의 승인을 얻어 발행한다(제124조, 지재법 제11조). 단체장은 지방채발행 외에 보증채무부담행위를 할 수 있다(제3항, 지재법 제13조). 지방공기업의 채무는 '공사채'라고 한다.

2) **일시차입금** 일시차입금은 '당해 회계년도내의 일시적인 자금부족을 메꾸기 위하여 빌리는 금전'이다. 일시차입금은 예산에 계상된 범위안에서 지출이 필요한 때에는 지방의회의 의결을 얻어 차입하되, 그 한도액은 회계연도마다 회계별로 미리 지방의회의 의결을 얻어야 한다. 일시차입금은 당해 회계연도의 수입으로 상환하여야 한다(지재법 제14조).

▣ 지방양여금 - '국세를 지방자치단체의 일정한 사업을 위하여 양여하는 금전'인데, 2005년 1월 지방양여금법이 폐지되면서 중단되었다.

V. 예산과 결산

지방자치단체는 각 자치단체별로 독립한 예산을 편성하고, 이에 따른 결산도 한다. 법적 근거로는 지방자치법(제125조~제134조), 지방재정법, 지방공기업법 등이 있다. 그 밖에 교육과 학예예산은 지방교육자치법에 특별규정이 있다(제14조 제3항).

최근 주민이 직접 예산항목을 제안하는 주민참여예산제를 일부 시행하고 있다.

제 6 절 지방자치단체의 사무

Ⅰ. 개 설

헌법은 지방자치단체에게 '주민의 복리사무'를 처리하도록 위임한다(제117조). 지방자치단체가 수행하는 지방사무는 관할구역의 고유한 자치사무와 '법령에 따라 지방자치단체에 속하는 사무'(위임사무)이다(제9조 제1항). 즉, 자신의 고유사무인 자치사무와 다른 행정주체가 위임한 위임사무를 처리한다.

지방자치법은 사무이원주의에 따라 지방사무를 자치사무와 위임사무로 구분하여 이에 따라 그 법적 근거, 비용부담, 국가감독의 내용이 달라진다. 이때 위임사무는 '단체위임사무'에 한정되며, 기관위임사무는 위임한 행정주체의 행정기관으로서 행하는 것이므로 포함되지 않는다.

Ⅱ. 사무의 종류

1. 자치사무 (고유사무) - 지자체의 본래적 사무

1) 개 념 자치사무는 '주민의 복리증진과 지방자치단체의 존립을 위하여 필요한 사무로서 자기책임하에 처리하는 사무'이다. 고유사무라고도 한다. 지방자치의 역사적 발전과정에 따라 주로 1) 주민의 생존배려를 내용을 하는 복리사무(헌법 제117조 제1항)와 2) 기타 지방자치단체 유지를 위한 사무로 구분된다.

2) 지방자치법 규정

지방자치법은 자치사무와 국가사무를 각기 규정하고 있다.

(1) 지방사무규정 지방자치법은 '다른 법령에서 규정하지 않는 한, 적용되는 지방자치단체의 사무'를 예시한다(제9조 제2항). 이를 '자치사무규정'이라고 보는데(박균성), "지방자치단체의 사무"라고 규정하므로 단체위임사무를 포함한 지방사무규정으로 보아야 한다(비슷하게는 홍정선). 다만, 자치사무를 추론할 수는 있다.

1. 지방자치단체의 구역, 조직, 행정관리 등에 관한 사무, 2. 주민의 복리증진에 관한 사무, 3. 농림·상공업 등 산업진흥에 관한 사무, 4. 지역개발 및 주민의 생활환경시설 설치·관리에 관한 사무, 5. 교육·체육·문화·예술의 진흥에 관한 사무, 6. 지역민방위 및 소방에 관한 사무.

(2) 국가사무규정 　한편 지방자치법은 '다른 법률에서 규정하지 않으면, 지방자치단체가 시행할 수 없는 국가사무'를 규정한다(제11조). 이는 초지역적 사무나 전국적으로 통일적인 기준이 필요한 경우, 국가의 일반이익에 관계되는 국가사무로 자치사무에서 제외되고, 지방자치단체는 원칙적으로 처리할 수 없다.

1. 외교, 국방, 사법(사법), 국세 등 국가의 존립에 필요한 사무,
2. 물가정책, 금융정책, 수출입정책 등 전국적으로 통일적 처리를 요하는 사무
3. 농산물 · 임산물 · 축산물 · 수산물 및 양곡의 수급조절과 수출입 등 전국적 규모의 사무
4. 국가종합경제개발계획, 국가하천, 국유림, 국토종합개발계획, 지정항만, 고속국도 · 일반국도, 국립공원 등 전국적 규모나 이와 비슷한 규모의 사무
5. 근로기준, 측량단위 등 전국적으로 기준을 통일하고 조정하여야 할 필요가 있는 사무
6. 우편, 철도 등 전국적 규모나 이와 비슷한 규모의 사무
7. 고도의 기술을 요하는 검사 · 시험 · 연구, 항공관리, 기상행정, 원자력개발 등 지방자치단체의 기술과 재정능력으로 감당하기 어려운 사무

3) **자치사무의 종류** 　자치사무는 법령의 규정여부에 따라 1) 법령에 의하여 지방자치단체의 사무로 규정된 경우는 '의무사무' 내지 '필요사무', 2) 그밖에 지방자치단체가 스스로 자기책임으로 행하는 것은 '임의사무' 내지 '수의사무'가 있다.

예를 들면, 의무사무는 초중등교육법에 따른 초중등학교의 설립, 지방공기업법에 따른 상수도의 설치 등이고, 단체위임사무와 유사하나 성질에서 차이가 있다.

4) **자치사무의 사무배분기준**

☞ 자치사무는 광역단체와 기초단체간에 배분하거나 공통으로 수행한다. 따라서 지방자치법은 자치사무를 공통사무, 광역사무, 기초사무로 규정한다.

(1) 공통사무 　공통사무는 모든 지방자치단체에서 공통적으로 인정되는 사무로, 그 존립에 필요한 사무이다. 존립사무라고도 한다. 지방자치법은 공통사무로서 "지방자치단체의 구역, 조직 및 행정관리 등에 관한 사무"를 규정한다(제10조 제1항 단서, 제9조 제2항 제1호).

(2) 광역사무 (시 · 도의 사무) 　지방자치법은 기초단체가 수행하기에 적합하지 않은 사무를 광역사무(시 · 도사무)라고 규정하고, 그 특징을 예시한다(제10조 제1항 제1호). 광역사무는 시 · 도가 처리하는 사무이고, 예외적으로, 50만이상의 시는 도사무의 일부를 처리할 수 있다(제10조 제1항 제2호).

광역사무는 1) 행정처리 결과가 2개 이상의 시 · 군 및 자치구에 미치는 광역적 사무, 2) 시 · 도 단위로 동일한 기준에 따라 처리되어야 할 성질의 사무, 3) 지역적 특성을 살리면서 시 · 도 단위로 통일성을 유지할 필요가 있는 사무, 4) 국가와 시 · 군 및 자치구 사이의 연락 · 조정 등의 사무, 5) 시 · 군 및 자치구가 독자적으로 처리하기에 부적당한 사무, 6) 2개 이상의 시 · 군 및 자치구가 공동으로 설치하는 것이 적당하다고 인정되는 규모의 시

설을 설치하고 관리하는 사무이다.

광역사무는 다시 성질에 따라서 광역적 사무, 조정적 사무, 보충적 사무로 구분하기도 한다(장태주).

(3) 기초사무 (시 · 군 및 자치구의 사무) 자치사무에서 광역사무(시 · 도의 사무)를 제외한 사무는 기초지방자치단체(시 · 군 및 자치구)의 사무가 된다. 기초사무는 소극적 기준으로 "시 · 도가 처리하는 것으로 되어 있는 사무를 제외한 사무"라고 규정한다(제10조 제1항 제2호). 기초사무의 특징은 현장대응이 필요한 경우, 주민생활과 밀착된 경우 등이다.

(4) 광역사무와 기초사무의 구별 한편 지방자치법상의 광역사무(시 · 도사무)의 기준(제10조 제1항 제1호)에 해당하는 사무나 개별법상 광역단체장에게 위임된 사무는 광역사무로 보아야 하고, 위 광역사무기준이외의 사무나 개별법상 기초단체장의 권한으로 규정된 사무는 기초사무로 보아야 한다. 교육 · 학예에 관한 사무는 광역사무이다(교육자치법 제2조).

(5) 배분원칙 우리 지방자치법은 위의 사무배분기준외에 일련의 배분원칙을 규정하였다. 1) 불경합성의 원칙으로 광역단체와 기초단체는 지방사무의 처리에서 서로 경합하지 않아야 한다고 규정한다(제10조 제3항 전단). 2) 보충성의 원칙으로 광역사무와 기초사무의 구별이 곤란하거나 사무가 경합하는 경우에는 더 작은 행정단위인 기초단체(시 · 군 · 구청장)이 먼저 처리한다고 규정한다(제2항 후단). 주민과 가장 가까운 위치에서 현실을 잘 아는 기초단체가 처리하도록 배려한 것인데, '기초지방자치단체 우선의 원칙' 또는 '현지성의 원칙'이라고도 한다. 더 작은 단위가 먼저 시행하여야 한다는 보충성의 원칙을 말한다.

5) 법적 근거 자치사무의 법적 근거로 임의사무는 '지방자치법규'로서 법적 근거가 충족되지만, 의무사무는 법령에 근거하여야 한다. 자치사무에 대하여 지방의회는 조례로 규율하거나 감사 등을 할 수 있으나, 자치사무에 대한 국가감독은 국가의 적법성 통제에 한정된다.

6) 비용부담과 손해배상 자치사무는 해당 지방자치단체가 필요한 경비를 부담할 의무가 있다(제141조). 특히 공공사무는 해당 지방자치단체가 전액 부담한다(지재법 제17조). 한편 불법행위가 발생하면, 자치사무는 지방자치단체가 불법행위에 따른 배상주체이다.

7) 자치사무의 민간위탁 최근 지방자치단체가 수행하던 사무를 민간위탁하는 경우가 늘고 있다. 이는 지방자치법 제104조 제3항과 행정권한의 위임 및 위탁에 관한 규정에 근거한다.

지방자치단체가 민간위탁할 경우에는 민간기관을 지휘·감독을 할 수 있다. 따라서 완전히 민간에게 사무를 이관하는 민영화와는 구분된다. 최근 민간위탁이 문제되면서 지방의회의 사전동의를 얻도록 하는데, 이는 위법하지 않다고 본다(대판 2011.2.10, 2010추11).

대법원 2009. 12. 24. **선고** 2009**추**121 **판결** **【조례안재의결무효확인】**
지방자치법 제104조 제3항에서 지방자치단체의 장은 그 권한에 속하는 사무 중 주민의 권리·의무와 직접 관련이 없는 사무에 대해서는 조례나 규칙으로 정하는 바에 따라 민간에게 위탁할 수 있다고 규정함으로써 지방자치단체 사무의 민간위탁과 관련하여 조례 등에 의한 한계 설정을 예정하고 있는 점을 아울러 고려하여 보면, 이 사건 조례안이 지방자치단체 사무의 민간위탁에 관하여 지방의회의 사전 동의를 받도록 한 것은 지방자치단체장의 민간위탁에 대한 일방적인 독주를 제어하여 민간위탁의 남용을 방지하고 그 효율성과 공정성을 담보하기 위한 장치에 불과하고, 민간위탁 권한을 지방자치단체장으로부터 박탈하려는 것이 아니므로 지방자치단체장의 집행권한을 본질적으로 침해하는 것으로 볼 수 없다.

2. 단체위임사무

1) **개 념** 단체위임사무는 국가나 다른 지방자치단체(광역단체)가 법령에 의하여 '지방자치단체'에 위임한 사무를 말한다(제9조 제1항). 즉, 국가나 다른 지방자치단체가 법령에 정해진 국가사무를 다시 법령에 의하여 해당 지방자치단체에게 구체적으로 위임한 사무이다. 일부 학설은 자치사무와 구분무용론을 주장하는데(김철용, 서원우, 김도창) 논거로 「지방자치법」 제9조 제1항과 제22조도 구분하지 않는다는 것이다.

2) **법적 근거와 권한** 단체위임사무는 해당 지방자치단체가 자신의 이름으로 사무수행할 의무만 질뿐이고, 사무에 대한 권한은 위임자에게 있고, 따라서 위임시에는 개별 법령상의 근거를 요한다. 한편 지방자치법 제11조에는 국가사무로서 위임금지조항을 둔다.[18]

3) **비용부담 등** 단체위임사무의 비용부담은 사무위임에 따라 위임자인 국가 등이 부담한다(제141조 단서, 지재법 제21조 제2항). 아울러 단체위임사무의 수행과정에 발생한 피해에 대하여는 국가배상법에 따라 사무귀속주체인 위임자가 책임을 부담한다.

4) **지방의회의 감독** 지방의회는 단체위임사무도 역시 지방사무이므로 행정사무감사 등이 가능하다.

5) **감 독** 단체위임사무는 위임자인 국가나 지방자치단체가 수임한 지방자치단체에 대하여 광범위한 감독권을 갖는다(제167조, 제169조). 특히 단체위임사무는 원칙적으로 위임자의 사무이므로 적법성감독뿐만 아니라 합목적성 감독까지

---

18) 「지방자치법」 제11조(국가사무의 처리제한) 지방자치단체는 다음 각 호에 해당하는 국가사무를 처리할 수 없다. 다만, 법률에 이와 다른 규정이 있는 경우에는 국가사무를 처리할 수 있다.

할 수 있다. 예를 들면, 시·군의 국세징수사무, 광역단체의 국도유지수선과 점용료징수의무(도로법 제24조, 43조) 등이 있다.

3. 기관위임사무

1) **개 념** 기관위임사무는 국가 또는 다른 지방자치단체가 지방자치단체의 장이나 기관에 위임한 사무이다(제167조 제1항). 즉, 법령에서 국가사무나 광역사무로 규정한 후에 대통령령이나 부령에서 지방자치단체의 기관인 단체장(시·도지사, 시·군 및 구청장)에게 위임한다고 규정한 경우이다. 그러나 기관위임사무는 '지방자치단체의 기관'에게 위임한 사무이므로 지방자치단체 자체에 위임된 단체위임사무와는 구분된다. 기관위임사무는 원래 국가사무이나 국가의 경비절약 및 민원의 현지대응성을 이유로 발생한 것이다. 실제 위임사무는 주로 기관위임사무이다.

2) **권 한** 기관위임사무는 기관위임에 불과하므로 해당 사무에 대한 권한은 위임자인 국가 등이 가지므로, 해당 지방자치단체의 기관은 단순한 업무집행자일 뿐이다. 그러나 수임자가 자신의 이름과 책임으로 기관위임사무를 수행하므로 소송상 피고적격도 수임자가 갖는다.

3) **법적 근거** 기관위임사무에 대한 수권근거로 지방자치법외에도 개별적 수권규정이 필요한 지에 대하여 판례는 지방자치법상의 포괄적 수권규정(제102조, 제104조 제2항, 정부조직법 제6조 제1항)으로 족하다고 본다. 예는 주민등록, 병사, 각종선거, 경찰, 통계, 지적, 시군구의 소방, 경제시책, 각종 인허가사무 등이다.

4) **판단기준** 법령상 단체장이 처리하도록 규정된 사무의 경우에 기관위임사무인지에 대한 판단기준은 법령의 규정형식과 취지를 우선 고려하고, 그 밖에도 사무의 성질상 전국적으로 통일적인 처리의 요구여부, 경비부담, 최종적인 책임의 귀속주체여부로 기관사무여부를 판단한다(대판 1999.9.17, 99추30).

5) **비용부담등** 기관위임사무에 대한 경비는 위임자가 부담하여야 한다(제141조 단서). 위법행위에 대한 배상책임도 위임자가 부담한다. 물론 해당 지방자치단체는 비용부담자로서 국가배상책임을 부담할 수 있다.

6) **감 독** 기관위임사무에서는 국가는 광범위한 감독권을 가진다(합목적성 통제가능). 다만 지방의회의 관여는 지방사무가 아니므로 배제된다.

Ⅲ. 사무구분의 문제

1. 사무구분의 실익

어떤 사무가 자치사무 또는 위임사무인가에 따라 다음 사항이 달라진다.

1) **지방자치단체의 자율성** 사무를 수행하는 행위주체인 지방자치단체의 입장에서 자치사무가 가장 지방자치단체에게 자율성이 보장된다. 특히 자치사무중에서도 임의사무는 가장 지방자치단체에게 재량권이 부여되고, 그 외에 의무사무에게도 비교적 넓은 행위여지가 부여된다. 그러나 위의 구분처럼 위임사무의 경우에는 위임자의 감독과 의사가 중요한데, 단체위임사무가 기관위임사무보다는 더 자율성이 높다고 볼 수 있다.

2) **경비부담** 사무는 그 수행에서 경비가 요구되는데, 사무수행자인 지방자치단체의 입장에서는 1) 자치사무는 지방자치단체 고유의 사무이므로 당연히 원칙적으로 지방자치단체 스스로가 비용을 부담한다(지방재정법 제20조).[19] 2) 그러나 위임사무는 위임자인 국가 등이 비용을 지원하는 것이 원칙이다. 특히 기관위임사무는 당해 사무를 위임한 국가나 다른 지방자치단체가 부담하는 것이 원칙이다.

> 다만, 단체위임사무는 지방재정법 제21조의 해석과 관련하여 비용부담에 논란이 있다.[20] 이에 대하여 1) 분담설은 법 제21조 제1항을 우선 적용하여 국가가 지방자치단체와 비용을 분담해야 한다는 입장이고(오진환), 2) 국가전액부담설은 제21조 제2항을 적용하여 국가가 비용을 전액 부담하여야 한다는 입장이다(김남진, 장태주, 류지태). 3) 전액부담설이 다수설이다.

3) **감독권의 소재** 자치사무는 행정자치부장관 또는 광역단체장(시 · 도지사)의 감독을 받는다(제171조). 감독권으로서 보고를 받거나 서류 · 장부 또는 회계를 감사할 수 있다. 다만 감독권은 자치사무의 특성상 자치행정의 보장을 위하여 법령위반사항에 대해서만 교정적인 적법성 감독만 한다.

위임사무는 위임자에 따라 감독기관이 다른데, 국가사무이면, 주무부장관과 광역단체장이, 자치단체 사무인 경우에는 위임한 단체장이 지휘 · 감독권을 행사한다(제167조).[21] 이는 예방적인 감독도 가능하며, 적법성 감독을 넘어서 합목적성 감독

---

19) 「지방재정법」 제20조(자치사무에 관한 경비) 지방자치단체의 관할 구역의 자치사무에 관하여 필요한 경비는 당해 지방자치단체가 그 전액을 부담한다.

20) 「지방재정법」 제21조 ① 지방자치단체 또는 그 기관이 법령에 의하여 처리하여야 할 사무로서 국가와 지방자치단체 상호간에 이해관계가 있는 경우에, 그 원활한 사무처리를 위하여 국가에서 부담하지 아니하면 아니되는 경비는 국가가 그 전부 또는 일부를 부담한다. ② 국가가 스스로 행하여야 할 사무를 지방자치단체 또는 그 기관에 위임하여 수행하는 경우에, 그 소요되는 경비는 국가가 그 전부를 당해 지방자치단체에 교부하여야 한다

도 가능하다(제169조 제1항).

4) **지방의회의 관여** 자치사무와 단체위임사무는 지방자치단체의 사무, 즉 지방사무이므로 지방의회의 관여가 가능하다(제41조). 따라서 지방의회는 일반적인 감사와 특정사항에 대한 조사를 할 수 있다.

기관위임사무는 원칙적으로 지방의회가 관여할 수 없다. 다만, 국회와 시·도의회가 직접 감사하기로 한 사무 이외의 사무에 대해서만 감사 또는 조사할 수 있다(제41조 제3항).

5) **배상책임** 자치사무에 대하여는 사무가 귀속하는 지방자치단체가 당연히 배상책임을 진다. 그러나 위임사무는 위임자인 국가나 지방자치단체가 배상책임도 지는 것이 원칙이다.

2. 국가와 지방자치단체의 사무배분기준

자치사무, 단체위임사무, 기관위임사무는 각각 사무의 성질이나 법률관계가 다르므로 이러한 사무를 구별하거나 배분하는 기준을 생각할 필요가 있다.

1) **형식적 기준** 지방자치법상의 자치사무규정과 국가사무규정을 기준으로 하거나 개별법령상에서 중앙행정기관의 사무이면, 국가사무이고 지방자치단체(장)의 사무이면 자치사무로 볼 수 있다.

> 다만, 자치사무조항은 단체위임사무도 포함한 지방자치단체의 사무로 규정하므로 위임사무도 포함된다는 것이 일반적인 입장이지만, 그래도 예시된 자치사무에서 '주민의 복리사무에 관한 사무'는 원칙적으로 자치사무로 볼 수 있다. 다만, 예시된 자치사무이더라도 개별법상 국가사무로 규정된 경우는 위임사무로 보아야 한다(류지태, 이기우).

2) **실질적 기준** 그러나 법령상 기준만으로는 명확하지 않다. 특히 법령에서 "지방자치단체장이 행한다"고 규정한 경우에도 개별법령의 입법취지에 따라 사무의 성질상 전국적인 기준하에 통일적인 처리가 요구되는 사무는 국가사무로서 단체장에게 위임된 기관위임사무이고, 지역적인 특성을 고려하여야 하는 것은 자치사무로 볼 수 있을 것이다(김남진/김연태, 홍정선).

3) **판 례** 판례는 법령의 규정형식과 취지를 고려한 사무의 성질외에도 경비부담, 최종적인 책임귀속의 주체 등도 고려하여야 한다고 본다(대판 1999.9.17, 99추30).

---

21) 「지방자치법」 제167조(국가사무나 시·도사무 처리의 지도·감독) ① 지방자치단체나 그 장이 위임받아 처리하는 국가사무에 관하여 시·도에서는 주무부장관의, 시·군 및 자치구에서는 1차로 시·도지사의, 2차로 주무부장관의 지도·감독을 받는다. ② 시·군 및 자치구나 그 장이 위임받아 처리하는 시·도의 사무에 관하여는 시·도지사의 지도·감독을 받는다.

자치사무가 아닌 예 : 호적사무 – 대법원 1995.3.28, 94다45654 **판결 【손해배상(기)】**
호적법에 의하면 호적에 관한 사무는 시, 읍, 면의 장이 이를 관장하되(제2조), 이는 시, 읍, 면의 사무소의 소재지를 관할하는 가정법원장 또는 가정법원장의 명을 받은 가정법원 지원장이 감독한다(제4조)고 규정되어 있고, 구 호적법(1990.12.31. 법률 제4298호로 개정되기 전의 것)에 의하면 호적법의 규정에 의하여 납부하는 수수료 및 과태료를 서울특별시, 직할시, 시, 읍, 면의 수입으로 하고(제6조 제1항), 시, 읍, 면의 장이 관장하는 호적사무에 요하는 비용은 당해 시, 읍, 면의 부담으로 한다(제7조)라고 규정되어 있으며, 지방자치법 제9조 제1항은 지방자치단체는 그 관할구역의 자치사무와 법령에 의하여 지방자치단체에 속하는 사무를 처리한다고 규정하고, 같은 조 제2항은 각호에서 제1항의 규정에 의한 지방자치단체의 사무를 열거하면서 제1호 (차)목으로 호적 및 주민등록관리를 예시하되, 그 단서에서 법률에 이와 다른 규정이 있는 경우에는 그러하지 아니하다고 규정하고 있는바, 이와 같은 호적법 및 지방자치법의 제규정에 비추어 보면 호적사무는 국가의 사무로서 국가의 기관위임에 의하여 수행되는 사무가 아니고 지방자치법 제9조가 정하는 지방자치단체의 사무라고 할 것이고, 단지 일반행정사무와는 달리 사법적 성질이 강하여 법원의 감독을 받게 하는 데 지나지 아니한다 고 할 것이다.

4) **소 결** 판단기준은 우선 해당 법령의 형식기준과 지방자치법상의 기준(자치사무규정, 국가사무규정)을 살피고, 그 다음에는 실질적 기준과 판례의 입장을 고려하여 판단하여야 할 것이다.

3. 위임사무의 구분

개별법령에서 국가나 중앙행정기관 등의 국가기관의 권한으로 명확하게 규정된 사무는 국가사무이다. 그러나 하위조항 내지는 하위 법령에서 지방자치단체에게 위임하는 경우가 많으므로 구분이 어렵다. 이 경우에는 근거법령의 수권규정을 기준으로 하여 판단한다. 즉, 국가사무가 광역단체장(시·도지사)나 기초단체장(시·군·구청장)과 같은 지방자치단체의 기관에게 위임된 사무는 기관위임사무로 보고, 지방자치단체 자체에게 위임된 사무는 단체위임사무로 본다.

판례는 법령상 단체장이 처리하도록 규정되어 있어도 법령의 규정 형식과 취지를 고려하여 전국적으로 통일적인 처리, 경비부담, 최종적인 책임귀속 등을 고려하여 판단한다(대판 2003.4.22, 2002두10483). 예를 들면, 골재채취업은 시군구청장의 등록사무로 규정하였어도 이는 전국적으로 통일적인 처리가 요구되는 국토교통부장관의 국가사무로서 단체장에게 위임된 기관위임사무로 보았다(대판 2004.6.11, 2004추34).

대법원 1999. 9. 17, 99추30 **【울진군발전소주변지역지원산업시행에관한조례무효확인청구의소】**
법령상 지방자치단체의 장이 처리하도록 규정하고 있는 사무가 기관위임사무에 해당하는지 여부를 판단함에 있어서는 그에 관한 **법령의 규정 형식과 취지를 우선 고려하여야 할 것이지만 그 외에도 그 사무의 성질이 전국적으로 통일적인 처리가 요구되는 사무인지 여부나 그에 관한 경비부담과 최종적인 책임귀속의 주체 등도 아울러 고려하여 판단하여야**

할 것이다.

제 7 절 지방자치단체 상호간의 관계

☞ 지방자치단체간의 관계는 형식적으로 독립한 공법인의 대등한 관계이나, 국가사무 및 지방사무의 처리과정에서 행정사무의 전국적인 통일성 등을 위하여 실질적으로는 다양한 협력 및 갈등 관계에 놓인다. 특히 갈등관계를 해결하기 위하여 다양한 법제도가 모색되고 있다.

Ⅰ. 협력관계

1. 협력의무

1) 지방자치단체는 행정사무처리 등을 위하여 인접 자치단체나 광역단체와의 협조, 국가에 대한 공동대응 등의 다양한 협력관계가 요구된다.

2) 일반적인 협력관계에 대하여 지방자치법은 지방자치단체간에 사무의 공동처리 및 사무처리에 대한 협력의무를 규정하고 있다(제147조). 즉, 지방자치단체는 다른 지방자치단체로부터 사무의 공동처리에 관한 요청이나 사무처리에 관한 협의·조정·승인 또는 지원의 요청을 받으면 '법령의 범위'에서 협력하여야 한다(제147조). 이는 지방자치단체간의 협력의무이다.

2. 사무의 위탁

지방자치단체나 그 단체장은 소관사무의 일부를 다른 지방자치단체나 그 단체장에게 위탁하여 처리할 수 있으나 사무위탁의 당사자는 감독관청에 보고하여야 한다(제151조 제1항).

사무위탁시 단체장 등은 사무위탁의 상대방(당사자)가 시·도나 그 장이면 행정자치부장관과 관계 중앙행정기관의 장에게, 시·군 및 자치구나 그 장이면 시·도지사에게 보고하여야 한다(제2항). 사무위탁을 변경하거나 해지하려면, 지방자치단체나 그 장은 관계 지방자치단체나 그 장과 협의하여 그 사실을 고시하고, 사무위탁의 예에 따라 감독관청에게 보고하여야 한다(제4항). 사무위탁을 하려면 관계 지방자치단체와의 협의에 따라 규약을 정하여 고시하여야 한다(제2항). 규약에는 1) 사무를 위탁하는 지방자치단체와 사무를 위탁받는 지방자치단체, 2) 위탁사무의 내용과 범위, 3) 위탁사무의 관리와 처리방법, 4) 위탁사무의 관리와 처리에 드는 경비의 부담과 지출방법, 5) 그 밖에 사무위탁에 관하여 필요한 사항을 포함한다(제3항).

사무위탁의 법적 성질은 공법상 계약이다. 사무위탁에 따른 법률관계는 사무수탁을 받는 지방자치단체와 협의에 따라 정해지고 고시된 **규약**에 따른다(제2항). 규약외에 위탁된 사무의 관리와 처리에 관한 조례나 규칙이 규약에 다르게 정하여진 경우 외에는 사무를 위탁받은 지방자치단체에 대하여도 적용한다(제5항).

3. 행정협의회

지방자치단체는 2개 이상의 지방자치단체에 관련된 사무의 일부를 공동으로 처리하기 위하여 관계 지방자치단체 간의 행정협의회를 구성할 수 있다(제152조 제1항 제1문). 수도권행정협의회가 있다.

> 지방자치단체는 협의회를 구성하려면, 관계 지방자치단체 간의 협의에 따라 규약을 정하여 관계 지방의회의 의결을 각각 거친 다음 고시하여야 한다. 행정자치부장관이나 시·도지사는 공익상 필요하면, 관계 지방자치단체에 대하여 협의회를 구성하도록 권고할 수 있다. 단체장은 1) 광역은 행정자치부장관과 관계 중앙행정기관의 장에게, 2) 기초는 시·도지사에게 보고하여야 한다(제152조 제1항).

협의회는 1) 사무처리를 위하여 필요하다고 인정하면 관계 지방자치단체의 장에게 자료 제출, 의견 개진, 그 밖에 필요한 협조를 요구할 수 있고(제155조), 2) 협의회에서 미합의된 사항은 관계 지방자치단체의 장이 조정을 요청하여 감독기관이 조정할 수 있고(제156조), 3) 협의회가 결정한 사항이 있으면 그 결정에 따라 사무를 처리하여야 하고(제157조), 4) 협의회가 관계 지방자치단체나 그 장의 명의로 한 사무의 처리는 관계 지방자치단체나 그 장이 한 것으로 본다(제3항).

4. 지방자치단체조합

1) 개 념 지방자치단체조합은 '2개 이상의 지방자치단체가 특정한 사무를 공동으로 처리하기 위하여 규약을 정하고 지방의회의 의결을 거쳐 감독관청의 승인을 받아 설립한 법인'이다(제159조). 지방자치단체조합은 특정한 사무만 행하므로 특별지방자치단체이고, 법적 지위는 공법상 법인이다. 따라서 각종 비과세 혜택을 누린다.

> 조합설립절차는 2개 이상의 지방자치단체가 하나 또는 둘 이상의 사무를 공동으로 처리할 필요가 있을 때에는 규약을 정하여 그 지방의회의 의결을 거쳐 시·도는 행정자치부장관, 시·군 및 자치구는 시·도지사의 승인을 받아 지방자치단체조합을 설립할 수 있다. 다만, 지방자치단체조합의 구성원인 시·군 및 자치구가 2개 이상의 시·도에 걸치는 지방자치단체조합은 행정자치부장관의 승인을 받아야 한다.

2) 조 직 조직은 지방자치단체조합회의와 지방자치단체조합장 및 사

무직원을 둔다(제160조 제1항). 조합장은 조합을 대표하며 조합사무를 총괄하고(제3항), 조합회의는 조합의 규약으로 정하는 바에 따라 조합의 중요 사무를 심의・의결하고(제2항), 조합이 제공하는 역무에 대한 사용료・수수료 또는 분담금을 조례의 범위 안에서 정한다(제3항).

4) **조합의 감독** 조합의 감독은 감독기관이 한다. 광역인 조합은 행정자치부장관, 기초인 조합은 1차는 시・도지사, 2차는 행정자치부장관의 지도・감독을 받는다. 다만, 조합의 구성원인 시・군 및 자치구가 2개 이상의 시・도에 걸치는 조합은 행정자치부장관의 지도・감독을 받는다. 특히 행정자치부장관은 공익상 필요하면 조합의 설립이나 해산 또는 규약의 변경을 명할 수 있다.

5. 그 밖의 협력관계

1) **지방자치단체장 등의 협의체** 지방자치단체의 장이나 지방의회의 의장은 상호 간의 교류와 협력을 증진하고, 공동의 문제를 협의하기 위하여 시・도지사, 시・도의회의 의장, 시장・군수・자치구의 구청장, 시・군・자치구의회의 의장에 따라 각각 전국적 협의체를 설립할 수 있다(제165조 제1항). 전국적 협의체는 전국적 협의체가 모두 참가하는 '지방자치단체 연합체'를 설립할 수 있다(제2항).

협의체나 연합체를 설립한 때에는 그 협의체 등의 대표자는 지체 없이 행정자치부장관에게 신고하여야 한다. 협의체나 연합체는 지방자치에 직접적인 영향을 미치는 법령 등에 관하여 행정자치부장관을 거쳐 정부에 의견을 제출할 수 있다. 협의체나 연합체의 설립신고와 운영, 그 밖에 필요한 사항은 대통령령으로 정한다(제5항). 현재 전국시도지사협의회가 설립되어 있어 지방자치에 대한 정책 및 의견을 제시하고 있다.

2) **사법형식에 의한 협력** 지방자치단체는 앞서 언급한 조합 외에도 회사와 같은 사법상의 조직형식을 이용하여 협력할 수 있다.

Ⅱ. 분쟁의 조정관계

1. 분쟁조정제도

지방자치단체 상호 간이나 지방자치단체의 장 상호 간 사무를 처리할 때 의견이 달라 다툼(분쟁)이 생기면 다른 법률에 특별한 규정이 없으면 감독기관인 행정자치부장관이나 시・도지사가 당사자의 신청에 따라 조정할 수 있다(제148조 제1항).

분쟁조정절차는 우선 당사자가 신청하여야 하며, 다만 그 분쟁이 공익을 현저히 저해하여 조속한 조정이 필요하다고 인정되면 당사자의 신청이 없어도 직권으로 조정할 수 있다. 행정자치부장관이나 시·도지사가 분쟁을 조정할 때에는 관계 중앙행정기관의 장과의 협의를 거쳐 지방자치단체중앙분쟁조정위원회나 지방자치단체지방분쟁조정위원회의 의결에 따라 조정하여야 한다.

분쟁조정을 위하여 행정자치부장관 소속하에는 중앙분쟁조정위원회, 시·도지사소속하에는 지방자치단체분쟁조정위원회를 둔다. 분쟁조정위원회는 종래에는 심의기구이었으나 현재는 의결기관이다.

행정자치부장관이나 시·도지사는 조정결정을 하면 서면으로 지체 없이 관계 단체장에게 통보하여야 하며, 통보를 받은 단체장은 그 조정결정사항을 이행하여야 한다. 조정결정사항 중 예산이 수반되는 사항에 대하여는 관계 지방자치단체는 필요한 예산을 우선적으로 편성하여야 한다.

2. 사법적 분쟁해결제도

1) **권한쟁의심판** 지방자치단체 상호간의 권한쟁의에 대하여 헌법재판소법은 특별시·광역시 또는 도와 시·구 또는 자치구간의 권한쟁의심판을 규정하고 있다. 이는 행정법상의 독립한 법인격을 가진 행정주체로서 지방자치단체가 가지는 권한의 유무 및 범위에 대하여 다툼이 있는 경우에 헌법재판을 통하여 판단하는 것이다.

2) **기관소송** 기관소송은 국가 또는 공공단체의 기관 상호간의 권한의 존부 또는 그 권한의 행사에 관한 다툼이 있는 경우에 제기하는 소송이다(행정소송법 제3조 제4호). 다만, 지방자치단체 상호간의 분쟁은 권한쟁의심판의 대상이다.

3) **항고소송** 권한쟁의심판과 기관소송을 제외한 지방자치단체간의 분쟁에 대하여 지방자치단체간의 항고소송의 제기여부가 논란이 있다. 이에 대하여 긍정적인 학설에 이어 판례도 인정하고 있다(서울행정법원 2001.11.27, 2001구12764).

제 8 절 지방자치단체에 대한 국가감독

Ⅰ. 개 설

국가는 지방자치단체에게 자치(행정)권을 부여하였기 때문에 그에 따라 당연히 감독권을 갖는다. 이는 전통적으로 '국가감독'(Staatsaufsicht) 내지는 '지방감독'(Kommunalaufsicht)이라고 한다. 다만, 국가감독은 지방자치 초기의 권력적·후견적 감독에서 점차 비권력적 기술·재정상 지원으로 변화하고 있다. 즉, 감독에서 지원으로, 국가에 의한 감독에서 주민에 의한 감시로 변화하고 있다.

Ⅱ. 행정기관에 의한 관여 - 실효성

1. 국가감독의 근거 및 감독기관

지방자치단체에 대한 감독은 원칙적으로 국가가 행한다. 국가의 감독기관은 일반적으로는 행정자치부이고, 중앙행정기관의 장은 소관사무에 대하여만 감독한다. 한편 기초단체에 대하여는 광역단체가 감독한다.

지방자치단체에 대한 국가감독의 일반규정은 없으며,[22] 정부조직법상 행정각부장관은 소관사무에 대하여 단체장을 지휘·감독하고(제26조 제3항), 행정자치부장관은 권한규정에 지방자치관련사항을 규정하여 일반감독을 행하고 있다(제34조).[23] 한편 지방자치법은 제9장에서 '국가의 지도·감독'을 규정한다. 그 밖의 감독권은 개별법상 규정에 따른다.

감독기관을 일반적으로 구분하면, 1) 자치사무에 대하여는 중앙행정기관의 장과 광역단체장(시·도지사)이 지도·지원하며(제166조), 2) 국가위임사무는 주무부장관과 광역단체장이 지도·감독한다. 3) 광역위임사무는 광역단체장이 지도·감독한다(제167조 제3항). 4) 회계감사, 직무감찰은 감사원이 행하며(감사원법 제32조 제1항). 5) 교육위원회와 교육감은 교육부장관이 감독한다.

2. 감독방법

1) **보고요구권** 행정자치부장관이나 시·도지사는 지방자치단체의 자치사무에 관하여 보고를 받을 수 있다(제171조 제1항). 보고수령권 또는 정보권이라고도 한다. 이는 지방자치단체의 활동에 대한 정보를 얻기 위한 제도이다.

보고요구권은 다른 감독수단의 행사를 위한 전제조건이 되기도 한다. 다만, 보고요구권은 임의적인 협력에 근거한 것이므로 강제적인 감사나 조사, 자치사무에 대한 개입 등은 허용되지 않는다.

2) **조언, 권고, 지도권** 중앙행정기관의 장이나 시·도지사는 지방자치단체에게 비구속적인 조언, 권고, 지도를 할 수 있고, 필요시 해당 지방자치단체에게 자료제출을 요구할 수 있다(제166조 제1항). 대상은 지방자치단체의 사무이며 감독관청의 조언은 특별한 형식이 존재하지 않으며, 감독의 내용도 적법성뿐만 아니라 합목적성도 통제가능하다(장태주).

---

22) 사무감독규정을 들어 국가감독의 일반규정으로 보는 견해(홍정선)도 있으나 국가감독의 포괄적인 일반규정으로 보기는 어렵다.

23) 「정부조직법」 제34조(행정자치부) ① 행정자치부장관은 … 지방자치제도, 지방자치단체의 사무지원·재정·세제, 낙후지역 등 지원, 지방자치단체간 분쟁조정에 관한 사무를 관장한다.

국가(중앙행정기관)와 지방자치단체가 사무처리시 의견이 다른 경우에 협의·조정을 위하여 국무총리소속하에 행정협의조정위원회를 둔다(제168조).

3) **재정지원 및 기술지원** 국가나 광역단체는 지방자치단체가 사무처리하는 데에 필요한 재정지원이나 기술지원을 할 수 있다(제166조 제2항). 특히 지방자치단체는 국가에 비하여 조직의 규모가 작으므로 국가가 재정지원 및 기술지원을 할 수 있는 것이다.

4) **승인권**

(1) **개 념** 승인은 지방자치단체가 일정한 사무에 대하여 사전에 국가(또는 감독기관)으로부터 확인(승인, 동의 등)을 받아 법적 효력을 부여하는 제도이다. 따라서 지방자치단체의 사무에 일정한 국가적인 차원에서 조정이 필요한 경우에 국가 등의 확인을 하는 것이다.

(2) **법적 근거** 승인은 지방자치단체의 행위를 제한하여 지방자치를 제한할 수 있으므로 법적인 근거가 필요한다. 일반규정은 없고 개별규정으로 구, 읍, 면, 동의 명칭과 구역의 변경 및 폐치분합(제4조 제3항), 지방채의 발행, 지방자치단체조합의 설립(제159조) 등이 있다.

(3) 행정절차법 적용여부 - 국가 등의 승인행위에 대한 행정절차법의 적용여부에 관하여 1) 승인은 조직법상의 문제이고 처분성이 없으므로 행정절차법의 적용을 부정하는 견해가 있으나 2) 승인을 형성적 행정행위인 처분으로 보아 개별법상 배제규정이 없는 한 행정절차법이 적용된다고 보는 견해가 타당하다(장태주, 홍정선, 박균성).

(4) 승인시 심사범위 - 승인의 대상과 관련하여 1) 대상행위에 따라서는 적법성심사외에도 합목적성 심사까지 가능하다는 견해가 있으나, 2) 사무의 종류에 따라 단체위임사무와 기관위임사무는 합목적성 통제가 가능하지만 자치사무는 적법성통제에 한정하는 것으로 보는 견해가 타당하다(김남진, 장태주, 박균성).

(5) **승인의 효력** 국가 등의 승인을 얻지 못한 지방자치단체의 행위는 원칙적으로 하자가 발생하여 효력이 발생하지 않는다. 그러나 하자의 효력에 대하여 1) 무효설은 승인이 유효요건이 되어 무승인한 행위는 무효가 된다고 본다. 2) 승인의 성질에 따라 구분하자는 견해도 있다(홍정선).

(6) **승인거부에 대한 불복** 국가 등이 승인을 거부하는 경우에 지방자치단체의 불복수단에 대하여는 1) 조직법상 내부조치로 보아 처분성을 부인하는 경우에는 항고소송을 제기할 수 없고, 법률의 규정이 없기 때문에 기관소송도 제기할 수 없으므로 불복수단이 없다고 보나, 2) 처분성을 인정한다면, 항고소송을 제기할 수 있을 것이다(장태주, 박균성).

5) **직무이행명령** 단체장이 법령상 의무로 된 국가위임사무, 시도위임사무의 관리·집행을 명백히 해태하고 있다고 인정되는 때 감독기관은 서면으로 기간을 정하여 그 이행할 사항을 명령할 수 있다(제170조). 대상사무는 위임사무(장태주), 단체위임사무(홍준형)로도 보나, 다수설은 기관위임사무에 한정한다(김남진, 김동희, 홍정선, 박균성, 대판 2013.6.27, 2009추206).

대법원 2013. 6. 27. **선고** 2009추206 **판결 【직무이행명령취소】**
지방교육자치에 관한 법률 제3조, 지방자치법 제170조 제1항에 따르면, **교육부장관이 교육감에 대하여 할 수 있는 직무이행명령의 대상사무는 '국가위임사무의 관리와 집행'이다.** 그 규정의 문언과 함께 직무이행명령 제도의 취지, 즉 교육감이나 지방자치단체의 장 등, 기관에 위임된 국가사무의 통일적 실현을 강제하고자 하는 점 등을 고려하면, **여기서 국가위임사무란 교육감 등에 위임된 국가사무, 즉 기관위임 국가사무를 뜻한다고 보는 것이 타당하다.**

감독기관의 이행명령을 이행하지 않는 경우에 감독기관은 당해 지방자치단체의 비용부담으로 행정대집행법을 준용한 대집행을 하거나 필요한 행·재정상 조치를 할 수 있다(제2항). 단, 감독기관은 수임자의 사무처리에 대하여 단체장을 상대로 취소소송을 제기할 수는 없다(대판 2007.9.20, 2005두6935).

불복수단으로 감독기관의 이행명령에 이의가 있는 단체장은 이행명령서 접수일부터 15일 내에 대법원에 소를 제기할 수 있다. 이 경우 집행정지결정신청도 가능하다(제3항). 소송의 법적 성질은 1) 행정내부의 행위이므로 지방자치법상의 특수한 소송(홍정선), 2) 기관위임사무를 수행하여 국가기관의 지위를 가지므로 동일한 행정주체 내부의 기관소송(박균성), 3) 감독청의 명령(처분)에 대한 항고소송(장태주, 정하중, 박정훈), 4) 권한쟁의심판으로 보아 입법론상 삭제해야 한다는 견해(류지태), 5) 판례는 기관소송으로 처리하였다(대판 2013.6.27, 2009추206).

6) **명령·처분의 시정명령 및 취소·정지권** 단체장의 명령·처분이 법령에 위반되거나(위법) 현저히 부당하여 공익을 해한다고(부당) 인정될 때는 감독관청(주무부장관, 시·도지사)이 시정명령 또는 취소·정지할 수 있다(제169조 제1항). 대상은 자치사무는 법령위반사항(위법)에 한하여, 단체위임사무는 위법 및 부당한 경우이다.[24)]

불복수단으로 시정명령에 대하여는 규정이 없으므로 제소할 수 없고(대판 2011.1.27, 2010추42, 헌재 2011.8.30, 2010헌라4), 취소·정지에 대하여는 단체장은 명령이나 처분의 취소 또는 정지의 통보일로 부터 15일 내에 대법원에 소를 제기할 수 있다(제2항).

---

24) 자치사무는 법령위반만 취소·정지할 수 있는데, 재량권위반도 법령위반으로 본 부당한 판결도 있다. 대판 2007.3.22, 2005추62<울산 북구청 승진처분취소 사건>.

대법원 2007. 3. 22. **선고** 2005추62 【울산 북구청 승진처분취소 사건】
지방자치법 제157조 제1항 전문은 "지방자치단체의 사무에 관한 그 장의 명령이나 처분이 법령에 위반되거나 현저히 부당하여 공익을 해한다고 인정될 때에는 시·도에 대하여는 주무부장관이, 시·군 및 자치구에 대하여는 시·도지사가 기간을 정하여 서면으로 시정을 명하고 그 기간 내에 이행하지 아니할 때에는 이를 취소하거나 정지할 수 있다."고 규정하고 있고, 같은 항 후문은 **"이 경우 자치사무에 관한 명령이나 처분에 있어서는 법령에 위반하는 것에 한한다."고 규정하고 있는바,** 지방자치법 제157조 제1항 전문 및 후문에서 규정하고 있는 사무에 관한 그 장의 명령이나 처분이 법령에 위반되는 경우라 함은 명령이나 처분이 현저히 부당하여 공익을 해하는 경우, 즉 합목적성을 현저히 결하는 경우와 대비되는 개념으로, 시·군·구의 장의 사무의 집행이 명시적인 법령의 규정을 구체적으로 위반한 경우뿐만 아니라 그러한 사무의 집행이 재량권을 일탈·남용하여 위법하게 되는 경우를 포함한다고 할 것이므로, 시·군·구의 장의 **자치사무의 일종인 당해 지방자치단체 소속 공무원에 대한 승진처분이 재량권을 일탈·남용하여 위법하게 된 경우 시·도지사는 지방자치법 제157조 제1항 후문에 따라 그에 대한 시정명령이나 취소 또는 정지를 할 수 있다고 할 것이다.**

7) **사무회계감사권** 감독관청은 지방자치단체의 자치사무25)에 대하여 서류감사, 회계감사, 직무감사를 시행할 수 있다. 행정자치부장관은 법령위반시 서류장부감사와 회계감사를 할 수 있고(171조), 감사원은 감사(감사원법 제22조), 직무감찰(동법 제24조) 등을 할 수 있다. 특히 행정자치부장관이나 광역단체는 감사원 감사등이 시행된 사안에는 감사할 수 없고 감사결과만 활용하여야 한다(제171조의2).

자치사무에 대한 감독기관의 감사권은 사전적·일반적 감사권이 아니라 대상과 범위가 한정된 제한적인 감사권으로 본다(헌재 2009.5.28, 2006헌라6). 또한 법령위반이 확인되거나 합리적 의심이 있는 경우에만 가능하고 감사대상은 특정되어야 하므로 정기감사나 포괄적 감사는 지방자치권을 침해하게 된다(같은 판례).

8) **지방의회에의 재의요구 및 제소권** 지방의회의결이 법령에 위반되거나(위법) 공익을 현저히 해한다고(부당) 인정될 때 감독관청(행정자치부장관, 시·도)은 해당 단체장에게 재의요구를 명령할 수 있다(제172조 제1항). 이때 단체장은 그에 따라 이유를 붙여 재의요구할 의무가 있다(제1항). 이때 지방의회의 재의결은 재적의원 과반수 출석, 출석의원 2/3이상 찬성으로 의결이 확정된다(제2항).

단체장은 지방의회의 재의결이 법령에 위반된다고 판단되는 때(위법), 재의결한 때부터 20일 이내 대법원에 제소할 수 있다. 집행정지결정신청도 가능하다(제3항). 그러나 단체장은 재의요구는 의무사항이지만, 제소는 의무가 아니다.

감독기관은 단체장이 제소하지 않는 경우에 제소지시·(직접)제소, 집행정지결정신청을 할 수 있다(제7항). 감독기관은 재의결한 날 부터 20일 경과 후, 7일 이내 제소

25) 감독관청의 감사권은 자치사무에 한정되는데, 위임사무에 대한 감사권으로도 보는 견해(박균성)가 있으나, 위임사무를 위임한 개별법령에서 감사권의 근거를 찾아야 한다.

지시 혹은 직접 제소할 수 있다.

Ⅲ. 입법기관에 의한 관여

국회의 지방자치단체에 대한 관여는 입법(특히 법률)을 통하여 국가의사를 반영할 수 있다. 대표적인 예로는 헌법 제118조 제2항에서 "지방자치단체의 조직과 운영은 법률로 정한다"고 하여 다수의 단행법률인 지방자치법(기본법), 지방세법, 지방재정법, 지방공무원법, 지방공기업법 등을 제정하였다. 아울러 이러한 입법에 따른 한계아래 우리 헌법에서는 조례는 "법령의 범위안에서" 정하고 규정하고 있다(제117조 제1항).

한편 국회는 지방자치단체에 대하여 제한된 범위에서 국정감사를 시행할 수 있다. 대표적으로 광역단체는 국회의 감사대상이다(국정감사법 제7조 제2호). 그 외 기초단체는 국회 본회의가 특히 필요하다고 인정하여 의결한 경우에 한하여 감사대상기관이 된다(제4호).

Ⅳ. 사법기관에 의한 관여

1. 행정심판

단체장의 위법·부당한 처분 및 부작위는 행정심판의 대상이 된다. 시·도는 중앙행정심판위원회가, 시·군 및 구는 시·도 행정심판위원회가 판단한다.

2. 행정소송 및 헌법소송

☞ 지방자치단체와 관련한 소송으로는 일반 행정소송외에 다음과 같은 특별한 소송이 규정되어 있다.

1) **기관소송** 지방자치단체의 기관간의 권한, 의무의 존부, 범위, 행사에 관한 다툼이 발생한 경우에는 기관소송을 제기할 수 있다. 다만, 헌법재판소에 의한 권한쟁의심판을 제외한다(행소법 제3조 제4호).

2) **권한쟁의심판** 국가기관과 지방자치단체간 또는 지방자치단체 상호간에 권한의 존부 또는 범위에 관하여 다툼이 있는 경우에는 헌법재판소에 권한쟁의심판을 청구할 수 있다(헌재법 제61조 제1항).

3) **선거소송** 지자체의원 또는 단체장선거에 관한 분쟁은 시·도는 대법원, 시·군 및 구는 고등법원에 선거소송으로 결정한다.

제 3 장

공무원법

근대국가 이후에 종래 가신집단은 그 법적 지위를 인정받는 직업공무원로 변하게 된다. 따라서 이러한 국가임무를 수행하는 인적 집단인 공무원은 종전의 특별권력관계에서 직업공무원제를 중심으로 신분상 지위와 법적 권리, 의무를 인정받으면서, 그 법관계가 형성된다. 현대의 공무원법은 주로 신분상 지위를 중심으로 공무원법상의 권리와 의무에 따른 징계 및 소청절차가 중심이 된다.

제 3 장　공무원법

제 1 절　공무원과 공무원법

☞ 공무원법의 대상은 '공무원'(행정)이다. 따라서 이는 국가 등의 구성원을 규율하는 인사행정으로서 그 대상인 공무원의 개념과 공무원관계가 전제된다.

I. 공무원의 개념

공무원의 개념은 적용되는 법분야마다 입법목적에 따라 다르게 정해진다.

1) **형식적 공무원 개념**　　형식적 의미는 공무원의 권리와 의무를 정하는 공무원법관계의 기본이 되고, 국가내부의 공무원인사관계를 규율하는 공무원법상 공무원개념이다. 이는 주로 '경력직 공무원'을 대상으로 하여 '국가 또는 지방자치단체의 기관으로서 공직(공무)을 수행하는 자로서 공법상 근무관계에 있는 자'라고 정의한다(협의). 따라서 일반인과는 다른 특별한 공법상 권리와 의무를 가진다.

2) **실질적 공무원 개념**　　한편 인사관계를 넘어 '국가의 행위'라는 점을 고려하면, 실질적인 의미로 볼 수 있다. 이는 헌법상의 공무원 개념(제7조 제1항)에 맞게 정무직, 계약직, 고용직, 임시직 등 모든 공무담당자를 포괄하여 "국가 또는 공공단체의 공무를 담당하는 일체의 자"로 정의할 수 있다. 이는 사실상 공무원이론에 따라 헌법상 공무원개념, 국가배상법상 공무원개념에서 사용된다.

3) **형법상 공무원 개념**　　이외에도 공직행사에서 직무상 비밀유지와 증수뢰 등을 위하여 형법상 공무원관련 범죄와 공공기관 중에서 공무원으로 의제조항이 적용되는 형법상 공무원 개념이 있다.

Ⅱ. 공무원의 종류

1. 국가공무원과 지방공무원

공무원은 임용주체, 보수지급주체, 근거법의 차이에 따라 크게 국가공무원과 지방공무원으로 구분된다.[1] 물론 선임감독자와 경비부담자에 따라 종합적으로 구

1) 이 구분에 따르면, 국가공무원은 국가에 의하여 임용되어 국가기관에 근무하며 국가로부터 보

분해야 한다는 견해도 있다(김도창, 이상규). 양자는 상호교류하기도 한다.

2. 경력직공무원과 특수경력직 공무원

공무원은 임용자격, 직무내용, 신분보장, 근거법 등을 기준으로 직업공무원제도의 적용을 받는 경력직 공무원과 특수경력직 공무원으로 구분된다(제2조 제1호).

1) 경력직 공무원

경력직 공무원은 "실적과 자격에 따라 임용되고 그 신분이 보장되며 평생동안 또는 정해진 근무기간동안 공무원으로 근무할 것이 예정되는 공무원"을 말한다(국공 제2조 제2항, 지공 제2조 제2항). 이는 직업공무원제에 따른 신분보장을 중심으로 하는 전통적인 의미의 공무원이다.

(1) 일반직 공무원 일반직 공무원은 "기술·연구 또는 행정 일반에 대한 업무를 담당하는 공무원"이다(제2조 제2항 제1호). 일반직 공무원은 직군·직렬별로 분류되며, 직군은 행정, 학예 등 15개이며, 직렬은 일반행정, 재무, 교육, 사회, 문화, 홍보 등이다.

(2) 특정직 공무원 특정직공무원은 개별법에 규정된 특수분야의 업무를 담당하는 공무원이다. 공무원법은 "법관, 검사, 외무공무원, 경찰공무원, 소방공무원, 교육공무원, 군인, 군무원, 헌법재판소 헌법연구관, 국가정보원의 직원과 특수분야의 업무를 담당하는 공무원으로서 다른 법률에서 특정직공무원으로 지정하는 공무원"이라 정의한다(제2조 제2항 제2호). 특정직 공무원에 대하여는 원칙적으로 해당 직역별로 특별법이 적용된다. 예를 들면, 「법원조직법」, 「검찰청법」, 「교육공무원법」, 「경찰공무원법」 등이 있다.

그 밖에 경력직 공무원에는 1) 임기제 공무원은 "전문지식·기술이 요구되거나 임용관리에 특수성이 요구되는 업무를 담당하게 하기 위하여 경력직공무원을 임용할 때에 일정기간을 정하여 근무하는 공무원"이다(제26조의5 제1항).[2] 종전의 계약직 공무원이 임기제 공무원이 되었다. 2) 시간선택제채용공무원은 "통상적인 근무시간보다 짧은 시간을 근무하는 일반직공무원(임기제공무원은 제외)"이다. 통상 20시간에서 5시간을 조정할 수 있다.

▣ 계약직공무원 - "국가와의 채용 계약에 따라 전문지식·기술이 요구되거나 임용에 신축성 등이 요구되는 업무에 일정기간 종사하는 공무원"이다(구법 제2조 제3항 제3호, 영 제

수를 받고, 국가공무원법의 적용을 받는 공무원이고, 지방공무원은 지방자치단체에 의해 임용되어 지방자치단체에 근무하며 지방자치단체로부터 보수를 받고 지방공무원법의 적용을 받는 공무원이다.

2) 임기제공무원의 종류에는 1. 일반임기제공무원, 2. 전문임기제공무원, 3. 시간선택제임기제공무원, 4. 한시임기제공무원이 있다(국공 임용령 제3조의2).

2조). 제도폐지로 대부분 무기계약직이나 임기제 공무원으로 변경되었다.

▣ 기능직 공무원 - "기능적인 업무를 담당하여 그 기능별로 분류되는 공무원"이다(구법 제2조 제2항 제3호). 예를 들면, 청소원, 타자수 등이 있다. 2013년 공무원법개정으로 삭제되었고, 별도의 전환시험 등을 거쳐 일반직공무원으로 전환되었다. 특수경력직이었다.

2) 특수경력직공무원

특수경력직공무원은 위의 신분보장을 받는 "경력직 공무원 외의 공무원"이다(국공 제2조 제3항, 지공 제2조 제3호). '비직업공무원'이라고 보기도 한다.

(1) 정무직공무원 정무직공무원은 국가공무원법에서 규정한 "1) 선거로 취임하거나(선거직) 임명할 때 국회의 동의가 필요한 공무원, 2) 고도의 정책결정 업무를 담당하거나 이러한 업무를 보조하는 공무원으로서 법률이나 대통령령(대통령비서실 및 국가안보실의 조직에 관한 대통령령만 해당)에서 정무직으로 지정하는 공무원"이다(제2조 제3항 제1호). 종전에는 그 직을 열거하였으나, 개정법에서는 특징만을 규정한다.

(2) 별정직공무원 별정직공무원은 "비서관·비서 등 보좌업무 등을 수행하거나 특정한 업무수행을 위하여 법령에서 별정직으로 지정하는 공무원"이다(제2조 제3항 제2호). 종전에는 구체적인 직명을 거명하였으나 개정법에서는 법적 정의한다. 별정직은 임용자격, 근무기간 등을 제한할 수 있다.[3)]

▣ 고용직 공무원 - '단순 노무에 종사하는 공무원'이다(구법 제2조 제3항 제4호). 2011년 개정으로 삭제되었다. 별정직처럼 임용자격 등에 제한이 있었다.

3. 정규공무원과 준공무원

정규공무원은 공무원법이 정하는 공무원의 신분을 가지는 자를 말한다(공무원법상의 공무원). 앞서 언급한 형식적 의미의 공무원 개념과 일치한다.

한편 준공무원은 위의 형식적 공무원개념 외에 실질적으로 공무를 행사하므로써 공법상의 제한을 받는 경우를 말한다. 이는 개별법에 의해 그 신분이 '공무원에 준하는 취급'을 받는 자이다. 개별법상 공무원의 신분상 지위를 부과하는 경우로는 형법상 공무원의 직무상 책임에 형법이 적용되거나(공무원의제조항), 개인정보를 취급하는 자, 기타 공공기관의 임직원 등이 포함된다.

---

3) 별정직공무원의 채용조건·임용절차·근무상한연령, 그 밖에 필요한 사항은 국회규칙, 대법원규칙, 헌법재판소규칙, 중앙선거관리위원회규칙 또는 대통령령으로 정한다(제2조 제4항).

Ⅲ. 공무원제도의 발달

1. 근대적 직업공무원제의 성립

전제군주제하에서의 가신이나 사업은 시민혁명후 근대국가체제에서는 '직업공무원제'하에 신분보장을 받는 공무원으로서 '국민에 대한 봉사자'로 발전하게 되었다. 근대적 공무원의 특징은 1) 국왕의 고용원에서 국가기관으로, 2) 공무원의 공무와 사생활의 분리 3) 세습제의 폐지 등을 들 수 있다.

2. 공무원임용의 객관화

근대국가이전에는 주로 미국의 엽관제(정실주의)처럼 선거에 승리한 집권당의 임의적 의사에 의하거나 신분 등에 의하여 공무원이 임용되었으나, 근대국가이후에는 정무직을 제외한 공무원은 원칙적으로 성적제로 임용함으로써 능력주의, 중립성, 기회균등 등의 성적에 의한 임용된다.

Ⅳ. 우리나라 공무원제도의 기본원칙

1. 민주적 공무원제

우리 헌법은 공무원은 "국민 전체의 봉사자"이며 "국민에 대하여 책임을 진다"(제7조 제1항). 이 헌법규정에서 공무원은 민주주의원리에 따라 주권자인 국민에 대한 봉사자로서의 지위에서 국민의 공무담임권(제25조)과 공무원선거권(제24조)을 보장받는다.

민주적 공무원제의 의미는 1) "국민 전체에 대한 봉사자"는 '특정 국민'이 아닌 '국민 전체'를 향한 공무수행을 한다는 의미이다. 2) "국민에 대한 책임"은 공무수행상 발생한 문제는 역시 국민 전체에 대하여 정치적·법적 책임을 져야 한다는 것이다. 3) 공무담임의 기회가 모든 국민에게 균등하게 부여된다는 의미이다.

2. 직업공무원제 – 제도보장

우리 헌법에서는 "공무원의 신분과 정치적 중립성은 법률이 정하는 바에 의하여 보장된다"고 하여 제도적 보장으로서 직업공무원제도(Beamtentum)를 규정한다(제7조 제2항). 판례도 일관적인 직무수행을 위한 신분보장이라고 본다(헌재 1989.12.18, 89헌마32·33, 대판 1997.3.14, 95누17625).

직업공무원제는 행정의 일관성과 독립성을 유지하기 위하여 헌법과 법률에 의하여 공무원의 신분을 보장하는 것이다. 특히 헌법상 공무원 신분보장을 직업공무원제도 규정으로 볼 수 있다.

1) **신분보장 - 인적 독립** 직업공무원제도는 '신분보장'이 주요한 내용을 이룬다. 공무원법은 "공무원은 형의 선고, 징계처분 또는 이 법에 정하는 사유에 의하지 아니하고 그 의사에 반하여 휴직, 강임 또는 면직을 당하지 않는다"고 구체적으로 보장한다(국공 제68조, 지공 제60조). 공무원의 신분보장을 통하여 직무수행에 전념할 수 있도록 법적 안정성을 부여하고, 공무의 영속성을 확보하려는 것이다. 신분보장은 직업공무원제의 제도보장의 인적 측면이다.

단, 정무직 공무원과 1급 공무원은 예외적으로 신분보장이 되지 않는다. 아울러 일반 경력직 공무원이 아닌 경우에는 일반적으로 임기제 또는 계약제를 통하여 해당 기간동안 공무원의 신분을 보장한다. 판례는 공무원의 임기를 제한한 국가보위입법회의법 부칙을 위헌으로 보았다(헌재 1989.12.18, 89헌마32, 33).

2) **정치적 중립성** 우리 헌법은 공무원의 '정치적 중립성'은 법률이 정하는 바에 의하여 보장한다(제7조 제2항). 정치적 중립성은 행정의 계속성과 안정성을 보장하기 위한 방법이다. 그 방법으로 공무원법에서는 '정치활동과 집단행위의 금지'를 규정한다(국공 제65조, 제66조, 지공 제57조, 제58조). 판례는 "공무원의 직무의 성질상 그 직무집행의 중립성을 유지하기 위하여 필요한 것"이라고 본다(헌재 2004.12.6, 2002헌마333). 단, 정무직 공무원은 예외이다.

3) **성적주의 (능력주의)** 공무원의 임용은 엽관주의를 배제하고, 시험성적, 근무성적 기타 능력의 실증에 의한다(국공 제26조, 지공 제25조).

우리 공무원법은 직위분류제를 채택하는데, 이는 '모든 직위를 종류와 곤란성 및 책임도에 따라 계급 및 직급별로 분류하고 동일직급에 속하는 지위에는 동일 자격요건과 동일 보수를 지급하는 인사제도'이다(국공 제22조, 지공 제22조 제2항).

직위는 "1명의 공무원에게 부여할 수 있는 직무와 책임"(제5조 제1호), 직렬은 "직무의 종류가 유사하고 그 책임과 곤란성의 정도가 서로 다른 직급의 군"(제8호), 직군은 "직무의 성질이 유사한 직렬의 군"(제7호), 직무등급은 "직무의 곤란성과 책임도가 상당히 유사한 직위의 군"(제10호), 직류는 "같은 직렬내에서 담당분야가 같은 직무의 군"(제9호), 직급은 "직무의 종류·곤란성과 책임도가 상당히 유사한 직위의 군"(제2호)이다.

3. 기본권의 제한

공무원은 공무집행이라는 측면에서 신분상 특수성에서 국가에 대하여 특별권력관계하에 있기 때문에 일정한 기본권의 제한이 따른다.

예를 들면, 정치적 기본권에서는 법률에 따라 정당가입과 정치활동이 제한된다(헌법 제7조 제2항). 국가배상법에서는 경찰 등의 위험에 노출된 공무원에게 이중배상금지규정이 적용된다(헌법 제29조 제2항). 노동권에서는 법률이 정하는 예외를 제외하고는 원칙적으로 노동조합결성, 단체교섭, 단체행동이 금지된다(헌법 제33조 제3항). 군인 등에 대하여는 재판받을 권리가 제한되어 군사재판을 받아야 한다(헌법 제110조). 그 밖에 군인 등의 일정한 공무원은 영내거주, 관할지역 거주 등이 강제되는 경우에는 거주·이전의 자유가 제한될 수 있다.

V. 공무원법의 법원

공무원법은 행정의 인적 구성원인 공무원을 규율하는 법을 말한다.
공무원법의 법원은 크게 국가직과 지방직으로 구분된다.

국가공무원은 「국가공무원법」, 「공무원노조법」과 대통령령인 「공무원임용령」, 「공무원징계령」, 「공무원복무규정」, 「공무원임용시험령」 「공무원성과평가 등에 관한 규정」등이 있고, 「공무원징계양정등에 관한 규칙」(행정자치부령), 「공무원평정규칙」, 「소청절차규정」 등이 적용된다.

지방공무원은 「지방공무원법」, 「지방공무원임용령」, 「지방공무원징계 및 소청규정」, 「지방공무원보수규정」 등이 적용된다.

특정직공무원에는 「경찰공무원법」, 「교육공무원법」, 「소방공무원법」, 「외무공무원법」, 「군인사법」, 「군무원인사법」, 「국회법」, 「정부조직법」, 「감사원법」, 「법원조직법」, 「검찰청법」 등이 있다.

제 2 절 공무원관계의 발생, 변경, 소멸

I. 공무원관계의 개념

1. 공무원관계의 개념

공무원관계는 '국가와 공무원과의 법적 관계'를 말한다. 공무원관계는 '공법상 근무관계'이지만, 예외적으로 '노동관계'라는 점에서 근로기준법과 같은 사법이 적용되기도 한다(박균성).

2. 공무원관계의 법적 성질

☞ 공무원은 그 고용주인 국가 등과의 법적 관계에 대하여는 어떠한 법규정도 존재하지 않으므로 이는 전적으로 법리에 달려 있다. 공무원관계의 특징은 1) '공무집행자' 내지 행정의 구성원이라는 점, 2) 노동을 제공한다는 점, 3) '국민'이라는 점이 있다. 이러한 공무

원관계의 특징을 고려하여 다음과 같은 학설이 있다.

1) **특별권력관계설** 전통적으로 공무원은 '공무집행'이라는 특별한 공법상 원인에 의하여 국가내부에 존재하는 특별권력관계에 속한다고 보았다. 특별권력관계이론에 따라서 공무원은 참정권, 노동권, 표현의 자유, 거주이전의 자유 등의 기본권에 제한을 받고, 나아가 제복착용 등의 각종의무를 이행하면서, 법령에 의한 특별한 제한을 받는다. 그러나 민주주의의 발전에 따라 공무원의 권리가 신장되어 특별권력관계이론에 기본권보호, 권리구제 등의 수정이 가해졌다. 따라서 공무원은 '국정수행'이라는 목적달성을 위하여 최소한도에서 권리가 제한된다고 보는 특별행정법관계에 속한다고 보는 견해도 있다.

2) **공법상 고용관계설** 한편 공무원은 국가에 대하여 노동을 제공하고 이에 대한 반대급부로서의 보수를 지급받는 고용관계에 있으며, 이를 규율하는 법이 '공법'이라는 점에서 '공법상 고용관계'에 있다고 본다(대판 1952.9.23, 4285행상3). 물론 견해에 따라서 공무원은 일반 사인과 같은 비권력적인 근로관계에 있다고 보는 근로계약관계설도 있다.

3) **소 결** 물론 공무원(법)관계는 공법상 노무관계의 성질도 가지지만, 기본적으로 특별권력관계에 속한다. 다만, 종전처럼 기본권이나 법이 적용되지는 않지만, 여전히 국가행정의 구성원이라는 점에서 제한이 있다.

Ⅱ. 공무원관계의 발생

공무원의 법적 지위인 공무원관계는 임명·선거·법률규정, 계약, 사무위탁 등으로 발생한다. 다만, 통상적으로는 '임명'에 의하여 성립한다.

1. 임명의 개념

1) **개 념** 임명(Ernennung)은 '임용주체인(국가 또는 지자체)가 특정인에게 공무원의 신분을 부여하고 공무원법관계(공법상의 근무관계)를 설정하는 행위'이다. 1) 협의의 개념은 실정법상 '신규채용행위'(Einstellung)만을 의미하며, 2) 광의의 임명은 실정법상 '임면'으로 임명외에 면직을 포함하는 의미이다(김동희).

한편 최광의의 개념은 공무원법상의 '임용'으로 "신규임용, 승진임용, 전직, 전보, 겸임, 파견, 강임, 휴직, 직위해제, 정직, 강등, 복직, 면직, 해임 및 파면"(공임령 제2조 제1호)을 말한다. 이는 공무원관계의 변동행위를 모두 지칭한다.

2) **보직과의 구분** 임명의 효력은 공법상 형성적 행위이다. 따라서 임명

은 공무원관계를 설정하는, 즉 공무원의 신분을 설정하는 행위이다. 다만, 보직은 '공무원신분자에게 일정한 직위를 부여하는 행위'이므로 임명과 구분된다. 실무상 양자는 동시에 이뤄지기도 한다.

공무원 인사관련 법령에는 양 공무원법외에도 행정부소속공무원에는 「공무원임용령」, 특정직공무원에는 「경찰공무원임용령」, 「교육공무원임용령」, 「소방공무원임용령」, 「외무공무원임용령」, 지방공무원에는 「지방공무원임용령」이 적용된다. 이들 임용령은 모두 대통령령이다.

2. 임명행위의 법적 성질

임명의 법적 성질에 대하여는 일반적인 경력직 공무원과 특수경력직 공무원과 그 밖의 공무원은 경우를 나눠서 보아야 한다.

1) **경력직 공무원 등의 임명행위** 대다수 경력직 공무원과 특수경력직 공무원의 임명행위에 대하여는 1) 공법상 계약설(부합계약)은 임명은 공법상 근무관계의 설정이라는 공법적 법률효과의 발생을 목적으로 하는 공법상 계약으로 본다(이상규). 2) 단독행위설은 임명은 행정부가 일방적으로 임명한 것으로 행정주체의 단독행위인 행정행위로 본다. 이 경우에는 공무원의 임의적인 의사가 흠결된다. 3) 쌍방적 행정행위설은 임명은 상대방(공무원후보자)의 동의를 전제로 하는 행정행위라고 본다. 4) 판례는 경력직 공무원의 임명은 '쌍방적 행정행위'로 본다(대판 1962.11.8, 62누163). 5) 쌍방적 행위행위설이 다수설이다. 최근에는 '동의에 의한 행정행위'로도 본다(김남진).

쌍방적 행정행위로 보는 경우에는 임명대상자의 신청이나 동의와 같은 협력이 중요하므로 결여되면 임명행위 자체를 무효로 보기도 한다(홍정선).

【판례해설】 임용거부행위에 대하여 상대방(임용대상자)에게 일정한 기대이익이 있어서 법률상 이익이 있는 경우에는 판례는 '거부처분'으로 본다. 국립대학교 교수는 신규임용거부도 거부처분으로 보아 항고소송의 대상이고(대판 2004.6.11, 2001두7053), 재임용거부취지의 임용기간만료통지도 처분성이 있다고 보아 항고소송의 대상이 된다고 본다(대판 2004.4.22, 2000두7735).

한편 임용행위에 전문적인 판단이 요구되는 경우에는 '재량행위'로 보아 재량권의 한계를 넘어서지 않으면, 위법하지 않다고 본다(대판 1998.1.23, 96누12641). 법리적으로는 이는 '판단여지'로 보아야 한다. 아울러 원칙적으로 임용대상자에게 임용청구권은 인정되지 않으나, 정당한 기대이익이 인정되는 경우에는 임용청구권이 인정될 수 있다(대판 2009.7.23, 2008두10560).

2) **그 밖의 공무원의 임명행위** 그 밖의 공무원에 대하여 임명행위의 법적 성질이 다르다. 1) 정무직공무원 중의 일부는 선거로 임명된다. 2) 구 계약직

공무원은 '공법상' 계약으로 임명된다. 판례도 전문직에 종사하는 고용직 공무원은 '공법상 계약'으로 보았다(대판 1952.9.23, 4285행상3).

3. 임명요건

1) **적법한 임명권자** 공무원의 임명행위는 적법한 임명권자에 의한 임명이어야 한다. 임용권자는 공무원법에서 규정한다.

> 행정부의 공무원은 원칙적으로 행정부의 수반인 대통령에게 임용권이 있고, 대통령령이 정하는 바에 따라 소속장관에게 일부를 위임할 수 있다. 특히 행정기관 소속 5급이상 공무원이나 고위공무원단에 속하는 일반직공무원은 소속장관의 제청으로 행정자치부장관의 협의와 국무총리를 거쳐 대통령이 임명한다(국공 제32조 제1항). 기타 공무원은 소속장관이 임명한다.
>
> 그 밖의 국가기관으로 국회(국회의장), 법원(대법원장), 헌법재판소(헌법재판소장), 선거관리위원회소속 5급이상 공무원(중앙선거관리위원장)은 해당 국가기관장이 각각 임용권자이되, 그 권한을 위임할 수 있다.

2) **능력요건 (결격사유)** 1) 공무원은 공무원법에 규정된 임용결격사유에 해당되지 않아야 한다. 이는 소극적 요건이다(국공 제33조, 지공 제31조). 결격사유를 법에서 정한 것은 국민에게 법적 예측가능성을 부여하여 공무수행에 대한 국민의 신뢰성을 확보하기 위한 제도이다(대판 1997.7.8, 96누4275). 다만, 공무원임용 결격사유의 판단시점은 임용으로 비로소 공무원관계가 성립하므로, 채용후보자명부에 등록시가 아닌 '임용당시 법률'을 기준으로 판단한다(대판 1987.4.14, 86누459).

> **법정의 결격사유** - 1) 금치산자 또는 한정치산자, 2) 파산자로서 복권되지 않은 자 3) 금고이상의 형을 받고 그 집행이 종료되지 않은 자 4) 금고이상의 형을 받고 그 집행유예기간이 완료된 날로부터 2년을 경과하지 않은 자 5) 금고이상의 형의 선고유예를 받은 경우에는 그 선고유예 기간중에 있는 자 6) 법원의 판결 또는 다른 법률에 의하여 자격이 상실·정지된 자. 7) 공무원으로 재직기간 중 직무와 관련하여 형법상 규정된 죄를 범한 자로서 300만원 이상의 벌금형을 선고받고 그 형이 확정된 후 2년이 지나지 않은 자, 8) 징계에 의하여 파면처분을 받은 때로부터 5년을 경과하지 않은 자 및 징계에 의하여 해임된 날로부터 3년이 경과하지 않은 자(국공 제33조, 지공 제31조)

국적제한과 관련하여 종래 외무공무원에는 한국국적이 요구되었으나(외공법 제8조 제2항), 최근 국가안보 및 보안·기밀관련분야를 제외하고는 외국인은 임용할 수 있고, 복수국적자(이중국적자)의 임용을 허용한다(국공 제26조의3).

3) **자격요건 (성적요건)** 공무원으로 임명되기 위하여는 위의 소극적 요건인 '결격사유'외에도 적극적 요건으로 원칙적으로 일정한 자격요건을 갖추어야 한다. 특히 공무원법은 시험성적, 근무성적, 기타 능력의 실증을 요건으로 한다(국

공 제26조, 지공 제25조). 신규임용은 공개경쟁시험이 원칙이나 예외로 특별채용시험이나 특정한 전문분야나 자격소지자를 대상으로 한 제한경쟁시험도 가능하며, 승진시험 등은 제한경쟁시험으로 시행될 수 있다.

자격요건의 예외사유는 소수자보호를 위하여 장애인, 이공계 전공자의 인사상 우대와 실질적인 양성평등정책을 실시할 수 있다(국공 제26조 단서조항). 특히 국가유공자우선임용제도가 있다(국공 제42조).

공개채용시험에서는 각종 가산점제도가 문제될 수 있다. 즉, 군복무(폐지), 국가유공자, 여성할당제, 장애인, 각종 자격증 등에 의한 가산점제를 주고 있다. 국가유공자나 장애인 우대는 헌법상 평등원칙 위반이 아니다(헌재 2001.2.22, 2000헌마25). 단, 군필자 가산점제도는 평등권 위반으로 위헌결정되었다.

4) **임용요건 위반의 효력** 결격사유에 해당되면 임명행위의 효력은 당연무효이다. 다만, 결격사유외에 적극적으로 일정한 자격요건을 위반한 경우에는 취소사유로 보아 취소할 수 있는 행정행위가 된다. 원칙적으로는 장래로만 취소할 수 있으나 귀책사유가 있는 경우는 소급하여 취소할 수 있다고도 본다(박균성).

임명후 공무원 재직중에 결격사유가 발생하면 임용행위는 당연무효이어서 '당연퇴직사유'가 된다(국공 제69조, 대판 1987.4.14, 86누459; 1997.7.8, 96누4275). 만약 임용당시에 국가가 과실로 결격사유를 밝혀내지 못하더라도 임용행위는 무효이다(대판 1998.1.23, 97누16985). 다만, 결격사유가 있는 일반직 공무원을 특별채용한 경우는 경력요건의 하자가 되므로 취소사유로 본다(대법원 1998.10.23, 98두12932).

급여관계에서 1) 보수는 국민의 신뢰와 법적 안정성을 고려하여 사실상 공무원이론을 원용하여 공무원이 이미 행한 행위는 유효한 것으로 보아 공무수행에 따른 보수는 부당이득으로 반환청구할 수 없다고 본다(홍정선, 박균성, 정형근). 2) 판례는 퇴직급여를 청구할 수 없고(대판 1996.2.27, 95누9617), 3) 재직기간도 합산할 수 없다고 보았으나(대판 2003.5.16, 2001다61012), 2008년에 「임용결격공무원 등에 대한 퇴직보상금지급 등에 관한 특례법」이 제정되어 사실상 근무기간에 대한 퇴직보상금을 지급하도록 입법적으로 해결하였다. 4) 연금은 국가가 부담한 절반을 공제한 공무원이 납부한 본인부담금만 지급받을 수 있다고 본다(박균성).

4. 임명절차

1) **채용시험 합격** - 공무원이 되고자 하는 자는 우선 채용시험에 합격하여야 한다. 임용시험은 자격시험이 아니다. 임용시험은 원칙적으로 공개경쟁 채용시험이되, 일부 가산점제도가 허용된다. 경력자를 위한 경쟁제한시험도 있다.

2) **채용후보자 등록** - 채용시험에 합격자는 국회규칙, 대법원규칙 또는 대통령령에 따라 채용후보자명부에 등재하여야 한다(국공 제38조 제1항). 이는 시험실시기관의 장이

정하는 채용후보자등록을 하는 것이다. 이때 채용후보자명부에 미등재시는 임용의사가 없는 것으로 본다(공임령 제11조).

채용후보자명부의 등재유효기간(국공 제38조 제2항, 지공 제36조 제4항)은 5급이상은 5년, 기타는 2년이고, 1년의 범위 안에서 그 기간을 연장할 수 있다(국공 제38조 제2항, 지공 제36조 제4항).

3) **임용후보자의 추천** - 1) 시험실시기관의 장은 채용후보자명부에 등재된 후보자를 국회규칙, 대법원규칙 또는 대통령령에 따라 임용권자 또는 임용제청권자에게 추천하여야 한다. 2) 채용후보자가 피추천기관의 임용 또는 임용제청에 불응하면, 채용후보자로서의 자격을 상실한다(국공 제39조).

4) **시보임용** - 1) 채용후보자는 정규공무원으로 임용하기 전에 '시보'로서 임용된다. 시보임용기간은 신규채용시 5급 공무원은 1년, 6급이하 공무원은 6월간 시보로 임용한다(제29조 제1항). 2) 시보임용시 근무성적이 양호하면 정규공무원으로 임용한다. 즉, 시보임용기간내에는 공무원으로서 신분보장을 받지 못한다. 시보임용기간에 근무성적 또는 교육훈련성적이 불량한 때에는 면직 또는 면직제청을 당할 수 있다(국공 제29조 제1항 이하).

▣ 지역인재추천제도 - 국가공무원법은 지역균형발전을 위하여 지역인재의 특별채용을 규정하였다. 임용권자는 학업성적이 뛰어난 대학졸업자 또는 졸업예정자를 대통령령이 정하는 바에 따라 추천·선발하여 3년의 범위에서 견습으로 근무하게 하고 근무기간의 근무성적과 자질에 따라 6급이하의 공무원으로 임용하는 제도이다(국공 제26조의4, 제28조 제2항 제11호).

5. 임명의 형식과 효력

공무원의 임용은 임용장 또는 임용통지서의 교부에 의한다(국공 제6조 제1항, 제5조 제1항). 단, 임용은 요식행위가 아니므로 임용장 등의 교부는 임용행위의 유효요건이 아니라 확인하고 증명하는 것이다.

임용의 효력발생은 임용장 등에 기재된 날짜에 임용된 것으로 본다(공임령 제6조 제1항). 단, 임용장 등에 기재된 날짜가 경과한 경우(특수한 사정으로 말미암아 임용장에 기재된 날짜까지 임용장을 교부받지 못한 경우)에 임용장 등을 실제 교부받은 날에 효력이 발생한 것으로 본다(지공임용령 제5조 제1항 단서). 임용통지서의 교부는 도달주의에 따른다. 판례는 임용의사가 상대방에게 도달하면 임용되는 것으로 본다(대판 1962.11.15, 62누165).

임용의 소급은 원칙적으로 금지되나, 예외적 소급임명으로 추서, 휴직의 만료 등으로 인한 직무미복귀에 직권면직 등의 경우에는 소급될 수 있다(임용령 제7조).

Ⅲ. 공무원관계의 변경

☞ 공무원이 임명되면, 공무원관계가 발생한다. 발생한 공무원관계의 변경은 '공무원의

신분은 유지하되, 공무원관계의 내용이 전부나 일부가 일시적 또는 영구적으로 변경되는 것'을 말한다. 그 유형은 아래와 같다.

1. 승진임용

승진은 '동일직렬내의 하위직급에서 상위직급에 임용되는 것'을 말한다. 법령에서는 '승진임용'이라고도 한다. 승진임용은 근무성적평정, 경력평정, 그 밖에 능력의 실증에 따른다(국공 제40조 제1항).[4] 승진은 승진시험(제41조), 승진심사(제40조의3), 특별승진(제40조의4), 추서, 명예퇴직 승진 등으로 행해진다.

일반승진은 해당 계급별 승진소요최저연수이상을 재직하여야 하며, 휴직기간, 직위해제기간, 징계처분기간, 승진임용제한기간 등은 제외된다(공임령 제31조). 아울러 징계절차 및 징계중인자, 휴직중인 자, 징계후 일정기간 동안에는 승진임용이 제한된다(제32조). 최근 동일 직급에 승진소요최저연수를 포함하여 일정한 기간 이상 근무한 자를 승진시키는 근속승진임용제도가 도입되었다(공임령 제35조의4).

특별승진은 공무원의 귀감이 되는 자, 직무수행능력이 탁월하여 행정발전에 지대한 공헌을 한 자에 대하여 승진하는 것이다(국공 제40조의4, 공임령 제35조의2).

추서는 "사망한 사람을 사망 당시의 직급보다 상위의 직급 또는 고위공무원단 직위로 임용하는 것"을 말한다(공임령 제2조 제4호). 명예퇴직하는 자를 승진임용하기도 한다.

승진결정의 권리구제와 관련하여 승진대상자에게 일반적인 승진청구권은 없다고 보나(홍정선), 예외적으로 승진임용대상자로 결정·공포된 경우에는 승진임용청구권이 있다고 본다(대판 2008.4.10, 2007두18611).

승진대상자의 승진탈락 및 승진거부결정, 승진순위결정에 처분성을 인정해야 한다는 견해가 있고(박균성), 판례도 승진관련처분에는 처분성을 인정하여 소송으로 다투고 있다. 승진과 관련하여서는 주로 징계사유를 고려하지 않은 경우 승진임용처분을 다투며, 신규임용이 무효이면, 승진임용도 당연무효이다(대판 1996.7.12, 96누3333). 임용권자의 승진결정은 재량행위라고 보므로 재량권의 일탈·남용이 없으면 위법하지 않다고 본다(박균성).

2. 같은 직급내의 변경 (전직, 전보, 겸임 및 파견, 복직)

1) 전 직 전직은 "직렬을 달리하는 임명"을 말한다(제5조 제5호). 공무원은 임용되면, 같은 직렬내에서만 승진하는 직위분류제원칙에 대한 예외로써 일정한 요건하에 전직시험이 거쳐 전직하는 것이 원칙이다(국공 제28조의3). 예외적으로 일정한 경우에 시험의 일부 또는 전부를 면제할 수 있다(국공 제28조의3).

4) 1~3급 및 고위공무원단으로의 승진임용은 능력과 경력을 고려하여, 5급 승진임용은 승진시험을 거치되, 필요시는 승진심사위원회의 심사를 거쳐 임용할 수 있다(국공 제40조제1항, 제40조의2제3항). 5급승진시험은 흔히 사무관승진시험이라고도 한다.

유사개념으로 전입은 국가직은 '국회, 법원, 헌법재판소, 선거관리위원회 및 행정부 상호간에 다른 국가기관 소속 공무원을 받아들이는 것'이다. 시험을 거쳐 임용하여야 한다(국공 제28조의2). 지방직은 '다른 지방자치단체의 공무원을 받아들이는 것'을 말한다(지공 제29조의3). 지방직의 전입은 해당 공무원의 동의없는 전출명령은 위법하여 취소라고 본다(대판 2001.12.12, 99두1823). 무효설이 있다(박균성).

2) **전 보** 전보는 "같은 직급 내에서의 보직변경 또는 고위공무원단 직위간의 보직변경"을 말한다(국공 제5조 제6호). '보직변경'이라고도 한다.

전보는 안정적인 직무수행을 위하여 기간제한이 있다. 원칙적으로 당해 직위에 임용된 날부터 2년 이내에는 할 수 없다(공임령 제45조 제1항). 다만, 장기근무로 인한 침체방지와 창의적인 직무수행을 위하여 정기전보제도를 운용하고 있다(공임령 제44조 제1항).

3) **겸임 · 파견근무**

(1) **겸 임** 겸임은 직위 및 직무내용이 유사하고 담당직무수행에 지장이 없다고 인정되는 경우에는 법령에 따라 일반직 공무원을 다른 직의 공무원이 연구기관 등에 서로 겸임하게 할 수 있다. 반대의 경우에는 특수전문분야의 별정직 공무원으로 겸임시킬 수 있다(국공 제32조의3, 지공 제30조의3).

(2) **파견근무** 국가기관의 장은 국가업무의 수행 또는 그 업무수행과 관련된 행정지원이나 연구 기타 능력개발 등을 위하여 필요한 때에는 소속 공무원을 다른 국가기관 등에 일정기간 파견근무하게 할 수 있다(국공 제32조의4 제1항, 지공 제30조의4 제1항). 민간파견도 가능하다. 반대로 민간전문가를 국가사업의 공동수행 또는 전문성이 요구되는 특수업무의 효율적 수행 등을 위하여 국가기관 외의 기관 · 단체의 임직원을 파견받아 근무하게 할 수 있다(제32조의4).

4) **복 직** 복직은 "휴직, 직위해제, 정직 중이거나 강등으로 직무에 종사하지 못한 공무원을 직위에 복귀시키는 것"을 말한다(공임령 제2조 제2호). 예를 들면, 휴직중인 공무원에게는 복직이 보장된다(국공 제73조).

3. 직무수행의 배제 (휴직, 직위해제, 정직)

공무원이 공무원의 신분은 유지하면서 직무수행에서 배제되는 경우이다.

1) **휴 직** 휴직은 '공무원의 신분을 보유하면서 직무담임을 일시적으로 해제하는 행위'이다(국공 제73조 제1항). 휴직에는 법정사유에 따른 직권휴직과 의원휴직이 있다. 1) 직권휴직은 임용권자의 의사(직권)에 의한 휴직으로 신체 · 정신장애, 병역, 생사 · 소재불명, 법정의무이행, 노조전임자인 경우이고, 2) 의원휴직은 공무원 본인의 의사에 의한 휴직으로 국제기구 등 채용유학, 국외유학, 연수, 육아,

배우자동반이 있다. 휴직의 효력은 '공무원의 신분은 유지하나 직무에 종사하지 못하며(국공 제73조 제1항), 제재적 성격은 없다.

휴직처분시는 휴직처분사유설명서를 교부하여야 한다. 따라서 휴직사유가 소멸하면, 휴직자는 임용권자 또는 임용제청권자에게 30일 이내에 신고하여야 하며, 임용권자는 지체없이 복직을 명해야 한다. 휴직기간이 끝나면, 휴직자의 30일 이내의 복직신고로 당연히 복직된다(국공 제73조).

2) **직위해제** 직위해제는 '공무원의 신분은 보유하나 직위를 계속 유지시킬 수 없는 사유가 있어 직위를 부여하지 않는 것'이다(국공 제73조3).

직위해제의 사유는 1) 직무수행능력이 부족하거나 근무성적이 극히 나쁜 자, 2) 파면·해임·강등 또는 정직에 해당하는 징계의결이 요구중인 자, 3) 형사사건으로 기소된 자(약식명령이 청구된 자는 제외) 4) 고위공무원단에 속하는 일반직 공무원으로 적격심사를 요구받은 자 등이다(국공 제73조2 제1항, 지공 제65조 제2항).

직위해제의 법적 성질은 잠정적 조치이나 제재적인 보직의 해제로 복직이 보장 안 된다는 점에서 휴직과 구분된다. 직위해제는 직무수행의무는 없으나, 소극적인 비밀엄수의무는 가진다. 이는 일종의 가행정행위로 처분성이 인정되며, 재량행위이다(대판 1999.9.17, 98두15412).

한편 직위해제는 징계벌을 대신하여 기관장의 지휘감독을 강화하고, 정직처분의 비능률적인 측면을 보완하기 위한 것이라는 견해도 있으나(김철용), 직위해제는 징계벌과는 성질이 다르므로 동일한 사유로 다시 해임처분을 해도 일사부재리나 이중처벌금지의 원칙이 적용되지 않는다(대판 2003.10.10, 2003두5945).

대법원 1985. 2. 26. **선고** 83누218 **판결【직권면직처분취소】**
국가공무원법 제70조가 정한 직권면직사유중 그 제1항 제2호의 직무수행능력의 현저한 부족으로 근무성적이 극히 불량한 때라 함은 공무원의 징계사유를 정한 같은법 제78조 제1항 각호의 규정에 비추어 정신적, 육체적으로 직무를 적절하게 처리할 수 있는 능력의 현저한 부족으로 근무성적이 극히 불량한 때를 의미하고 **징계사유에 해당하는 명령위반, 직무상의 의무위반 또는 직무태만의 행위등은 이에 해당하지 아니한다** 할 것이다(당원 1982. 7.13. 선고 82누191 판결; 1983.4.26. 선고 82누504 판결 참조)

직위해제의 효력으로 직위해제된 공무원은 1) 직무수행의무가 없으므로 출근의무도 없고, 2) 3개월의 범위에서 대기를 명하고, 3) 대기명령을 받은 자에게 능력회복이나 근무성적의 향상을 위한 교육훈련 또는 특별한 연구과제 부여 등의 조치를 할 수 있다(국공 제73조의2 제2~4항, 지공 제65조2 제4항).

직위해제사유가 소멸한 때에는 직위부여가 원칙이다. 다만, 직위해제기간 동안

능력 또는 근무성적 향상을 기대하기 어렵다고 인정될 때 징계위원회의 동의를 얻어 임용권자가 직권면직할 수 있다(협의의 직권면직, 국공 제70조 제1항 제5호, 지공 제62조 제1항 제7호). 판례는 직위해제처분의 하자가 직권면직처분에 승계하지 않는다고 본다(대판 1970.1.27, 68누10).

3) **정 직** 정직은 공무원의 신분은 보유하나, 일정기간 직무수행에서 배제되는 것이다. 징계의 일종으로 1개월 이상 3개월이하의 기간에 보수의 3분의 2를 삭감한다(국공 제80조 제3항, 지공 제71조 제2항).

4. 불이익한 변경 (강임, 감봉)

공무원관계가 불이익하게 변경되는 것은 법정사유에 한정된다. 즉, 법정사유는 사전에 법에서 규정한 형의 선고, 징계처분 기타 법정사유에 해당되는 경우이다(국공 제68조).

1) **감 봉** 감봉은 징계로 급여를 제한하는 처분으로 1개월 이상 3개월 이하의 기간에 보수의 1/3을 감하는 처분이다(국공 제80조 제4항, 지공 제71조 제2항).

2) **강 임** 강임은 "같은 직렬 내에서 하위직급에 임명하거나 하위직급이 없어 다른 직렬의 하위 직급으로 임명하거나 고위공무원단에 속하는 일반직공무원을 고위공무원단 직위가 아닌 하위 직위에 임명하는 것"이다(국공 제5조 제4호, 지공 제5조 제4호).

강임은 불이익처분이므로 엄격한 요건하에서 운용되어야 하는데, 이는 직제 또는 정원의 변경, 예산의 감소 등으로 직위가 폐직되거나 강등으로 과원이 된 경우 또는 본인이 동의하에 할 수 있다(국공 제73조의4 제1항). 강임된 자는 상위직급의 결원시에는 우선하여 승진임용될 수 있다(국공 제73조의4 제2항).

Ⅳ. 공무원관계의 소멸 - 신분상실

공무원관계의 소멸은 공무원의 신분을 상실하여 공무원관계가 소멸하는 것이다. 소멸사유는 당연퇴직과 면직으로서 법정사유의 발생과 달리 일정한 행위의 발생으로 면직처분이라는 행정행위에 의하여 비로소 퇴직하게 된다.

1. 당연퇴직

당연퇴직은 '법령상 규정된 일정한 퇴직사유의 발생으로 임용권자의 별도의 행위 없이 공무원의 신분이 상실되는 것'이다. 이때 퇴직발령의 인사명령은 퇴직된 사실을 알리는 '관념의 통지'인 사실행위에 불과하다(대판 1992.1.21, 91누2687). 다만, 별도의 퇴직처분이 없는 대학교원에 대한 재임용거부의 임용기간만료의 통지는 처분으로 본다(대판 2004.4.22, 2000두7735).

퇴직사유는 1) 결격사유의 발생(국공 제33조), 2) 사망, 임기만료, 정년 3) 국적상실(외무) 등이다. 정년은 연령정년, 계급정년(외공, 군인사법, 경공, 검찰청), 근속정년(임용후, 군인사법)이 있다. 이중에서 어느 하나의 사유가 발생하면, 퇴직한다.

당연퇴직의 법률효과는 법정의 퇴직사유 발생시 별도의 처분이 없어도 당연퇴직의 효과가 발생한다(대판 1983.2.8, 81누263). 따라서 퇴직자의 직무행사행위는 무권한의 행위이다. 단, 국민의 신뢰보호와 법적 안정성의 확보를 위하여 사실상의 공무원이론을 도입하여 유효한 행위로 보자는 주장도 있다(홍정선, 박균성).

당연퇴직에 대한 불복은 퇴직발령의 통보는 '퇴직사실을 알리는 관념의 통보'로 행정처분이 아니어서 항고소송의 대상이 아니므로 공무원 지위의 확인을 구하는 공법상 당사자 소송을 제기하여야 한다(대판 1995.11.14, 95누2036; 2005.11.25, 2004두12421).

【판례해설】 판례는 소급입법에 의한 계급정년규정은 입법형성재량으로(헌재 1997.3.27, 96헌바86), 정년제에 근무상한기간제을 추가한 것도 입법형성재량으로(대판 1997.3.14, 95누17625), 면직처분무효확인소송 중 정년이 경과한 경우는 권리보호의 필요가 없다고 본다(대판 1993.1.15, 91누5747).

2. 면 직

면직은 '임용권자의 결정으로 공무원의 신분을 상실시키는 행정행위'이다. 따라서 당연면직과 달리 임용권자의 의사표시인 면직결정이 필요하다.

1) **의원면직** 의원면직은 '공무원의 자유의사(사직원)에 따라 임용권자가 공무원관계를 소멸시키는 행위'이다. 그러나 공무원의 사의표시만으로 공무원관계가 소멸하지 않으며, 임용권자의 면직처분이 있어야 공무원관계가 소멸한다. 법적 성질은 대상자의 신청을 필요로 하는 신청을 요하는 행정행위이다(홍정선). 쌍방적 행정행위로 보기도 한다(장태주).

의원면직의 중요 요건인 해당 공무원의 사직의 의사표시는 사인의 공법행위이므로 해당 공무원의 정상적인 의사에 따라 행해져야 한다.

【판례해설】 판례는 의사결정의 자유를 박탈할 정도로 강박에 의한 면직은 무효이지만(대판 1997.12.12, 97누13962), 민법상 비진의의사표시 규정은 적용되지 않는다(대판 2001.8.24, 99두9971). 사직의사의 철회 및 취소는 의원면직처분시까지 가능하다(대판 1993.7.27, 92누16942). 따라서 면직처분후에는 철회나 취소가 불가하다(대판 2001.8.24, 99두 9971).

임용권자는 해당 공무원의 사직원을 받아들일 수리의무가 있으나 이는 재량이 인정되고, 수리는 상당한 기간내에 해야 한다.

사직원 제출후 임용권자의 수리이전에는 공무원의 신분을 보유하므로 해당 공무원은 직장을 무단이탈하여서는 안 된다. 무단이탈시는 징계 및 형사책임의 원인이 된다.

▣ 명예퇴직제도 - 20년이상 근속한 공무원이 정년전 자진 퇴직하는 것이다(국공 제74조의2, 지공 제66조의2). 예산의 범위내에서 명예퇴직수당을 지급할 수 있지만, 다시 경력직 공무원으로 임용되는 경우에는 환수되어야 한다(대판 2007.11.15, 2005다24646). 명예퇴직시 승진시키기도 한다.

2) **일방적 면직**(광의의 직권면직)

일방적 면직은 공무원 본인의 의사와 상관없이 임용권자의 일방적 의사에 의하여 공무원관계가 소멸되는 단독행위이다. 강제면직이라고도 한다. 직권면직과 징계면직이 있다. 면직의 효력은 면직발령장 또는 면직통지서에 기재된 날 영시부터 발생한다(대판 1985.12.24, 85누531).

(1) **직권면직** 직권면직은 공무원관계를 계속 유지시킬 수 없는 사유(직제와 정원의 개폐 또는 예산의 감소)를 이유로 임용권자가 일방적으로 행하는 면직처분이다. 불이익처분이므로 국가공무원법에서 면직사유를 규정한다(제70조 제1항).

직권면직절차는 임용권자가 고위공무원단의 공무원이 적격심사결과 부적격결정을 받은 경우를 제외하고는 관할 징계위원회의 의견을 들은 후에 직권면직한다. 다만, 대기명령을 받은 자가 그 기간내 중에 능력 또는 근무성적의 향상을 기대하기 어렵다고 인정된 때(제70조의2 제5호)에는 징계위원회의 동의를 얻어야 한다.

대법원 1970. 1. 27. **선고**, 68누10 **판결 【면직처분취소】**
원고는 직위해제 처분에 대하여 소정기간내에 소청심사청구나 행정소송을 제기한 바 없고, 그 후의 면직처분에 대한 불복의 행정소송에서(설사 본건 직위해제처분이 원고주장대로 사실조사도 없이 행한 것이라 하더라도 이것만으로 당연무효의 처분이라고 볼 수 없고 취소사유에 불과하다) 직위해제처분의 취소사유를 들어 다시 위법을 주장할 수 없다.

(2) **징계면직** 징계면직은 '공무원법상의 의무위반에 따른 징계로 공무원관계를 소멸시키는 처분'이다. 이에는 파면(연금의 제한지급)과 해임이 있다.

제 3 절 공무원의 권리와 의무

제 1 항 공무원의 권리

Ⅰ. 개 설

공무원은 1) 전체로서나 직무수행에서 국가 또는 공공단체의 '행정기관'의 법적 지위를 갖는 동시에 2) 개별 '국민'의 법적 지위에서 헌법상 기본권을 향유한다. 3) 또한 행정주체에 소속된 행정내부의 '특별권력관계'라는 법적 지위에 따라 내부질서를 준수하여야 한다. 따라서 이러한 특수성을 고려하여 법령에 의하여 공무원의 권리가 설정된다.

Ⅱ. 공무원의 기본권

공무원은 기본적으로 특별권력관계에 따라 '국가임무의 원활한 수행'이라는 공법상 원인에 따라 노동기본권(제33조 제2항), 정치적 기본권, 신체의 자유(제복착용), 거주이전의 자유(근무지, 영내근무), 영업의 자유(겸직금지) 등의 일부 기본권의 향유가 제한된다. 그렇지만 국민의 법적 지위를 가지므로 기본권의 본질적인 내용은 제한되지 않는다.

Ⅲ. 신분상 권리

1. 신분보장에 따른 권리

1) **신분보유권** 공무원은 임명되어 공무원관계가 발생하는 순간부터 신분보장을 받는다. 즉, 공무원은 법정사유와 법정절차에 의하지 않고는 공무원의 신분을 박탈당하지 않는다. 신분보장권이라고도 한다(장태주, 박균성).

공무원의 신분은 헌법상 법률이 정하는 바에 의하여 보장되고(제7조 제2항), 공무원법에서는 "공무원은 형의 선고, 징계처분 또는 이 법에 정하는 사유에 의하지 아니하고는 본인의 의사에 반하여 휴직·강임 또는 면직을 당하지 아니한다"고 규정한다(국공 제68조, 지공 제60조).

신분보장의 적용범위는 원칙적으로 직업공무원(경력직 공무원)과 감사위원 등은 임기동안 적용된다. 특수경력직공무원도 보장되기도 한다. 단, 1급공무원과 가장 높은 등급의 직위에 임용된 고위공무원단의 공무원(국공 제68조단서), 시보임용중 공무원(국공 제29조 제3항)은 신분보장을 받지 못한다. 외무공무원은 1급공무원도 신분보장을 받는다(외무공무원법 제23조).

2) **소청제기권** 공무원은 신분상 불이익을 받은 경우에는 그 불복으로서 소청을 제기할 수 있다.

행정기관 소속 공무원의 징계처분 기타 그의 의사에 반하는 불리한 처분이나 부작위에 대한 소청의 심사 및 결정을 위하여 행정자치부에 설치된 소청심사위원회에 소청을 제기할 수 있다. 이는 특별법상의 행정심판이고, 필수적 전심절차이다(국공 제76조 제1항, 제16조 제2항).

각급학교 교원의 징계처분 등에 대하여는 교육부에 재심을 위한 교원소청심사위원회를 설치되어 있다(교원지위법 제7조 제1항).

3) **소송제기권** 공무원은 신분상의 불이익처분(국공 제75조의 규정에 의한 처분) 기타 본인의 의사에 반한 불리한 처분에 관하여 대통령이 행한 처분은 소속장관을 피고로 하여 행정소송을 제기할 수 있다(국공 제16조 제1항).

2. 직무상 권리

1) **직위보유권** 공무원은 헌법상 신분보장에 따라 "자신에게 적합한 일정한 직위를 받을 권리와 자기에게 부여된 직무가 법에 정한 이유와 절차에 의하지 않고는 박탈당하지 않을 권리를 가진다(국공 32조의5 제1항, 지공 제30조의5 제1항). 이는 직위를 보유할 권리와 법정사유외에는 박탈당하지 않을 권리를 말한다.

직위부여에 대하여 1) 자신에게 적합한 직위를 요구할 수 있는 권리를 인정하는 견해(김성수, 홍정선). 2) 직위부여는 국가 등 임용주체의 재량권으로 국가나 부서의 사정에 따라 제한될 수 있으므로 특정한 직위에 대한 청구권으로 인정될 수는 없다는 견해가 있다(류지태, 박균성). 3) 그러나 법정사유만으로 직위가 해제되고, 직위해제도 해제사유가 소멸시는 지체없이 직위를 부여한다는 규정(국공 제73조2, 지공 제65조의2)으로 볼 때 형식적인 직위보유권을 인정할 수 있다.

한편 법정사유외에 부당하게 직위를 박탈당하는 경우(직위해제 등)에는 불복수단으로 소청 등이 인정된다.

2) **직무집행권** 공무원은 헌법상 신분보장에 따른 인적 독립에 따라 법령에 의하여 부여된 공무를 집행할 권리를 가진다. 즉, 자기가 담당하는 직무를 방해받지 아니하고 수행할 권리이다.[5] 따라서 공무원의 직무집행의 방해시는 형법상 공무집행방해죄를 구성한다.

최근 판례에서 자동차번호판에 속도측정을 방해하기 위하여 반사스프레이를 제작한 사업자와 사용한 자는 공무집행방해죄를 구성하지 않는다고 보았다.

3) **제복착용권 · 직명사용권** 공무원은 직명(職名)을 사용할 권리, 일정직의 공무원(군인, 경찰관 등)은 제복, 제모를 착용할 권리를 가진다. 다만, 제복 등의 착용은 권리이면서 의무이기도 하다.

---

5) 공무담임권에서 도출되는 '직무수행권'이라고도 하고(박균성), '직위보유권의 한 내용'으로 보기도 한다(홍정선).

3. 인사상담 및 고충심사청구권

공무원은 근무조건(인사, 조직, 처우)과 신상문제에 대한 인사상담, 고충처리를 청구할 권리를 가진다(국공 76조의2, 76조의3; 지공 제67조의2, 경찰공무원법 제25조, 소방공무원법 22조, 교육공무원법 제49조). 물론 이는 부당·위법한 조치에 한정되지 않는다.

고충심사의 청구를 받은 중앙인사기관의 장, 임용권자, 임용제청권자는 고충심사위에 제출하여 심사한다. 고충심사위원회는 일반직고충심사위원회(중앙, 보통), 특수경력직에 따른 소방·교육공무원 고충심사위원회로 구분된다.

고충심사위의 고충심사결정에 따라 중앙인사기관의 장, 임용권자, 임용제청권자는 필요조치 또는 관계기관의 장에게 시정조치요구를 요구할 수 있다. 그러나 관계기관에게 영향을 주지 않는다는 점에서 소청심사제도와 다르다. 판례는 고충심사결정은 그 자체로 공무원관계의 변동이나 이익침해가 생기지 않으므로 '처분'이 아니라고 본다(대판 1987.12.8, 87누657).

4. 노동운동권

1) **원 칙** 공무원은 원칙적 노동기본권이 금지된다. 공무원법도 노동행위나 집단행위를 금지한다(국공 제66조). 다만, 예외적으로 1) "사실상 노무에 종사하는 공무원"(국공 제66조 제1항단서, 지공 제58조 제1항단서)과 6급이하 공무원은 「공무원노조법」에 따라 노동조합 설립과 노동운동권이 허용된다. 2) 한편 초중등교원은 「교원노조법」에 따라 노동조합 설립과 노동운동권이 허용된다.

2) **공무원직장협의회의 설립·운영권** 공무원은 「공무원직장협의회의 설립·운영에 관한 법률」에 따라 행정기관 단위로 공무원직장협의회를 설립할 수 있다. 이는 '1직장 1협의회'로써, 가입대상은 6급이하의 일반직 및 별정직 공무원, 특정직공무원 중 재직경력 10년 미만의 외무영사직렬·외교정보기술직렬 외무공무원 등이 대상이다(제3조 제1항). 단, 노동운동이 허용될 경우, 지휘감독직 등은 가입할 수 없다(제2항).

3) **공무원노동조합** 공무원노동조합은 「공무원노조법」에 의하여 설립된다. 공무원법상 공무원은 노동조합을 설립할 수 있다(국공 제2조, 지공 제2조).

공무원은 국회, 법원, 헌재, 선관위, 행정부, 지자체, 교육청별로 노동조합을 설립할 수 있다(공노법 제5조 제1항). 가입대상은 6급이하의 일반직, 특정직(외무행정·외교정보관리직 공무원), 별정직 공무원이다(제6조 제1항). 가입금지대상공무원은 지휘감독직, 인사·보수직, 교정·수사직 등이다(제2항).

【판례해설】 판례는 이때 배제된 5급이상의 공무원을 합리적 이유없이 차별하여 평등권을 침해하는 것은 아니라고 본다(헌재 2008.12.26, 2005헌마971 · 1193, 2006헌마198병합). 소방공무원의 배제에 대하여는 소방공무원은 위급상황에서 복무하므로 노동기본권인정에 따른 사회적 폐해가 크고 일반공무원보다 신분이나 대우가 좋으므로 입법형성권을 일탈하여 단결권을 제한하지는 않는다고 본다(같은 판례).

초중등교원은 「교원노조법」에 근거하여 전국단위와 광역단위로 노동조합을 설립할 수 있다(제4조 제1항). 교원노조는 일체의 정치활동과 노동쟁의행위(파업, 태업, 업무방해하는 일체의 쟁의행위)은 금지된다(제3조, 제8조).

Ⅲ. 재산상 권리

1. 보수청구권

1) **보수의 개념**　　공무원은 국가 등에 대하여 노동의 대가로서 보수청구권을 갖는다. 보수는 "봉급(기본급여)과 그 밖의 각종 수당을 합한 금액"을 말한다. 다만, 연봉제가 적용되는 공무원은 "연봉과 그 밖의 각종 수당을 합산한 금액"을 말한다(공보령 제4조 제1호). 공무원의 보수는 법령에 의하여 정해진다.[6]

봉급은 기본급여로써, "직무의 곤란성과 책임의 정도에 따라 직책별로 지급되는 기본급여 또는 직무의 곤란성과 책임의 정도 및 재직기간 등에 따라 계급(직무등급이나 직위를 포함)별, 호봉별로 지급되는 기본급여"를 말한다(공보령 제4조 제2호). **수당**은 예산의 범위 내에서 공무원에게 지급되는 봉급이외의 보수로, "직무여건 및 생활여건 등에 따라 지급되는 부가급여"를 말한다(공보령 제4조 제3호). 수당의 종류는 상여수당, 특수근무수당, 시간외근무수당, 숙직수당, 가족수당 등이 있고(공무원수당 등에 관한 규정), 근무성적우수자에게는 특별상여수당제도가 있다(국공 제51조 제2항).

보수의 법적 성질은 1) 노동에 대한 대가라고 보는 반대급부설, 2) 공무원의 생활보장을 위하여 국가 등이 지급하는 금품이라고 보는 생활자금설이 있으나, 3) 양자의 성격을 다 가진다.

공무원의 보수는 일반의 표준생계비 · 물가수준 그 밖의 사정을 고려하여 결정하되, 민간부문의 임금수준과 적절한 균형을 유지하도록 한다(국공 제46조, 지공 제44조).

2) **보수청구권의 법적 성질**　　보수청구권은 공무원관계에서 성립하는 공법상의 권리로 소멸시효는 5년이다(국재법 제96조, 지재법 제82조). 판례는 민법 제163조 제1항에 따라 3년으로 본다(대판 1976.2.24, 75누800, 홍정선). 공법상 권리이므로 양도나 포기가 불가능하고, 압류는 생활보장적 차원에서 1/2에 대해서만 가능하다(민사집행법

6) 관련법령은 대통령령인 「공무원보수규정」, 「공무원 수당 등에 관한 규정」, 「지방공무원보수규정」, 「지방공무원 수당 등에 관한 규정」이 있다.

제246조 제1항 제4호, 국세징수법 제33조). 보수에 대한 분쟁은 공법상 법률관계이므로 당사자소송에 의한다(대판 2013.3.28, 2012다102629). 판례는 연가보상비 불지급행위는 처분이 아니라고 본다(대판 1999.7.23, 97누10857).

2. 연금청구권

1) **개 념** 공무원법은 "공무원이 질병·부상·폐질·퇴직·사망 또는 재해를 입으면 본인이나 유족에게 법률로 정하는 바에 따라 적절한 급여를 지급한다"고 하여(국공 제77조), 사회보장을 규정하고, 이에 「공무원연금법」이 제정되어 있다.

연금은 공무원의 퇴직 또는 사망과 공무로 인한 부상·질병·장애의 경우 공무원 및 그 유족의 생활안정과 복리향상에 이바지함을 목적으로 지급하는 급여이다(공연법 제1조). 한편 공무원연금법에서는 퇴직이나 질병외에 공무상 부상, 질병, 장애의 경우에 지급되는 급여인 '공무상 손실에 대한 보상'도 연금청구권에 포함시킨다. 이는 '공무원연금법에 따른 연금청구권'이라고도 본다. 판례는 "공무원연금법상의 각종 급여는 기본적으로는 모두 사회보장적 급여로서의 성격을 가짐과 동시에 공로보상 내지 후불임금으로서의 성격도 함께 가진다"고 본다(헌재 2002.7.18, 2000헌바57).

공무원연금은 공무원이 부담하는 기여금(7%)과 국가나 지방자치단체의 부담금(7%)을 기금으로 하여 지급한다.

2) **법적 성질** 공무원연금의 법적 성질에 대하여 1) 봉급연불설은 기여금(보험료)를 납부하므로 연금은 지급이 연기된 봉급으로 보고, 2) 사회보장설은 국가등의 부담금을 포함되어 퇴직공무원과 그 가족에 대한 사회보장을 위한 급여로 보고, 3) 은혜설은 국가로부터 은혜적으로 지급되는 금품으로 본다. 4) 연금은 기여금을 납부하고(봉급연불성), 질병시에도 연금을 지급한다(사회보험성)는 측면에서 양면성을 가진다(헌법재판소 1998.12.24, 96헌바73; 2002.7.18, 2000헌바57). 우리나라는 사회보험인 일반연금외에 사회부조의 성격도 가진다.

【판례해설】 연금에는 불법행위로 인한 손해배상이론의 과실책임, 과실상계 등의 원리가 적용되지 않고(대판 1992.5.12, 91누13632), 공무원연금법상 급여에 대하여는 압류가 금지된다(헌재 2000.3.30, 98헌마401·99헌바53·2000헌바9병합). 임용결격사유로 당연퇴직한 경우에는 퇴직급여를 청구할 수 없다(대판 1998.1.23, 97누16985).

3) **종 류** 공무원연금의 종류는 단기급여와 장기급여가 있다 단기급여에는 공무상요양비, 공무상요양일시금(앞2는 보건급여임), 재해부조금(급여), 사망조위금(위로금)이 있고, 장기급여에는 퇴직급여금, 장해급여, 유족급여가 있다.

4) **지급절차** 급여권자가 소속하였던 기관장의 확인을 얻어 신청하면, 행정자치부장관(연금관리공단)이 지급결정하고 공무원연금관리공단이 지급한다(공연법 제

26조 제1항). 결정권은 공단에 위탁하므로(제3항) 실제는 공단이 결정한다.

공단의 결정은 이의시 결정일로 180일, 그 사실을 안 날로 90일내에 공무원연금급여재심위원회에 심사청구를 할 수 있다(제80조).

【판례해설】 공단의 퇴직급여 지급결정은 행정처분이다(대판 1996.12.6, 96누6417). 따라서 민사소송이 아니라 행정소송을 제기하여야 한다(대판 1987.12.8, 87다카2000). 공단의 지급결정으로 비로소 연급청구권이 발생하므로 공단의 연금지급 거부결정이나 일부급여결정에 대하여는 항고소송으로 구체적인 권리를 인정받은 다음에 당사자소송으로 급여의 지급을 구하여야 한다(대판 2010.5.27, 2008두5636).

5) **연금청구권의 보호** 연금청구권은 공법상 권리이므로 양도·압류 또는 담보가 금지된다. 다만, 연금인 급여를 받을 권리는 대통령령으로 정하는 금융기관에 담보로 제공할 수 있고, 「국세징수법」, 「지방세기본법」, 그 밖의 법률에 따른 체납처분의 대상이 될 수 있다(공연법 제32조). 소멸시효는 사유발생일로부터 단기급여는 3년, 장기급여는 5년이다(제81조 제1항).

3. 실비변상청구권

공무원은 직무수행에 소요되는 실비(여비 등)를 국가나 지방자치단체로부터 변상받을 권리를 가진다(국공 제48조 제1항, 지공 제46조 제2항). 출장시 여비, 숙박료 등이 실비에 포함되며 「공무원여비규정」에서 정한다.

4. 보상을 받을 권리

공무원은 소속기관장의 허가로 본래의 업무수행에 지장이 없는 한 담당직무 외에 특수한 연구과제를 위탁받아 수행한 경우 그 보상을 지급받을 권리를 갖는다(국공 제48조 제2항, 지공 제46조). 실비변상청구권으로 보기도 한다(홍정선).

한편 공무원에게는 순직보상청구권도 보장되는데, 이는 고도의 위험을 무릅쓰고 국민의 생명과 재산을 보호하기 위하여 직무를 수행하다가 입은 위해로 인하여 순직한 공무원의 유족에게 생활안정을 위하여 청구하는 보상청구권이다. 이는 유족중 급여청구권자의 신청에 의하여 행정자치부장관의 결정으로 공무원연금관리공단이 지급한다.

제 2 항 공무원의 의무

☞ 공무원의 근무관계는 공법상의 특별권력관계이므로 국가에 대한 충성의무를 부담한다. 아울러 우리 헌법은 "국민전체에 대한 봉사자"(제7조 제1항)로 규정하므로 국민에게도 의무를 부담한다.

Ⅰ. 신분상 의무

공무원의 신분상 의무는 '공무원'이라는 신분에서 나오는 의무이다. 즉, 공무원의 신분보장에 따라 그 신분에 맞게 선서, 충실, 품위유지, 청렴, 국가에의 충성의무 등을 지게 된다. 다만, 법적 근거를 요하므로 '공무원법상 의무'로 보기도 한다(홍정선).

1. 선서의 의무

공무원은 취임할 때에 소속기관장 앞에서 관련 법령에 따라 선서할 의무를 진다. 불가피한 사유가 있으면, 취임후에 선서할 수 있다(국공 제55조, 지공 제47조).

「국가공무원복무규정」(대통령령, 제2조 제2호)[7], 「국가공무원선서에 관한 규칙」(행정자치부령)이 있다. 선서를 하지 않아도 임명행위에는 영향이 없으나, 거부시는 징계사유가 된다고 보기도 한다(홍정선).

2. 성실의 의무

공무원은 직무수행을 성실하게 하여야 한다. 따라서 국민의 봉사자로서 공공의 이익을 도모하고, 그 불이익을 방지하기 위해 전 인격과 양심을 바쳐서 성실히 직무를 수행할 의무를 진다(국공 제56조, 지공 제48조; 대판 1989.5.23, 88누3161).

성실의무는 '공무원의 모든 의무의 원천이 되는 기본적 의무'로써 윤리적 의무를 넘어서 법적 의무이다. 따라서 위배시는 징계사유가 된다. 판례는 구체적인 의무위반을 성실의무위반으로 본다(대판 1973.11.27, 73누190; 1987.4.14, 86누138). 성실의무는 근무시간 외에 근무지 밖에서도 미칠 수 있다(대판 1997.2.11, 96누2125)

3. 품위유지의무

공무원은 '직무의 내외를 불문하고 그 품위를 손상시키는 행위를 하지 아니할 의무'를 진다(국공 제63조, 지공 제55조). 품위손상행위는 '국가의 권위·위신·체면·신용 등에 영향을 미칠 수 있는 공무원의 불량하거나 불건전한 행위'를 말한다. 공무원이 품위유지의무를 위반할 시는 징계사유가 된다(국공 제78조, 지공 제69조).

【판례해설】 판례는 축첩(대판 1972.10.31, 72누157), 과대채무(대판 1999.4.27, 99두1458), 허위사실공표(대판 2002.9.27, 2000두2969), 도박, 아편 등이 예로 될 수 있다.

---

7) 별표1 선서문 "선서 나는 대한민국 공무원으로서 헌법과 법령을 준수하고, 국가를 수호하며, 국민에 대한 봉사자로서의 임무를 성실히 수행할 것을 엄숙히 선서합니다."

4. 청렴의무

공무원은 국가의 인적 구성원으로서 청렴의무를 진다. 공무원법상 청렴의무는 직무와 관련하여 직·간접적으로 사례, 증여, 향응을 수수해서는 안 된다는 것이다. 나아가 공무원은 직무상 관계여하를 불문하고 소속상관에게 증여하거나, 소속공무원으로부터 증여받아서는 안 된다(국공 제61조, 지공 제53조). 부패방지법에서는 공무원의 부패방지를 위하여 공직자행동강령을 제정하고 이를 위배시 징계하도록 규정한다.[8] 형법에서는 뇌물죄를 규정한다(제129조, 제135조).

공직자윤리법상 청렴의무로서 상위공직자(4급이상)의 재산등록 및 공개의무(정무직1급이상), 선물신고의무, 퇴직공무원의 취업금지의무(2년간 유관사기업체) 등이 있다. 재산등록내역은 본인의 직계존비속의 부동산, 1천만원 이상의 현금, 동산, 각종 권리, 토지는 공시지가, 아파트는 기준시가이다. 청렴의무의 위반시는 징계책임(제22조)외에 재산등록거부죄(제24조), 허위자료제출 등의 죄(제25조), 취업제한위반죄(제29조)의 형사처벌이 규정되어 있다.

「공직자등 병역사항신고 및 공개에 관한 법률」에 따라 국가 정무직 등 일정한 공직자는 신고대상자의 병역사항을 신고해야 한다.

5. 영예 등의 제한

공무원은 대통령의 허가없이는 외국정부로부터 영예 또는 증여를 받지 못한다(국공 제62조, 지공 제54조). 나아가 외국의 훈장패용시는 대통령의 허가를 요한다.

Ⅱ. 직무상 의무

직무상 의무는 '공무원이 공무집행시에 지켜야 하는 의무'를 말한다.

1. 법령준수의무

공무원은 직무수행시에 성실히 법령을 준수하여야 한다(국공 제56조, 지공 제48조). 따라서 공무원이라 할지라도 법령위반시는 민·형사책임은 물론이고, 징계책임까지 부담한다.

다만, 상위법에 위반한 법령의 준수의무가 있느냐(법적용기피권)에 대하여는 개별공무원은 단지 형식적 심사권만 가지고 있으므로 당연무효에 해당하는 명백한 상위

---

8) 「공무원의 청렴유지 등을 위한 행동강령」(대통령령)외에도 각 국가기관별로 청렴의무를 위한 행동강령이 제정되어 있다.

법위반이 아닌 한, 법적용의 배제는 불가하다고 보는 것이 일반적이다.

2. 복종의무 - 직무명령

1) 개 념 공무원은 직무수행시 소속 상관의 직무상 명령에 복종할 의무를 가진다(국공 제57조, 지공 제49조). 물론 직무상 독립성이 인정된 공무원(감사위원, 의결기관의 구성원 등)은 제외된다.

이때 소속상관은 신분상 상관이 아닌 '직무상 상관'으로 소속기관장, 보조기관인 상급자와 기타 지휘감독권을 가진 상급자를 말한다. 만약 둘 이상의 상관으로부터 직무명령이 발령된 경우(직무명령의 경합시)에는 신분상의 상급상관이 아니라 직무상의 직근상관에 따라야 한다(장태주). 판례는 노조전임자의 직장복귀명령위반은 복종의무위반으로 본다(대판 2002.9.7, 2000두2969).

2) 직무명령

(1) 개 념 직무명령은 '상관이 직무에 관하여 부하에 대하여 발하는 명령'을 말한다. 이는 직무의 성격상 특별한 형식이 필요없는 불요식행위이다.

직무명령은 행정조직 내부에서만 효력을 가지며 대외적 법적 구속력이 없다. 따라서 공무원의 직무명령위반행위는 위법은 아니나, 행정의 내부질서를 위반하고 복종의무위반으로 내부적 징계사유가 될 수 있다. 한편 직무명령과 달리 상급청이 하급청에게 발령하는 훈령은 하급청은 물론 수명기관인 하급청의 공무원도 구속하므로 직무명령의 성질을 가지기도 한다.

(2) 요 건 직무명령의 형식적 요건은 1) 권한있는 직무상 상관에 의해 발해지고, 2) 부하공무원의 직무에 속하고(대법원 2000.11.10, 2000추36), 3) 부하의 직무상 독립사항이 아닐 것, 4) 적법한 절차로 행해질 것이다. 물론 이러한 형식적 요건의 결여시는 하급 공무원이 복종거부도 가능하다. 실질적 요건으로 직무명령이 법령과 공익에 적합해야 한다(홍정선).

직무명령의 실질적 요건은 직무명령의 적법성여부이다. 따라서 위법한 직무명령은 이미 직무명령이 아니므로(대판 1988.2.23, 87도2358), 복종을 거부해야 하고, 복종시는 그에 따른 책임을 져야 한다. 위법외에 기타(공익위반)는 공무원이 자기의 의견진술은 할 수 있으나 복종을 거부할 수 없다고 규정한다(지공 제49조 단서).

3) 복 종 공무원은 상관의 직무명령에 복종하여야 한다. '복종하여야 한다'는 소속상관의 명령을 이행하여야 한다는 것이다.

복종의무의 한계 내지 위법한 명령에 대한 기피권에 대하여 1) 실질적 요건심사부정설은 부하 공무원은 직무명령에 대하여 형식적 요건만 심사가능하다고 보고, 2) 실질요건심사긍정설은 형식적 요건외에도 법령준수의무에 따라 실질적 요건도 심사가능하다고 본다. 3) 절충설은 형식적 요건과 위법성이 명백한 경우에 한하여 실질요건도 제한적으로 심사가 가능하다고 본다. 4) 판례는 절충설이다(대법원 1988.2.23, 87도2358).

한편 실질적 요건인 직무명령의 위법성여부와 관련하여서 1) 소극설은 직무명령은 공권력의 행사로서 공정력과 같은 효력이 인정되므로 중대명백한 하자가 아닌 한 적법성이 추정되어 수명자는 복종을 거부할 수 없다고 보고, 2) 적극설은 공무원은 복종의무외에 법령준수의무도 가지므로 수명공무원 스스로 적법심사를 하여 위법한 명령에는 복종을 거부할 수 있다고 본다.

이 경우에 법령준수의무는 복종의무보다 우선하므로 위법성이 중대명백한 직무명령에 따른 경우에는 복종한 경우 민·형사상 책임외에도 징계책임을 진다(대판 1988.2.23, 87도2358). 물론 직무명령의 하자가 중대명백한 정도에 이르지 않은 경우에는 복종을 거부할 수 없고 단지 의견진술만 가능하다. 따라서 지방공무원법은 직무명령이 위법·부당시 의견을 진술할 수 있다고 의견진술규정을 둔다. 한편 공무원법은 직무명령에 불복종시는 징계사유로서 징계를 규정하고 있다(국공 제78조 제1항 제1호, 지공 제69조 제1항 제1호).

3. 직무에 전념할 의무

1) 직장이탈금지 공무원은 소속상관의 허가 또는 정당한 사유없이 직장을 이탈하지 못한다(국공 제58조 제1항, 지공 제50조 제1항). 이는 근무시간중에 해당하지만, 예외적으로 시간외 근무명령에도 해당한다. 직장이탈금지의무의 위반시 징계사유(해임까지)이고, 형법상 직무유기죄도 구성할 수 있다.

직장이탈금지의무에 따라서 수사기관은 공무원을 구속시 사전에 소속기관장에 통보하여야 하지만, 단 현행범은 제외한다.

【판례해설】 범죄혐의에 따라 사직원을 제출하였으나 수리되지 않은 상태에서 결근한 것은 직장이탈금지의무 위반으로 징계(파면)은 재량권의 일탈·남용이 아니다(대판 1991.11.12, 91누3666 판결). 부하직원에게 연가신청지시후 무단결근한 경우의 징계해임처분도 정당하다(대판 1984.5.29, 83누266).

2) 영리업무 및 겸직금지 공무원은 공무이외의 영리목적의 업무에 종사할 수 없으며(공무원복무규정 제25조), 소속기관장의 허가 없이는 다른 직무를 겸할 수 없다(국공 제64조, 지공 제56조). 여기서 '다른 직무'는 '영리를 목적으로 하지 않는 업무로서 직무에 지장이 없는 것'을 말한다. 이는 다른 직무로 인하여 원래의 공무의 능률저하, 부당한 영향, 공익침해, 불명예 등을 막기 위하여 제한하는 것이다.

최근에 지방의회의원은 겸직금지 범위가 완화되었다(지자법 제33조). 퇴직공무원의 경우도 취업제한이 있다(공직자윤리법).

3) **정치운동의 금지** 우리나라는 직업공무원제로서 신분보장을 하는 대신에 정치적 중립성을 견지할 것을 규정한다(헌법 제7조 제2항, 국공 제65조, 제84조, 지공 제57조, 제82조 정당법 제6조). 다만, 대통령령이 정하는 특수경력직 공무원(정무직, 별정직)은 예외이고, 교육공무원의 일부(교수)는 정당 발기인은 가능하다.

정치적 중립성의 내용에는 1) 정당 기타 정치단체의 가입 및 활동 금지, 2) 선거운동의 금지, 3) 서명활동, 4) 기부금모금, 5) 문서 및 도서의 게시 등, 6) 투표권유 등이 포함된다.

4) **집단행동의 금지** 우리 헌법은 공무원인 근로자는 법률이 정하는 자에 한하여 단결권, 단체교섭권, 단체행동권을 가진다고 규정하여 공무원의 노동권을 제한한다(제33조 제2항). 따라서 '예외적인 자'를 제외하고는 원칙적으로 공무원에게는 "노동운동 그 밖에 공무 외의 일을 위한 집단행위"는 금지한다(국공 제66조 제1항, 제84조, 지공 제58조 제1항, 제82조). 단, '사실상 노무에 종사하는 공무원'과 '대통령령이 정하는 특수경력직 공무원'에게는 적용되지 않는다(국공 제66조 제1항, 제3조 제3항, 지공 제58조 제1항).

판례는 '금지되는 집단행동'이란 "공무가 아닌 어떤 일을 위하여 공무원들이 하는 모든 집단적 행위를 의미하는 것은 아니고 공익에 반하는 목적을 위하여 직무전념의무를 해태하는 등의 영향을 가져오는 집단적 행위"라고 축소하여 해석하고 있다(대판 1992.2.14, 90도2310). 집단행동금지의무를 위반한 경우에는 다른 법률에 규정한 경우를 제외하고는 1년 이하의 징역 또는 500만원 이하의 벌금에 처한다.

한편 2005년에 제정된 「공무원노조법」[9]은 단결권(노조결성권), 단체교섭권(단체협약권 포함)을 보장하고, 단체행동권(파업권)은 인정하지 않는다. 노조활동시도 타법상의 공무원의무에 반하는 행위와 정치행위를 금지하고 있다.

4. 친절·공정의 의무

공무원은 국민에 대한 봉사자로서 국민에 대하여 친절하고, 법집행자로서 공정하게 공무를 집행하여야 한다(국공 제59조, 지공 제51조). 이는 단순한 도덕적 의무를 넘어서 법적 의무이므로 위반시 징계사유가 된다.

5. 비밀엄수의무

공무원은 재직중은 물론 퇴직후에도 "직무상 지득한 비밀"을 엄수하여야 한다(국공 제60조, 지공 제52조). '직무상 지득한 비밀'이란 '자신이 처리하는 직무에 관한

9) 「공무원의 노동조합설립 및 운영 등에 관한 법률」.

비밀뿐만 아니라 직무와 관련하여 알게 된 비밀'을 말한다.

> 직무상 비밀의 범위에 대하여 1) 형식설은 행정기관이 '비밀'로 지정 · 취급하는 것으로 보고, 2) 실질설은 객관적 · 실질적인 비밀로 형벌로 보호할 가치가 있는 것을 의미한다고 본다. 3) 판례는 실질설이다(대판 1996.10.11, 94누7171).

공무원이 비밀엄수의무 위반시는 징계책임을 진다. 형사책임으로는 피의사실 공표죄, 공무상비밀누설죄 등이 있다. 퇴직한 공무원에게는 징계책임을 물을 수는 없으나, 새로운 공무원관계의 설정을 거부할 수 있다.

> 이는 국민의 알권리와의 충돌되는 문제가 있다. 따라서 1) 1996년에 제정된 정보공개법에 의하여 직무상 비밀의 범위와 보호, 공개의 기준과 절차 등에 대하여 구체적으로 규정하고 있다. 2) 아울러 공무원 등이 법원이나 관청의 증인 또는 감정인으로서 직무상 비밀에 대한 신문을 받는 경우에는 소속기관의 장의 허가를 받은 사항에 대하여만 진술할 수 있다(형소법 제147조, 민소법 제206조, 제333조). 3) 그러나 국회에서의 증언요구는 군사, 외교, 대북관계에 관한 국가기밀로써 국가안위에 중대한 영향을 미친다는 주무부장관의 소명이 있는 경우외에는 직무상 비밀로 거부할 수 없다(국회에서의 증언 · 감정등에 관한 법률 제14조).
>
> 조직내 위법사실의 공표의 경우에 이러한 비밀엄수의무와의 충돌로 내부밀고자보호법의 제정이 필요하다.

제 4 절 공무원의 책임과 권익구제

제 1 항 공무원의 책임

Ⅰ. 개 설

공무원의 책임은 '공무원이 법령상 의무위반 또는 직무행위로 인해 받게 되는 법률상의 제재 또는 불이익을 받게 되는 지위'를 말한다. 협의(행정법상의 책임)는 공무원법상의 의무위반으로 인한 책임으로 징계책임과 변상책임이 있다. 광의(일반법상의 책임)는 공무원으로 일반법익의 침해 등에 따른 형사책임, 민사책임을 말한다. 그 외에 헌법상 책임으로 정무직공무원의 선거를 통한 책임, 탄핵소추책임(제65조), 해임건의(제63조) 등이 있다(홍정선).

Ⅱ. 공무원법상의 책임 (행정법상 책임)

1. 징계책임

1) **개 념** 징계는 '공무원의 직무상 의무위반이나 비행에 대하여 공무원관계의 질서를 유지하기 위하여 임용권자가 부과하는 제재'를 말한다. 이는 '징계벌'이다.

징계벌과 형벌과의 관계는 권력의 기초, 목적, 내용, 대상, 주관적 요건, 병과 등에서 구분된다.

1) 권력의 기초 - 징계벌은 특별권력관계에 근거하고, 형벌은 국가의 일반통치권에 근거하여 처벌되고, 2) 목적 - 징계벌은 공무원관계의 내부질서유지이고, 형벌은 일반사회의 질서유지이고, 3) 내용 - 징계벌은 공무원의 신분적 이익의 박탈이나 형벌은 생명, 자유, 재산형이고, 4) 대상 - 징계벌은 공무원법상 의무위반이지만, 형벌은 형사법상의 의무위반이고, 5) 주관적 요건 - 징계벌은 고의과실책임이 완화되지만 형벌은 고의책임원칙이고, 6) 병과 - 징계벌과 형벌은 성질을 전혀 달리하므로 형벌과 병과가 가능하다(일사부재리원칙 불적용). 아울러 형사소추선행원칙을 채택하지 않으므로 수사기관에서 수사 중인 사건에 대해서도 징계절차(행정소송도 가능)를 진행하거나 징계할 수 있다(대판 1998.6.12, 98두6807). 단, 감사원에서 조사중인 사건은 징계절차를 진행시키지 못한다(대판 2001.11.9, 2001두4184).

2) **법적 근거** 과거에는 국가내부법불침투성이론에 근거하여 특별권력관계 내부에는 법이 적용되지 않는다고 보았으므로, 징계는 특별권력에 근거하고, 별도의 (외부법상의) 법적 근거가 필요하지 않았다. 그러나 오늘날에는 공무원의 신분이 헌법상 보장되기 때문에 징계에도 법률상 수권(근거)이 요구된다. 따라서 이러한 법적 근거로 각 공무원법에서 징계사유, 징계종류, 징계절차 등을 비교적 구체적으로 규정한다. 특수직공무원은 관련공무원법(법관징계법, 검사징계법, 교육공무원법, 경찰공무원법, 군인사법 등)에서 규율한다. 공무원징계령(대통령령)이 있다.

독일은 공무원의 징계를 위한 징계법원이 따로 있다.

3) **징계권자**

(1) 징계요구, 징계의결, 징계결정 징계권은 징계의 단계별로는 징계요구권, 징계의결권, 징계처분권으로 구분되기도 하지만, 일반적으로 징계권자(임용권자)에게 전부 속하기도 한다.

공무원의 징계요구는 소속기관장이나 감사원이 징계요구를 할 수 있다.

1) 5급 이상의 공무원(고위공무원단 포함)은 소속장관, 2) 6급이하의 공무원은 소속기관의 장이나 소속 상급기관의 장, 3) 국무총리, 행정자치부 및 그 밖의 다른 국가기관의 장은 타 기관 소속의 공무원에게 징계사유가 있는 경우의 징계위원회에의 징

계요구, 4) 감사원이 징계사유 또는 감사거부나 자료제출거부 등으로 소속장관 또는 임용권자에게 징계를 요구할 수 있다(감사원법 제32조 제1항).

징계의결은 해당 징계위원회에서 의결한다. 징계의결권이라고 한다(박균성).

징계(처분)권자는 원칙적으로 임용권자이다. 일반 징계는 징계위원회가 설치되어 있는 소속기관의 장, 파면과 해임은 임용권자·상급감독기관의 장이 결정한다(국공 제82조 제1항). 단, 지방공무원은 인사위원회의 의결을 거쳐 임용권자가 결정한다(지공 제72조 제1항).

(2) 재량권 여부 징계요구권자는 공무원의 징계사유가 발생한 경우에 징계사유의 해당여부에 대한 판단에 재량권이 있지만, 사유가 명확하면 징계요구에는 재량권이 없다고 본다(대판 2007.7.12, 2006도1360, 박균성). 징계권자는 소속공무원의 징계의결을 반드시 요구하여야 하고, 의결결과에 따라 징계처분해야 한다. 징계결정시에 징계여부에 대한 결정재량은 없고 단지 양형에 대한 선택재량만 있다(대판 1983.6.28, 83누130). 따라서 징계처분은 기속행위라고 본다. 이에 대하여 「공무원 징계양정 등에 관한 규칙」(행정자치부령)이 적용된다.[10)]

공무원의 징계시 정상참작으로서 징계혐의자의 소행, 근무성적, 공적, 개전의 정, 징계요구의 내용 기타 정상을 참작하여야 한다고 규정한다(공징령 제17조). 판례는 공익의 원칙, 비례의 원칙, 평등의 원칙, 비위의 내용과 정도, 그 원인과 동기, 비위행위후의 개전의 정, 평소의 소행과 근무성적 및 공적를 고려해야 한다고 본다(대판 2001.8.24, 2000두7704). 따라서 징계시에도 재량(사회통념상 타당성)을 넘어서면 위법하다고 본다(대판 1991.7.23, 90누8954).

4) 징계사유와 시기

(1) 징계사유 공무원이 책임을 부담하는 공무원법상의 징계사유는 1) 공무원법 또는 이 법에 따른 명령의 위반, 2) 직무상의 의무(다른 법령상 공무원신분에 따른 의무포함)를 위반하거나, 직무를 태만히 한 때, 3) 직무의 내외를 불문하고 그 체면 또는 위신을 손상하는 행위를 한 때이다(국공 제78조, 지공 제69조).

(2) 임명전의 행위 징계사유는 원칙적으로 '재직중의 행위'를 대상으로 한다. 따라서 '임명전의 행위'는 원칙적으로 징계사유는 아니지만, 예외적으로 재직을 허용하기 어려운 중대사유와 공무원의 체면이나 위신을 손상하는 경우에는 징계사유가 될 수 있다(대판 1990.5.22, 89누7368). 임용전 다른 법의 징계사유는 공무원법상의 징계사유이다.

(3) 소멸시효 소멸시효는 징계사유의 발생일로 부터 2년이다. 공금의 횡

10) 종전의 「공무원징계양정에 관한 규칙」은 총리령에서 행정자치부령으로 변경된 후, 2011년 5월에 법명 변경되었다.

령·유용, 금품·향응의 수수는 3년이다(국공 제83조의2 제1항). 단, 감사원·수사기관의 조사 등의 경우는 유예할 수 있다. 직위해제는 징계가 아니므로 직위해제와 같은 사유로 징계처분은 무방하다.

(4) 고의·과실여부 공무원의 책임(고의·과실)여부에 대하여는 1) 공무원의 징계사유가 있으면, 행위자인 공무원의 고의·과실을 불문한다는 입장(대판 1979.11.13, 79누245, 다수설)과 2) 일정한 책임이 있어야 한다고 보는 무과실책임반대설(김도창, 김남진)이 있으나, 3) 다수설은 징계사유로 족하다고 본다. 감독자도 감독의무 태만인 경우인 역시 책임이 있다.

5) 징계절차

공무원의 징계는 징계요구에 따라 징계위원회의 의결을 거쳐 징계권자가 징계처분을 결정한다.

(1) 징계의 요구 징계요구권자는 1) 소속장관·소속기관의 장·소속상급기관의 장, 2) 국무총리, 3) 감사원 등이 있다.

징계요구권을 가지지 않은 행정기관의 장은 요구권을 가진 행정기관의 장에게 통보하고, 통보받으면, 1월 이내에 징계의결을 요구한다. 파견의 경우도 소속기관장에게 통보할 수 있다. 징계요구권자의 징계사유존재여부는 결정재량에 속한다.

(2) 징계절차 징계의결요구권자의 요구에 따라 징계위원회가 의결하고 징계권자가 징계처분한다. 징계위원회는 5급 이상은 국무총리소속의 중앙징계위원회와 6급 이하는 행정기관의 보통징계위원회가 결정한다(공임령 제2조). 상하급이 연관된 경우는 상급 징계위원회에서 결정한다(공징령 제2조). 지방공무원은 지방인사위원회에서 결정한다.

징계절차는 징계의결요구서 접수일부터 30일 내(중앙징계위, 60일), 부득이한 경우 30일 연장할 수 있다(영 제9조). 징계위는 사건심의시 당해 공무원·대리인의 진술기회를 부여하여야 하고, 진술기회를 부여 않은 징계는 무효이다(제10조 제2항, 제3항). 징계혐의자에게 증거제출권, 증인신청권 등의 절차적 권리가 인정된다(제11조 제1항). 징계의결시 지체없이 징계의결서 정본을 첨부하여 징계의결요구자에 통보하여야 한다.

징계요구기관의 불복은 징계의 불복에서 설명한다. 다만, 감사원이 조사중인 사건에 대하여는 징계의결 요구나 징계절차를 진행시킬 수 없으나, 수사기관이 수사중인 사건에는 징계의결 요구 등을 진행하지 않을 수 있다(국공 제83조).

(3) 징계의결 징계를 위하여는 관할 징계위원회의 의결을 거쳐야 한다.

(4) 징계의 집행 징계의 집행으로 징계권자는 징계위에서 징계의결서를 받은 날로부터 15일이내 집행하여야 한다. 징계처분은 징계권자의 징계처분사유설명

서를 교부하여야 한다. 판례는 처분사유설명서의 교부가 없어도 징계처분은 유효하다(대판 1970.1.27, 68누10).

7) 징계의 종류

징계의 종류에는 파면, 해임, 강등, 정직, 감봉, 견책이 있다(국공법 제79조). 중징계는 파면, 해임, 강등, 정직을 말하고, 경징계는 감봉, 견책이다(공징령 제1조의2).

(1) 공무원 신분의 박탈 (파면, 해임) 파면과 해임은 공무원관계를 해제하는 징계처분이다. 즉, 공무원 신분을 박탈한다. 파면은 공무원의 신분은 박탈하며, 5년간 공직취임제한, 공무원연금법상 급여지급의 제한이 있다. 해임은 공무원의 신분은 박탈하나, 연금지급의 제한이 없고, 3년간 공직취임의 제한이 있다(제33조).

(2) 공무원관계의 제한 (직무강등, 정직) 강등과 정직은 공무원신분은 보유하나 일정기간 직무에 종사하지 못하고, 보수를 감하는 징계이다.

강등은 “1계급 아래로 직급을 내리고 공무원신분은 보유하나 3개월간 직무에 종사하지 못하며, 그 기간중 보수의 3분의 2를 감하는” 징계이다(국공 제80조 제1항).

정직은 “1개월 이상 3개월 이하의 기간으로 하고, 정직처분을 받은 자는 그 기간 중 공무원의 신분은 보유하나 3개월간 직무에 종사하지 못하며 그 기간 중 보수의 3분의 2를 감하는 징계”이다(국공 제80조 제3항). 단, 고등교육법상 교원 및 조교에는 적용하지 않는다.

(3) 신분상 이익의 제한 (감봉·견책) 이는 공무원관계는 유지하나 장래의 의무위반을 방지하기 위하여 신분적 이익의 일부를 일시적으로 박탈하는 교정처분이다. 경징계이다.

감봉은 직무에 종사하되, “1개월이상 3개월 이하의 기간동안 보수의 3분의 1을 감하는” 징계이다(국공 제80조 제4항). 견책은 전과에 대하여 훈계하고 회개하게 하는 징계이다(국공법 제80조 제5항). 견책후 6개월까지는 보수인상이 제한된다(공무원보수규정 제14조 제1항).

견책이하의 단순한 주의나 경고는 공무원법상의 징계가 아니다. 따라서 직위해제는 징계는 아니나라, 일정한 사유로 직위해체된 자는 직권면직 될 수 있다는 사실상 효과에서는 징계와 유사하다(국공 제73조의2).

(4) 징계부가금 징계요구권자는 공무원의 징계의결을 요구하는 경우 그 징계사유가 금품 및 향응 수수, 공금의 횡령·유용인 경우에는 해당 징계 외에 금품 및 향응 수수액, 공금의 횡령액·유용액의 5배 내의 징계부가금 부과의결을 징계위원회에 요구할 수 있고, 징계위원회는 징계부가금을 의결할 수 있다(국공 제78조의2). 다른 법률에 의하여 형사처벌을 받거나 변상책임을 이행한 경우에는 의결

전에는 조정, 의결후에는 감면할 수 있다. 징계부과금의 체납시에는 국세체납처분의 예에 따라 징수할 수 있다.

(5) 경 고　　경고는 원래 단순한 주의환기를 요하는 것으로 징계는 아니다. 그러나 실무에서는 인사상 불이익을 주는 사실상의 징계로 악용되고 있다. 따라서 경고가 인사상 불이익을 주는 경우에는 처분성이 인정되어 소송대상이다(대판 2002.7.26, 2001두3532).

8) **징계의 효력**

(1) **처분사유설명서의 교부제도**　　공무원관계에서 공무원에 대한 불이익조치(징계처분, 강임, 휴직, 직위해제 또는 면직처분시)를 취할 경우에 처분권자 또는 처분제청권자는 처분의 사유를 기재한 설명서(처분사유설명서)를 교부하여야 한다. 단, 본인의 원에 의한 강임, 휴직, 면직처분의 경우에는 예외로 한다(제75조).

(2) **후임자의 보충발령의 유예제도**　　본인의 의사에 반한 파면, 해임, 근무성적의 불량, 대기발령 받은 자의 능력 또는 근무성적 불향상 등이 이유가 된 직권면직의 경우에는 처분일로부터 40일간 이내 보충발령을 금지한다. 단, 인력관리상 후임자를 보충하여야 할 불가피한 사유가 있고, 소청심사위원회의 임시결정이 없는 경우에는 국회사무총장, 법원행정처장, 헌법재판소사무처장, 중앙선거관리위원회 사무총장 또는 행정자치부장관과 협의를 거쳐 후임자의 보충발령을 할 수 있다(제76조 제2항).

(3) **징계의 효력**　　징계처분의 효력은 각 징계의 종류에 따라 효력이 발생한다. 따라서 인사상 불이익을 주는 징계처분은 행정행위이므로 불복할 수 있다. 이외 징계처분의 부수적 효력은 징계처분을 받은 자는 징계처분을 받은 날 또는 그 집행이 종료된 날로부터 대통령이 정하는 기간동안 승진임용 또는 승급이 되지 않는다. 단, 직무수행상 공으로 포상받은 경우는 승진임용이나 승급제한기간을 단축 또는 면제가 가능하다(국공 제80조 제5항, 지공 제71조 제5항).

9) **불복절차**　　징계처분에 대한 불복은 양 당사자로 나누어 볼 수 있다.

1) 징계요구자가 불복하는 경우에는 징계의결 등을 통보받은 날로부터 15일 이내에 징계의결에 불복하는 경우는 직근상급기관에 설치된 징계위에 심사 또는 재심사를 청구한다(국공 제82조 제2항, 공임령 제24조). 2) 징계대상자는 처분사유설명서를 받은 날로부터 30일이내 소청심사위원회에 심사청구할 수 있다.

2. 변상책임

변상책임은 '공무원이 직무상 의무위반으로 국가 등에 발생한 재산상 손해에 대하여 부담하는 배상책임'을 말한다. 변상책임에 대하여 특수분야인 회계관계직원의 변상책임에 한정하는 견해도 있지만(박균성), 일반공무원을 대상으로 하는 국가배상법상의 변상책임을 포함한다(장태주, 홍정선).

1) **국가배상법상 변상책임** 공무원은 공무수행자의 법적 지위에 따라 직무상 불법행위(국배법 제2조)나 영조물의 설치·관리의 하자(제5조)에 대한 책임을 국가나 지방자치단체가 부담한다. 이 경우 해당 공무원의 고의나 중대한 과실이 있는 경우에는 국가등이 행사하는 구상권에 대한 변상책임을 말한다.

2) **민법상 손해배상** 국가배상의 경우에도 피해자가 가해자인 공무원에 대한 선택적 청구권을 행사할 경우에는 민법상 불법행위에 의한 손해배상책임을 질 수 있다. 그 외에도 공무원은 개인자격으로 행한 직무행위가 사경제적 작용시 민법상 손해배상책임을 진다고 생각할 수 있다(제756조 제1항).

3) **회계관계직원의 변상책임**

(1) **개 념** 회계관계직원의 변상책임은 "회계사무회계관계직원이 고의 또는 중대한 과실로 법령이나 그 밖의 관계 규정 및 예산에 정하여진 바를 위반하여 국가, 지방자치단체, 그 밖에 감사원의 감사를 받는 단체 등의 재산에 손해를 끼친 경우에는 변상할 책임"을 말한다(제4조 제1항).

일반공무원과 달리 특수직역인 회계관계공무원 등은「회계관계직원 등의 책임에 관한 법률」이 따라 엄격한 변상책임을 부담한다. 변상책임은 국가, 지방자치단체 그 밖의 감사원의 감사를 받는 단체의 회계사무를 집행하는 사람과 그 보조자가 대상이다(제2조). 그 밖에 국공유재산이나 물품관리공무원(국유재산법, 물품관리법, 공유재산 및 물품관리법, 군수품관리법)에도 유사한 규정이 있다.

> 회계관계직원의 변상책임은 1) 회계관계공무원이 고의 또는 중대한 과실로 법령 기타 관계규정 및 예산에 정해진 바를 위반하여 국가 등 재산에 손해를 끼친 때, 2) 현금·물품출납공무원이 선량한 관리자의 주의의무위반(추상적 경과실)으로 현금·물품을 망실·훼손할 경우, 3) 회계관계직원은 스스로 사무를 집행하지 않았음을 이유로 책임을 면하지 못한다.

(2) **변상명령제도** 회계관계직원의 소속기관장은 회계관계직원에게 변상명령으로 변상책임을 물을 수 있다. 변상명령은 내부행위이므로 행정쟁송의 대상이 아니라고 보기도 하지만(박균성), 판례는 처분성을 인정한다(대판 1994.12.2, 93누623).

> 소속기관장 등의 변상명령제도는 중앙관서의 장, 지방자치단체의 장, 감독기관의 장 또는 해당 기관의 장이 감사원의 변상판정전이라도 회계관계직원에 대한 변상을 명령하는 것이다(제6조 제1항). 이때 변상명령을 받은 자는 이의가 있으면 감사원에 판정을 청구할 수 있고(제3항), 청구하지 않으면, 변상명령은 확정된다.

(3) 감사원의 변상책임판정제도 감사원은 감사결과에 따라 또는 소속기관장 등의 변상명령에 대한 회계관계직원의 이의신청에 따라 변상책임의 유무를 심리하고 판정한다(감사원법 제31조 제1항). 감사원의 변상책임판정에 대하여는 재심의제도가 있다.

감사원은 변상책임이 있다고 판정하면, 변상책임자, 변상액, 변상이유를 밝힌 변상판정서를 소속장관, 감독기관장, 해당 기관장에게 변상판정서를 송부하고, 그 송부를 받은 소속장관 등은 20일이내에 변상책임자에게 교부하여 감사원이 정한 기한내에 변상하게 하여야 한다(제2항, 제3항).

감사원의 변상판정에 대하여 위법 또는 부당하다고 인정하는 본인, 소속장관 등은 변상판정서가 도달한 날부터 3개월 이내에 감사원에 재심의를 청구할 수 있다(제36조).

판례는 감사원의 변상판정처분에 대하여는 행정소송을 제기할 수 없고 재결에 해당하는 재심의판정에 대하여만 감사원을 피고로 하여 행정소송을 제기할 수 있다고 본다(제40조 제2항, 대판 1994.12.2, 93누623).

Ⅲ. 형사책임

공무원의 직무상 의무위반이 공무원관계의 내부질서 뿐만 아니라 일반사회질서(사회적 법익)을 침해한 경우에는 형사제재의 대상이 되어 형사책임을 진다.

1. 협의의 형사책임 (형사벌책임)

협의의 형사책임이란 공무원이 형법상 보장된 일반 사회법익을 침해한 경우이다. 이는 다시 직무범과 준직무범으로 나눌 수 있다. 왜냐하면 형법상 "공무원의 직무에 관한 죄"를 범한 경우를 공무원범죄로 규정하기 때문이다.

직무범은 공무원이 직권을 남용하는 등 직무행위와 직결되는 범죄이다. 직무유기죄, 직권남용죄, 불법체포·감금죄, 폭행·가혹행위죄, 피의사실공표죄, 공무상비밀누설죄, 선거방해죄 등이다.

준직무범(신분범)은 직무행위자체가 범죄를 구성하는 것이 아니라 행위자가 공무원의 신분을 가졌기 때문에 또는 공무원의 직무와 관련이 있기 때문에 일정한 행위가 형법상의 범죄를 구성하는 경우이다. 수뢰죄, 제3자뇌물제공죄, 사후수뢰죄, 알선수뢰죄, 증뢰물전달죄 등이다. 수뢰죄 등에는 가중처벌조항(특가법)이 있다.

준공무원에 대한 공무원의제조항으로 법령에 의하여 공무를 수행하는 공공기관 등의 임직원은 비밀누설, 비행 등의 경우에 공무원범죄를 준용하는 조항을 두기도 한다.

2. 행정형벌책임

행정형벌책임은 공무원이 행정법규를 위반한 데 대하여 형법이 정한 벌을 받게 되는 경우이다.

이는 시험 또는 임용방해행위(국공 제44조), 인사에 관한 부정행위(제45조), 정치운동금지(제65조), 집단행위금지(제66조)의 위반으로 1년 이하의 징역 또는 100만원 이하의 벌금에 처하는 경우(제84조) 등이다.

Ⅳ. 민사책임

공무원의 직무상 행위에 의한 불법행위에 대하여는 원칙적으로는 국가가 대신하여 대위책임을 지고(국가배상), 고의나 중과실인 경우에는 국가의 구상권이 가능하다. 다만, 공무원에게 고의나 중과실이 있는 경우에는 피해자에 의한 이른바 선택적 청구권이 문제되므로 반대입장(홍정선)에도 불구하고 민사책임이 문제될 수 있다.

판례는 고의나 중과실의 경우는 민사책임을 물을 수 있다고 보기도 하고(대판 1996. 2.15, 95다38677), 고의나 과실의 경우에는 배상여부가 의견이 나뉜다.

제 2 항 공무원의 권익보장 및 권리구제

Ⅰ. 고충심사청구

공무원은 누구나 인사·조직·처우 등 각종 직무조건과 그 밖에 신상 문제에 대하여 인사상담이나 고충 심사를 청구할 수 있으며, 이를 이유로 불이익한 처분이나 대우를 받지 않는다(제76조의2 제1항). 즉, 각종 근무조건과 기타 신상문제 대하여 인사상담이나 고충심사청구를 할 수 있다.

고충청구심사는 청구받은 중앙인사관장기관의 장·임용권자 또는 임용제청권자가 고충심사위원회에 부의하여 심사하도록 하거나 소속공무원으로 상담토록 하여 결과에 따라 고충해소에 노력하여야 한다(제2항).

고충심사위원회는 중앙인사관장기관에 중앙고충심사위원회를, 임용권자 또는 임용제청권자 단위로 보통고충심사위원회를 두되, 중앙고충심사위원회의 기능은 소청심사위원회에서 관장한다(제3항).

중앙인사관장기관의 장, 임용권자 또는 임용제청권자는 심사결과 필요시 처분청 또는 관계기관의 장에 시정을 요청할 수 있다(제6항). 단, 고충처리결과는 관계기관의 장에게 영향을 미치지 않는다는 점에서 소청과는 성질이 다르다. 따라서 판례도 고충심사결정은 처분이 아니라고 본다(대판 1987.12.8, 87누657).

한편 특수경력직 공무원의 고충처리를 위하여 다른 법률에 특별한 규정이 있는 경우 외에는 특수경력직공무원에 대하여도 국회규칙, 대법원규칙, 헌법재판소규칙, 중앙선거관리위원회규칙 또는 대통령령으로 정하는 바에 따라 제76조의2를 준용할 수 있다(제76조의3).

Ⅱ. 소 청

1. 개 념

소청은 공무원의 징계처분, 그 밖의 본인의 의사에 불리한 처분이나 부작위에 대한 불복절차를 말한다(국공 제9조 제1항). 공무원은 징계처분이나 신분상 불이익 등을 받으면, 이의가 있는 경우에 소청심사위원회에 심사를 청구할 수 있다.

소청의 법적 성질은 관할 소청심사위에 심사를 청구하는 특별행정심판이고, 필수적인 절차이므로(국공 제16조 제1항), 소청을 제기하지 않은 행정소송은 각하된다.

2. 소청사항

소청대상은 공무원관계에 대한 불이익 조치로서 징계처분, 강임, 휴직, 직위해제, 면직처분 기타 본인의 의사에 반하는 불리한 처분이나 부작위이다. 기타 불리한 처분에는 의원면직 형식에 의한 면직, 전직, 전보, 대기명령, 경력평정 등이 있다. 단, 교육훈련부과는 불이익처분이 아니다. 판례는 '인사상 불이익처분'이라고 본다.

3. 소청심사기관

소청을 심사하는 기관은 소청심사위원회이다. 이는 합의제 행정청이며, 위원장 포함 5-7인의 위원으로 구성된다. 소청심사위원회는 행정자치부, 국회사무처, 법원행정처, 헌재사무처, 중앙선관위사무처, 시·도에 설치한다. 일반공무원의 소청심사위원회외에 교육부의 교원징계위원회 등이 있다.

> 행정기관 소속 공무원의 징계처분, 그 밖에 그 의사에 반하는 불리한 처분이나 부작위에 대한 소청을 심사·결정하게 하기 위하여 행정자치부에 소청심사위원회를 둔다(제9조 제1항). 행정자치부의 소청심사위원회는 다른 법률로 정하는 바에 따라 특정직공무원의 소청을 심사·결정할 수 있다(제4항).
>
> 국회, 법원, 헌법재판소 및 선거관리위원회는 국회사무처, 법원행정처, 헌법재판소사무처 및 중앙선거관리위원회사무처에 각각 해당 소청심사위원회를 둔다(제9조 제2항).

4. 소청절차

1) **소청의 접수** - 징계처분 등에 따른 처분사유설명서나 그밖에 본인의 의사에 반

한 불리한 처분을 받은 날로 부터 30일 이내에 소청심사위원회에 소청을 청구할 수 있다(국공 제76조 제1항).

2) **임시결정** - 소청심사위원회는 접수일로부터 5일 이내에 최종결정시까지 후임자의 보충발령을 미루는 임시결정을 할 수 있다(제3항).

3) **조사절차** - 소청심사위위원회는 심사를 위하여 필요하면 검증, 감정, 그 밖의 사실조사, 증인신문, 관계서류제출명령을 할 수 있다(제12조 제2항).

4) **소청인의 진술권** - 심사절차로서 소청인 또는 대리인에게 진술기회를 주어야 한하고, 진술기회를 배제한 결정은 무효이다(제13조).

5) **심 리** - 소청의 심리에는 불고불리의 원칙은 적용되지 않으나, 징계 또는 소청의 원인이 된 사실이외에는 심리하지 못한다.

6) **결 정** - 소청의 결정은 원칙은 소청심사청구접수일로부터 60일내에 결정한다. 결정은 각하, 기각, 취소 또는 변경, 무효확인 및 의무이행결정을 할 수 있다. 소청심사위원회의 결정은 처분청(징계청등)을 기속한다(제15조). 취소명령 또는 변경명령의 결정은 그에 따른 징계나 그 밖의 처분이 있을 때까지 종전의 징계처분이나 징계부가금부과처분에 영향을 미치지 않는다(제14조 제6항). 소청결정에 따른 소청결정은 불이익변경금지의 원칙이 지배하므로, 원징계처분보다 더 중한 징계결정이나 징계부가금부과결정을 하지 못한다(제14조 제7항).

7) **징계권자의 재처분** - 소청심사위원회나 법원으로부터 징계처분 등의 무효 또는 취소의 결정이나 판결을 받은 경우에는 다시 징계의결 또는 징계부가금의결을 요구하여야 한다.

5. 행정소송

소청에 대한 불복으로 행정소송을 제기할 수 있다. 그러나 소청전치주의로서 소청을 거쳐야 행정소송을 제기할 수 있다.

소청위 결정에 불복이 있는 때는 위법사유에 한하여 소청심사결정서 정본을 송달받은 날로부터 90일 이내에 항고소송을 제기할 수 있다. 소송대상은 원처분주의에 따라 원징계처분을 대상으로 하여야 하고, 소청위의 결정에 고유한 위법이 있는 경우에만 소청결정이 대상이 될 수 있다.

행정소송의 피고는 처분청이 대통령이면 소속장관, 중앙선관위원장이면 중앙선관위 사무총장이 된다(제16조). 개별법에서는 처분청이 대법원장이면 법원행정처장, 국회의장이면 국회규칙이 정하는 소속기관의 장으로 규정하고 있다.

제 4 장

공물법

행정에서는 인적 요소인 공무원뿐만 아니라 물적 요소인 시설이나 물건 등이 국민 전체나 행정주체의 사용 등의 공적 목적에 제공되어 행정임무를 수행하기도 한다. 이러한 공공임무를 수행하는 물건을 '공물'이라 하여, 행정의 인적 요소인 공무원에 비견되어 행정의 물적 요소인 하나의 법제도로서 발전하게 된 것이 공물법이다. 공물은 공물로서의 제공, 그 사용관계, 공물의 폐지가 주로 문제된다.

제 4 장 공물법

제 1 절 전통적인 의미의 공물법

우리나라는 공물·공기업법을 전통적인 의미에서 '급부행정법'으로 보았으나 공물법을 특별행정법체계상 어디에 위치할 것인가에는 최근 논란이 있다.[1] 1) 전통적으로 Wolff/Bachof나 일본은 특별행정법을 행정조직법, 질서행정법과 급부행정법으로 나누면서 공물법을 '급부행정법'으로 보았으나(김남진, 김동희, 장태주), 2) 최근 공물/영조물/공기업을 '공적시설법'(홍정선, 박균성) 내지는 '공급행정'(박윤흔) 으로 따로 분류한다.

독일행정법에서 공물법은 일반행정법에서 설명하거나 공물법이 따로 존재하고, 공기업법은 크게 경제행정법에 속하고, 영조물법은 일반행정법에서만 언급된다. 따라서 바람직한 것은 행정조직법에 준하는 편제에서 공물법을 설명하고 공기업법은 경제행정법에서, 영조물은 일반행정법에서 상세하는 것이 법체계상 올바르다. 여기서는 행정조직의 물적 요소라는 점에서 행정조직법에 이어 다루기로 한다. 다만, 전통적인 급부행정의 내용을 간략하게 개설하기로 한다.

Ⅰ. 급부행정의 개념

1. 질서행정에서 급부행정으로의 행정의 발전

행정법은 근대국가 초기에는 주로 질서행정을 중심으로 발전하였으나 산업혁명이후의 도시화에 따라 자급자족경제가 해체되면서 국민의 생존배려(Daseinsvorsorge)를 위한 각종 공급행정, 사회복지행정 등을 중심으로 발전하였다.

특히 급부행정법은 행정법교과서에서는 Wolff/Bachof의 구분으로 시작하여, 다나까 지로(田中二郞)의 '급부행정론'에서 발전하였다. 그러나 현대행정법에서는 특별행정법의 대부분 정도의 차이를 제외하고는 같은 법분야내에서도 질서행정과 급부행정의 측면이 있다. 아울러 최근에는 민영화된 민간분야의 규제를 다루는 보증행정도 문제된다.

2. 급부행정의 개념

급부행정은 '행정주체가 적극적으로 공공복리를 증진하기 위하여 수행하는 수익적 행정활동'을 말한다. 이는 주로 사회기반시설 구축, 공공재의 제공, 개인적 혜택(사회복지, 사회부조, 보조금)으로 이루어진다. 다만 최근에는 급부행정이 민영화되면

1) 홍정선, 행정법원론(하), 489.

서 반드시 행정주체만이 제공하는 것은 아니고 사인이 제공하기도 한다.

Ⅱ. 종 류

1. 공급(배려)행정

공급행정(Vorsorgeverwaltung)은 '국민의 생존배려를 위하여 국민생활에 필수불가결한 공공재(전기, 가스, 수도, 근거리교통 등)를 공급하는 행정'이다. 우리나라는 대부분 공기업에 의하여 제공되거나 민영화되었다.

2. 사회보장행정

사회보장행정(Sozialverwaltung)은 '사회구성원의 개인적 건강과 문화적 생활의 확보하는 행정'이다. 사회보험(Sozialversicherung), 사회보상(Sozialvorsorgung), 사회부조(Sozialhilfe)가 있다.

3. 촉진(조성)행정

촉진행정(Förderungsverwaltung)은 국민의 개인적 생활·기업 등을 구조적으로 개선하려는 행정이다. 경제보조금법, 청소년정책 등이다.

Ⅲ. 급부행정의 기본원리

1. 사회국가의 원리

헌법상의 인간의 존엄과 가치·행복추구권 및 인간다운 생활을 할 권리, 사회권적 기본권 등의 사회정의를 실현하는 국가활동 등이 국가의 공적 서비스 제공을 통한 급부행정의 기본원리가 될 수 있다.

2. 행정의 법률적합성 원칙

급부행정에도 법률유보가 적용될 것인가에 대하여는 침해유보설에 따르면, 급부행정은 침해행정이 아니므로 법률의 유보가 필요하지 않다. 소수설인 사회유보설(급부행정유보설)에 따르면, 급부행정의 영역에도 법률유보가 필요하다고 본다. 전부유보설에 따를 경우에도 급부행정에 법률의 유보가 필요하다.

3. 평등의 원칙

급부행정에서의 평등의 원칙은 평등대우의 원칙을 말한다. 즉, 불공평한 수익의 금지나 평등한 분배의 제공을 말한다.

4. 보충성의 원칙

더 작은 사회집단에 의하여 수행하도록 해야 한다는 원칙이다. 이는 기본적 생활수단의 확보는 원칙적으로 사인이나 사적 공동체에 맡겨야 한다는 원리이다.

행정주체의 급부활동은 사적부문에 의한 생활수단의 확보가 어렵거나 그들에게 맡기는 것이 부적당한 경우에만 보충적으로 행하여야 한다. 최후에 공공의 손으로 시행하여야 한다.

5. 과잉급부금지의 원칙 (비례의 원칙)

급부행정의 내용과 정도는 구체적으로 개인의 생활관계 및 공익상 요구되는 적절한 범위내의 것이어야 한다. 과잉급부금지의 원칙은 행정권의 비대화, 일반세입자 부담의 가중시킬 수 있다.

6. 신뢰보호의 원칙

행정주체의 급부의 정당성과 존속에 대한 보호가치 있는 신뢰는 보호되어야 한다는 것이다.

제 2 절 공 물 법

제 1 항 공물의 개념

Ⅰ. 공물의 개념

1. 이론적 개념

전통적으로 공물은 '행정주체가 직접 행정목적에 제공한 개개의 유체물'로 보았다(김도창, 이상규, 윤세창, 석종현). 그러나 '물건'개념이 종래의 유체물외에 '무체물', '시설', '집합물'(물건의 집합체)로 확대되면서, 공물은 '행정주체에 의해 직접 행정목적에 제공된 물건'으로 넓게 본다.[2] 실정법에서는 '재산', '물품'(공유재산법)이라고도 한다.

광의설은 '국가 등의 행정주체가 행정활동을 위해 공용(供用)하는 모든 물건'으로 보아 간

2) 일부견해는 "관습법을 포함하여 법령이나 행정주체에 의하여 직접 공적 목적에 제공된 유체물과 무체물 및 물건의 집합체"로 정의하기도 한다(김남진, 류지태, 홍정선). 그러나 물건의 개념은 민법에 맡기는 것이 바람직하다.

접적인 행정목적에 기여하는 사물도 포함하고. 최협의설은 '직접 일반 공중의 사용에 제공된 물건', 즉 공공용물에 한정한다. 따라서 '행정주체에 의해 직접 공용목적에 제공된 물건'으로 보아 행정주체의 이용에 제공되는 공용물과 일반국민의 이용에 제공되는 공공용물을 포함하는 협의설이 정설이다. 이는 공물법의 범위를 설정하는 의미를 갖는다.

대법원 1995. 1. 24. **선고** 94다45302 **판결 【손해배상(자)】**
특정공공의 목적에 공여된 물이라 함은 **일반공중의 자유로운 사용에 직접적으로 제공되는 공공용물에 한하지 아니하고, 행정주체 자신의 사용에 제공되는 공용물도 포함하며 국 또는 지방자치단체가 소유권, 임차권 그 밖의 권한에 기하여 관리하고 있는 경우 뿐만 아니라 사실상의 관리를 하고 있는 경우도 포함한다**고 할 것이다.

공물은 1) 행정목적 내지 공익(국민전체나 행정주체의 이용)에 제공되어 2) 공법상 제한(규율)을 받는 것이 특징이다.

2. 실정법상 규정

공물에 대하여 실정법은 소유주체에 따라 크게 국유재산(국가)과 공유재산(지방자치단체)으로 구분한다. 국유재산은 "국가의 부담, 기부채납이나 법령 또는 조약에 따라 국가의 소유로 된 재산"을 말한다(국유재산법 제2조 제1호). 공유재산은 "지방자치단체의 부담, 기부채납이나 법령에 따라 지방자치단체 소유로 된 재산"을 말한다(공유재산법 제2조 제1호).

Ⅱ. 공물의 개념적 특징

1. 물건성

공물은 본질적으로 '물건'이다. 물건의 개념은 행정법에서 직접 정의하기도 보다는 민법상 개념을 원용한다. 공물은 물건인 물적 개념이므로 인적 집단인 사단이나 인적·물적 시설의 종합체인 영조물과도 구분된다, 재단과는 출연재산이라는 점에서 구분된다.

민법상 물건개념은 종전에는 '개개의 유체물'(körperliche Sachen)로 보았으나, 최근에는 "유체물 및 전기 기타 관리할 수 있는 자연력"으로 본다(제98조).[3] 그러므로 무체물이나 집합물도 포함된다. 따라서 공물을 "행정주체에 의하여 직접 공공목적에 제공되는 유체물과 관리가능한 무체물, 집합물, 공공시설"이라고도 정의한다(김남진, 장태주).

---

3) 독일처럼 「민법」 제98조의 물건개념이 공물에는 그대로 적용되지 않는다는 견해(홍정선)도 있으나, 우리나라는 독일과 달리 민법상 물건개념이 넓으므로 원용할 수 있다.

2. 공익성 (행정목적에 직접적인 제공)

공물은 행정목적인 '공익'에 제공되는 것이다. 즉, 물건을 통하여 행정목적을 수행하는 것이다. 다만, 공공복리(일반국민의 이용)에 제공되는 공공용물과 국가의 이익(행정주체의 이용)에 제공되는 공용물로 구분된다.

공물은 '직접' 행정목적에 제공되어야 한다(직접적인 제공). 행정목적에 간접적으로 기여하는 사물(일반재산)과는 구분된다. 간접적인 행정목적에 제공되면, 현금, 유가증권 등 일반재산으로 볼 수 있다. 판례상 공유수면은 재정재산(현재 일반재산)이 아니다(대판 1967.4.25, 67다131).

3. 행정주체에 의한 제공 (공용지정)

공물은 법령이나 행정주체가 제공하는 것이다(공용지정). 공물의 설정주체는 종전에는 '행정주체에 의한 제공'에 한정하였으나, 현재는 '법적인 제공'과 '행정주체에 의한 제공'이 가능하다고 보고 있다.

공물은 행정주체 등이 제공하는 것이므로 행정주체가 '관리주체'일 뿐, 반드시 행정주체 등이 소유권자이어야 하는 것은 아니다. 따라서 물건의 처분권을 전적으로 사인이 갖는 물건은 공공목적에 제공되어도 '공공지정'이 없으면 공물이 아니다.

Ⅲ. 공물의 종류

1. 이용목적(용도)에 따른 구분

공용물(公用物)은 '직접 행정주체(국가나 지방자치단체) 자신이 사용에 제공된 물건'이다. 국공유재산법상의 공용재산이다(제6조 제2항 제1호). 행정기관의 청사, 관청의 집기·비품 등이다. 공공용물(公共用物)은 '직접 일반 공중의 공동사용에 제공된 물건'이다. 국공유재산법상의 '공공용재산'이다(제2호). 도로, 하천, 해변 등이 있다. 공적보존물(보존공물)은 '공공목적상(문화, 보안) 물건자체를 보존하기 위한 물건'이다. 국공유재산법의 보존용재산으로(제4호) 국보, 지정문화재 등이 있다.

2. 성립과정에 따른 구별

자연공물은 '자연상태 그대로 원래부터 행정목적에 공용될 수 있는 실체를 가지는 공물'을 말한다. 이는 하천, 해변(빈지),[4] 하천부지, 공유수면(갯벌, 바다) 등이

---

4) 빈지는 만조수위선으로부터 지정공부에 등록된 지역까지의 사이를 말한다. 대판 1999.4.9, 98다34003.

속한다. 인공공물은 '행정주체에 의해 인공적인 노력이 가해지고, 그것이 공적 목적에 제공됨으로써 비로소 공물이 되는 것'이다. 예를 들면, 도로, 공원 등이 있다.

3. 소유권에 따른 구별

해당 공물의 소유권(자)에 따라서 국유공물(국가), 공유공물(지방자치단체), 사유공물(사인)로 구분할 수 있다.

> 국공유재산법상의 국·공유재산은 소유권은 국가나 지방자치단체에 귀속되는 물건(재산)이다. 그러나 국공유재산도 공공목적에 제공되지 않으면 공물이 아니다. 그러나 공물은 소유권의 귀속 여하에 관계없이 공용주체 및 관리주체와 공공목적에 따라 공물로 지정되고 사용되는 것이다.

4. 소유주체와 관리주체의 관계에 따라

자유공물은 행정주체가 소유하는 공물로, 관리주체와 소유주체의 일치하는 경우이다. 자주공물이라고도 한다. 타유공물은 '관리주체 이외의 자(사인)가 소유권을 가지는 공물'이다. 예를 들면, 국가가 사유지를 도로로 사용하는 경우이다.

5. 공물의 지정여부

이미 공물로 지정된 것은 '기성공물'이라 하고, '아직 공물로 지정되지 않았거나 공물로 실체를 갖추지 못한 물건'은 예정공물이라 한다(대판 1994.5.10, 93다23442). 법령에서는 공물지정예정인 물건을 규정하여 별도로 보호하기도 한다.[5] 예를 들면, 하천예정지(하천법 제11조), 도로예정지(구도로법 제7조) 등이다. 예정공물은 아직 공물은 아니나, 일정한 행위제한을 받는 등 공물에 준하기도 한다.

> **【판례해설】** 도로예정지는 도로로서의 도시계획시설결정 및 지적승인만 된 경우에는 공용개시행위가 없으므로 행정재산으로 볼 수 없으나(대판 1997.8.22, 96다10737), 도로구역의 결정·고시(공물지정행위)가 있었으나 도로의 형태는 갖추지 못한 예정공물은 행정재산에 준하므로 시효취득의 대상이 아니다(대판 1994.5.10, 93다23442). 판례는 종합운동장 예정부지이지만 지상에 아무 시설이 없고, 공용개시나 일반사용에 제공된 바가 없으므로 '공공의 영조물'로 보아 국가배상책임을 인정할 수는 없다고 보았다(대판 1995.1.24, 94다45302).

Ⅳ. 국공유재산법상 개념

국공유재산법에서는 국공유재산과 공유물품을 법적 정의한다. 우선 국유재산은 공용

---

5) 예정공물은 공물이 아니므로 공물법의 적용대상이 아니라고 보는 견해도 있으나, 이러한 견해도 공물법의 규정의 일부준용은 인정한다. 박균성, 강의, 2011, 1107쪽.

이나 공공용으로 사용되는 행정재산과 그 밖의 용도로 사용되는 일반재산으로 구분한다(국유 제6조, 공유 제5조). 아래에서는 위의 공물의 이용목적별 구분과 대비된다.

1. 행정재산

행정재산에는 공용재산, 공공용재산, 기업용재산이 속한다. 행정재산은 공용이나 공공용등에 제공되므로 매도나 시효취득의 대상이 아니다.

1) **공용재산** 공용재산은 "국가가 직접 사무용·사업용 또는 공무원의 주거용으로 사용하거나 대통령령으로 정하는 기한까지 사용하기로 결정한 재산"이다(국유 제6조 제2항 제1호). 공용물을 말한다.

2) **공공용재산** 공공용재산은 "국가가 직접 공공용으로 사용하거나 대통령령으로 정하는 기한까지 사용하기로 결정한 재산"이다(제2호). 공공용물을 말한다.

3) **기업용재산** 기업용재산은 "정부기업이 직접 사무용·사업용 또는 그 기업에 종사하는 직원의 주거용으로 사용하거나 대통령령으로 정하는 기한까지 사용하기로 결정한 재산"이다(제3호). 공용물의 범주에 속한다.

4) **보존용재산** 보존용재산은 "법령이나 그 밖의 필요에 따라 국가가 보존하는 재산"으로서 공적 보존물을 말한다(제4호).

2. 일반재산

일반재산은 "행정재산 외의 모든 국공유재산"을 말한다(국유 제6조 제3항). 이는 공적인 목적에 사용하도록 제공된 것이 아니므로 공물의 범주에서 벗어난다. 구법에서는 '잡종재산', '재정재산'이라고 하였다.

3. 물 품

한편 공유재산법에서는 국유재산법과 달리 공유재산외에도 물품으로 "지방자치단체가 소유하는 동산과 지방자치단체가 사용하기 위하여 보관하는 동산 중 현금, 유가증권, 공유재산을 제외한 동산"을 규정한다(공유 제2조 제2호).

Ⅴ. 공물관련법령

공물과 관련하여서 일반법으로는 「국유재산법」, 「국유재산특례제한법」, 「공유재산 및 물품관리법」 등이 있고, 개별법령으로는 「도로법」, 「하천법」, 「문화재보호법」, 「공유수면관리법」 등이 있다.

제2항 공물의 성립과 소멸

Ⅰ. 공물의 성립

1. 공물의 성립의 개념

공물의 성립은 '어떤 물건이 공물의 법적 지위를 취득하는 것'이다. 공물의 성립요건은 즉, 어떤 물건이 공물이 되기 위하여는 1) 그 물건에 대한 지배권(권언)을 공물주체가 확보하고 있어야 하고, 2) 법적으로 '공법상 이용에 제공된다는 의사표시'인 공용지정이 있어야 하고, 2) 사실적인 측면에서는 실제로 공물로서의 형체적 요소가 사실상 제공(tatsächliche Indienststellung) 되어야 한다. 이는 일정한 물건이 일반 공중의 사용에 제공될 수 있는 형체를 갖는 것을 말한다.

2. 공물의 성립요건

1) 물건에 대한 정당한 권원 확보

(1) 법 리 행정주체는 어떤 물건을 공용지정하기 전에 해당 물건에 대한 정당한 권리명의(Rechtstitel) 내지 권원이 있어야 한다. 처분권이라고도 한다(홍정선). 개인소유의 물건인 경우는 매수나 공용수용 등에 의하여 소유권을 취득하거나 지상권 등의 정당한 권원을 가지고 있거나 소유자의 동의가 있어야 한다.

정당한 권원없는 물건에 대한 공용지정(하자있는 공용지정)의 법적 효력에 대하여는 1) 전통적인 견해는 엄격한 법리적 해석에 근거하여 공용지정에 대한 권원이 없으므로 무효라고 본다(김도창, 이상규). 무효이면, 해당 물건은 원상회복, 손해배상, 부당이득반환이 문제된다. 2) 한편 공용지정의 하자도 하자의 일반이론을 적용하여 중대명백한 하자만 무효로 보고 나머지는 취소로 보자는 취소설이 있다(홍정선). 3) 판례는 공용지정의 하자에 대하여 기왕에 설정된 공물에는 사권을 행사할 수 없으므로 원상회복은 허용하지 않고 손해배상이나 부당이득반환청구만 인정할 뿐이다(대판 1968.10.22, 68다1317).[6] 4) 하자있는 공용지정의 법률효과는 지정요건 위반시는 하자의 일반이론으로 판단하고, 법규에 의한 공용지정시의 하자는 법규를 무효로 본다. 지정취소에 따른 토지의 반환청구나 손해배상청구가 가능하다.

(2) 실정법상 규정 (국공유재산의 취득) 실무에서는 국공유재산법에서 공물로 지정되기 전에 '국공유재산으로의 취득'을 규정한다. 국공유재산의 취득은 '국가나 지방자치단체의 부담, 기부채납, 법령 또는 조약에 따라 소유권 취득(제2조 제

6) 즉, 권원없이 사인의 토지를 도로부지로 도로로 편입사용하는 경우에는 손해배상청구만 인정하고 원상회복은 불가하다고 본다.

1호), 소유자없는 부동산(무주물)의 취득(제12조 제1항) 등에 의한 취득'을 말한다. 국가와 지방자치단체가 국공유재산을 각기 취득한 경우에는 이를 지체없이 등기, 등록, 명의개서, 그 밖에 권리보전에 필요한 조치를 하여야 한다(국유 제14조). 다만, 사권이 설정된 재산은 판결에 따라 취득하는 경우를 제외하고는 사권의 소멸전에는 국공유재산으로 취득하지 못한다고 규정하고 있다(국유 제11조, 공유 제8조, 대판 1997.5.23, 95다46654, 46661).

기부채납은 "국가외의 자가 국공유재산의 범위에 속하는 재산의 소유권을 무상으로 국가에 이전하여 국가나 지방자치단체가 이를 취득하는 것"을 말한다(국유 제2조 제2호, 공유 제2조 제3호). 사인 등이 무상헌납하는 경우이다. 주로 건축사업을 하면서 해당 지구내의 공공용지를 기부채납하는 경우이다.

2) **사실상 제공** (사실상 사용 지위의 취득)

공물이 성립하기 위하여서는 물건이 형체적 요소를 갖추어 공적 이용에 사용될 수 있도록 사실상 제공(사실상 사용지위의 취득)되어야 한다. 물건의 사실상 사용할 수 있는 상태는 자연적으로 형성되는 자연공물 뿐만 아니라 인공적인 시설이 필요한 인공공물에서도 중요하다. 사실상 제공의 법적 성질은 사실행위이다. 그러나 '사실상 사용지위'의 취득전에는 공용지정이 유동적 무효상태에 있다고 보아야 할 것이다.

3) **공용지정** (공용개시행위)

(1) 원 칙 공물이 성립하기 위하여서는 원칙적으로 '특정 물건이 공법상 이용에 제공된다는 법적 의사표시'인 공용지정행위(Widmung)가 있어야 한다. '공용개시행위'라고도 한다.7)

공용지정은 '특정한 물건을 특별한 공법적인 이용질서에 제공하는 공법상의 행위'이다. 공물주체는 공용지정으로 공물의 법적 지위와 내용, 이용범위 등을 정한다. 이는 행정행위의 일종이다. 판례는 공용개시를 법령에 의하여 지정되거나 행정처분으로 결정하거나 또는 행정재산으로 실제 사용하는 경우로 본다(대판 1969.7.8, **69다418, 419, 420**).

대법원 1969. 7. 8. 선고 69다418, 419, 420 판결 【소유권이전등기등】
행정재산으로 됨에는 (1) 법령의 규정에 의하여 지정되는 경우 (2) 행정처분으로 행정재산(공공용, 공용 또는 기업용 재산)으로 사용하기로 결정한 경우 (3) 행정재산으로 실제 사용하는 경우의 어느 하나에 해당하면 되는 것이다.

공용지정은 1) 물건이 제공해야 하는 공적인 목적을 규정하고, 2) 행정주체에게 공물에 대한 관리권을 부여하고, 3) 물건의 가능한 이용범위를 규율하는 기능

7) 엄격하게 구분하면, 공용지정과 형태적 요소의 사실상 제공이 있어야 공용개시되는 것이므로 공용지정과 공용개시는 다르다.

을 한다(장태주).

(2) 법적 성질

공용지정은 공물에 대한 개인의 재산권을 제한하므로 직접 법령에 의하여 지정되거나 법령에 근거한 행정행위로 행해진다.

가. 법령에 의한 공용지정 어떤 물건이 법령이 정하는 요건을 충족하는 경우에 특별한 공법상 지위를 취득하게 되는 경우를 말한다. 법령에는 법률, 법규명령, 조례, 관습법도 포함된다. 단, 관습법에는 이견이 있으나, 자연공물의 경우에는 가능하다고 본다.

나. 행정행위에 의한 공용지정 법적 성질은 물적 행정행위이고, 불특정 다수인에게 효력이 미치므로 일반처분의 성질을 갖는다. 묵시적 행정행위에 의한 공용지정도 가능하다. 도로의 경우에는 도로구역의 결정고시를 공용지정으로 본다.

3. 공물의 종류별 성립요건 검토

1) **공용물** 공공용물이나 공적보존물은 일반인의 이용에 제공되는 것이므로 물건의 형체적 요소를 갖춰 사실상 제공하는 것 외에 법적인 공용지정행위가 필요하다. 그러나 행정주체의 사용에 제공되는 공용물은 외견상 쉽게 구별되므로 형체적 요소의 사실상 제공만으로 공물이 성립하므로 별도의 공용지정은 필요하지 않는다고 본다(판례). 그러나 이에 대하여 묵시적이라도 법적인 공용지정이 필요하다는 견해가 있다(홍정선).

2) **인공공물과 자연공물** 공공용물인 인공공물은 물건이 형체적 요소를 갖춘 것만으로는 공물이 될 수 없고 공용지정을 통한 공용개시행위가 필요하다. 물론 인공공물은 공용지정을 위하여는 인공의 형체적 요소(사실상의 사용지위)가 있어야 한다. 예를 들면, 도로법 제25조의 도로구역의 결정·고시이후 도로공사가 시행되어야 한다.

자연공물은 이미 자연적 상태에서 공공용(일반공중의 사용)에 제공되므로 행정의 공용지정이 없더라도 당연히 공물이 성립한다고 볼 수 있다. 자연공물의 공공지정여부에 대하여 1) 자연공물은 자연상태로 공물로서의 성격을 가지므로 별도의 공용지정이 불필요하다고 본다(김도창, 박윤흔, 김동희, 박균성, 대판 1985.6.25, 84다카178). 이는 행정행위에 의한 공용지정만 인정하는 견해이다. 2) 자연공물도 법규에 의한 공용지정을 필요로 한다는 견해도 있다(이상규, 김남진, 석종현, 장태주, 홍정선, 대법원 1997.4.11, 95다18017). 이때 명시적 또는 묵시적 공용지정이 필요하다고 본다(홍정선). 3) 판례는 자연공물이라도 '하천'(대판 1999.5.25, 98다62046)이나 '하천구역'(대판 2010.3.25, 2009다97062)은 공용지정이 되어야 하나 '하천부지'(대판 2007.6.1, 2005도7523)는 공용지정이 없이도 당연히 공물로서 성립한다고 본다.

Ⅱ. 공물의 변경

공물의 변경은 '공물의 성질을 유지하면서 그 법적 상태나 지위만을 변경하는 것'이다. 용도변경, 등급변경, 부분공용폐지, 관리전환 등이 있다.

국공유재산법상 용도변경은 국공유재산의 용도의 변경, 폐지, 관리전환, 총괄청에의 인계 등이다(국유 제22조, 공유 제11조). 그러나 용도변경을 통하여 행정재산에서 일반재산이 되면, 공물변경이 아니라 '공물폐지'라는 점에 주의하여야 한다.

등급변경은 공물의 등급을 변경하는 것이다. 예컨대, 교통상 중요도의 변경에 따라 도로의 종류·등급을 올리거나 내리는 것이다. 공용지정과 법적 성질이 같다.

부분공용폐지는 사용의 종류, 목적, 범위와 관련하여 공물의 보통사용을 사후에 제한하는 것이다. 예는 보행자전용구역을 조성하기 위하여 자동차운행을 제한·배제하는 것이다.

국공유재산법상 관리전환은 "일반회계와 특별회계·기금 간 또는 서로 다른 특별회계·기금 간에 국유재산의 관리권을 넘기는 것"이다(국유 제2조 제5호).

Ⅲ. 공물의 소멸

1. 공물의 소멸의 개념

공물의 소멸은 '공물이 더 이상이 행정목적에 제공될 수 없거나 법적으로 공물에서 해지되어 공물의 법적 지위를 잃는 것'을 말한다. 즉, 물건으로서 형체가 없어져서 더 이상 사용될 수 없거나 공물(지정)을 폐지하는 법적 행위에 의하여 소멸된다.

공물이 소멸되는 경우는 1) 사실상 공물이 물건의 형체적 요소가 멸실되어 공물의 성질을 상실하거나, 2) 법적으로 공물주체의 공용폐지(공법상 제한의 해제)로써 공물에서 해지되어 사권을 회복하는 것을 말한다. 일반적으로 공물의 형체적 요소가 멸실된 경우에는 행정청은 공용폐지를 하게 된다.

2. 공물의 소멸의 요건

1) 형태적 요소의 멸실

공물은 형태적 요소의 멸실로 사실상 공익목적에 제공될 수 없게 된 경우에는 공물의 성질을 상실할 수 있다. 형태적 요소의 멸실은 '사회통념상 복원이 불가능한 경우'를 말한다. 다만, 공물의 지정용도에 따라서 물건의 '형체적 요소의 멸실' 만으로도 공물의 법적 지위가 상실하느냐 여부가 문제된다. 나아가 공물로서의 지위를 상실하면, 공법상 제한이 없어지므로 사권의 대상(시효취득 등)이 되므로 논란이 있다.

2) 공용폐지

(1) 개 념 공용폐지는 '공물의 법적 지위를 해지하는 행위'이다. 형식은 해당 공물의 공용지정을 따른다. 다만, 공용폐지여부에 대한 입증책임은 주장하는 자가 부담한다. 공용폐지는 '당해 물건의 공적 목적에의 공용을 폐지하려는 행정주체의 의사표시'로서, 행정행위이나 법령으로도 가능하다. 다만, 본래의 용도로 사용하고 있지 않다 하더라도 공용폐지가 없으면, 그 물건은 여전히 법적으로 공물이다(대판 1997.8.22, 96다10737).

(2) 요 건 공물은 공용폐지로 공물의 성질을 상실하는데, 공용폐지의 요건은 지정한 공공목적의 상실(부존재), 공익적 근거에 공용폐지의 요구 등이다.

(3) 묵시적 공용폐지 공용폐지는 명시적뿐만 아니라 묵시적으로 행해질 수 있다. 그러나 판례는 공물(행정재산)이 사실상 본래의 용도에 제공(사용)되지 있지 않다는 사실만으로 공용폐지(용도폐지)의 의사표시가 있었다고 볼 수 없다고 본다(대판 1982.12.14, 80다236).

3. 공물의 유형에 따른 공물의 소멸

1) 공공용물

공공용물도 공물주체의 공용폐지로 소멸한다. 다만, 공공용물은 일반인의 이용에 제공되므로 그 형체를 상실하면, 공물로서 소멸하는가가 문제된다.

(1) 자연공물 자연공물은 '형태적 요소'가 중요한 요건인바, 형태적 요소의 멸실 외에 별도의 공용폐지가 필요한가에 대하여 1) 다수설은 형체적 요소의 멸실만으로 공물로서의 성질을 상실한다고 보고(홍정선, 박균성), 2) 소수견해는 묵시적이라도 공용폐지의사가 필요하다고 본다(장태주). 3) 판례는 자연공물도 형태적 요소의 멸실 외에 공용폐지의 의사표시가 있어야 한다고 본다(대판 2009.12.10, 2006다87538). 물론 묵시적으로도 가능하다고 본다(대판 1998.11.10, 98다42974). 따라서 자연공물은 공용폐지(용도폐지)가 없으면 공물의 성질을 상실하지 않으므로 일반재산(구 잡종재산, 재정재산)이 아니고(대판 1967.4.25, 67다131), 따라서 매도나 시효취득의 대상도 아니다. 4) 자연공물은 형태적 요소로 비록 공물의 성질을 인정받지만, 묵시적이라도 공용폐지가 있어야만 공물의 성질을 잃는다고 보아야 할 것이다.

대법원 2009.12.10. 선고 2006다87538 판결【소유권이전등기】
공유수면으로서 **자연공물인 바다의 일부가 매립에 의하여 토지로 변경된 경우에 다른 공물과 마찬가지로 공용폐지가 가능하다고 할 것이며,** 이 경우 공용폐지의 의사표시는 명시적 의사표시뿐만 아니라 묵시적 의사표시도 무방하다(대법원 1995.11.14. 선고 94다42877 판결, 대법원 1996.5.28. 선고 95다52383 판결, 대법원 2000.1.21. 선고 99다48863 판결 등 참조). 공물의 공용폐지에 관하여 **국가의 묵시적인 의사표시가 있다고 인정되려면 공물이 사실상 본래의 용도에 사용되고 있지 않다거나 행정주체가 점유를 상실하였다는 정도의 사정만으로는 부족하고**(대법원 1999.1.15. 선고 98다49548 판결, 대법원 2000.1.21. 선고 99다48863 판결, 대법원 2003.10.9. 선고 2003다29890 판결 등 참조), **주위의 사정을 종합하여 객관적으로 공용폐지 의사의 존재가 추단될 수 있어야 할 것이다.**

(2) 인공공물 　인공공물도 형체적 요소의 멸실[8)]이 공물의 절대적인 소멸사유인가에 대하여 1) 긍정설은 공물은 형체가 있어야 공용되므로 당연소멸사유라고 보고(석종현, 이상규, 장태주, 홍정선, 박균성), 2) 제한적 긍정설은 자연공물은 형체의 멸실로 당연상실하지만, 인공공물은 단지 공용폐지의 사유일 뿐 공물의 소멸사유는 아니라고 본다(김도창, 박윤흔, 김동희). 3) 판례는 공물(학교 관사)이 형태적 요소를 상실하여 공용되지 않더라도 최소한 묵시적 공용폐지의 의사표시는 있어야 한다고 본다(대판 1999.7.23, 99다15924).[9)] 4) 인공공물은 형태적 요소의 멸실만으로 절대적 소멸사유로 볼 수 없고 공용폐지를 원칙으로 하되, 묵시적 공용폐지도 허용하는 것으로 보아야 할 것이다.

2) 공용물

공용물에 대하여 1) 다수설은 형체적 요소의 소멸이나 행정주체의 사실상 사용의 폐지로 공물의 지위가 소멸하므로 별도의 공용폐지를 요하지 않는다고 본다(김도창, 이상규, 박윤흔, 석종현, 홍정선, 박균성). 2) 소수설은 묵시적 공용폐지를 인정하는 입장에서는 공용물도 공용폐지가 필요하다고 본다(류지태). 3) 판례는 묵시적 공용폐지가 있어야 한다는 입장이나(대판 1994.3.22, 93다56220), '공용인 본래의 용도에 사용되지 않는다는 사실'을 묵시적 공용폐지(용도변경)의 의사표시가 있었다고 볼 수 있는가에는 의견이 갈린다(다수판례는 인정하지 않는다). 4) 공용물의 경우에도 원칙적으로 공용폐지가 있어야 하며, 예외적으로 묵시적인 공용폐지도 허용된다.

3) 보존공물

보존공물은 원칙적으로 행정주체의 지정해제행위로 공물의 지위가 소멸된다. 예를 들면, 문화재에는 보존공물지정해제행위가 필요하다(문화재보호법 제12조).

---

8) 이때 '형체적 요소의 상실'은 당연히 '복원이 불가능한 정도'를 대상으로 한다.
9) 대판 1998.11.10, 98다42974는 인공공물이 아니라 자연공물에 관한 내용이다.

다만, 보존공물의 형체적 요소의 멸실시에는 1) 긍정설은 지정해제행위의 '당연소멸사유'로 보아 보존공물의 성질이 당연상실하므로, 별도의 지정해제행위는 단지 확인행위에 불과하다고 보고(이상규, 김남진, 석종현, 홍정선), 2) 부정설은 형체적 요소의 상실은 단지 해제사유일 뿐, 당연소멸은 아니므로 묵시적이라도 공용폐지가 필요하다고 본다(김도창, 박윤흔, 박균성).

제3항 공물의 법적 특색

Ⅰ. 개 설

어떤 물건이 공물로 지정되면, 공물로서의 법적 지위를 가진다. 이 때 행정목적을 달성하기 위하여 공법상 제한을 하는 공법상 규율을 하게 된다. 따라서 공물에 적용되는 공법상 규율의 특색에 의하여 종래 물건에 적용되는 사법과의 관계가 문제된다.

Ⅱ. 공물의 소유권 (사법과의 관계)

어떠한 물건이 공익을 위하여 공물로 지정된 경우에 누구의 소유로 보아 어떠한 공법상규율을 할 것인가의 문제이다. 1) 공소유권을 인정한다면, 사법상 권리의 설정이 불가능하고, 2) 사소유권을 인정한다면, 단지 공법상 제한만이 부과되어 사법상 권리, 즉 사권(특히 소유권)와의 병존이 문제될 것이다.

1) 공소유권설 - 전통적으로 공물의 소유권을 반드시 행정주체(국가나 공공단체)가 가져야 한다고 보았고, 현재에도 공물에 대하여 사유재산권(사물)에 대비되는 공법상 지배권을 가지므로 공법의 영역에 속하여 공소유권의 대상이라고 본다. 따라서 사법이 적용되지 않으므로 사권이 성립되지 않는다고 본다. 2) 사소유권설 - 공물은 국가등이 공물관리권만 가지면 되고, 소유권은 비록 사인 등이 가지더라도 관계없다고 본다. 따라서 공물이 지정되면, 공법상 제한을 받는 한도에서 개인의 소유권이 제한될 뿐이라고 본다(홍정선). 3) 공물의 소유권문제는 입법자의 선택에 달린 입법정책의 문제이다(홍정선, 박균성). 현행법은 하천은 국유로 한다고 규정하므로 사권이 설정될 수 없어서 공소유권이고(하천법 제7조), 도로는 사권설정이 가능하므로 사소유권이 가능하다(도로법 제3조). 다수설은 사소유권설이다.

Ⅲ. 공법상 제한 (공물제한)

공물로 지정되어 공물이 성립하면, 종래의 사법상 권리행사에 대하여 다음과 같은 공법상 제한이 생긴다.

1. 사권의 제한 (융통성의 제한)

공물로서 공적 목적에 제공되므로 일반인이나 행정에 안정적으로 제공되기 위하여는 법령에 의하여 사법상 매매 등의 사적 거래를 제한하거나 사권설정 등의 융통성의 제한을 하는 것이다(국유 제11조 제2항, 공유 제27조). 따라서 공법상 제한으로서 사법상의 사권 설정이 제한되므로 처분을 제한하는 경우도 있고, 사용이나 수익을 제한하는 경우도 있다.

1) **공물의 처분권(융통성) 제한** 공물로 지정되면, 종래의 사법상 소유권에 따른 처분권(융통성)이 제한되어 사적 거래가 제한될 수 있다. 1) 법령이 사법상 권리의 설정을 절대적 금지하는 절대적 제한을 할 수 있다. 이 경우에는 공물에 대한 개인 소유권에 따른 처분, 사용, 수익이 전부 금지된다. 국유재산법상의 행정재산이다. 2) 일부제한(행위제한)으로 사권설정(소유권이전, 저당권 설정)은 가능하지만, 이를 행사하여 사용·수익할 수 없는 경우이다(도로부지, 하천부지 등, 대판 1966.7.26, 65다2105; 1968.10.22, 68다1317). 이는 사권설정이 허용되나, 공물목적달성에 지장을 줄 우려가 있는 일정한 행위를 제한하는 것이다. 3) 신고주의는 공물에 사권을 설정할 수 있지만, 소유권변동시에는 행정청에 대한 보고의무를 부과하는 경우이다. 예는 지정문화재이다(문화재법 제40조).

2) **공물의 사용·수익의 제한** 공물의 이용을 위하여 개인소유권자에게 법령에 따라 해당 공물에 대한 사용과 수익을 제한할 수 있다. 법령이 상대적 제한방식으로 사권설정은 금지하지만, 공물의 지정목적에 지장 없는 한도에서 사용·수익을 인정한다. 따라서 처분이 금지된 행정재산도 법령에 따라서 사용·수익할 수 있다(국유 제7조 제1항). 예를 들면, 사인이 소유할 수 있는 도로부지는 소유권의 이전, 저당권은 설정될 수 있지만, 도로의 이용에 방해가 되는 사용과 수익 등의 사권행사는 금지된다.

2. 강제집행의 제한

공물이 민사집행법상 강제집행의 대상이 되느냐의 문제이다. 강제집행여부는 주로 물건의 융통성여부로 판단하는데, 1) 부정설은 공물의 불융통성을 강조하여 강제집행이 불가능하다고 보고, 2) 긍정설은 공물의 재산권적 성격을 강조하여 강제집행을 허용하고, 3) 제한적 긍정설(통설)은 원칙적으로 강제집행이 가능하지만 강제집행으로 취득한 자는 여전히 공물로서의 제한(계속 공적 목적에 공용할 부담)을 진다고 본다. 4) 공물은 소유권자에 따라 사유공물은 강제집행이 가능하나, 국유공물은 국가에 대한 강제집행은 국고금의 압류에 한정되므로(민사집행법 제192조) 부정된다(홍정선). 강제집행이 인정되는 경우에도 강제집행이후에 여전히 공물상 제한은 존속한다는 점에 주의하여야 한다.

3. 시효취득의 제한

민법은 부동산에 대하여 원칙적으로 점유에 의한 시효취득을 인정한다(제245조).[10] 그러나 공적인 이용에 제공되는 공물에도 시효취득을 인정할 것인가의 문제이다. 현행법은 행정재산에는 시효취득을 인정하지 않는다(국유 제7조 제2항, 공유 제5조 제6항). 물론 사유공물은 시효취득이 가능하지만, 공법상 제한은 지속된다.

공물에 대한 시효취득에 대하여 1) 부정설은 공물은 공용폐지가 없는 한, 시효취득의 대상이 아니라고 본다(김동희, 홍정선, 류지태, 정하중). 2) 제한적 시효취득설(공물부담부시효취득설)은 공물에 융통성이 인정되는 한도에서 제한적으로 시효취득을 인정한다(김도창). 3) 완전시효취득설은 사적 목적으로 점유시, 관리자가 방치하였다면 묵시적인 공용폐지의 대상일 수 있다고 본다(이상규, 박윤흔, 석종현). 4) 판례는 종래 모든 국유재산의 시효취득을 금지한 국유재산법중에 일반재산(구 잡종재산)에 시효취득을 금지한 법률규정을 평등원칙과 과잉금지의 원칙 등을 이유로 위헌이라고 보았다(헌재 1991. 5.13, 89헌가97[국유 제5조 제2항]; 1992.10.1, 92헌가6·7병합[지재법 제74조 제2항]). 현행법(국유 제7조 제2항, 공유 제6조 제2항)은 행정재산만 시효취득의 대상이 아니라고 보고 판례도 행정재산의 시효취득은 부정한다(대판 1983.6.14, 83다카181;1968.8.3, 68다1198; 1976. 9.28, 76다1127). 다만, 매각되거나 관리청이 관리하지 않거나 공용목적에 사용되지 않았던 경우에는 묵시적 공용폐지된 것으로 보는 지에는 판례가 갈린다(인정 대판 1999. 7.23, 99다15924, 불인정 대판 1995.12.22, 95다19478). 심지어는 잡종재산일 당시에 취득시효가 완성되어도 행정재산으로 된 경우에는 소유권이전등기를 청구할 수 없다고 본다(대판 1997.11.14, 96다10782). 5) 법령은 공물(행정재산)은 민법 제245조에도 불구하고 이미 시효취득의 대상이 아니라고 규정한다(국유 제6조 제2항, 공유 제7조 제2항). 이는 판례가 국유재산중 잡종재산(현 일반재산)에 대한 시효취득배제규정의 위헌결정을 반영한 것이다.

헌법재판소 1991. 5. 13, 89**헌가**97 **전원재판부 【국유재산법 제5조 제2항에 관한 위헌심판】**
[결정요지] 국유잡종재산은 사경제적 거래의 대상으로서 사적 자치의 원칙이 지배되고 있으므로 시효제도의 적용에 있어서도 동일하게 보아야 하고, 국유잡종재산에 대한 시효취득

---

10) 「민법」 제245조 (점유로 인한 부동산소유권의 취득기간) ① 20년간 소유의 의사로 평온, 공연하게 부동산을 점유하는 자는 등기함으로써 그 소유권을 취득한다. ②부동산의 소유자로 등기한 자가 10년간 소유의 의사로 평온, 공연하게 선의이며 과실없이 그 부동산을 점유한 때에는 소유권을 취득한다.

을 부인하는 동규정은 합리적 근거없이 국가만을 우대하는 불평등한 규정으로서 헌법상의 평등의 원칙과 사유재산권 보장의 이념 및 과잉금지의 원칙에 반한다.

4. 공용수용의 제한

이미 공적 이용에 제공되는 공물자체도 공공의 필요에 의한 공용수용의 대상이 될 수 있는가에 대하여 1) 부정설은 공토법[11]을 근거로 공물은 공익목적에 제공되고 있으므로 공물에 대한 공용수용은 불가능하다고 본다. 다만, 특별한 경우에는 먼저 해당 공물을 공용폐지후 공용수용해야 한다고 본다(김동희, 홍정선, 정하중, 박균성). 2) 제한적 긍정설은 동법은 공물에 대한 공용수용을 원칙적으로 허용하지 않으나, 더 큰 공익을 위하여서는(특별한 규정이 있는 경우) 예외적으로 허용한다고 본다(김철용, 박윤흔, 장태주). 3) 판례는 구 토지수용법상 공용폐지가 없어도 공용수용이 가능하다는 규정에 따라 제한적 긍정설을 취한다(대법원 1996.4.26, 95누13241; 2000.10.13, 99두653). 4) 일부법령에서 공용수용의 경우에 공물관리청과 협의만을 규정할 뿐, 이는 자문에 불과하고 공용수용할 수 있다고 보는 것은 공물의 지정목적에 배치되는 것이므로 공용폐지후 공용수용하는 것이 법리에 맞다.

5. 공물의 범위결정·경계사정

공물의 범위 및 경계확정은 공물관리청이 공용지정시에 결정한다. 하천구역지정(하천법 제8조 제1항), 도로구역의 인정·고시(도로법 제25조), 공원구역의 지정·고시(자연공원법 제6조, 제7조) 등이 있다. 이러한 범위결정 등의 행위는 공물관리권에 따른 확인적 행정행위로써 공물범위의 확인효를 가진다. 이에 대한 불복은 행정쟁송절차에 따른다.

6. 그 밖의 문제

1) **국가배상책임** - 공물의 설치나 관리에 하자에 대하여는 국가 등이 배상책임은 진다(국가배상법 제5조).

2) **상린관계** - 공물은 법률상 규정에 따라 인접지역·인접주민의 이용을 제한할 수 있다. 예는 접도구역(도로법), 철도노선인접지역(철도법), 연안구역(하천법) 등이 있다. 다만, 특별한 규정이 없는 경우에는 민법상 상린관계 규정을 준용한다.

3) **공물의 등기** - 등기된 토지가 하천부지로 편입된 경우 지체없이 토지등기를 말소해야 한다(부등법 제114조 제1항). 공물은 특별규정이 없는 경우는 부동산등기법에 따라 등기한다. 등기시 국유공물은 권리자 명칭은 국가, 관리청(소관중앙관서)의 명칭도 함께 기재한다. 판례는 소유이전등기를 거치지 않으면, 지방자치단체 소유의 공공

---

11) 「공토법」 제19조 (토지등의 수용 또는 사용) ② 공익사업에 수용되거나 사용되고 있는 토지등은 특별히 필요한 경우가 아니면 다른 공익사업을 위하여 수용하거나 사용할 수 없다.

용물이라고 볼 수 없다고 본다(대판 1992.11.24, 92다26574).

제4항 공물의 관리와 공물경찰

☞ '행정주체가 지정한 공물 자체에 대한 관리'는 공물관리권이고, '공물에 의한 공공의 안녕과 공공의 질서에 대한 위험을 방지하기 위한 작용'은 공물경찰이라고 하여 양자를 구분한다(홍정선). 구분하는 이유는 공물관리권은 '공물이 설정된 행정목적의 달성'이고, 공물경찰은 '공공에 대한 위험방지'를 목적으로 하기 때문이다.

I. 공물의 관리

1. 개 념

공물의 관리는 적극적으로는 공물의 지정목적을 달성하기 위하여 또는 소극적으로는 공물의 이용에 대한 방해행위를 제거하는 등의 관리작용을 말한다. 이러한 공물의 목적달성을 위한 행정작용을 공물관리권이라고 한다.

2. 공물관리권의 근거와 법적 성질

공물관리권은 국공유재산법(국유 제8조)과 해당 공물을 규율하는 법률에 근거한다. 공물관리권은 공물을 유지·관리하기 위한 공법상 물권적 지배권으로 본다.

공물관리권의 법적 성질에 대하여 1) 공소유권설은 공물관리권은 공소유권 자체에서 나온다고 보고, 2) 공법상 물권적 지배권설은 공물의 소유권과 상관없이 공물관리권은 공적 목적의 달성을 위하여 소유권에 일정한 제한을 가할 수 있는 일종의 공법적 권한에 속하는 물권적 지배권이라고 본다. 3) 판례는 도로부지의 소유권여부와 상관없이 도로의 무단점용자에 대하여 관리청이 변상금을 부과할 수 있다고 보아(대판 2005.11.25, 2003두7194), 공법상 물권적 지배권설을 취한다. 4) 공물은 사유공물도 있으므로 소유권여부에 상관없이 공물의 유지관리를 위한 것이므로 공법상 물권적 지배권설로 보는 것이 타당하다. 통설이다.

3. 주체와 형식

공물관리권의 주체, 즉 공물관리자는 원칙적으로 공물주체인 국가나 지방자치단체가 된다. 물론 공물관리자는 '공물관리청'을 지정하여 위임·위탁할 수 있다. 공물관리의 효율성을 위하여 사인에게 민간위탁도 가능하다. 공물관리권은 법령, 공물관리규칙, 처분, 사법상 계약, 사실행위 등으로 다양하게 행해질 수 있다.

실무에서는 국유재산은 총괄청인 기획재정부가 사무를 총괄하고, 중앙관서의 장이

관리청으로 관리·처분하고[12], 공유재산은 해당 지방자치단체가 관리·처분한다.

4. 공물관리권의 내용

공물관리권은 법령이나 자치입법으로 정해지나 다음을 주요 내용으로 한다.

1) 공물의 범위·경계의 확정행위(도로구역이나 하천구역의 지정), 2) 공물의 유지·수선·보수·신설 등의 관리행위, 3) 공물의 유지·개선을 위해 주변거주자 등에 대하여 공용부담을 명하는 행위, 4) 공물을 일반에게 제공하거나 그 사용허가 또는 점용허가 등을 설정하는 행위, 5) 도로의 보전을 위해 통행을 금지하는 것과 같이 공물의 목적을 저해하는 행위에 대한 방지·제거행위, 6) 공물이용에 따른 사용료, 가산금, 변상금 등의 부과와 징수[13] 등이다.

공물은 관리계획으로서 국유재산은 국유재산종합계획(제9조), 공유재산은 관리계획(제10조)을 수립하여 각각 국회에 제출하거나 지방의회의 의결을 받아야 한다.

5. 비용부담

공물관리비용은 원칙적으로 공물관리권을 가진 행정주체(공물관리청)가 부담한다. 단, 법률규정에 따라 국가가 지방자치단체나 사인에 부담시키거나, 이해관계인에게 전부 또는 일부를 부담시킬 수 있다(도로법 제69조, 하천법 제59조).

공물이용과정에서 설치·관리상의 하자로 손해가 발생한 경우에는 공물관리자(사무귀속주체)인 국가나 지방자치단체에서 손해배상책임을 진다(국배법 제5조). 물론 공물관리자와 비용부담자가 다른 경우에는 같이 배상책임이 있다.

공물의 설치나 관리를 위하여 사인의 재산권을 침해한 경우에는 손실보상의 책임을 진다(도로법 제92조, 제93조, 하천법 제76조 제78조). 따라서 하천구역의 결정 등으로 구역내의 토지소유자에게 매수청구권을 인정한다(제79조 제1항).

---

12) 「국유재산법」 제8조 (국유재산 사무의 총괄과 관리) ① 총괄청은 국유재산에 관한 사무를 총괄하고 그 국유재산(제3항에 따라 중앙관서의 장이 관리·처분하는 국유재산은 제외한다)을 관리·처분한다. ③ 중앙관서의 장은 「국가재정법」 제4조에 따라 설치된 특별회계 및 같은 법 제5조에 따라 설치된 기금에 속하는 국유재산과 제40조 제2항 각 호에 따른 재산을 관리·처분한다.

13) 한편 공물관리주체는 행정재산의 사용허가시 5년의 허가기간동안 매년 사용료를 징수할 수 있다(국유 제32조, 제35조). 공물의 관리를 소홀히 한 사용허가자에게 가산금도 징수할 수 있다(국유 제39조).

Ⅱ. 공물경찰

1. 개 념

공물경찰은 '공물의 안전이나 사용관계에서 공공의 안녕과 공공질서에 대한 위해를 방지하는 작용'이다. 이는 경찰권의 대상이 된다. 예를 들면, 도로사용의 일시적인 금지나 제한하는 작용이다.

2. 공물관리권과 공물경찰권의 구별

1) **목 적** 공물관리권은 '공물의 공용목적 달성'이라는 적극목적에 기여하나, 공물경찰권은 '공물의 안녕과 질서유지'라는 소극목적에 기여한다.

2) **법적 근거** 공물관리권은 공물이 갖는 공법상 물권적 지배권에 근거하나, 공물경찰권은 일반통치권에 근거하여 공공의 안녕과 질서유지에 대한 위험방지작용이다.

3) **발동의 범위** 공물관리권은 공물의 계속적이고 독점적인 사용권의 설정이나, 공물경찰권은 위해방지를 위한 일시적인 금지나 제한을 하는 것이다.

4) **위반에 대한 제재** 공물관리권의 위반시 이용관계로부터 배제하고, 단 법령의 근거시만 행정법상 제재가 가능하지만, 공물경찰권의 의무위반은 행정벌이나 행정상 강제집행이 가능하다.

3. 공물관리권과 공물경찰권과의 관계

공물관리권과 공물경찰권이 동일 공물상에서 공물의 보존과 위해방지가 동일 사건에서 발생하는 경우에 중복될 수 있다. 예를 들면, 고속도로에서 관리청인 도로공사와 교통경찰이 같이 활동하는 경우이다.

제 5 항 공물의 사용관계

Ⅰ. 개 념

공물의 사용관계는 '공물주체와 사용자간에 발생하는 법률관계'를 말한다. 공물의 사용관계는 공물의 지정목적에 따라 달라진다. 물론 주로 일반인의 사용에 제공된 공공용물에서 발생하며, 공용물은 목적달성에 지장이 없는 범위내에서 제한적인 공물사용이 인정된다.

공물의 사용관계는 주로 일반사용과 특별사용으로서 특허사용, 허가사용, 관습법상 특별사용, 사법상 계약에 의한 사용, 공물의 영조물적 사용 등이 있다.

Ⅱ. 일반사용

1. 개 념

공물의 일반사용은 '누구든지 행정청의 특별한 허락없이 본래 공물의 사용목적에 따라 사용하는 것'을 말한다. 다만, 용어는 일반사용(이상규, 박윤흔, 석종현, 김동희, 장태주, 박균성), 자유사용(김도창, 홍정선), 보통사용, 공동사용(Gemeingebrauch)이라고도 한다. 한편 허가사용까지 포함하는 견해도 있다(윤세창). 공물의 일반사용은 공용지정시에 정해진다. 공물의 일반사용은 국민의 일반의 사용에 제공되는 공공용물에 한정되고, 공용물은 원칙적으로 일반사용이 제한된다.

2. 법적 성질

공물의 일반사용에서 사용자인 개인이 갖는 공물 사용권의 법적 성질에 대하여 1) 반사적 이익설은 종래 공물주체가 해당 공물을 일반인의 사용에 제공함으로써 개인이 이용하는 것에 불과하다고 보았으나, 2) 최근에 환경권이나 국가의 생활배려의무나 관계법의 강행규정성과 목적 등에 따라 공법상 권리로 보는 공권설(김도창, 김동희, 박윤흔, 이상규, 김원주, 신보성)과 보호이익설(석종현)이 주장된다. 단, 이 경우도 공물주체에 대한 적극적인 청구권이 아니라 소극적으로 위법한 사용방해에 대한 방해배제나 손해배상의 청구를 인정하자는 것이다.[14] 3) 판례는 공공용물인 도로가 특정 개인의 생활에 개별성이 강한 직접적이고 구체적인 이익을 부여하고 있는 특별한 사정이 있는 경우에는 도로의 용도폐지 취소를 구할 법률상 이익이 있지만, 일반적인 도로이용자에게는 법률상 이익이 없다고 본다(대판 1992.9.22, 91누13212).[15] 아울러 보존공물에서도 일반국민이나 인근주민의 문화재를 향유할 구체적이고도 법률적인 이익이라고 할 수는 없다고 본다(대판 1992.9.22, 91누13212). 4) 판례에서는 구체적인 이용권에 법률상 이익을 부여하지는 않지만, 공공용물의 지정목적상 일반국민들의 자유로운 사용권이 있다고 보아야 할 것이다.

---

14) 판례는 민법상 불법행위로 본다(대구지법 1965.6.15, 64나453; 부산지법 밀양지원 1968.11.5, 67가425).

15) 이 판례는 예외적으로 일반사용자에게 원고적격을 인정한다고 보는 견해(박균성)도 있으나, 예외적으로 특수한 경우에만 인정가능할 뿐, 일반사용자에게는 없다고 본다. 동지 홍정선.

대법원 1992. 9. 22. **선고** 91누13212 **판결 【국유도로의공용폐지처분무효확인등】**
문화재는 문화재의 지정이나 그 보호구역으로 지정이 있음으로써 유적의 보존 관리 등이 법적으로 확보되어 지역주민이나 국민일반 또는 학술연구자가 이를 활용하고 그로 인한 이익을 얻는 것임은 사실이나, 그 **지정은 문화재를 보존하여 이를 활용함으로써 국민의 문화적 향상을 도모함과 아울러 인류문화의 발전에 기여한다고 하는 목적을 위하여 행해지는** 것이지(문화재보호법 제1조), 그 이익이 소론과 같이 **일반국민이나 인근주민의 문화재를 향유할 구체적이고도 법률적인 이익이라고 할 수는 없다.**

3. 내용·범위

공물의 일반사용의 내용과 범위는 '관계법령'에 따라 결정되거나 법령에 따라 공물관리자가 '이용규칙'을 정할 수 있다. 관계법령이 없는 경우에는 일반 '사회통념'이나 '지방관습'으로 결정된다. 나아가 공공목적을 위한 개발, 관리, 보존 등의 행위에 일반사용이 제한될 수 있고, 이는 제한되더라도 손실보상의 대상인 특별한 손해가 아니다(대판 2002.2.26, 99다35300). 물론 공물의 일반사용은 타인의 사용을 방해하거나 공공질서에 영향을 미치는 경우에는 제한될 수 있다.

대법원 2002. 2. 26. **선고** 99다35300 **판결 【손해배상(기)】**
일반 공중의 이용에 제공되는 공공용물에 대하여 특허 또는 허가를 받지 않고 하는 일반사용은 다른 개인의 자유이용과 국가 또는 지방자치단체 등의 공공목적을 위한 개발 또는 관리·보존행위를 방해하지 않는 범위 내에서만 허용된다 할 것이므로, 공공용물에 관하여 적법한 개발행위 등이 이루어짐으로 말미암아 이에 대한 일정범위의 사람들의 일반사용이 종전에 비하여 제한받게 되었다 하더라도 특별한 사정이 없는 한 그로 인한 불이익은 손실보상의 대상이 되는 특별한 손실에 해당한다고 할 수 없다.

4. 사용료

공물의 일반사용은 '무료'가 원칙이다. 물론, 법률·조례 등에 의한 사용료 징수가 가능하다. 예는 고속도로통행료이다. 국공유재산법에 따르면, 행정재산에 대하여 사용료를 징수할 수 있다(국유 제32조, 공유 제22조).

5. 인접주민의 고양된 사용권

공물에 인접한 주민(도로, 하천)에게는 일반인들에게는 인정되지 않는 '고양된 일반사용권'이 보장된다. 이는 공물의 인접주민은 평상시 재산권의 사회적 제약에 따라 인접한 공물 때문에 불이익을 감수하기 때문에 일반인보다 특별한 사용이 허용되는 것이다.

강화된 일반사용권의 법적 성질은 관습법 또는 헌법상 재산권상 보장되는 공권이라는 견해도 있으나 일반적인 일반사용권이라고 본다.

강화된 일반사용권이 인정되기 위하여는 1) 자신의 토지 등의 적정한 이용에 필수불가결한 범위내에서, 2) 타인의 일반사용을 방해하지 않고, 3) 일반관행과 합치되는 범위내에서, 4) 구체적으로 해당 공물을 사용할 것이다.

판례는 공물의 인접주민에게 고양된 일반사용권은 인정하지만, 재래시장 내 점포소유자라 할지라도 인접주민이라는 이유만으로 점포앞 도로에 좌판을 설치·이용할 수 없다고 본다(대판 2006.12.22, 2004다68311).

대법원 2006. 12. 22. 선고 2004다68311,68328 판결 【점포명도·임대차보증금반환】
공물의 인접주민은 다른 일반인보다 그 인접공물의 일반사용에 있어서 특별한 이해관계를 가지는 경우가 있고, 그러한 의미에서 다른 사람에게 인정되지 아니하는 이른바 고양된 일반사용권이 보장될 수 있으며, 이러한 고양된 일반사용권이 침해된 경우 다른 개인과의 관계에서 민법상으로도 보호될 수 있으나, 그러한 권리도 공물의 일반사용의 범위 안에서 인정되는 것이므로, 특정인에게 어느 범위에서 이른바 고양된 일반사용권으로서의 권리가 인정될 수 있는지의 여부는 **당해 공물의 목적과 효용, 일반사용관계, 고양된 일반사용권을 주장하는 자의 법률상의 지위와 당해 공물의 사용관계의 인접성, 특수성 등을 종합적으로 고려하여 판단**하여야 할 것이지만, **구체적으로 그 공물을 사용하지 않고 있는 이상 그 공물의 인접주민이라는 사정만으로는 그러한 권리관계가 인정될 수 없다.**

6. 공용물

행정주체의 사용에 제공된 공용물은 원칙적으로 행정주체의 사용이나 예외적으로 본래의 목적에 방해받지 않는 한도내에서 일반사용을 인정한다. 예를 들면, 일반국민의 국공립학교 교정의 자유통행이다.

Ⅲ. 공물의 허가사용

1. 개 념

허가사용은 일반 국민의 공물사용이 타인의 공동사용을 방해하거나 공물의 존재를 해치거나, 공공질서에 위해를 줄 우려 있는 경우에 공물사용을 일반적으로 금지하고 행정청의 허가를 받아 사용하도록 하는 것이다. '특별사용'이라고도 한다. 주로 '일시적인 사용'에 이용된다. 하천의 토석 등의 채취허가이다(하천법 제33조, 대판 1976.10.29, 76누167).

2. 법적 성질

공물의 허가사용은 강학상 허가의 성질을 갖는다고도 본다. 허가로 얻는 허가사용자의 이익에 대하여는 1) 사용자의 지위를 허가와 마찬가지로 금지의 해제라는 차원에서는 '반사적 이익'으로 보기도 하고, 2) 허가사용의 신청에 대한 거부는 평등원칙의 침해이므로 경우에 따라서는 공권을 가질 수 있다고 본다(홍정선).

사용자의 허가사용신청에 대한 공물관리자의 허가여부는 기속행위라고도 본다(박균성).

3. 유 형

1) **공물관리권에 의한 허가사용** 공물사용이 타인의 공용사용이나 공물의 존립에 지장을 줄 우려가 있는 경우에 다수인의 사용관계를 조정하기 위하여 공물관리의 입장에서 공물관리청의 허가를 받아 사용하는 것이다. '공유수면의 인수'가 이에 속한다(공유수면법 제4조 제1항).

2) **공물경찰권에 의한 허가사용** 공물사용이 공공질서에 대한 위해가 발생할 우려가 있는 경우에 경찰행정청의 허가를 받아 사용하도록 하는 것이다. 도로상 우마의 일반적 통행금지가 이에 속한다(도로교통법 제6조 제2항).

4. 사용료와 부담

공물의 허가사용에서는 공물주체가 사용자에게 사용료를 부과징수하거나, 각종의 의무와 부담을 부과하는 것이 일반적이다. 위반시는 행정상 강제징수절차에 따른 강제집행하고, 불복시 행정쟁송을 구한다.

5. 공용물

행정의 사용에 제공되는 공용물에 대한 일반국민의 허가사용은 원칙적으로 인정되지 않는다. 단 본래 목적(행정주체의 사용)을 방해받지 않는 한도에서 예외적으로 관리권에 의한 허가사용할 수 있다. 특히 국유재산법에서 행정재산의 사용허가가 있다(제30조). 이는 행정재산의 목적외 사용에서 별도로 설명한다.

Ⅳ. 공물의 특허사용

1. 개 념

공물의 특허사용은 '공물관리청이 공물관리권에 의해 특정인에 대해 일반인에게는 허용되지 않는 특별한 사용권을 설정받아 사용하는 것'이다. 이 사용권을 '공물사용권의 특허'라고도 한다. 판례는 '특별사용'이라고 한다. 특허사용은 누구나 자유롭게 사용할 수 있는 일반사용과 달리 특정인에게 한정된 사용이고, 허가사용보다는 장기적이고 배타적인 사용이라는 점에서 구분된다. 다만, 특허사용은 공물의 성질에 따라서 일시적일 수 있고, 장기적일 수도 있다. 또한 일반인의 일반사용과 병존할 수도 있고, 방해하지 말아야 하는 경우도 있다.

도로상 궤도부설을 위한 점용허가(도로법 제40조, 제41조), 하천의 장기점용허가(하천법 제25조), 하천부지점용허가 등이 있다. 판례는 도로점용허가, 항만시설사용을 특허사용(특별사용)으로 본다(대판 1998.9.22, 96누7342; 대판 2001,8.24, 2001두2485).

대법원 1998. 9. 22. 선고 96누7342 판결 【도로점용료부과처분취소】
도로법 제40조에 규정된 도로의 점용이라 함은 일반공중의 교통에 공용되는 도로에 대하여 이러한 **일반사용과는 별도로 도로의 지표뿐만 아니라 그 지하나 지상 공간의 특정 부분을 유형적, 고정적으로 특정한 목적을 위하여 사용하는 이른바 특별사용을 뜻하는 것이**므로, 허가없이 도로를 점용하는 행위의 내용이 위와 같은 특별사용에 해당할 경우에 한하여 도로법 제80조의2의 규정에 따라 도로점용료 상당의 부당이득금을 징수할 수 있고, **도로의 특별사용은 반드시 독점적, 배타적인 것이 아니라 그 사용목적에 따라서는 도로의 일반사용과 병존이 가능한 경우도 있고, 이러한 경우에는 도로점용 부분이 동시에 일반공중의 교통에 공용되고 있다고 하여 도로점용이 아니라고 말할 수 없으며**(대법원 1991.4.9. 선고 90누8855 판결, 1993.6.11. 선고 92누14021 판결, 1995.2.14. 선고 94누5830 판결 각 참조), 또한 도로법 규정에 의한 도로점용허가를 받지 아니하고 도로를 점용하는 자에 대하여는 달리 특별한 사정이 없는 한 도로법 제80조의2의 규정에 의하여 그 점용기간에 대한 점용료 상당액을 부당이득금으로 징수할 수 있다.

2. 법적 성질

공물사용의 특허받은 자는 공물사용권을 취득하나, 반면 특허에 부수되는 각종 의무를 부담한다.

공물관리청의 특허사용자에 대한 특허행위의 법적 성질은 1) 공법상 계약설이 있었으나 2) 상대방의 신청을 전제로 하는 '동의(협력)를 요하는 쌍방적 행정행위'로 보는 것이 통설이다.

특히 특허설정행위는 특정인에게 배타적인 이익을 부여하고, 공익판단이 필요하며, 권리설정행위라는 점에서 원칙적으로 재량행위로 본다. 다만, 법령에서 일정사유시만 특허하도록 규정한 경우에는 기속행위로 본다.

3. 공물사용권

1) 공권성 특허사용자가 갖는 공물사용권의 공권여부에 논란이 있으나, 공법상 원인관계로 발생하고 공법상 제한을 가하므로 공권으로 본다.

2) 채권성 (사용청구)·예외적 물권성 공물관리주체인 행정청과의 관계에서는 공물의 일정한 특별사용을 청구할 수 있는 채권(판례)이지만, 제3자에 대하여는

방해배제를 요구할 수 있는 물권적 성질을 가진다. 도로점용중 배타적 사용권, 어업권, 광업권 등이 있다. 판례는 하천점용허가권은 특허사용이지만, 관리주체에 대한 일정한 특별사용을 청구할 수 있는 채권에 지나지 않고 대세적 효력이 있는 물권이라고 할 수 없다고 보았다(대판 1990.2.13, 89다카23022).

3) **재산권성** (사용수익권)　　공물의 사용, 수익 등에서는 재산권적 성질을 가지므로, 이러한 한도에서 재산권으로서 민법 등의 적용을 받는다.

4. 사용권자의 의무 – 법령상 공법상 의무

1) **사용료납부의무**　　특허사용은 특정인에게 배타적인 사용권을 부여하므로 특허사용자는 특허사용의 대가로서 일정한 사용료를 납부할 의무가 있다(도로법 제41조, 하천법 제37조). 지방자치법에서 일반규정을 두고 있다(제136조). 불이행시 강제집행할 수 있다. 공익목적인 경우에는 감면될 수 있다.

사용료는 공물관리청이 명문규정이 없어도 징수가 가능한가에 대하여 통설은 특허사용의 대가라는 점과 상대방의 동의를 전제로 하는 점을 이유로 긍정하지만(박윤흔, 류지태, 박균성), 반대설도 있다(김동희, 김철용). 한편 공익목적의 사용에는 사용료를 감면할 수 있다.

2) **제해시설설치의무 · 손실보상의무**　　특허에 의한 공물사용이 그 공물위에 이미 존재하는 타인의 권익을 침해하거나 공익에 장해를 미칠 우려가 있는 경우에는 장해의 예방 또는 제거를 위하여 필요한 시설을 설치할 의무 또는 기득권 침해에 대한 손실보상의무를 진다(도로법 제38조 제5항, 하천법 제33조 제2항).

3) **원상회복의무**　　공물사용권자는 특허사용기간의 만료나 사용폐지시, 사용권포기시에는 공물의 원상회복의무를 진다(도로법 제43조). 단, 원상회복이 불가하거나 부적당한 경우에는 사용권자의 신청이나 관리청이 직권으로 의무면제가 가능하다.

5. 일반사용과 특허사용의 관계

특정공물이 일반사용과 특허사용에 공여된 경우는 공물의 목적과 사용형태를 종합적으로 검토하여 판단하여야 한다. 판례는 도로의 점용허가에서는 특허사용이 일반사용과 병존한다고 본다(대판 1995.2.14, 94누5830).

6. 종　료

특허사용권은 공물의 소멸, 공물사용권의 포기, 특허기간의 경과, 특허의 철회나 취소 등으로 소멸한다.

Ⅴ. 관습법상의 특별사용

1. 개 념

관습법상의 특별사용은 공물사용권이 지방적·민중적 관습법에 의해서 인정된 것을 말한다. 이는 하천의 용수권(대판 1972.3.31, 72다78; 1968.6.4, 68다337), 수산업법(제40조)상 입어자의 입어권(구 관행어업권) 등이 있다.

2. 성립요건

1) **계속적 관행**　　특정 범위의 사람들이 해당 공물을 장기간 분쟁없이 사용한 관행이 존재하여야 한다.

2) **다른 사람들에게 법적 확신**　　견해에 따라서는 자유사용에 제공된 것이 아니고, 사용정도가 특별한 것도 요건이다(김동희). 따라서 다른 사람들에게 그 사용이 계속적이고 평온하게 행해져서 정당한 사용이라는 인식이 있어야 한다.

3. 법적 성질

관습법상 사용은 특허사용처럼 '공권'의 성질을 가지며, 재산권의 속성에 따라 민법 등이 적용된다. 따라서 입어자의 입어권(관행어업권)의 침해시는 손실보상을 하여야 한다.

Ⅵ. 행정재산의 목적외 사용

1. 개 념

행정재산의 목적외 사용은 '행정재산을 직접 행정목적에 제공된 물건이나, 용도와 목적에 장애가 되지 않는 한도에서 그 사용과 수익을 일반인에게 허가하는 것'이다. 법령에서는 '행정재산의 사용허가'라고 한다(국유 제30조). 이는 행정재산은 원칙적으로 공용에 제공되므로 사인이 사용할 수 없는 것이 원칙이지만, 예외적으로 공용의 목적달성에 방해가 되지 않는 한도에서 사인이 사용할 수 있도록 하는 것이다.

공물의 사법상 이용에는 논란이 있지만, 행정주체와 사인간의 계약에 의하여 공물을 사용하는 것으로서 공법계약의 가능성이 있다(김남진).

2. 법적 근거

행정재산의 목적외 사용은 공용물외에도 공공용물에도 인정된다. 그러나 주로 문제가 되는 것은 행정주체의 사용에 제공되는 공용물이다. 법적 근거는 일반법인 국공유재산법에서 행정재산의 사용수익허가에 대하여 규정하고(국유 제30조, 공유 제20조),[16] 개별법에서도 규정한다.

3. 법적 성질

행정재산의 목적외 사용(사용허가)의 법적 성질에 대하여 1) 행정처분설은 행정재산의 목적외 사용을 발생·소멸시키는 원인이 개별법상의 행정처분이므로 허가·철회 등의 공법적 용어를 사용하고, 사용료의 징수도 행정상 강제징수로 조세체납처분절차를 준용하므로 공법관계인 '처분'이라고 본다(다수설, 대판 1996.2.13, 95누11023).[17] 2) 사법상 계약설은 행정재산의 사용·수익은 오로지 사용·수익자인 사인의 사적 이익을 도모하므로 사법관계이라고 본다(이상규). 3) 이원적 법률관계설은 사용관계의 발생, 소멸, 사용료 징수관계는 공법관계로, 기타는 사법상 임대차와 같은 사법관계로 본다(박윤흔). 4) 판례는 행정처분으로서 강학상 특허로 본다(대판 1996.2.13, 95누11023).

> 대법원 1998. 2. 27. 선고 97누1105 판결【공유재산대부신청반려처분무효확인】
> 공유재산의 관리청이 행정재산의 사용·수익에 대한 허가는 순전히 사경제주체로서 행하는 사법상의 행위가 아니라 관리청이 공권력을 가진 우월적 지위에서 행하는 행정처분으로서(대법원 1997.4.11. 선고 96누17325 판결 참조) 특정인에게 행정재산을 사용할 수 있는 권리를 설정하여 주는 강학상 특허에 해당하고, 이러한 행정재산의 사용·수익허가처분의 성질에 비추어 국민에게는 행정재산의 사용·수익허가를 신청할 법규상 또는 조리상의 권리가 있다고 할 것이므로 공유재산의 관리청이 이러한 신청을 거부한 행위 역시 행정처분에 해당한다.

4. 법적 내용

1) **사용허가절차**　　사용허가는 원칙적으로 '경쟁입찰'에 의하며(국유 제31조), 허가절차는 「국유재산법」외에 「국가를 당사자로 하는 계약에 관한 법률」을 준용한다. 절차는 입찰공고, 입찰, 낙찰선언(결정), 허가서 작성으로 행해진다. 사용수익허가기간은 국유재산은 5년, 공유재산은 3년 이내로(국유 제35조, 공유 제21조), 5년의 범위에서 갱신은 가능하나, 초과는 불가능하다.

2) **사용허가자의 권리**　　공물관리청으로 부터 사용허가를 받은 자는 행정재산의 사용허가로 따라 당해 공물인 행정재산을 사용·수익할 권리를 가진다. 사용권은 사인을 위한 권리이므로 '사권'으로 보지만(장태주), 공법에 근거한 권리이므

16) 단, 국유재산법은 행정재산의 사용허가만, 공유재산법은 사용수익허가를 규정한다.
17) 행정처분설로 보기도 한다. 홍정선, 특강, 2011, 1101쪽.

로 '공권'으로 보아야 한다(박균성).

3) **사용허가자의 의무** 행정재산의 사용수익허가를 받은 자는 1) 행정재산의 본래의 목적에 장애가 되는 행위를 해서도 안 되고, 2) 해당 행정재산을 타인에게 사용, 수익하게 해서도 안 된다(국유 제30조 제2항).

4) **사용료** 공물관리청은 행정재산의 허가사용에 대하여는 사용료를 징수한다(제32조). 보증금을 예치하거나 이행보증조치를 하도록 할 수 있고, 일정한 경우에는 사용료를 면제할 수 있다(제34조). 이때 사용료부과는 사경제주체의 지위에서 행하는 사법상의 이행청구가 아니라 공권력의 우월적 지위에서 행하는 처분이다(대판 1996.2.13, 95누11023).

대법원 1996. 2. 13. **선고** 95누11023 **판결 【국유재산사용료부과처분취소】**
국유재산의 관리청이 행정재산의 사용·수익을 허가한 다음 그 사용·수익하는 자에 대하여 하는 사용료부과는 순전히 사경제주체로서 행하는 사법상의 이행청구라 할 수 없고, 이는 관리청이 공권력을 가진 우월적 지위에서 행한 것으로서 항고소송의 대상이 되는 행정처분이라 할 것이다.

5. 사용허가의 취소와 철회와 그에 따른 행위

공물관리청(중앙관서의 장)은 사용허가를 받은 자가 부정한 방법으로 사용허가를 받았거나 의무위반 등을 이유로 청문후에 사용허가를 취소하거나 철회할 수 있고(국유 제36조 제1항), 행정재산이 공적 이용에 필요하게 된 경우에는 사용허가를 철회할 수 있다(제2항). 사용허가의 철회로 손실이 발생하면 보상하여야 한다(제3항). 사용허가를 받은 자는 취소나 철회시에는 원래 상태로 반환하여야 한다(원상회복의무, 제38조). 반환하지 않은 경우에는 행정대집행을 할 수 있다(국유 제74조, 공유 제83조).[18]

6. 변상금 부과

공물관리청은 공물(국공유재산)을 무단으로 사용하거나 점유한 자에 대하여 그 재산에 대한 사용료나 대부료의 100분의 120에 상당하는 변상금을 징수할 수 있다(국유 제72조 제1항, 공유 제81조 제1항). 물론 변상금부과조치는 공권력의 주체로서 일방적으로 행하는 행정처분이므로 변상금 납부후 하자로 부당이득을 다투더라도 사법상 부당이득반환청구권을 행사할 수는 없다(대판 2013.1.24, 2012누79828).

공물관리청은 국유재산의 무단점유자에 대해 변상금 부과·징수권의 행사와 별도로 민사상 부당이득반환청구의 소를 제기할 수 있다(대판 2014.7.16, 2011다76402).

---

18) 다만, 대집행은 대체적 작위의무가 대상이므로 철거의무는 가능하나, 점유의 이전은 대집행이 불가능하다는 점에 주의하여야 한다.

대법원 2014. 7. 16. 선고 2011다76402 전원합의체 판결【부당이득금반환】
국유재산의 무단점유자에 대한 변상금 부과는 공권력을 가진 우월적 지위에서 행하는 행정처분이고, 그 부과처분에 의한 변상금 징수권은 공법상의 권리인 반면, 민사상 부당이득반환청구권은 국유재산의 소유자로서 가지는 사법상의 채권이다(대법원 1992.4.14. 선고 91다42197 판결 참조). 또한 변상금은 부당이득 산정의 기초가 되는 대부료나 사용료의 120%에 상당하는 금액으로서 부당이득금과 액수가 다르고, 이와 같이 할증된 금액의 변상금을 부과·징수하는 목적은 국유재산의 사용·수익으로 인한 이익의 환수를 넘어 국유재산의 효율적인 보존·관리라는 공익을 실현하는 데 있다(대법원 2008.5.15. 선고 2005두11463 판결 참조). 그리고 대부 또는 사용·수익허가 없이 국유재산을 점유하거나 사용·수익하였지만 변상금 부과처분은 할 수 없는 때에도 민사상 부당이득반환청구권은 성립하는 경우가 있으므로, 변상금 부과·징수의 요건과 민사상 부당이득반환청구권의 성립 요건이 일치하는 것도 아니다(대법원 2000.3.24. 선고 98두7732 판결 참조).
이처럼 구 국유재산법 제51조 제1항, 제4항, 제5항에 의한 변상금 부과·징수권은 민사상 부당이득반환청구권과 법적 성질을 달리하므로, 국가는 무단점유자를 상대로 변상금 부과·징수권의 행사와 별도로 국유재산의 소유자로서 민사상 부당이득반환청구의 소를 제기할 수 있다. 그리고 이러한 법리는 구 국유재산법 제32조 제3항, 구 국유재산법 시행령(2009.7.27. 대통령령 제21641호로 전부 개정되기 전의 것) 제33조 제2항에 의하여 국유재산 중 잡종재산(현행 국유재산법상의 일반재산에 해당한다)의 관리·처분에 관한 사무를 위탁받은 원고의 경우에도 마찬가지로 적용된다. 따라서 원고는 무단점유자를 상대로 변상금 부과·징수권의 행사와 별도로 민사상 부당이득반환청구의 소를 제기할 수 있다.

제 6 항 국유재산법

Ⅰ. 국유재산의 개념

국유재산은 '국가의 재산'으로 "국가의 부담, 기부채납이나 법령 또는 조약에 따라 국가 소유로 된 재산"을 말한다(국재법 제2조 제1항). 국유재산은 원래 국가의 소유로 된 것 외에도 "국가 외의 자가 국유재산법 제5조 제1항 각 호에 해당하는 재산의 소유권을 무상으로 국가에 이전하여 국가가 이를 취득하는 기부채납에 의한 것을 포함한다.

국유재산의 범위에는 1) 부동산과 그 종물(從物), 2) 선박, 부표(浮標), 부잔교(浮棧橋), 부선거(浮船渠) 및 항공기와 그들의 종물, 3) 「정부기업예산법」 제2조에 따른 정부기업이나 정부시설에서 사용하는 기계와 기구 중 대통령령으로 정하는 것, 4) 지상권, 지역권, 전세권, 광업권, 그 밖에 이에 준하는 권리, 5) 「자본시장과 금융투자업에 관한 법률」 제4조에 따른 증권, 6) 특허권, 저작권, 상표권, 디자인권, 실용신안권, 그 밖에 이에 준하는 권리 등이 속한다(제5조 제1항). 다만, 제3)의 기계와 기구로서 해당 기업이나 시설의 폐지와 함께 포괄적으로 용도폐지된 것은 해당 기업이나 시설이 폐지된 후에도 국유재산으로 한다(제2항).

Ⅱ. 국유재산관리의 기본원칙

☞ 국유재산을 규율하는 법은 1950년에 제정된 「국유재산법」이 있다. 한편 지방자치단체의 소유인 공유재산은 2005년에 「공유재산 및 물품 관리법」(공유재산법)이 독립하여 제정되었다. 국유재산은 「국유재산법」이나 다른 법률에 의하지 않고는 사용·수익할 수 없다(제7조 제1항).

1. 국유재산의 성립요건

국유재산은 1) 일반적으로 자연공물은 자연의 상태 그대로 공공용에 제공될 수 있는 실체를 가지면, 행정재산이 되고, 2) 인공공물은 법령이나 행정처분으로 공공용으로 공물지정을 한 경우 또는 행정재산으로 실제 사용하는 경우에 행정재산이 된다.

대법원 2007. 6. 1. **선고** 2005**도**7523 **판결 【국유재산법위반】**
국유 하천부지는 자연의 상태 그대로 공공용에 제공될 수 있는 실체를 갖추고 있는 이른바 자연공물로서 별도의 공용개시행위가 없더라도 행정재산이 되고 그 후 본래의 용도에 공여되지 않는 상태에 놓여 있더라도 국유재산법령에 의한 용도폐지를 하지 않은 이상 당연히 잡종재산으로 된다고는 할 수 없으며, 농로나 구거와 같은 이른바 인공적 공공용 재산은 법령에 의하여 지정되거나 행정처분으로 공공용으로 사용하기로 결정한 경우, 또는 행정재산으로 실제 사용하는 경우의 어느 하나에 해당하면 행정재산이 된다(대법원 1993.4.13. 선고 92누18528 판결, 1997.8.22. 선고 96다10737 판결 등 참조).

2. 처분의 제한과 시효취득

1) **처분의 제한** 행정재산은 공적인 이용에 제공되므로 원칙적으로 처분할 수 없다. 다만, 일정한 경우에는 교환하거나 양여할 수 있다(제27조 제1항).

2) **시효취득** 종래 국유재산은 공공성을 강조하여 시효취득의 대상이 아니라고 보았다. 그러나 일반재산(잡종재산)에 대하여 위헌이 되었다(헌재 1992.10.1, 92헌가6·7). 따라서 여전히 행정재산은 시효취득의 대상이 아니나(제7조 제2항), 일반재산은 시효취득이 가능하다.

Ⅲ. 국유재산의 사용

1. 행정재산의 사용허가

중앙관서의 장은 행정재산의 사용허가를 할 수 있다(제20조 제1항). 사용허가를 하는 경우에 1) 공용·공공용·기업용 재산은 '그 용도나 목적에 장애가 되지 아니하는 범위'에서, 2) 보존용재산은 '보존목적의 수행에 필요한 범위'에서 허가할 수 있다.

사용허가의 법적 성질은 특허이다. 사용료를 징수할 수 있으며(제32조 제1항), 사용허가기간은 원칙은 5년 이내이고 5년을 초과하지 않는 범위에서 갱신할 수 있다. 사용허가는 법정사유로 취소하거나 철회할 수 있다. 이때 사용허가의 취소나 철회는 처분이므로 다툴 수 있다(대판 1997.4.11, 96누17325).

2. 일반재산의 사용

일반재산은 대부료를 받고 대부계약에 의하여 대부하거나 매각할 수 있다(제41조 제1항). 중앙관서의 장은 활용계획이 없는 건물이나 그 밖의 시설물을 철거할 수 있다(제2항). 일반재산의 대부행위는 사경제의 주체로서 상대방과 대등한 사법상 계약이다(대판 2010.11.11, 2010다59646).

3. 무단점유자에 조치

국유재산은 공적인 이용에 제공되므로 원칙적으로 일반인을 사용할 수 없다. 따라서 중앙관서의 장등은 국유재산의 무단점유자에 대하여 대통령령으로 정하는 바에 따라 그 재산에 대한 사용료나 대부료의 100분의 120에 상당하는 변상금을 징수한다(제72조 제1항).

변상금부과처분은 관리청이 부과하는 행정처분이므로 변상금의 청구를 민사소송으로 할 수 없고 국세징수법상의 체납처분으로 징수하여야 한다(대판 1992.4.14, 91다42197). 정당한 사유 없이 국유재산을 점유하거나 이에 시설물을 설치한 경우에는 「행정대집행법」을 준용하여 불법시설물을 철거하거나 그 밖에 필요한 조치를 할 수 있다(제74조). 국유재산법을 위반하여 행정재산을 사용하거나 수익한 자는 2년 이하의 징역 또는 1천만원 이하의 벌금에 처한다(제82조). 이 경우 일반재산의 무단사용 등은 처벌되지 않는다.

제 7 항 도로법

Ⅰ. 도로의 개념

도로법상 '도로'는 "일반인의 교통을 위하여 제공되는 도로"를 말한다(제2조 제1항). 도로에는 교통에 제공되는 노면외에도 "터널, 교량, 도선장(渡船場), 도로용 엘리베이터 및 도로와 일체가 되어 그 효용을 다하게 하는 시설이나 공작물과 도로의 부속물을 포함한다"(제2항).[19)]

---

19) '도로의 부속물'은 "도로 구조의 보전과 안전하고 원활한 도로교통의 확보, 그 밖에 도로의

특히 고속국도와 일반국도에는 이를 연결하는 지선(제10조의2)과 간선이 있다.

도로의 기본법은 「도로법」이고, 그 외에 「고속국도법」, 「유료도로법」 등이 있다.[20]

Ⅱ. 도로의 종류

1. 개 설

도로의 종류는 1) 고속국도, 2) 일반국도, 3) 특별시도·광역시도, 4) 지방도, 5) 시도(市道), 6) 군도(郡道), 7) 구도(區道)가 있다. 도로의 등급은 열거한 순위에 의한다(제8조).

2. 고속국도

고속국도는 보통 '고속도로'라고 말하는 것으로 "자동차교통망의 중요한 축을 이루며 중요 도시를 연결하는 자동차 전용의 고속교통에 사용되는 도로로서 노선이 지정된 도로"를 말하고(고속국도법 제2조 제2호), 「도로법」외에 "노선의 지정, 구조 관리, 보전 등에 관하여 필요한 사항"을 「고속국도법」에서 정한다.

3. 일반국도

일반국도는 보통 '국도'라고 말하는 것으로, "중요 도시, 지정항만, 중요 비행장, 국가산업단지 또는 관광지 등을 연결하며 고속국도와 함께 국가 기간도로망을 이루는 도로로서 대통령령으로 그 노선이 지정된 도로"을 말한다(제10조 제1항).

4. 특별시도와 광역시도

특별시도와 광역시도에는 1) 자동차전용도로, 2) 간선과 보조간선 기능을 수행하는 도로, 3) 도시의 주요지역간이나 인근 도시와 주요지방간을 연결하는 도로, 4) 그 밖에 도시의 기능유지를 위하여 특히 중요한 도로 등이 있다(제11조).

관리에 필요한 시설 또는 공작물로서 다음 각 목의 어느 하나에 해당하는 것을 말한다.

가. 도로 원표(元標), 이정표, 수선 담당 구역표, 도로 경계표와 도로표지

나. 도로의 방호(防護) 울타리, 가로수 또는 가로등으로서 도로 관리청이 설치한 것

다. 도로에 연접(連接)하는 자동차 주차장 및 도로 수선용 재료 적치장과 이들 시설을 종합적으로 관리하는 도로관리사업소로서 도로 관리청이 설치한 것

라. 도로에 관한 정보 제공 장치, 기상 관측 장치 또는 긴급 연락시설로서 도로 관리청이 설치한 것

마. 그 밖에 대통령령으로 정한 것(제2조 제1항 제4호)

20) 정태용, "도로의 용례", 『법제』 제443호, 1994, 48쪽이하.

5. 지방도

지방도는 지방의 간선도로망을 이루는 도로로서 관할 도지사 또는 특별자치도지사가 그 노선을 인정한 것을 말한다(제12조).

이는 주로 도청소재지와 시·군청소재지 연결도로, 시·군청간 연결도로, 도(특별자치도)의 비행장, 항만, 역의 연결도로, 기타 지방개발을 위한 중요도로 등이다.

1) 시 도 - 시 또는 행정시에 있는 도로로서 관할 시장(행정시는 특별자치도지사)이 그 노선을 인정한 것이다(제13조).
2) 군 도 - 관할 군수가 그 노선을 인정한 것으로 군청소재지에서 읍·면사무소와의 연결도로, 읍·면사무소 상호간 연결도로, 그밖에 군개발을 위한 중요도로이다(제14조).
3) 구 도 - "특별시나 광역시 구역에 있는 도로 중 특별시도 광역시도를 제외한 구(자치구임)안에서 동사이를 연결하는 도로로서 관할 구청장이 그 노선을 인정한 도로를 말한다(제15조).

Ⅲ. 도로의 지정과 관리

1. 도로의 개설

도로는 노선의 지정·인정, 도로구역결정, 도로공사, 도로사용개시를 거쳐서 개설된다. 이때 도로구역으로 결정된 토지를 '도로예정지'라 한다.

도로개설의 첫단계인 노선의 지정·인정은 도로의 종류(등급)와 기점·종점 및 경유지를 관계 행정청과 협의하여 도로의 위치와 구역에 관한 윤곽을 정하는 것이다(제11조~제18조). 노선의 인정, 변경, 폐지시에는 관련 행정청은 이를 공고하여야 한다(제17조, 제18조).

도로의 노선이 지정, 인정, 변경이 공고되면, 지체없이 도로구역을 결정하여야 한다. 도로구역결정시는 하급도로의 접속구간 또는 연결구간의 도로관리청의 동의를 받아야 하고, 관련 인허가는 받은 것으로 의제된다. 도로구역으로 결정되면 일반인에게 열람시켜야 한다(제24조). 이러한 열람과 도면의 공고를 '도로의 사용'이라 한다(제27조). 도로의 공용지정은 도로구역의 결정고시를 공용지정으로 본다.

2. 도로관리청

도로법상 도로로 지정·인정된 도로를 관리하기 위하여 '도로관리청'을 둔다. 도로관리청은 1) 지선을 포함한 국도, 지정국도는 국토교통부장관, 2) 국가지원지방도는 도지사·특별자치도지사(특별시와 광역시에 있는 구간은 해당 시장), 3) 그 밖의 도로는 해당노선은 인정한 행정청이다(제20조). 4) 국토교통부장관은 고속국도에 관한 권한을 한국도로공사에게 대행시킬 수 있고, 한국도로공사가 권한대행시 해당 고속국도의 관리청으로 본다(고속국도법 시행령 제6조). 도로관리청은 도로의 설치, 유지, 관리의 하자가 발생하는 경우에 하자에 대한 손실보상책임을 진다.

도로관리청은 도로정비기본계획의 수립(제22조), 도로공사(도로의 신설·개축 및 수선에 관한 공사)와 그 유지(제23조), 노선지정에 따라 도로구역 결정·고시(제24조), 도로의 사용개시와 폐지 및 그 공고(제27조), 도로대장(제36조), 도로의 구조 및 시설, 도로의 유지·안전점검 및 보수(제37조), 도로점용허가(제38조), 접도구역지정(제49조), 도로표지(제57조) 등을 시행한다.

Ⅴ. 도로법상 문제

1. 도로구역의 지정과 행위제한

도로관리청은 도로 노선의 지정·인정, 변경공고가 있으면 지체없이 도로구역을 결정하여야 한다(제24조 제1항). 도로구역으로 결정하면, 관련내용을 고시하고 그 도면을 일반인에게 열람시켜야 한다(제3항). 도로구역으로 결정되면, 관련 인허가가 의제된다(제25조).

이후 도로는 도로공사 및 도로의 사용개시를 통하여 도로로써 사용된다. 따라서 도로로 사용되는 경우에는 공물에 따른 행위제한이 있다. 즉, 도로를 손궤(損潰)하는 행위, 도로에 토석, 죽목, 그 밖의 장애물을 쌓아놓는 행위, 그 밖에 도로의 구조나 교통에 지장을 끼치는 행위를 하여서는 안 된다(제45조). 그 외에 도로를 구성하는 부지, 옹벽, 그 밖의 물건에 대하여는 사권(私權)을 행사할 수 없다. 다만, 소유권을 이전하거나 저당권을 설정하는 것은 허용된다(제3조).

도로관리청은 도로 구조의 손궤 방지, 미관 보존 또는 교통에 대한 위험을 방지하기 위하여 도로경계선으로부터 20미터를 초과하지 아니하는 범위에서 대통령령으로 정하는 바에 따라 접도구역(接道區域)으로 지정할 수 있다(제49조). 접도구역이 지정되면, 행위제한으로서 토지의 형질변경행위, 건축물이나 그 밖의 공작물을 신축·개축 또는 증축하는 행위가 금지되고, 도로의 구조나 교통의 안전에 대한 위험을 예방하기 위하여 토지, 나무, 시설, 건축물, 그 밖의 공작물의 소유자나 점유자에게 위험방지조치를 부과할 수 있다.

그 외에도 도로관리청은 입체적 도로구역를 설정하여 구분지상권을 설정하거나(제50조), 입체적 도로구역의 상하를 정하여 도로보전입체구역을 지정하고(제51조) 행위제한을 하게 된다.

2. 도로점용허가

도로구역에서 공작물이나 물건, 그 밖의 시설을 신설·개축·변경 또는 제거하거나 그 밖의 목적으로 도로를 점용하려는 자는 관리청의 허가를 받아야 하는데, 이것이 도로점용허가이다(제38조). 도로점용허가는 강학상 '특허'에 해당하고, 관리청의 재량행위이다(대판 2008.11.27, 2008두4985). 허가자의 사용은 '공물의 특허사용'에 해당된다.

대법원 2008. 11. 27. **선고** 2008두4985 **판결 【건축불허가처분취소】**
구 도로법(2008.3.21. 법률 제8976호로 전문 개정되기 전의 것) 제40조 제1항에 의한 도로점용은 일반 공중의 교통에 사용되는 도로에 대하여 이러한 일반사용과는 별도로 도로의 특정부분을 유형적·고정적으로 특정한 목적을 위하여 사용하는 이른바 특별사용을 뜻하는 것이고, 이러한 **도로점용의 허가는 특정인에게 일정한 내용의 공물사용권을 설정하는 설권행위**로서 **공물관리자가 신청인의 적격성, 사용목적 및 공익상 영향 등을 참작하여 허가 여부를 결정하는 재량행위**라 할 것인데, 이러한 내용의 재량행위에 대한 사법심사는, 행정청의 재량에 기한 공익판단의 여지를 감안하여 법원은 독자의 결론을 도출함이 없이 그 재량판단의 심사기준으로 삼은 사유에 법령의 해석이나 법리의 오해, 사실의 오인 혹은 비례·평등의 원칙 위반 등의 위법이 있는지 여부를 판단 대상으로 삼아야 할 것이다(대법원 2001.2.9. 선고 98두17593 판결, 대법원 2007.5.31. 선고 2005두1329 판결 등 참조).

도로관리청은 도로점용허가를 받은 자에게 도로점용료를 징수할 수 있고(제41조), 도로점용자는 도로점용의 종료 및 폐지시에는 원상회복을 하여야 한다(제43조). 도로점용자는 허가외에 첨가하는 물건이 있는 경우에는 새로 점용허가를 받아야 한다(제44조). 도로관리청이 접도구역을 지정하면, 지형도를 첨부하여 고시하여야 한다. 도로점용료는 관리청의 처분이나 명령에 의하여 점용하지 못하거나 점용기간이 단축된 경우에만 반환의무가 발생한다(대판 2011.9.29, 2011두8901).

도로점용허가를 받지 않고 무단으로 도로를 점용한 자에 대하여 관리청은 변상금을 징수할 수 있다. 변상금은 그 점용기간에 대한 점용료의 100분의 120에 상당하는 금액으로 한다(제94조).

3. 하자책임

도로의 유지관리에 대한 하자는 도로관리청이 국가배상법상의 영조물의 설치·관리에 대한 하자책임을 부담한다.

제 8 항 하천법

Ⅰ. 하천의 개념

하천은 "지표면에 내린 빗물 등이 모여 흐르는 물길로서 공공의 이해에 밀접한 관계가 있어 국가하천 또는 지방하천으로 지정된 것"으로 하천구역과 하천시설을 포함한다(하천법 제2조 제1항). 이는 하천법상의 하천이다.

하천에는 국가하천과 지방하천이 있다. 국가하천은 "국토보전상 또는 국민경제상 중요한 하천으로서 일정 요건에 해당하여 국토교통부장관이 그 명칭과 구간을 지정하는 하천"을 말한다(제7조 제2항). 지방하천은 "지방의 공공이해와 밀접한 관계가 있는 하천으로서 시·도지사가 그 명칭과 구간을 지정하는 하천"을 말한다(제3항).

한편 하천관리청은 하천의 신설, 그 밖의 하천공사로 새로이 하천구역으로 편입될 토지를 하천예정지로 지정할 수 있다(제11조 제1항).

Ⅱ. 하천의 지정과 관리청

1. 하천의 지정

국토교통부장관이 국가하천을 지정하려는 경우에는 관계 중앙행정기관의 장과 협의한 후 중앙하천관리위원회의 심의를, 시·도지사가 지방하천을 지정하려는 경우에는 지방하천관리위원회의 심의를 거쳐야 한다. 지정의 변경이나 해제하는 경우에도 또한 같다(제7조 제4항). 국가하천 또는 지방하천의 지정시에는 이를 고시하고, 관할 시·군·구청장에게 보내어 일반인에게 열람하도록 하여야 한다(제6항).

2. 하천관리청

국가하천은 국토교통부장관이 관리하고, 지방하천은 그 관할 구역의 시·도지사가 관리한다(제8조). 경계하천은 협의에 의하여 결정한다.

3. 하천구역

하천관리청은 하천의 명칭 및 구간의 지정 또는 지정의 변경·해제의 고시가 있는 때에는 해당 지역을 하천구역으로 결정, 변경, 폐지하여야 한다. 하천구역 결정시는 중앙하천관리위원회 또는 지방하천관리위원회의 심의를 거쳐 지형도면을 작성하여 함께 고시하여야 한다. 따라서 공부상 '하천'으로 등재되었다는 사정만으로 하천구역으로 단정할 수는 없다(대판 2010.3.25, 2009다97062).

하천관리청은 하천의 신설, 그 밖의 하천공사로 새로이 하천구역으로 편입될 토지를 하천예정지로 지정할 수 있다. 하천관리청은 하천을 보전하고 홍수로 인한 피해를 예방하기 위하여 필요하다고 인정되는 경우에는 해당 지역을 홍수관리구역으로 지정할 수 있다(제12조 제1항).

Ⅲ. 하천의 이용

1. 하천예정지 등의 행위제한

고시된 하천예정지 및 홍수관리구역 안에서는 1) 공작물의 신축 또는 개축, 2) 토지의 굴착·성토·절토, 그밖에 토지의 형질변경, 3) 죽목의 재식의 행위를 하려는 자는 하천관리청의 (행위)허가를 받아야 한다(제38조 제1항). 다만, 대통령령이 정하는 경미한 행위는 허가를 요하지 않는다.

2. 하천점용허가

하천구역 안에서 토지의 점용, 하천시설의 점용, 공작물의 신축·개축·변경, 토지의 굴착·성토·절토, 그 밖의 토지의 형질변경, 토석·모래·자갈의 채취, 그 밖에 하천의 보전·관리에 장애가 될 수 있는 행위의 어느 하나에 해당하는 행위를 하려는 자는 대통령령으로 정하는 바에 따라 하천관리청의 허가를 받아야 한다. 이것이 '하천점용허가'이다(제33조 제1항).

하천점용허가의 법적 성질은 특허이다. 그러나 판례는 대세적 효력이 있는 물권이 아니라 특별사용을 청구할 수 있는 채권이라고 본다(대판 1990.2.13, 89다카23022).

하천점용허가여부는 하천관리청의 재량에 속하고, 법령상 근거가 없더라도 부관의 부가도 재량에 속한다(대판 1979.8.28, 79누74). 따라서 하천관리청은 하천의 오염으로 인한 공해, 그 밖의 보건위생상 위해를 방지함에 필요한 부관을 붙일 수 있고(제33조 제2항), 토지의 점용료, 그 밖의 하천사용료를 징수할 수 있다(제37조). 그리고 기득의 하천점용허가자의 손실이 예상되는 경우는 하천점용허가시 원칙적으로 기득하천사용자의 동의를 받도록 하고 있다(제34조).

하천사용자는 하천점용기간이 종료한 후에는 원상회복시켜야 한다(제48조).

3. 하천수의 사용

하천수는 타인의 권리와 공공의 이익을 침해하지 아니하고 물 관리에 지장이 없는 범위 안에서 사용되어야 하며, 모든 국민이 그 혜택을 고루 향유할 수 있도록 배분되어야 한다(제49조 제1항). 국토교통부장관은 생활·공업·농업·환경개선·

발전·주운(舟運) 등의 용도로 하천수를 사용하려는 자에게 대통령령으로 정하는 바에 따라 허가할 수 있다(제50조 제1항).

제9항 문화재법

Ⅰ. 문화재의 개념과 유형

1. 문화재의 개념

문화재(Kulturgut)는 "인위적이거나 자연적으로 형성된 국가적·민족적 또는 세계적 유산으로서 역사적·예술적·학술적 또는 경관적 가치가 큰 유형문화재, 무형문화재, 기념물, 민속문화재"를 말한다(문화재법 제2조 제1항).

1. 유형문화재: 건조물, 전적(典籍), 서적(書跡), 고문서, 회화, 조각, 공예품 등 유형의 문화적 소산으로서 역사적·예술적 또는 학술적 가치가 큰 것과 이에 준하는 고고자료(考古資料)
2. 무형문화재: 연극, 음악, 무용, 놀이, 의식, 공예기술 등 무형의 문화적 소산으로서 역사적·예술적 또는 학술적 가치가 큰 것
3. 기념물: 다음 각 목에서 정하는 것
   가. 절터, 옛무덤, 조개무덤, 성터, 궁터, 가마터, 유물포함층 등의 사적지(史蹟地)와 특별히 기념이 될 만한 시설물로서 역사적·학술적 가치가 큰 것
   나. 경치 좋은 곳으로서 예술적 가치가 크고 경관이 뛰어난 것
   다. 동물(그 서식지, 번식지, 도래지를 포함한다), 식물(그 자생지를 포함한다), 지형, 지질, 광물, 동굴, 생물학적 생성물 또는 특별한 자연현상으로서 역사적·경관적 또는 학술적 가치가 큰 것
4. 민속문화재: 의식주, 생업, 신앙, 연중행사 등에 관한 풍속이나 관습과 이에 사용되는 의복, 기구, 가옥 등으로서 국민생활의 변화를 이해하는 데 반드시 필요한 것

2. 지정문화재

한편 국가등에 의하여 지정된 문화재를 '지정문화재'라고 하고, 이는 지정주체에 따라 다음과 같이 나뉜다.

1. 국가지정문화재: 문화재청장이 지정한 문화재
2. 시·도지정문화재: 특별시장·광역시장·도지사 또는 특별자치도지사가 지정한 문화재
3. 문화재자료: 지정되지 아니한 문화재 중 시·도지사가 지정한 문화재

한편 등록문화재는 '지정문화재가 아닌 문화재 중에서 문화재청장이 등록한 문화재'를 말한다.

3. 관련개념

(문화재)보호구역은 "지상에 고정되어 있는 유형물이나 일정한 지역이 문화재로 지정된 경우에 해당 지정문화재의 점유 면적을 제외한 지역으로서 그 지정문화재를 보호하기 위하여 지정된 구역"을 말한다(제2조 제4항). 보호물은 "문화재를 보호하기 위하여 지정한 건물이나 시설물"을 말한다(제5항). 역사문화환경은 "문화재 주변의 자연경관이나 역사적·문화적인 가치가 뛰어난 공간으로서 문화재와 함께 보호할 필요성이 있는 주변 환경"을 말한다(제6항).

Ⅱ. 문화재법상의 문제

1. 관리청

국유문화재는 「국유재산법」 제8조와 「물품관리법」 제7조에도 불구하고 문화재청장이 관리청으로서 관리·총괄한다. 다만, 국유문화재가 중앙관서의 행정재산이거나 관리할 특별한 필요가 있는 경우에는 문화재청장이 기획재정부장관 및 관계기관의 장과 협의하여 관리청을 정한다(제62조 제1항).

2. 문화재 등의 지정 및 해제

문화재 등의 지정행위는 '행정행위'이고, 이에 대한 해제신청권 역시 법규상 조리상 신청권이 있다고 보므로 해제신청에 대한 거부행위는 처분성이 있다고 보아 소송으로 권리구제를 청구할 수 있다(대판 2004.4.27, 2003두8821).

3. 행위규제

국유문화재는 양도나 사권설정을 할 수 없다(제66조). 아울러 문화재의 소유자는 문화재에 대한 관리와 보호를 하여야 하며, 일정사항에 대하여 신고 등의 의무가 있으며, 현상변경 등에 대하여도 행위제한을 받는다. 따라서 이러한 행위는 관리청인 문화재청장의 허가를 받아야 한다(제35조).

특히 역사문화환경보존지역내에서 건설공사의 인허가시에는 관할 행정기관이 문화재보존영향검토절차를 밟아야 한다(시행규칙 제2조).

제 3 절 영조물법

☞ 개념의 이해 : 국가는 행정임무를 수행하기 위하여 인적 구성원을 중심으로 하는 공법

상 사단과 물적 요소를 기반으로 한 공법상 재단을 설립하였다. 그러나 특정한 행정임무는 인적 요소나 물적 요소만으로 수행할 수 없어서 일정한 시설이 필요하였고, 이것이 영조물이 되었다. 공공부문이 우세한 독일에서는 국민의 생존배려를 위하여 유치원, 양로원, 극장, 학교, 체육관, 병원 등의 각종시설이 영조물로 운영되지만, 공공부문이 약세인 일본에서 영조물개념을 도입하면서 실체가 없어서 개념적 혼란이 생긴 것이다.

Ⅰ. 개 설

1. 영조물의 개념

공법상 영조물(Anstalt des öffentlichen Recht)은 종래 '국가등 행정주체가 행정목적을 달성하기 위하여 제공한 인적·물적 시설의 종합체(조직체)'라고 보았다(O. Mayer). 최근에는 "행정주체에 의하여 특별한 행정임무를 수행하기 위하여 설치된 행정조직상 또는 법적으로 독립된 인적·물적 수단을 가진 행정단위"로 본다.[21)]

영조물은 행정주체로서의 법형식(Rechtsform)을 말하는 것이다. 따라서 조직형식인 공공시설, 공물, 공기업 등과 오해하지 말아야 한다.[22)]

우리나라에서는 위의 개념을 광의로 보고, 협의는 광의의 영조물중 '주로 정신적·문화적 또는 진료적 목적에 계속적으로 제공된 것'만을 말한다. 즉, 국공립교육·연구기관, 교도소, 도서관, 박물관, 병원 등을 말한다.

영조물은 행정주체 내부에 조직상으로만 독립될 뿐 법인격이 없이 설치되기도 하고, 행정주체와 조직상·법적으로 독립하여 법인격을 부여하여 설립하기도 한다(영조물법인). 법인격이 없는 영조물은 설치한 행정주체에 소속된 직접행정이고, 영조물법인은 독립한 행정주체로서 간접행정이다. 최근 경영합리화를 위하여 독립채산제와 법인격이 부여하여 설립하기도 한다(김동희).

현행법상 영조물법인으로는 국립대학교, 공사(조폐공사), 특수은행(한국은행, 한국산업은행), 공단(한국보훈복지공단, 공항관리공단), 지방영조물로서는 서울지하철공사, 서울시시설관리공단 등이 있다.

2. 개념적 특색

1) **행정조직의 일부** 영조물은 법인격이 없는 경우에는 행정조직의 일부로서 공공목적을 위하여 설립되고 운영된다.

2) **직접 공공목적의 수행** 영조물은 직접 공공목적을 수행하기 위하여 설치된다. 공공목적은 주로 생존배려에 기여하는 것이다.

---

21) *Köbler*, Juristisches Wörterbuch, 14. Aufl., 2007, S. 19; *Cronauge/Westermann*, Kommunale Unternehmen, 4. Aufl., 2003, Rn. 27; *Pencereci/Brandt*, Die Kommunlae Anstalt, LKV 2004, 294.

22) 독일에서 영조물은 국가에서는 주로 행정각부 소속의 출연연구기관, 학교, 병원 등으로 지방은 공공시설로 설치된다.

3) **계속적으로 봉사** 영조물은 일정한 시설을 가지고 공공목적에 계속적으로 기여한다. 따라서 일시적인 목적을 위하여 설치될 수 없다.

4) **인적·물적 수단의 결합체** 영조물은 단순히 공무원이나 사단 같은 인적 조직이나 공물이나 재단처럼 물적 요소만이 아니라 일정한 시설을 기반으로 하여 인력을 투입하여 공공목적을 수행한다.

3. 유사개념과의 구별

영조물은 그 운영목적(공공목적)에 따라 사회문화적인 목적을 가진 공공시설이나 영리목적을 가진 공기업으로 운영되기도 한다.

1) **공공시설과의 구별** - 우리나라에서는 종종 영조물을 공공시설(öffentliche Einrichtung)과 동일시하는데(김도창, 이상규, 김동희), 공공시설은 유체물의 집합체로서, 공물의 일종으로 보아 인적·물적 종합체인 영조물과 구분하기도 한다. 한편 「지방자치법」 제13조의 '공공시설'은 공물, 영조물, 공기업을 포괄하는 개념이라고 보기도 한다. 그러나 영조물은 법형식이고, 영조물 중에서 사회문화적 목적에 기여하는 것을 공공시설로 보는 것이 옳다.

2) **공기업과의 구별** - 광의의 공기업은 광의의 영조물과 같은 뜻으로 보거나(김남진), 협의의 공기업(기업성으로 한정)은 협의의 영조물과 구분된다고 본다(김철용).[23)]

그러나 앞서 설명한 것처럼 영조물 중에서 영리목적을 가진 것은 공기업으로 볼 수 있으나, 공기업 중에는 영조물의 형식을 가진 것도 있지만, 사법상 회사의 형식을 가진 것도 있으므로 구분되어야 한다.

Ⅱ. 영조물의 설치와 설치유형

1. 영조물의 설치

영조물은 주로 법률의 규정에 의하여 설치·설립된다. 행정주체 내부에 설치되는 영조물은 법인격이 없어서 설치한 행정주체의 직접행정으로 간주된다. 행정주체 외부에 독립한 법인격을 부여하는 설립하는 경우에는 영조물법인이 되어 독립한 행정주체가 된다.

---

23) 양자의 공통점은 1) 국가 또는 공공단체에 의해 운영·관리되고, 2) 사회공공이익의 증진, 3) 급부작용, 비권력적 관리작용이라는 점이다. 한편 차이점은 1) 공기업은 동태적 측면·작용적이고, 영조물은 정태적·조직적이고, 2) 공기업은 수익성·교환경제성이, 영조물은 정신적·문화적 사업, 3) 공기업은 일시적 사업도 포함하지만, 영조물은 계속적인 사업이어야 하고, 4) 영조물은 이용관계가 전제되지만, 공기업은 그렇지 않고, 4) 공기업은 기업적인 측면이 강하고, 영조물은 시설적인 측면이 강하다. 그러나 영조물이 이용료를 받을 경우 영리성을 띠므로 양자의 구분의 상대성이 있다고도 본다(홍정선).

2. 영조물의 종류

1) **주체에 따른 분류** 영조물은 설치주체에 따라 국가가 설치한 국영영조물인 국립대학교, 국립도서관, 국립병원 등과 지방자치단체가 설치한 공영영조물인 시립대학교, 시립도서관, 시립병원 등이 있다. 한편 독립한 법인격을 갖는 특수법인영조물인 한국학중앙연구원, 한국과학기술원(KAIST), 적십자병원, 서울대병원, 서울시산하 강남병원 등이 있다. 최근 국립대학교가 영조물법인화하고 있다.

2) **목적에 따른 분류** 설치 내지 운영목적에 따라서 문화·교육적 영조물, 연구영조물, 교도영조물, 의료·휴양 등 영조물로 구분할 수 있다.

3) **독립성에 따른 분류** 법적인 독립성에 따라서 국가등 행정주체가 직접 경영하는 직영영조물, 독립한 법인격을 갖는 영조물법인으로 구분할 수 있다.

4) **이용에 따른 분류** 이용자의 범위에 따라서 행정공무원만이 이용하는 공용영조물, 공무원외의 자가 이용하는 공공용영조물로도 구분할 수 있다.

Ⅲ. 영조물의 법률관계

1. 외부관계

직영영조물은 외부관계에서는 법인격이 없으므로 소속 행정주체로 권리의무가 귀속한다. 다만, 영조물법인은 독립한 행정주체 내지 권리주체로서 권리의무관계를 형성한다.

2. 내부 법률관계 (근무관계)

영조물의 내부관계는 원칙적으로 특별권력관계인 공법관계이다. 따라서 종래 영조물과 영조물직원(수행자)의 관계도 공법관계라고 보았다. 그러나 최근 영조물 근무관계를 사법관계로 보는 판례가 늘어나고 있다(헌재 2002.3.28, 2001헌마464).

3. 이용관계

1) **개 념** 영조물이용관계는 '영조물주체와 영조물이용자간의 법률관계'를 말한다.

2) **법적 성질** 종래에는 특별권력관계로서의 공법관계로 설명하였다. 따라서 법률의 유보도 없고, 사법심사의 대상도 되지 않는다고 보았으나 최근에는 공법관계, 사법관계, 양자가 혼합된 것이 있는 것으로 본다.

3) **공법상 기속** 영조물이용관계가 사법관계라 할지라도 공공목적에 따

른 제한이 있다. 개별법상 규정(교육법 제9조)외에도 행정사법의 법리가 적용된다.

4) 이용관계의 성립과 종료

(1) 성 립 영조물이용관계는 법령, 법령에 따른 행정행위, 영조물 주체와 이용자간의 합의(공·사법상 계약) 등에 의하여 성립한다. 단, 강제사용 영조물은 법령이나 행정청의 일방적인 행정행위로 성립하기도 한다(이용강제). 이는 초등학교 입학, 전염병자의 강제수용 등이다.

(2) 종 료 영조물이용관계의 이용목적의 달성(국공립학교의 졸업, 국공립병원의 완치로 인한 퇴원), 이용관계에서 임의 탈퇴(국공립학교의 자퇴, 진료중 병원옮김), 영조물주체로 부터의 배제(퇴학, 국공립도서관 이용금지), 영조물 폐지(폐교, 폐관) 등으로 종료한다.

5) 이용관계의 종류

(1) 통상의 이용 영조물은 누구나 이용할 수 있거나, 공법상 이용의무에 따른 이용을 할 수 있다. 통상이용에도 공개적 이용과 인적 범위에 따른 제한이용이 있다.

(2) 특별이용 영조물 설립목적상 특정한 인적 범위에 속하지 않거나 공공목적과 다르게 이용되어지는 것을 말한다.

6) 이용자의 법적 지위

(1) 이용자의 권리(영조물이용권)와 의무 영조물이용자는 법령과 해당 영조물의 이용규칙이 정하는 바에 따라 영조물을 이용할 수 있고, 이를 영조물이용권이라고 할 수 있다.

영조물 이용자의 권리는 1) 영조물이용권, 2) 행정쟁송권, 3) 손해보전청구권이 있으며, 의무는 1) 영조물에서의 질서준수의무, 2) 이용대가납부의무 등이 있다.

(2) 영조물이용권의 법적 성질 1) 영조물이용권의 공권여부는 해당 영조물관계를 공사법 구별론에 따라 판단할 수 있다. 2) 영조물이용권의 권리성여부는 관련법규의 권리성, 강행법규성여부로 구체적 판단할 수 있다. 3) 권리의 분류로 영조물이용권은 물권은 아니므로 채권이라고 볼 수 있다.

7) 영조물주체의 권한과 영조물규칙

(1) 영조물주체의 권한과 의무 영조물주체는 1) 이용조건 설정권, 2) 이용대가징수권, 3) 명령·징계권 등의 권한을 가지며, 의무로는 1) 영조물의 계속적 유지·관리의무, 2) 이용자에게 영조물을 이용시킬 의무, 3) 이용자의 평등대우의무 등을 부담한다.

(2) 영조물규칙의 법적 성질 영조물주체는 영조물의 이용질서를 규율하기 위하여 자치규범으로 영조물규칙을 제정할 수 있다. 영조물규칙의 법적 성질은 특별권력관계이론에 따라 행정규칙(특별명령)으로 보았다.

Ⅳ. 이용자의 권리보호와 영조물 책임

1. 이용자의 권리보호

종래에는 이용자는 특별권력관계이론에 따라 권리구제가 불가능하였으나 최근에는 행정쟁송이 가능하다고 본다. 따라서 영조물관계에 있는 지하철공사나 국공립대학에서 소송이 가능하다고 본다(대판 1982.7.27, 80누86; 1991.11.22, 91누2144).

2. 영조물책임

1) 영조물이용자에 대한 책임 영조물의 설치관리자는 영조물의 설치관리상의 하자시 국가배상법 제5조상 손해배상책임을 부담한다.

2) 제3자에 대한 영조물 책임 영조물의 설치관리책임은 제3자에게도 적용된다.

제 2 편　질서행정법

제 5 장　경 찰 법

근대국가이후로 공동체의 안녕과 질서를 유지하는 경찰행정은 주요한 국가임무이었다. 종래 공공의 안전과 공공질서에 대한 위해를 방지하기 위한 국가기능은 경찰권에 부여되었고, 경찰권은 건축, 소방, 위생 분야등의 위험방지를 위하여 계속 확대되었다. 이후 국가의 발전에 따라 건축경찰, 소방경찰, 위생경찰 등은 전통적인 경찰집행기관이 행하는 경찰행정에서 벗어나 본래의 임무에 부수하는 질서행정으로 독립하기 시작하였다. 그럼에도 여전히 위험방지를 주요임무인 집회 및 시위법과 외국인법은 여전히 특별경찰법의 영역에 남아 있다. 나아가 현대사회에서도 공공의 안녕과 질서를 유지하기 위한 질서기능은 다른 여러 법분야에서도 중요한 법제도를 형성하고 있다. 특히 현대사회는 다양한 잠재위험인 리스크에 노출되어 있는 위험사회(Risikogesellschaft)로 이행하면서, 행정에는 다양한 위험방지기능이 발생하고 있다. 따라서 경찰법은 단순히 경찰집행기관에 관한 법으로 좁게 볼 것이 아니라 국가와 사회 각 분야의 위험방지법에 대한 기본이론을 제공하는 법분야로 새로이 이해하여야 할 것이다.

제 5 장 경찰법

제 1 절 경찰과 경찰법

제 1 항 경찰의 개념

경찰행정의 변천 - 근대국가이전에는 국가작용이 분화되지 않아 경찰을 '공동체의 건전한 질서를 창설하고 유지하기 위한 모든 국가작용'이라고 보았다. 따라서 내용적으로는 교회행정권을 제외한 '일체의 국가의 행정'을 의미하였다(1530년 독일 제국경찰법).[1] 근대국가이후 국가작용이 확대되면서 경찰개념은 '사회공공의 안녕과 복지를 직접 다루는 내무행정'에 한정되었다. 특히 독일의 Kreuzberg판결이후로 경찰은 소극적으로 '위험방지를 위한(질서)행정'으로 정착되었다. 입법적으로 이러한 질서행정중심의 경찰개념은 1794년 프로이센「일반주법」, 1795년 프랑스「경범죄처벌법」, 1931년 프로이센「경찰법」 등이 제정되었다. 그럼에도 여전히 소방, 건축, 위생 등의 다양한 분야의 질서유지와 위험방지를 다루었다. 독일은 전통적으로 경찰행정과 질서행정이 하나의 질서행정으로 형성되었으나, 2차대전이후에는 독일이 미국에 점령되면서 미군정의 견제와 종전의 특별경찰에 대한 탈나치화 때문에 종래의 경찰집행기관이 행하는 경찰행정과 그 밖의 행정기관이 행하던 위험방지가 질서행정으로 분리되었다. 아울러 최근에는 위험방지를 넘어 리스크관리까지 확장되는 추세에 있다.

우리나라는 종래 포도청이 갑오경장(1894)으로 내무아문하에 경찰청이 설치되었고, 다음해에 경찰관제가 제정·공포되었다. 근대화이후 우리나라의 경찰관념은 주로 독일을 통하여 계수되었다. 따라서 우리나라도 독일과 마찬가지로 초기에는 경찰행정과 질서행정이 구분되지 않았으나, 경찰기능의 확대로 점차 질서행정기능이 경찰에서 분화되기 시작하였다. 현재 질서행정은 특별사법경찰으로 재편되고 있다.

Ⅰ. 경찰의 개념

경찰법은 경찰(행정)을 대상으로 한다. 따라서 대상개념인 '경찰'의 관념을 알아야 한다.[2] 경찰은 근대국가이후 전통적으로 '국가와 사회라는 공동체(공공의 안녕과 공공의 질서)에 대한 위험을 방지하기 위한 작용으로서, 국가의 일반통치권에 근거하여 국민에 명령·강제하는 행정작용'이라고 이해하였다.

---

1) 경찰개념의 변천에 대하여 자세히는 정하중, 2011, 1113쪽 이하.

2) 경찰의 어원 및 개념형성을 보면, 경찰행정의 기본 개념인 '경찰'(police, Polizei)은 라틴어(politia)에서 유래하였고, 당시의 경찰은 '헌법 또는 질서있는 공동사회'를 의미하였다.

1. 조직적 의미의 경찰

경찰개념을 정의할 경우에 우선적으로 조직을 고려할 수 있다. 즉, '경찰(위험방지)기능을 행하는 행정주체 및 행정기관'을 생각할 수 있다. 현행 「경찰법」은 "치안에 관한 사무를 관장하기 위하여 행정자치부장관소속하에 경찰청을 둔다"고 규정한다(제2조 제1항). 따라서 조직적 의미의 경찰은 '경찰청을 중심으로 한 경찰기관'이라고 볼 수 있다. 이는 이론적으로는 '경찰행정청 내지 경찰집행기관'을 말한다. 제도적 의미의 경찰이라고도 한다(홍정선). 그러나 경찰집행기관 외에도 경찰기능(위험방지)을 행하는 기관이 많고, 경찰집행기관만으로는 경찰의 의미를 알 수 없다는 점에서 한계가 있다.

2. 형식적 의미의 경찰

형식적인 의미의 경찰개념은 '조직적 의미의 경찰, 즉 '경찰청(경찰집행기관)이 수행하는 행위'이다. 즉, 경찰기관이 관할·수행하는 행정작용이다. 형식적 의미를 종래의 행정기관의 권한에 속하는 작용이라고 이해하는 경우(장태주), '실정법상 경찰의 권한으로 부여된 모든 사무'라고 보게 된다(장태주, 홍정선).

> 형식적 의미에 따라 경찰청이 행하는 사무에 대하여 우선 정부조직법은 "치안에 관한 사무"(제29조 제4항)로 규정하고, 「경찰법」은 '경찰청(경찰기관)이 수행하는 치안에 관한 사무'(치안사무)를 구체적인 경찰임무로 구체화하였다. 「경찰법」 등은 경찰의 임무를 1) 국민의 생명·신체 및 재산의 보호와 2) 범죄의 예방·진압 및 수사, 3) 경비·요인보호·대간첩작전수행, 4) 치안정보의 수집·작성 및 배포, 5) 교통의 단속과 위해의 방지, 6) 그 밖의 공공의 안녕과 질서유지라고 정한다(경찰법 제3조 및 경직법 제2조).

그러나 형식적 의미의 경찰개념에서는 경찰이 아닌 다른 행정기관이 행하는 위험방지인 질서경찰(협의의 행정경찰)은 제외하면서, 반대로 위험방지기능이 아닌 범죄의 예방이나 수사 등의 사법경찰(형사소추)이 포함하는 문제가 발생한다.

3. 실질적 의미의 경찰

실질적 의미의 경찰개념은 경찰의 본질적 활동 내지 기능에서 착안하여, '공공의 안녕과 공공의 질서를 유지하기 위하여 일반통치권에 근거하여 국민에게 명령·강제함으로써 국민의 자연적 자유를 제한하는 작용', 즉 '질서유지 및 위험방지작용'이라고 본다. 이것은 경찰의 실제 활동을 중심으로 정의한 것이다.

이러한 개념으로 경찰법은 "…기타 공공의 안녕과 질서유지를 그 임무로 한다"고 규정한다(경찰법 제3조, 경직법 제2조 제5호). 이 경찰개념에 따를 경우에는 사법경찰은 제외하나 일반 질서행정을 포함한다.

Ⅱ. 경찰개념의 핵심요소

경찰행정의 목적이자 경찰개념의 핵심요소는 '공공의 안녕과 공공의 질서에 대한 위험방지'이다. 즉, 경찰은 국가와 사회라는 공동체의 존립과 질서유지를 위하여 개인과 공동체에 대한 위험을 방지하는 작용이라는 것이다.

1. 공공의 안녕과 공공의 질서

위험방지의 보호대상은 공공의 안녕과 공공의 질서이다. 공공의 안녕(öffentliche Sicherheit)은 '개인의 생명·신체·건강·자유·재산과 같은 개인적 법익의 보호, 객관적 법질서의 유지, 국가공동체의 존속 및 기능과 같은 국가적 법익이 침해되지 않는 상태'를 말한다. 한편 공공의 질서(öffentliche Ordnung)는 '지배적인 사회·윤리관에 비추어 그것을 준수하는 것이 원만한 공동생활을 위한 전제요건으로 간주되는 법규범 이외의 규범의 총체'를 말한다. 공공질서는 한 시대의 지배적 윤리관을 말하므로 그 해석과 적용에 주의하여야 한다.

2. 위험방지

경찰은 공공의 안녕과 공공의 질서에 대한 위험(Gefahr)을 방지하기 위하여 관련된 국민에게 권력으로 명령·강제하는 작용이다. 물론 '위험이 이미 발생한 상태'인 장해(Störung)를 제거하는 것도 위험방지에 포함된다. 위험과 장해를 묶어서 '위해'라고 쓰기도 한다. 위험은 구체적이어야 하고, 공공의 안녕과 공공의 질서를 침해할 개연이 있어야 한다. 따라서 오상위험이나 잠재위험에는 경찰권을 행사할 수 없다(박균성).

> 위험방지는 소위 권력작용으로서, 주로 경찰하명, 경찰허가, 경찰강제 등으로 시행한다. 물론 준법률행위적 행위도 가능하다. 경찰행정의 내용은 결과적으로는 개인의 자연적 자유의 제한이나 그 목적과 원인은 위해의 방지이고, 그 권력적 기초는 일반통치권에 기초하며, 적용대상은 자연인, 법인, 내외국인을 불문하고 구속한다. 다만, 의원경찰·법정경찰은 특별권력에 기초를 둔다는 점에서 구분된다.
>
> 따라서 위험방지작용으로서 경찰활동은 공공의 안녕과 공공의 질서에 대한 위험을 방지하기 위한 목적으로 가지고 보충적인 행정작용으로서 행해진다.

Ⅲ. 경찰의 종류

1. 행정경찰과 사법경찰

경찰의 기능은 크게 행정경찰과 사법경찰로 구분될 수 있다. 1) 행정경찰은 위험방지로서 공공의 안녕과 질서에 대한 유지와 위험방지를 목적으로 하는 일반경찰작용을 말하고, 2) 사법경찰은 형사소추로서 범죄의 수사와 피의자의 체포를 목적으로 하는 형사사법권의 작용이다.

따라서 경찰은 행정경찰을 본래의 임무로 하여 「형사소송법」 제196조에 따라 직무상 편의성으로 행정경찰에게 사법경찰권이 위임된 것이다(경직법 제2조 경찰법 제3조).

대법원 2004. 9. 23. **선고** 2003다49009 **판결 【손해배상(기)등】**
경찰은 범죄의 예방, 진압 및 수사와 함께 국민의 생명, 신체 및 재산의 보호 등과 **기타 공공의 안녕과 질서유지도 직무로 하고 있고,** 그 직무의 원활한 수행을 위하여 경찰관직무집행법, 형사소송법 등 관계 법령에 의하여 여러 가지 권한이 부여되어 있으므로, 구체적인 직무를 수행하는 경찰관으로서는 제반 상황에 대응하여 자신에게 부여된 여러 가지 권한을 적절하게 행사하여 필요한 조치를 취할 수 있는 것이고, 그러한 권한은 일반적으로 경찰관의 전문적 판단에 기한 합리적인 재량에 위임되어 있는 것이나, 경찰관에게 권한을 부여한 취지와 목적에 비추어 볼 때 구체적인 사정에 따라 경찰관이 그 권한을 행사하여 필요한 조치를 취하지 아니하는 것이 현저하게 불합리하다고 인정되는 경우에는 그러한 권한의 불행사는 직무상의 의무를 위반한 것이 되어 위법하게 된다(대판 1998.5.8, 97다54482; 1998.8.25, 98다16890 판결 등 참조).

2. 경찰행정과 질서행정 (보안경찰과 협의의 행정경찰)

위험방지기능을 수행하는 행정기관을 경찰집행기관이냐 여부로 구분할 수 있다. 즉, 행정경찰기능도 다시 경찰집행기관이 행사하는 경찰행정(보안경찰)과 그밖의 행정기관이 위험방지기능을 행하는 질서행정(협의의 행정경찰)로 나누어 볼 수 있다.

한편 이와 유사하게 보안경찰과 협의의 행정경찰로 구분하기도 한다. 보안경찰은 '공공의 안녕·질서를 유지하기 위하여 다른 종류의 행정작용에 수반함이 없이 직접 독립하여 행해지는 경찰작용'으로 교통경찰, 소방경찰 등을 말한다. 이는 보통 조직상 일반경찰기관이 관할한다. 한편 협의의 행정경찰(질서행정)은 '다른 행정작용에 관련하여 일어나는 위험을 방지하기 위하여 다른 행정작용에 수반하여 행해지는 경찰작용'으로 위생경찰, 공안(철도경찰), 건축경찰 등을 말한다. 행정조직법상 협의의 행정경찰은 관할 일반행정기관이 관장한다.

3. 국가경찰과 자치(체)경찰

경찰은 임용주체에 따라서 국가경찰과 자치체경찰로 구분할 수 있다. 국가경찰은 국가가 질서유지의 권능 및 책임을 가지는 경우로서, 즉 국가가 경찰의 조직권, 인사권, 경비부담권을 부담한다. 이는 대륙법계의 제도이다

한편 자치체경찰은 지방자치단체가 경찰권의 유지권한 및 책임을 가지는 경우이다. 이는 영미법계에서 취하는 제도이다. 우리나라는 제주특별자치도에만 적용된다(경찰법 제25조이하). 자치체경찰은 「경찰법」 제4장 및 제14조이하의 지방경찰과 구분된다. 지방경찰은 자치행정조직이 아니라 특별지방행정조직이다.

우리나라는 그동안 국가경찰이 원칙이었다, 단, 광역자치단체의 소방경찰은 조직상 자치체경찰에 속한다. 그러나 우리 헌법상 지방자치의 보장에서 주민의 복리사무로 한정하므로 최근의 자치체경찰의 설치는 위헌성이 있다.

4. 청원경찰과 민간경비업

최근 경찰권의 질서독점이 해제되면서, 청원경찰법에 의하여 수행되는 경찰과 경비업법에 의한 민간에 의한 위험방지 등이 늘고 있다. 이 경우 경찰권의 국가독점을 넘어서 경찰 내지 질서행정기능이 민영화될 수 있는가의 문제가 있다.

5. 기타

1) **정치경찰과 보통경찰** - 경찰은 원칙적으로 보통경찰이다. 그러나 독일의 나치스 시대에는 개인을 감시하는 비밀경찰제도를 두었고, 일본은 고등경찰(고등계)는 정치경찰로 소위 국가의 안전을 보호하는 경찰을 두었다. 이러한 전통으로 우리나라에는 여전히 정치경찰의 요소가 남아 있다. 이는 경찰서내의 정보과, 국정원 등을 말한다.

2) **평시경찰과 비상경찰** - 공공의 안녕과 질서를 유지하기 위하여 평상시에는 평시경찰로서 일반경찰기관이 일반경찰법규에 의하여 공공의 안녕·질서유지작용을 행한다. 그러나 국가비상시 등에는 비상경찰으로서 군병력에 의한 공공의 안녕·질서유지작용, 즉 전시·사변 또는 이에 준하는 국가비상사태에 있어서는 병력으로서 공공의 안녕·질서의 유지하는 경우를 말한다.

제 2 항 경찰법

Ⅰ. 경찰법의 개념

경찰법(Polizeirecht)은 '경찰에 관한 법'이다. 이때 형식적 의미의 경찰개념에 따

르면, 경찰법은 사법경찰을 포함하여 '경찰과 관계된 모든 법'이지만, 실질적 의미와 유사하게 행정경찰에 한정할 경우에는 '경찰의 위험방지(질서유지)작용에 관한 법'으로 보므로 경찰행정법에 한정된다고 볼 수 있다.

경찰법을 실질적 의미의 경찰에 따라 넓게 보는 경우에는 '위험방지에 관한 법'으로 볼 수 있다.

현재 경찰법은 기본법으로 1991년에 「경찰법」이 제정되었다. 그 외에 주요 경찰관련법령을 보면, 조직법으로는 「경찰대학설치법」, 「전투경찰대설치법」, 「청원경찰법」, 「경찰청과 그 소속기관 직제」(대통령령), 「경찰위원회규정」(대통령령), 「치안행정협의회규정」(대통령령) 등이 있고, 직무에 대해서는 「경찰관직무집행법」, 「경찰직무 응원법」, 「경찰관공무원법」, 「경찰장비의 사용기준등에 관한 규정」(대통령령), 「경찰공무원복무규정」(대통령령) 등이 있다.

경찰업무에 대해서는 「도로교통법」, 「사격 및 사격장 단속법」, 「사행행위 등 규제 및 처벌 특례법」, 「수난구호법」, 「집회 및 시위에 관한 법률」, 「총포・화약・도검류 등 단속법」, 「풍속영업의 규제에 관한 법률」 등이 있다.

물론 경찰이 수행하는 형사소추기능에 따른 사법경찰에 대하여는 「형법」, 「형사소송법」, 「사법경찰법」 등이 있으나, 이는 행정경찰의 개념에서 벗어나므로 여기서는 설명하지 않는다.

Ⅱ. 경찰법의 특징

1. 경찰법과 질서행정법

경찰법은 '경찰에 대한 법'이다. 즉, 경찰법은 '위험방지법'으로서 공공의 안녕과 질서에 대한 위험을 방지하기 위하여 경찰기관에 행하는 법에 한정된다. 그 밖에 위험방지법은 주로 위험방지를 위하여 개인의 권리를 제한하거나 의무를 부과하는 질서행정으로서 각 행정기관에 권한이 부여되어 있는 질서행정법이다. 이러한 질서행정권의 권한규정의 예로 「사법경찰관리의 직무를 수행할 자와 그 직무범위에 관한 법률」에 자세한 기관과 권한이 규정되어 있다. 그 외의 질서행정법은 각 개별법에 규정되어 있으나, 위험방지와 관련하여 행정권의 발동(수권근거) 등은 경찰법령과 법이론에 의존하고 있다.

2. 위험방지법과 장래위험발생가능성 (리스크)

경찰법은 위험방지법으로서 발생할 것이 분명한 위험을 대상으로 한다. 따라서 장래에 위험이 발생할 지도 모를 리스크행정과는 구분된다. 아울러 천재지변 등에 근거한 대형 위험의 경우에는 '재난행정'이라는 질서행정에 속한다. 따라서 재난방지법, 소방법 등도 경찰법을 기반으로 한다.

Ⅲ. 일반경찰법과 특별경찰법

일반적으로 '전통적으로 경찰행정청이 행하는 치안사무중에서 행정경찰에 속하는 경찰활동을 규율하는 법'을 일반경찰법이라고 할 수 있다.

한편 집회 및 시위법, 외국인(관리)법, 식품위생법, 건축경찰법, 산림행정법 등의 질서행정분야에서 위험방지를 규율하는 법을 특별경찰법이라고 할 수 있다. 이 특별경찰법은 일반경찰법에서 적용되는 법리외에도 그 분야의 특유한 법리가 있으므로 그를 우선 적용하게 되는 경우가 많다.

제 2 절 경찰의 조직

Ⅰ. 개 설

☞ 우리나라의 경찰은 국가행정조직으로서의 경찰로 조직되었다. 종래에는 내무부 소속의 중앙행정기관인 치안본부에서 중립성과 민주적 관리를 위하여 1990년에 치안 및 해양경찰업무에 관해 행정자치부장관 소속하(외청)에 '경찰청'으로 설립되었다(정부조직법 제31조제3항). 현재는 해양경찰업무를 관할하는 해양경찰은 국토교통부에 소속된다. 한편 자치체경찰로서 제주특별자치도 경찰이 있다.

소방경찰은 국민안전처 소속으로 각 시·도지사에 속하며, 협의의 행정경찰은 각 중앙행정기관과 지방자치단체에서 집행하며, 비상경찰로서 군이 존재한다.

1991년에는 「경찰법」이 제정되어 직접 경찰의 조직과 직무에 관한 기본사항을 규율하고 있다.

이하에서는 경찰의 조직 내지 종류를 우선 일반 치안사무를 담당여부에 따라 1) 치안사무를 담당하는 일반경찰기관(해양경찰사무를 담당하는 해양경찰 포함)과 비치안사무를 담당하는 기관을 특별경찰기관으로 구분한다. 특별경찰기관은 다시 2) 소방경찰, 3) 비상경찰 4) 협의의 행정경찰로 구분한다. 이러한 국가경찰외에 5) 별도의 자치체경찰이 있다.

Ⅱ. 일반경찰기관

일반경찰기관은 '직접 경찰작용을 담당하는 경찰기관'을 말한다. '보통경찰기관'이라고도 한다(정하중, 박균성). 우리나라는 일반경찰기관을 국가경찰로 조직하여 행정부에 속한다. 일반경찰기관인 경찰청은 행정자치부장관 소속하에 있다.[3)]

1. 일반경찰행정청

경찰행정청은 '경찰에 관한 직접 대외적 구속력있는 국가의 의사를 결정·표시할 수 있는 권한을 가진 경찰기관'을 말한다. 이는 대외적으로 행정청의 지위를 갖는다. 경찰법상 일반경찰행정관청은 경찰청장, 지방경찰청장, 경찰서장으로 조직된다(제2조). 다만, 지방경찰청장은 시·도지사의 소속하에 속하지만, 현재는 경찰청장의 지휘감독을 받는다(제14조).

한편 해양에서의 경찰 및 오염방지 업무를 담당하기 위하여 국민안전처 소속하에 중앙소방본부와 해양경비안전본부를 둔다(정부조직법 제22조의2 제3호).

2. 일반경찰집행기관

경찰집행기관은 일반 행정기관처럼 경찰청의 명을 받아 국가의사를 실제로 집행하는 기관을 말한다.

1) **일반경찰집행기관**　　일반경찰집행기관은 일반적인 경찰업무에 관한 집행기관이다. 이는 실제 경찰직무를 행하는 경찰기관으로서 해당 공무원을 말한다.[4] 일반 경찰기관은 「경찰법」 제23조에서 규정하고 있으며, 이는 특정직 국가공무원(경찰공무원법 제2조)으로서 제복제모착용의무를 가진다.

한편 경찰기관은 「사법경찰관리의 직무를 행할 자와 그 직무범위에 관한 법률」에 근거하여 사법경찰의 사무를 위해 검사의 지휘를 받아 사법업무(수사)를 처리하는 사법경찰(관)리로서의 법적 지위를 가진다.

2) **특별경찰집행기관**

특별경찰집행기관은 특별한 분야의 경찰작용에 관한 집행기관이다. 이는 형식적 의미의 경찰이 아니므로 일반경찰행정청에 속하지 않는다.

(1) **전투경찰대**　　전투경찰대는 '간첩의 침투거부·포착·섬멸 기타의 대간첩작전을 수행하고, 치안업무를 보조하기 위하여 지방경찰청장 및 대통령령으로 정하는 국가경찰기관의 장 또는 해양경비안전기관의 장 소속하에 설치하는 기관'이다(전투경찰대설치법 제1조). 현재 전투경찰은 폐지되고, 의무경찰만 남았다.

(2) **헌 병**　　헌병은 군사 및 군인·군무원에 관한 경찰집행기관으로서 보안경찰과 아울러 사법경찰작용을 담당한다(군사법원법 제43조). 원칙적으로 군인·군무

---

3) 따라서 넓은 의미에서는 행정자치부장관도 일반경찰행정청의 하나로 보기도 한다. 정하중, 2011, 1119쪽.

4) 경찰관의 계급은 治安總監 - 治安正監 - 治安監 - 警務官 - 總警 - 警正 - 警監 - 警衛 - 警査 - 警長 - 巡警이다.

원 등으로 활동범위가 제한되나 예외적으로 군사 또는 군인·군무원의 범죄에 관련 있는 일반인의 범죄와 군용물·군용시설·군사기밀에 관한 일반인의 범죄에 관해서는 수사할 수 있다(사법경찰법 제9조).

3. 경찰의결기관 – 경찰위원회 등

우리나라는 경찰행정에 관한 중요 사항을 심의·의결하기 위해 행정자치부에 경찰위원회를 둔다(경찰법 제5조 제1항, 제9조).

경찰위원회의 중요사항 심의의결권은 1) 경찰의 인사·예산·장비·통신 등에 관한 중요정책 및 경찰업무발전에 관한 사항, 2) 인권보호와 관련되는 경찰의 운영·개선에 관련된 사항 3) 경찰업무 외의 다른 국가기관으로 부터의 업무요청에 관한 사항 4) 기타 행정자치부 장관 및 경찰청장이 중요하다고 인정하여 위원회에 부의한 사항이다(제9조). 이외에 경찰청장임명에 대한 동의권도 가진다.

한편 지방행정과 치안행정의 업무조정 및 그 밖의 필요한 사항의 협의 및 조정을 위하여 시·도에 치안행정협의회를 둔다(제16조 제1항).

Ⅲ. 특별경찰기관

일반경찰행정기관이 행하는 경찰행정을 제외한 나머지 분야의 위험방지를 행하는 기관을 '특별경찰기관'이라 칭한다. 특별경찰기관은 특별법상의 특별수권을 받아 위험방지작용(질서행정)을 행하므로 일반경찰기관보다 우선적인 권한을 갖는다.

1. 협의의 행정경찰기관 (질서행정)

협의의 행정경찰기관은 '질서행정에 속하는 것으로서, 경찰집행기관외에 해당 분야에서 공공의 안녕과 질서에 관한 위험방지임무를 행하는 기관'을 말한다.

일반행정청(기관)으로서 법령에 정하는 해당 분야의 행정권한에 부수하여 질서행정으로 위험방지권한도 수행한다. 물론 사법경찰(관)리로의 기능도 행한다. 예는 위생경찰, 산림경찰, 관세경찰 등이 있다.

현재 사법경찰관법을 보면, 교도행정(제3조), 산림보호원(제4조), 식품·의약품단속, 등대사무, 철도공안, 문화재보호, 계량검사, 관세범조사, 어업감독, 광산보안관, 공중위생단속, 환경관계단속, 농축산물단속 등이 있다.

2. 소방경찰

종전의 일반경찰기관에 속하였던 소방경찰이 분리되어 현재 소방사무는 광역사무로서 시 · 도지사와 소방본부장으로 구성된다. 소방경찰은 소방, 즉 화재의 예방 · 진압 · 경계에 종사하는 기관이다. 소방경찰에는 「소방기본법」이 제정되어 있다. 소방행정청에는 시 · 도지사, 소방본부장, 소방서장이, 집행기관은 소방대가 있다.

3. 비상경찰기관

☞ 비상경찰기관은 앞서 언급한 평시의 경찰 및 질서 담당 기관과 달리 보통경찰기관만으로 치안을 유지할 수 없는 비상사태에서 군병력으로 치안을 담당하는 기관을 말한다.

1) **계엄사령관** 전시 · 사변 또는 이에 준하는 국가비상사태에서 병력으로 군사상의 필요에 응하거나 공공의 안녕 · 질서를 유지할 필요가 있을 때에는 대통령이 계엄을 선포할 수 있다(헌법 제77조 제1항). 이러한 계엄 등의 국가비상시에는 계엄사령관이 병력으로 당해 지역의 경찰작용을 수행하게 된다. 계엄에는 비상계엄과 경비계엄이 있다(제2항).

경비계엄은 전시 · 사변 또는 이에 준하는 비상사태에 있어서 질서가 교란되어 일반행정기관만으로 치안을 확보할 수 없는 지역에 선포되는 비상사태이고(계엄법 제2조, 제3조), 비상계엄은 전시 · 사변 또는 이에 준하는 비상사태에 있어서 적과 교전상태에 있거나 질서가 극도로 교란되어 행정 · 사법기능의 수행이 곤란한 경우에 군사상의 필요에 응하거나 공공의 안녕 · 질서를 유지하기 위하여 선포하는 비상사태를 말한다.

2) **위수사령관** 위수사령관은 재해 또는 비상사태에 즈음하여 서울특별시장 · 부산시장 또는 도지사로부터 병력출동의 요청을 받았을 때에는 육군참모총장의 승인을 얻거나 사태가 긴급을 요하는 때에는 승인없이 즉시 그 출동에 응하는 병력출동으로서 해당 지역의 질서유지임무를 담당한다(위수령 제12조). 행정응원의 일종으로 볼 수 있다.

Ⅳ. 자치체경찰

한편 일반경찰기관이 국가경찰인 것과 반대로 지방자치단체 내에도 자치경찰사무를 담당하는 경찰을 둘 수 있다. 이를 자치제경찰이라고 하는데, 2006년에 제주특별자치도내에서의 제한된 질서기능을 담당하는 자치체경찰이 있다(제주법 제105조). 자치체경찰은 제주특별자치도에 자치경찰단으로 설치되며, 도지사의 지휘 · 감독을 받는다.[5] 임무는 주민의 생활안전활동사무, 지역교통활동사무, 공공시설 및 지역행사장 등의 지역경비사무 등을 담당한다.

---

5) 자치체 경찰에 대하여 자세히는 홍정선, 특강, 1032쪽이하.

Ⅴ. 청원경찰과 용역경비업

1. 청원경찰

1) **개 념** 청원경찰은 '특정한 기관·사업자가 소요경비를 부담할 것을 조건으로 경찰배치를 신청하는 경우 그에 따라 배치되는 경찰'을 말한다(청원경찰법 제2조). 이는 형식적 의미의 경찰에는 속하나, 특정 기관·개인을 위한 작용이므로 실질적 의미의 경찰은 아니다.

청원경찰의 배치장소는 1) 국가기관 또는 공공단체와 그 관리하에 있는 중요시설 또는 사업장, 2) 국내주재 외국기관, 3) 기타 행안부령이 정하는 중요시설·사업장으로 규정한다(청원경찰법 제2조).

2) **직무수행** 청원경찰은 관할 경찰서장의 감독을 받고 해당 기관·시설의 경비구역 안에서 경직법상의 경찰관의 직무를 수행한다(제3조). 따라서 형법 등에서 공무원으로 의제된다(제10조). 특히 국가나 지방자치단체에 근무하는 청원경찰의 근무관계는 공법관계이므로 국가배상의 대상도 된다(대판 1993.7.13, 92누다47564).

대법원 1993. 7. 13. **선고** 92다47564 **판결 【파면처분취소】**
국가나 지방자치단체에 근무하는 청원경찰은 국가공무원법이나 지방공무원법상의 공무원은 아니지만, 다른 청원경찰과는 달리 그 임용권자가 행정기관의 장이고, 국가나 지방자치단체로부터 보수를 받으며, 산업재해보상보험법이나 근로기준법이 아닌 공무원연금법에 따른 재해보상과 퇴직급여를 지급 받고, 직무상의 불법행위에 대하여도 민법이 아닌 국가배상법이 적용되는 등의 특질이 있으며 그 외 임용자격, 직무, 복무의무 내용 등을 종합하여 볼 때, 그 근무관계를 사법상의 고용계약관계로 보기는 어렵다 할 것이다.

3) **경비부담** 경찰임무의 수행과 관련한 경비는 국고에서 부담한다. 다만, 청원경찰경비는 청원자가 부담한다.

2. 민간경비업

민간경비업은 '개인으로부터 경찰업무의 일부 또는 전부를 도급받아 행하는 영업'이다(경비업법 제2조). 경비업은 시설경비, 호송경비, 신변보호, 기계정비, 특수경비가 있다. 경비업은 실질적으로 경찰업무의 일부를 부담하나, 형식상으로 사인이라는 점이 특색이다. 따라서 개인의 위험은 방지하나 당연히 사법경찰리의 법적 지위가 없다. 이는 질서권의 국가독점에서 경찰기능의 민영화라는 점에서 논란이 있다. 따라서 경비업은 법인만 허가를 받아 할 수 있다.

제3절 경찰권의 근거와 한계

제1항 경찰권의 법적 근거

Ⅰ. 경찰권의 헌법적 근거

1. 경찰권에 의한 기본권 제한

경찰은 공동체의 존립을 위하여는 필수불가결한 기능인 공공의 안녕과 공공의 질서에 대한 위험방지작용을 수행한다. 다만, 이러한 질서유지 및 위험방지는 그 시행과정에서 관련자의 헌법상 기본권을 침해할 수 있다.

따라서 경찰권은 기본권 제한의 일반원리에 맞게 행사되어야 한다. 특히 우리 헌법은 국가안전보장, 질서유지, 공공복리를 위하여 법률로써 국민의 기본권을 제한할 수 있다. 다만, 질서유지를 위하여 경찰권을 행사하는 경우에도 기본권의 본질적 내용은 침해할 수 없다고 본다(제37조 제2항).

그 외에도 경찰권의 행사에는 기본권을 비롯한 헌법규정을 존중하여야 한다.

2. 관련 기본권

경찰권의 행사 내지 경찰활동과 관련하여 기본권 중에서도 신체의 자유, 재산권의 보장, 표현의 자유(언론, 집회), 인격권, 노동권 등이 문제될 수 있다.

> 특히 위험방지를 위하여 신체의 자유(제11조 제1항)를 구속하는 경우에는 반드시 법률에 의하여야 하고, 제한적으로 시행되어야 한다. 표현의 자유(제21조 제1항), 그중에서도 집회의 자유와 관련하여서는 질서유지를 목적으로 한 제한은 인정하나, 허가제는 금지되며(제2항), 이를 규율하기 위하여 집시법이 제정되어 있다. 경찰정보(치안정보)의 수집과 관련하여서는 개인의 정보적 자기결정권이 문제될 수 있다.

Ⅱ. 법치국가원칙과 경찰권

> 경찰행정은 위해방지를 위하여 개인의 권리를 제한하거나 의무를 부과하는 등의 명령과 강제를 주로 하는 전형적인 침해행정이므로 경찰권을 발동하는 경우에는 헌법상 기본권제한의 원리와 법률의 유보원칙에 따라 엄격한 법률상의 근거를 필요하다. 따라서 일반행정과 달리 개인의 권리와 자유를 제한하는 경우에는 단순한 조직규범인 임무배분규정이나 포괄적·일반적인 수권규범뿐만이 아니라 구체적·개별적인 권능규범(소위 작용법상 규정)이 필요하다. 그러나 실제 위험발생상황은 너무 다양하므

로 경찰법에서는 전통적으로 다양한 유형의 경찰권 행사에 대한 수권규범을 법리적으로 유형화시켜 놓았다.

1. 권한과 권능

근대국가이후로 국가는 그 활동을 위하여 법적인 권한(Kompetenz)이 필요하다. 권한을 규정하는 규범은 크게 임(직)무규범과 권능규범으로 나뉠 수 있다.

임무규범은 해당 행정기관의 조직이나 직무(임무)에 대한 일반적인 내용을 추상적으로 규정하는 규범이다. 이러한 규범에 근거하여 행정기관이 설치되고, 일반적인 임무에 대한 권한을 수권받는 것이다. 한편 권능규범은 국민의 권리를 제한하거나 의무를 부과하는 경우에 구체적으로 행정기관의 행위에 대한 수권을 규정하는 법규정이다.

2. 경찰법상 수권방식

경찰은 다양한 위험에 직면하여 위험방지를 위하여 국민에게 명령·강제하여야 한다. 따라서 국민의 권리를 보호하기 위하여는 다양한 위험을 방지를 위한 다양한 방식의 수권이 존재한다.

임무규정 - 일반적 권능(일반수권조항) - 특별권능규정(표준직무조항) - 특별법상 특별권능규정

구체적 위험 추상적 위험

경찰권 행사를 위한 수권규범에는 1) 경찰(권)의 포괄적인 임무(직무)를 정한 임무규정, 2) 경찰권을 발동할 수 있는 일반적인 권능을 정한 일반수권조항, 3) 위험방지행위를 유형화한 특별권능규정(표준직무조항), 4) 개별법상의 특별권능조항 등으로 크게 구분될 수 있다. 그러나 경찰권행사를 위하여는 거꾸로 우선적으로 근거규범으로 적용할 수 있다.

Ⅲ. 경찰권 행사를 위한 근거규범(수권규범)

1. 임무규범 (직무조항)

경찰행정청의 임무를 '치안에 관한 사무'라고 규정하고, 관할 행정기관은 '경찰청'이라고 규정한다(경찰법 제2조 제1항). 이는 권력분립주의에 따라 행정기관간의 권한을 분배하기 위하여 규정하는 규범, 즉 임무규범(Aufgabenverteilungsnorm)이다. '직무규범', '직무조항'이라고도 한다.

경찰청의 임무인 '치안사무'는 「경찰법」과 「경찰관직무집행법」에서 구체화되었다.

경찰의 임무는 1) 국민의 생명·신체 및 재산의 보호, 2) 범죄의 예방·진압 및 수사, 3) 경비·요인경호 및 대간첩작전수행, 4) 치안정보의 수집·작성 및 배포, 5) 교통의 단속과 위해의 방지, 6) 그 밖의 공공의 안녕과 질서유지이다.

원칙적으로 임무규범은 경찰기관의 권한을 규정하고, 이에 따라 경찰기관을 설립하며, 해당 사무의 관할에 대한 기준을 제공하는 역할을 담당한다.6) 따라서 임무규범은 경찰을 조직하고 포괄적인 사무를 규정할 뿐, 권능규범이 아니기 때문에 구체적으로 경찰권행사에 대한 근거규범으로 적용할 수는 없다.

2. 일반권능규범 – 일반수권조항

1) **개 념** 일반권능규범 내지 일반수권조항(Generalklausel)은 '공공의 안녕과 질서에 대한 위험을 방지하기 위하여 경찰권을 발동할 수 있다'는 내용의 추상적이고 일반적인 규율 내지 수권을 담고 있는 규범이다. '개괄적 수권조항'(정하중)이라고도 한다. 현대사회에서 다양한 위험에 대하여 모든 경찰권행사의 수권근거를 규정할 수 없으므로 입법기술상 포괄적인 수권규정이 필요하다.7) 따라서 일반권능규범은 경찰권행사를 위한 구체적인 권능규범이 존재하지 않는 경우에 보충적으로 구체적인 위험에 대하여 경찰권을 발동할 수 있도록 만들어 놓은 포괄적인 수권규범이다. 독일 경찰법에서는 일반화되어 있는 규정이다.

일반권능규범의 구성요건은 공공의 안녕, 공공의 질서, 위해(위험+장해)이다. 공공의 안녕은 개인의 생명·신체·건강·자유·재산과 같은 개인적 법익이 침해되지 않으며, 다른 한편으로 국가적 공동체의 존속과 기능이 방해받지 않고 정상적으로 활동하는 상태이다. 공공의 질서는 지배적인 사회·윤리관에 비추어 그것을 준수하는 것이 원만한 공동생활을 위한 전제요건이 되는 법규범이외의 규범의 총체이다. 위해는 공공의 안녕과 질서에 대한 위험이 있거나 이미 위험이 발생하여 그 공공의 안녕·질서에 대하여 장해가 일으키고 있어야 한다.

2) **현행법 규정** 우리 경찰법에는 공공의 안녕과 공공의 질서에 대한 위험방지를 위하여 경찰청에 일반적인 수권을 하고 있는 실정법상 규정은 존재하지 않는다. 즉, 일반수권조항이 없다. 다만, 종래에 「경직법」(제2조 제6호)상 경찰의 직무를 다시 「경찰법」(제5조 제1항 제3호)에서 "기타 공공의 안녕과 질서유지"라고 규정하였다. 그러나 이 규정은 "경찰의 임무"로 되어 있는 단순권한규정이자 직무규범이다.

---

6) 다만, "그 밖의 공공의 안녕과 질서유지"를 아래에서 언급하는 일반수권규범으로 볼 것이냐로 논란이 된다.

7) 일부 법률의 유보원칙에 따라 행정권의 행사는 개별적인 수권이어야 하므로 일반권능규범에 의한 기본권제한은 위헌이라는 주장(박윤흔)에 대하여 일반권능규범은 구체적인 위험이 발생한 경우의 보충적인 법적 근거이므로 헌법상 문제가 없다. 박균성.

3) **학 설** 위의 경찰법 및 경직법의 "기타 공공의 안녕과 질서유지"를 경찰의 직무로 한다는 규정을 일반권능규범으로 볼 것인가에 대하여 학설이 나뉜다.

(1) 일반수권규범설 – 경직법상 "공공의 안녕과 질서" 규정을 실정법상 경찰관에 대한 일반적 수권조항으로 볼 수 있는 바, 개별적 수권조항이 없는 경우, 제2차적 · 보충적 수권조항으로 본다(서원우, 김남진, 석종현, 이명구, 신보성, 강구철, 서정범, 류지태). 근거는 1) 개별적 수권규정이 없는 경우에 이를 보충적으로 적용하고, 2) 사회사정과 관념이 부단히 변하므로 구체적인 규정이 법기술상 불가하고, 3) 개괄조항을 해석하는 법원칙이 충분히 발달하였고, 4) 적용과정에서 재량의 남용은 법원의 판단이라고 본다. 한편 경직법 제5조 제1항 제3호를 유추해석하여 일반조항으로 인정하자는 주장도 있다(이기우).

(2) 직무규범설 (권한규정설) – 경직법의 위 조항은 "…직무를 행한다"고 규정하므로 경찰관의 직무범위만 정한 것으로서 본질적으로 조직법상 규정(임무배분규정)이라고 본다(이상규, 박윤흔, 김동희, 한견우, 박윤흔/정형근, 박균성, 대판 1986.1.28, 85도2448). 위 조항은 경찰의 직무를 규정한다고 하나, 일반적인 직무조항으로 보기에는 매우 구체적이다. 한편 개괄조항의 요건인 경찰권발동의 목적인 공공의 안녕과 질서가 규정되어 있으므로, 경찰권을 발동한다는 수권에 관한 규정이 없더라도 이는 불완전한 일반조항으로 보아야 한다. 따라서 입법론으로 개정되어야 한다.

(3) 입법필요설 – 경찰법의 법리상 일반조항이 필요하나, 현행 경찰법 및 경직법상의 규정은 일반조항으로 보기 어려우므로 입법론적으로 새로운 규정이 필요하다고 보는 견해이다(홍정선, 정하중).

(4) 판 례 – 헌재는 「경찰법」은 조직법으로 일반국민을 수범자로 하지 않는다고 하여, 기본법적 성질을 도외시한 바 있고(헌재 1994.6.30, 91헌마162), 보충의견으로는 일반적 수권조항으로 보기 어렵다고 하였다(헌재 2011.6.30, 2009헌마406). 대법원은 단순히 직무규정으로만 보았다(대판 1986.1.28, 85도2448).

(5) 소 결 – 우리 경찰청은 일반수권규범에 대하여 알지 못하므로 겨우 경직법상의 규정을 기본법인 경찰법에 옮겨 놓았을 뿐이다. 이 조항은 법리상 일반적 수권조항으로 보기 보다는 임무규범에 불과하므로 입법론적으로 새로운 일반수권규범의 제정이 요구된다.

3. 표준직무규범

1) **개 념** 표준직무규범 내지 표준직무조항은 '경찰권이 행사되는 전형적인 경찰조치를 유형화하여 일정한 경찰권행사의 유형(구성요건)을 설정하고 이에 따른 수권을 규정하는 방식'을 말한다. 그 법적 성질이 '일반법상 특별권능규범', '특별수권조항'이라고 한다. 이는 경직법에서 자세하게 규정한다.

2) **표준직무조치** 표준직무규범에 따른 표준직무조치(Standardmaßnahme)는

행정행위로서 상대방에게 그에 따른 행위의무를 부과하거나 직접 사람의 신체 등에 대하여 제한을 할 수 있다. 표준처분이라고도 한다(홍정선). 표준직무조치의 법적 성질은 '즉시강제'로 흔히 설명하나, 반드시 즉시강제인 것만은 아니다(정하중). 표준직무조치는 보통 수인의무를 중심으로 하는 처분에 집행행위로서의 사실행위가 포함되어 있다고 볼 수 있다.

위험발생과 관련하여 위험발생의 예방을 위한 위험방지를 위한 일정장소의 출입(제6조), 사실의 확인(제8조), 불심검문(제3조), 위험발생의 개연성이 높은 경우에 위험발생의 방지조치(제5조), 범죄의 예방조치와 제지조치(제6조), 위험이 발생한 경우 보호조치(제4조), 경찰장비의 사용(제10조) 등이 있다.

(1) 불심검문 불심검문은 '수상한 거동 기타 주의의 사정을 합리적으로 판단하여 어떠한 죄를 범하였거나 범하려고 한다고 의심할만한 상당한 이유가 있는 자 또는 이미 이루어진 범죄나 이루어지려는 범죄행위에 관하여 그 사실을 안다고 인정되는 자'를 정지시켜 질문하는 것이다(경직법 제3조 제1항). 이는 수상한 자의 발견이 요건이다. 불심검문은 정지, 질문, 흉기소지여부, 임의동행요구 등을 통한 사실조사, 신원확인이 목적이다. 불심검문으로 범죄사실이 밝혀지면, 이후 절차는 형사소추를 위한 사법경찰로 전환된다(박균성).

1) 정 지 - 불심검문을 하기 위한 거동이 수상한 자 등에 대한 정지명령은 법적 성질이 '하명'으로서 위험방지를 위하여 상대방의 신체의 자유를 제한하게 된다(행정경찰작용). 범죄혐의를 가지고 정지시키는 경우에는 형사소추의 성질이 있다고 사법경찰작용으로 보기도 한다(박균성). 그러나 정지시킨 자체는 위험방지로 볼 것이다. 경찰기관의 정지명령은 불응시 강제성이 없다고 단순히 경찰조사 차원으로 보기는 어렵다.

2) 신분확인과 질문 - 경찰기관은 상대방을 정지시킨 후에 증표제시로 경찰신분을 확인시킨 후에 불심검문의 목적과 이유를 설명하여야 한다. 경찰관의 질문은 상대방의 임의적인 협력을 전제로 하므로 강제로 답변의무를 부과하는 것은 아니다(제3조 제7항). 질문의 법적 성질을 사실행위로 보기도 하나, 비권력적 사실행위로도 본다(박균성). 증표제시의무를 위반하면 위법으로 보기도 한다(홍정선).

3) 제 지 - 아울러 경찰관의 정지, 질문 등에 응하지 않는 경우에 상대방을 제지하는 물리력행사가 허용될 것이냐에 대하여는 1) 불응하면 강제수단이 없다고 보기도 하지만(홍정선), 2) 정지명령이나 불응시 제지하는 등의 강제수단 허용된다고 본다(김동희, 박윤흔/정형근, 정하중). 3) 판례는 목적달성에 필요한 최소한의 범위에서 사회통념상 용인될 수 있는 방법으로 허용된다고 본다(대판 2012.9.13, 2010도6203). 4) 제지행위는 위 정비와 같이 보기도 한다.

4) 흉기소지여부 조사 - 불심검문으로서 경찰은 흉기소지여부를 조사할 수 있다(제3조 제3항). 이는 경찰조사의 일종으로 영장없는 강제조사에 해당된다. 신체의 자유

를 제한하게 된다. 한편 이때 흉기소지여부의 조사가 형사법상의 수색에 해당하는지, 해당한다면 영장이 필요한 것이 아닌 지에 대하여 1) 수색에 해당하므로 영장이 있어야 한다는 견해(이상규), 2) 위험방지를 위한 것으로 일시적이며 경미하여 수색에 해당되지 않는다는 견해(박윤흔), 3) 영장없는 강제조사로 보는 견해(홍정선, 박균성), 4) 급박한 상황에서 행해지는 즉시강제이므로 영장이 요구되지 않는다는 견해가 있다(류지태).

5) **임의동행** - 불심검문후 경찰은 임의동행, 즉 해당 장소에서 질문하는 것이 피질문자에게 불리하거나 교통에 방해가 되는 경우 자신의 신분을 밝히고 임의동행의 목적과 이유를 설명한 후에 부근의 경찰관서 등에 동행을 요구할 수 있다. 임의동행 요구시에는 물리력을 행사할 수 없다. 따라서 강제로 연행한 행위는 적법한 공무집행이 아니다(대판 1992.5.26, 91다38334). 물론 임의동행을 거절하는 것은 법상 가능하다(제3조 제2항). 따라서 실력으로 거부한 경우에는 정당한 행위이므로 공무집행방해죄가 되지 않는다. 위법한 임의동행의 경우에는 국가배상책임이 있다(홍정선, 박균성). 임의동행후절차는 경찰관서에서 6시간을 초과하여 머무를 수 없다(제6항). 임의동행시에는 가족이나 친지 등에 연락기회를 부여하고, 변호인 조력권을 통지하여야 하며, 증표제시의무가 있다.

대법원 2012. 9. 13. **선고** 2010**도**6203 **판결【상해 · 공무집행방해 · 모욕】**
위와 같은 법의 목적, 규정 내용 및 체계 등을 종합하면, 경찰관은 법 제3조 제1항에 규정된 대상자에게 질문을 하기 위하여 범행의 경중, 범행과의 관련성, 상황의 긴박성, 혐의의 정도, 질문의 필요성 등에 비추어 그 목적 달성에 필요한 최소한의 범위 내에서 사회통념상 용인될 수 있는 상당한 방법으로 그 대상자를 정지시킬 수 있고 질문에 수반하여 흉기의 소지 여부도 조사할 수 있다 할 것이다.

(2) 보호조치 보호조치는 이미 구체적인 위험이 발생한 경우에 추가적인 위험발생을 방지하기 위하여 시도하는 조치이다. 경찰관은 수상한 거동 및 주위사정으로 위해가능성이 있거나 응급구호나 보호조치의 필요가 있는 경우에 적당한 조치를 할 수 있다(제4조 제1항). 보호조치의 대상은 정신착란, 주취자, 미아, 병자, 부상자 등이고, 조치의 방법은 보건의료기관 또는 공공구호기관에 긴급구호를 요청하거나 경찰관서에 보호조치하는 것이다.

보호조치의 법적 성질은 즉시강제이고 불가피한 최소한도에서 행사되도록 행사요건을 신중하고 엄격하게 해석하여야 한다(대판 2012.12.13, 2012도11162). 보호조치의 요건에 해당하지 않음에도 경찰관서에 보호조치한 행위는 위법한 체포에 해당한다(같은 판례). 한편 경찰의 긴급구호조치의 불행사는 위법하여 국가배상을 청구할 수 있다(대판 1996.10.25, 95다45927).

대법원 2012.12.13. **선고** 2012**도**11162 **판결【공용물건손상 · 도로교통법위반등】**
경찰관직무집행법 제4조 제1항 제1호(이하 '이 사건 조항'이라 한다)에서 규정하는 술에 취한 상태로 인하여 자기 또는 타인의 생명·신체와 재산에 위해를 미칠 우려가 있는 피구호자에 대한 보호조치는 **경찰 행정상 즉시강제에 해당하므로, 그 조치가 불가피한 최소한도 내에서만 행사되도록 그 발동·행사 요건을 신중하고 엄격하게 해석하여야 한다**(대법원 2008.11.13. 선고 2007도9794 판결 등 참조).

대법원 1996. 10. 25. **선고** 95다45927 **판결【손해배상(기)】**
긴급구호권한과 같은 경찰관의 조치권한은 일반적으로 **경찰관의 전문적 판단에 기한 합리적인 재량에 위임되어 있는 것이나,** 그렇다고 하더라도 구체적 상황하에서 경찰관에게 이러한 조치권한을 부여한 취지와 목적에 비추어 볼 때 그 불행사가 현저하게 불합리하다고 인정되는 경우에는, 이러한 불행사는 법령에 위반하는 행위에 해당하게 되어, 국가배상법상의 다른 요건이 충족되는 한, 국가는 이로 인하여 피해를 입은 자에 대하여 국가배상책임을 지게 되는 것이지만, 정신병원에의 장기입원이나 사회로부터의 장기격리와 같은 조치는 위 경찰관직무집행법의 규정이 정한 경찰관의 권한을 넘는 것이다.

보호조치는 행정법상의 의무부과없이 직접 상대방의 신체나 물건에 실력을 행사하는 즉시강제의 성격을 갖는 강제보호조치와 사실행위로서의 성격을 갖는 임의보호조치로 구분된다.

보호조치(절차)로 경찰관이 긴급구호, 보호조치시는 지체없이 피구호자의 가족 등에게 그 사실을 통지해야 하며, 연고자가 없는 경우에는 공공보건의료기관이나 공공구호기관에 즉시 인계하여야 한다(제4조 제4항). 경찰관서보호는 24시간을 초과하는 것이 불가능하다(제7항). 초과시 위법구금이 된다.

피구호자가 휴대하고 있는 무기·흉기 등 위험을 야기할 수 있는 물품은 경찰관서에 임시영치할 수 있다(제3항). 임시영치는 10일을 초과할 수 없다.

(3) 위험발생의 방지조치 경찰은 신체의 대한 위해 및 재산상의 중대한 손해의 우려가 있는 천재, 사변, 공작물의 손괴, 교통사고, 위험물의 폭발, 광견·분마류의 출현, 극단적 혼잡 등에 위험방지조치를 할 수 있다(제5조 제1항). 위험발생방지조치로서 경찰의무자에 대한 경고조치, 억류 및 도피, 중요시설에 접근과 통행의 제한 및 금지를 할 수 있다. 경찰관이 위험발생방지조치를 시행한 경우에는 지체없이 소속 경찰관서의 장에게 보고하여 관계기관의 협조 등의 필요한 조치를 하여야 한다(제4항).

이 조항은 비교적 포괄적인 형태의 표준조치를 규정하고 있으므로 일반적 수권조항으로 적용될 수 있다고 보는 견해도 있다(김동희). 위험발생조치중에서 억류, 피난조치 등은 즉시강제의 성격을 가질 수 있다(정하중). 위험발생방지조치는 법문상 재량권이 부여되어 있다(정하중). 다만, 구체적인 위험상황하에서는 경찰관의 재량권이 영으로 수축하여 그 불행사는 위법하게 되고, 국가배상의 대상이 된다(대판 1998.8.25, 98 다16890).

대법원 1998. 8. 25. **선고** 98다16890 **판결【손해배상(자)】**
경찰관직무집행법 제5조는 경찰관은 인명 또는 신체에 위해를 미치거나 재산에 중대한 손해를 끼칠 우려가 있는 위험한 사태가 있을 때에는 그 각 호의 조치를 취할 수 있다고 규정하여 형식상 경찰관에게 재량에 의한 직무수행권한을 부여한 것처럼 되어 있으나, 경찰관에게 그러한 권한을 부여한 취지와 목적에 비추어 볼 때 구체적인 사정에 따라 경찰관이 그 권한을 행사하여 필요한 조치를 취하지 아니하는 것이 현저하게 불합리하다고 인정되는 경우에는 그러한 권한의 불행사는 직무상의 의무를 위반한 것이 되어 위법하게 된다(이 법원 1998.5.8. 선고 97다54482 판결, 1996.10.25. 선고 95다45927 판결 등 참조).

(4) 범죄의 예방과 제지 경찰관은 현행범이거나 범죄예방을 위하여 경고 및 제지할 수 있다(제6조). 경찰관은 위험예방을 위하여 관련자에게 경고하거나 위험발생의 우려로 긴급한 경우에는 해당 행위를 제지할 수 있다. 이 경우도 역시 즉시강제의 성격을 가질 수 있다.

대법원 2008. 11. 13, **선고,** 2007**도**9794 **판결 【폭력행위등처벌에관한법률위반등】**
경찰관은 형사처벌의 대상이 되는 행위가 눈앞에서 막 이루어지려고 하는 것이 객관적으로 인정될 수 있는 상황이고, 그 행위를 당장 제지하지 않으면 곧 인명·신체에 위해를 미치거나 재산에 중대한 손해를 끼칠 우려가 있는 상황이어서, **직접 제지하는 방법 외에는 위와 같은 결과를 막을 수 없는 절박한 사태일 때에만 경찰관직무집행법 제6조 제1항에 의하여 적법하게 그 행위를 제지할 수 있고, 그 범위 내에서만 경찰관의 제지 조치가 적법한 직무집행으로 평가될 수 있는 것이다.**

(5) 위험방지를 위한 출입 경찰은 범죄 등의 위험한 사태가 발생하여 위해방지나 피해자구조를 위하여 타인의 토지, 건물 또는 선차내에 출입할 수 있다(제7조 제1항). 또한 범죄예방과 위해예방을 위하여 다중출입장소에 영업시간 또는 공개시간에 출입을 요구할 수 있다(제2항). 단, 경찰관은 출입시 증표제시를 하여야 하며, 관계인의 정당한 업무를 방해해서는 안 된다(제4항). 위험방지를 위한 출입에는 긴급출입과 예방출입이 있다. 이는 주거와 관련되는 경우에는 상대방의 주거의 자유를 제한하므로 헌법상 영장주의의 예외로 볼 수 있다. 따라서 위험방지와 범죄예방 등으로 한정하여 유형화한 것이다.

(6) 사실의 확인 등 경찰은 직무수행에 필요한 사실관계를 조회할 수 있다(제8조 제1항). 긴급을 요하는 경우에는 경찰관이 직접 현장에 가서 해당 기관의 협조를 얻어 그 사실을 확인할 수 있다.

경찰관은 미아의 보호자, 유실물의 관리자, 사고로 인한 사상자, 교통사고조사 등을 위하여 관계인에게 출석요구를 할 수 있다(제2항).

(7) 경찰장비 등의 사용 경찰은 직무수행중 실력행사를 위하여 경찰장비, 경찰장구, 무기 등을 사용할 수 있으며, 시위 등에는 분사기 또는 최루탄 등을 사용할 수 있다. 분사기, 최루탄, 무기를 사용하는 경우에는 그 책임자가 사용일시 등을 기록하여 보관하여야 한다(제11조).

1) **경찰장비** - 경찰은 직무수행중에 경찰장비를 사용할 수 있다(제10조 제1항). 경

찰장비는 무기, 경찰장구, 최루제 및 그 발사장치, 감식기구, 해안감시기구, 통신기기, 차량·선박·항공기 등의 직무수행을 위한 장치와 기구를 말한다(제2항). 경찰은 경찰장비사용을 위하여 안전교육과 안전검사를 하여야 하며(제1항), 경찰장비를 임의로 개조하거나 부착하는 등의 통상의 사용과 달리하여서는 안 된다(제3항).

2) **경찰장구** - 경찰은 범인체포, 도주방지, 방호, 공무집행상 항거의 억제 등을 위하여 경찰장구를 휴대하여 사용할 수 있다(제10조의2 제1항). 경찰장구는 경찰관이 휴대하여 사용하는 수갑, 포승, 경찰봉, 방패 등을 말한다(제2항). 경찰장구는 범인체포, 도주방지, 방호 등의 필요한 한도에서 사용할 수 있다.

3) **분사기·최루탄** - 경찰은 범인체포, 도주방지, 불법집회·시위에 따른 위해발생 억제를 위하여 현장책임자의 판단으로 필요한 최소한으로 분사기 또는 최루탄을 사용할 수 있다(제10조의3).

4) **무기사용** - 경찰은 범인체포, 도주방지, 방호, 공무집해에 대한 항거의 억제 등을 위하여 무기사용을 할 수 있다(제10조의4 제1항). 무기는 인명 또는 신체에 위해를 가할 수 있는 권총, 소총, 도검 등을 말한다(제2항). 나아가 대간첩·대테러작전 등 국가안전 관련 작업에는 개인화기외에도 공용화기를 사용할 수 있다(제3항). 무기는 정당방위, 긴급피난 및 경직법 상 규정된 경우외에는 사람에게 위해를 가해서는 안 된다. 그러나 실무에서는 무기사용으로 인하여 대상자가 사상을 입은 경우에는 재량권의 남용으로 판단되기 쉽다(대판 1999.3.23, 98다63445; 1999.6.22, 98다61470).

4. 특별법상 특별권능규범

경찰법을 제외한 각 개별 행정법령(협의의 질서행정법)에서 경찰권발동을 위하여 개인의 권리를 제한하거나 의무를 부과할 수 있는 구체적인 권능조항을 규정하고 있는 경우이다. 이를 특별법상의 특별권능규범이라고 한다. 따라서 가장 우선적으로 적용되는 규범이다.

5. 규범의 적용순서

경찰권발동을 위하여는 1) 개별법령에 규정된 특별법상 특별권능조항, 2) 경직법상의 표준직무조항에 따른 표준직무조치, 3) 경찰법 및 경직법상 임무조항, 4) 경찰법 및 경직법상의 일반수권조항의 순서로 적용된다.

따라서 규범력이 약한 임무규범의 경우에는 구체적인 위험을 방지하기 위한 경우에만 근거규범으로 경찰권을 발동할 수 있고, 구체적인 권능규범의 경우에는 추상적 위험에도 경찰권을 발동할 수 있다.

제 2 항 경찰책임

☞ 경찰권은 원칙적으로 위험방지를 위하여 공공의 안녕과 질서에 대한 위험에 원인이 있는 자인 경찰책임자에게 행사된다. 따라서 누가 경찰책임을 부담시켜 경찰권을 발동할 것인가의 문제가 경찰책임론이다.

Ⅰ. 경찰책임의 개념

경찰책임이란 '경찰권행사의 상대방에 대하여 부과하는 경찰상 위해방지의무'를 말한다(장태주). 따라서 경찰상 위해발생의 원인을 제공한 경찰책임자에게 경찰권을 행사해야 한다는 것이 경찰책임의 원칙이다.

한편 모든 국민은 원칙적으로 공공의 안녕과 질서를 침해해서는 안 될 뿐만 아니라, 나아가 이에 대한 위험발생을 방지하거나 이미 발생한 장해를 제거할 의무를 부담하는데, 이러한 경찰책임을 '실질적 경찰책임'이라고 한다. '경찰책임을 위반한 자가 경찰집행기관의 명령에 복종하여야 하는 의무(책임)'를 '형식적 경찰책임'이라고 한다(홍정선).

Ⅱ. 경찰책임의 주체 (경찰책임자)

1. 경찰책임자의 개념

경찰책임자 내지 경찰책임의 주체는 누가 공공의 안녕과 질서에 대한 경찰책임을 부담할 것인가의 문제이다. 다른 한편으로는 경찰은 누구에게 (형식적) 경찰책임을 물어 경찰권을 발동할 것인가의 문제이기도 하다.

2. 경찰책임자의 유형

1) **자연인과 사법상 법인** 자연인은 원칙적으로 행위능력여부를 불문하고 경찰책임을 부담한다. 행위무능력자는 법정대리인이 경찰책임을 부담한다. 외국인도 경찰책임을 부담한다. 사법상의 법인은 물론 권리능력없는 사단도 역시 경찰책임을 부담한다.

2) **공법상 법인** 공법상 법인을 포함한 각 행정주체와 행정기관은 각기 법령에 의하여 행정사무를 수권받아 수행한다. 따라서 경찰행정기관을 제외한 다른 행정기관과 공법상 법인도 경찰책임을 부담하느냐가 문제될 수 있다. 물론 공법상 법인도 실질적인 경찰책임은 부담하는 것으로 본다(장태주, 홍정선). 다만, 공법상의 법인이나 행정기관은 원래의 행정사무의 수행을 위하여 경찰책임이 면제될 수

있다는 견해도 있다(박균성).

공법인이 경찰기관의 명령에 복종하는 형식적 경찰책임을 부담하는가 여부에 대하여는 1) 부정설은 행정기관은 다른 국가기관(경찰행정청)에 복종할 수 없으므로 행정주체(행정기관)는 자신의 영역내에서 스스로 위험을 극복해야 한다고 보고(장태주, 홍정선), 2) 긍정설은 위험방지, 즉 치안사무를 경찰청에 속하므로 위험방지를 위하여 경찰기관의 개입을 허용해야 한다고 본다. 3) 절충설(제한적 긍정설)은 그 국가기관의 본래의 임무를 방해하지 않는 범위내에서 경찰기관의 개입이 허용된다고 보거나(박윤흔) 경찰권의 발동으로 얻는 공익이 다른 국가기관의 업무수행으로 얻는 공익보다 큰 경우에만 경찰책임을 인정해야 한다고 본다(류지태, 박균성). 4) 위험방지에 대한 사무는 경찰기관에게 권한이 수권되어 있으므로 공법인이나 행정기관에 대하여서도 경찰권을 행사할 수 있다고 보아야 할 것이다.

사법적인 행정의 경우에도 해당 행정기관에게 경찰책임을 물을 것인가에 대하여 형식적인 경찰책임을 부정하는 견해(홍정선)에도 불구하고, 공공성이 약화된 경우에는 더욱 위험방지책임을 직접 물을 수 있으므로 경찰권을 행사할 수 있다고 보아야 한다.

Ⅲ. 경찰책임의 유형

1. 행위책임

1) 개　념　행위책임(Handlungsstörerhaftung)은 '자기의 행위 또는 자기의 보호·감독 하에 있는 자(친권자와 미성년자, 사용주와 고용인 등)의 행위에 의해 공공의 안녕과 질서에 위험을 야기한 경우에 부담하는 책임'을 말한다. 행위책임자(Handlungs-störer)는 '위험이나 장해의 발생에 직접 책임이 있는 자'이다. 이는 직접 원인제공자만이 책임을 진다.

행위책임자는 자연인·법인을 불문하며, 행위자의 행위능력은 물론 고의·과실도 묻지 않으며 부작위에 의해서도 가능하다.

2) 책임의 귀속　어떠한 기준으로 경찰책임을 귀속시킬 것인가의 문제이다. 이에 대하여 1) 조건설은 일정한 행위가 없었다면 경찰위험이 없었을 것이라고 인정되는 모든 조건을 기준으로 하고, 3) 상당인과관계설은 원인행위와 경찰위험간에 상당한 인과관계가 있어야 성립한다고 본다. 3) 직접원인설은 경찰법상 고유한 인과관계로서 '직접 위험을 야기한 자'에 한정하여 경찰책임을 부과하고, 물론 사안에 따라서는 간접적인 원인제공자도 객관적으로 위해발생을 야기한 경우에는 목적적 야기자로서 경찰책임을 진다(장태주, 홍정선, 박균성). 다수설이다.

2. 상태책임

1) **개 념** 상태책임(Zustandverantwortlichkeit)은 '사람의 행위가 아니라 물건·동물로부터 공공의 안녕과 질서에 대한 위험이 발생된 경우의 위험방지책임'을 말한다. 이 때 상태책임자(Zustandstörer)는 물건 등의 소유자나 사실상 지배권을 가진 자이다. 예를 들면, 붕괴위험이 있는 축대의 소유자, 도로상에 유아를 놀게 한 보호자 등이다. 상태책임은 상태책임자의 고의·과실을 불문한다.

2) **책임의 귀속** 상태책임의 원칙적인 책임자는 소유권자 또는 사실상의 지배권을 가진 자이다. 사실상 지배권은 소유권 등의 법률상 처분권뿐만 아니라 사실적 처분권도 포함한다. 예를 들면, 절취당한 물건에 의한 위험발생의 경우 절도가 상태책임자이다. 물건의 양수도의 경우에는 새로운 양수인이 상태책임도 진다.

3) **책임의 제한** 상태책임은 행위책임과 달리 불가항력이나 자연재해 등의 주관적인 책임을 물기 어려운 경우가 있다. 이에 대하여 1) 상태책임은 원칙적으로 제한이 없다고 보는 견해가 있다. 따라서 상태책임자의 귀책사유없이 사정변경에 의하여 경찰상 위험이 발생한 경우나 자연재해 등의 불가항력의 경우에도 상태책임을 져야 한다고 본다(박균성). 2) 그러나 물건의 소유자나 사실상 지배권자라고 하여 상태책임자에게 무한정한 상태책임을 인정하는 것은 가혹하다는 근거에 따라 불가항력이나 비정형적인 위험에 대한 책임제한론이 주장되기도 한다(정하중, 장태주). 3) 원칙적으로 상태책임자가 귀책사유가 없더라도 책임을 부담하지만, 자연재해, 불가항력 등의 경우에는 책임이 제한될 수 있다고 보는 것이 타당하다.

3. 경찰책임의 경합

1) **복합적 책임** 다수인의 행위 혹은 다수의 물건의 상태에 의한 경찰책임의 경합이 발생한 경우에는 경찰상 위험 제거·방지하기에 가장 적합한 상황에 있는 자에게 경찰책임을 물어 경찰권이 발동된다(선택재량).

2) **행위책임과 상태책임의 경합** 행위책임과 상태책임이 경합하는 경우에는 원칙적으로 행위책임이 우선한다.

3) **다수책임자간의 비용분담(비용청구)** 다수의 경찰책임자가 있는 경우에는 책임을 부담한 자가 다른 경찰책임자에게 비용의 일부의 상환을 청구할 수 있는가(비용상환청구권)에 대한 책임배분이 문제될 수 있다.

> 이에 대하여 1) 긍정설은 민법상 연대책임의 법리를 유추적용하여 비용청구가 가능하다고 보고(박균성), 2) 부정설은 경찰책임은 해당 경찰기관의 재량권에 따른 판단

으로 가장 위험방지에 적절한 경찰책임자를 선택한 것이고, 책임을 진 경찰책임자는 다른 경찰책임자의 사무관리를 한 것이 아니므로 비용상환청구가 불가능하다고 보고(홍정선), 3) 절충설은 각 경찰책임자간에 부과된 의무의 내용이 동일하지 않은 경우는 인정될 수 없지만, 동일한 경우에는 비용상환청구가 가능하다고 본다(박윤흔). 4) 경찰권의 발동은 경찰기관의 재량이므로 부정설이 타당하다.

4. 경찰책임의 예외 (비책임자에 대한 경찰권발동)

1) **개 념** 경찰은 긴급한 위해방지를 위하여 예외적으로 긴급한 필요가 있는 경우에는 경찰책임이 없는 자(경찰비책임자, 제3자)에 대해서도 경찰권을 행사할 수 있다. 주로 경찰긴급상태에서 경찰책임이 없는 자에 대하여 경찰권을 행사하는 경우이다.

2) **법적 근거** 현행법상 경찰긴급상태에 따른 제3자에 대한 경찰책임에 대한 일반규정은 없고, 개별법에만 일부규정이 있다. 따라서 법적 근거에 대하여 1) 경직법 제2조 제1호를 일반권능규범(일반수권조항)으로 보아 경찰비책임자에게도 경찰권을 행사할 수 있다고 보거나, 2) 경직법 조항은 일반권능규범이 아니므로 경찰비책임자에게 경찰권을 행사할 수 없다는 입장, 3) 일반권능조항이 없으므로 「경범죄처벌법」 제1조 제36호를 제한적이나마 일반법적 근거로 보아 경찰비책임자에게 경찰권을 행사할 수 있다고 본다(홍정선).

한편 경찰긴급상태에 일반수권규범을 통한 경찰권발동여부에 대하여 1) 가능하다는 견해(김중권), 불가하다는 견해(김연태, 홍정선)가 있다.

3) **요 건** 경찰책임의 예외가 인정되기 위하여는 1) 위험이 급박할 것, 2) 경찰책임자에 대한 경찰권발동으로는 목적을 달성할 수 없을 것, 3) 다른 방법을 통한 위험방지가 불가능할 것 4) 비책임자의 생명·건강을 해치지 않을 것, 5) 비책임자의 급박한 업무를 방해하지 않을 것, 6) 비책임자가 입은 손실은 보상해 줄 것 등을 요건으로 한다.

4) **시행방식** 경찰긴급상태시의 제3자(비책임자)에 대한 경찰권 발동은 행정행위에 의해서만 가능하다. 다만, 비상시 법령의 위임이 있는 경우에는 법규명령에서 의해서도 가능하다고 본다.

Ⅳ. 경찰의무의 승계

1. 개 념

경찰책임은 전통적으로 일신전속적이라고 보아 경찰책임자에게만 경찰권을 발동할 수 있었다. 그러나 최근에는 경찰책임자의 사망이나 물건의 양도 등의 경우에 그 승계인(상속인, 양수인 등)에게 경찰책임이 승계될 것인가의 문제가 발생한다. 물론 행정행위의 하자의 승계와도 유사하다.

2. 행위책임의 승계

경찰책임이 행위책임인 경우에는 책임자의 행위에 따른 법적 의무이므로 원칙적으로 타인에게 승계할 수 없다고 본다.

다만, 예외적인 승계가능성에 대하여 1) 부정설은 행위책임은 특정인의 행위에 따른 법적 의무이므로 명문규정외에는 허용될 수 없다는 입장이고(장태주, 홍정선), 2) 제한적 승계긍정설은 원칙적으로 행위책임은 승계가 되지 않지만 상속은 포괄적인 승계이므로 허용된다는 견해(박균성), 3) 경찰하명으로 명령된 행위가 비대체적인 경우에는 일신전속적이어서 승계되지 않지만, 대체가능한 경우에는 허용된다는 견해(정하중)가 있다. 4) 행위책임은 경찰상 위해를 야기한 행위책임자에게 부담시키는 것이므로 원칙적으로 승계가 부정된다고 보아야 할 것이다.

3. 상태책임의 승계

상태책임은 물건에 따른 경찰책임이므로 일반적으로 물건의 이전 등으로 그에 따라 승계된다고 본다.

물건 등의 승계자가 부담하는 경찰책임에 대하여 1) 승계긍정설은 물건의 상태에 따른 책임이므로 물건 등의 승계시에는 경찰책임도 원칙적으로 승계된다고 본다(장태주, 홍정선, 정하중). 2) 신규책임설은 물건의 승계자는 물건의 승계에 따라 새로운 상태책임을 부담하는 것이다(박균성). 3) 개별검토설은 상태책임을 포괄승계와 특정승계의 경우로, 경찰책임은 구체적 책임과 추상적 책임으로 나누어 포괄승계된 경우와 구체적인 책임을 지는 경우에만 승계된다고 본다(김남진). 4) 물건의 양수도에 따라 위법사실도 승계되므로 경찰책임도 승계한다고 보아야 할 것이다.

제 3 항 경찰권의 한계

Ⅰ. 경찰권행사의 한계의 개념

경찰권을 발동하기 위하여서는 경찰권에 대한 수권근거가 있어야 하고, 근거규정이 존재하더라도 일정한 헌법과 일반법원리에 따른 재량에 맞게 행사되어야 한다.

Ⅱ. 한계에 관한 원칙

1. 경찰소극의 원칙

경찰권은 원칙적으로 소극적인 공공의 안녕과 질서 유지를 목적으로 하며, 적극적인 공공복리의 증진을 위해 발동될 수는 없다. 이는 실질적인 경찰 개념에서 유래하는 것이다.

2. 경찰공공의 원칙

경찰은 사회의 안녕과 질서유지가 목적이므로 사회공공의 안녕질서와 직접적 관련 없는 사적 생활관계에 관여하지 못하는 것이 원칙이다.

1) **사생활불가침의 원칙** 경찰은 개인의 사생활에 간섭할 수 없다. 사생활이라 함은 사회통념에 따라 결정하나 일반사회와 직접적인 교섭이 없는 개인의 생활행동으로 공공의 안녕·질서에 대해 위해를 미치지 않는 영역을 말한다.

2) **사주소불가침의 원칙** 경찰은 사주소(Haus)내의 생활활동에 관여할 수 없다(Hausrecht). 여기서 사주소란 '일반사회와 접촉이 없는 개인의 거주장소, 회사, 사무실, 연구소 등'을 말한다. 그러나 경찰상 공개된 장소인 여관, 음식점, 역 등 공중에 개방된 장소는 사주소에 포함되지 않는다.

3) **민사관계불가침의 원칙** 경찰은 개인의 계약관계나 사유재산권의 행사 등에 관여할 수 없다. 단, 미성년자에 대한 술·담배 판매와 같이 민사관계이나 동시에 공공의 안녕질서에 영향을 미치는 경우는 경찰권이 발동될 수 있다.

3. 경찰책임의 원칙

경찰권은 원칙적으로 공공의 안녕과 질서에 대한 위험을 야기시킨 자, 즉 경찰책임자에게만 발동될 수 있다. 다만, 긴급상태의 경우에는 비책임자에게도 경찰권이 발동될 수 있다.

4. 경찰비례의 원칙 (과잉금지의 원칙, 광의의 비례원칙)

경찰권의 행사에는 달성하고자 하는 경찰목적과 피해를 입는 사인의 이익을 비교형량할 필요가 있는데, 이를 비례의 원칙이라고 한다. 이 점에서 경직법은 "이 법에 규정된 경찰권의 직권은 그 직무수행에 필요한 최소한도 내에서 행사되어야 하며, 이를 남용하여서는 아니된다"고 규정한다(제1조 제2항). 이에는 직접적 근거규정설이 있다.

1) **적합성의 원칙** - 행정기관(경찰관)이 취한 조치 또는 수단이 그가 의도하는 목적(사회질서에 대한 장해의 예방 또는 제거)을 달성하는 데에 적합해야 한다.

2) **필요성의 원칙** - 행정조치는 설정된 목적을 위하여 필요한 한도(목적 달성에 필요한 최소한) 이상으로 행해서는 안 된다. 최소침해의 원칙이라고도 한다. 여러 수단이 있다면 가장 적은 침해를 주는 수단을 선택하여야 한다.

3) **상당성의 원칙 (협의의 비례원칙)** - 어떤 행정조치가 설정된 목적(사회질서의 유지)을 위하여 필요한 경우라도 그 행정조치를 취함에 따른 불이익(개인의 자유나 재산에 대한 침해)이 그것에 의해 달성되는 효과보다 큰 경우에는 행정조치가 취해져서는 안 된다는 원칙이다.

5. 경찰평등의 원칙

경찰권을 발동하는 경우 헌법 제11조에서 정한 대상자의 성별·종교·사회적 신분·인종 등을 이유로 차별해서는 안 된다.

제4절 경찰작용법

☞ 경찰권은 어떠한 행정작용으로 행사될 것인가에 관한 문제가 경찰작용법이다. 물론 이러한 행정작용의 형식은 위험방지를 위한 일반질서행정에서도 이용된다.

Ⅰ. 경찰명령

1. 개 념

경찰명령(Polizeiverordnung)은 경찰이 위험방지를 위하여 주로 불특정 다수인에게 명령과 금지로 발령하는 규범이다.[8] 이는 다수인에 규범의 형식으로 명령하거나 금지하는 경우에 사용된다. 이는 경찰상의 법규명령으로 행정규칙은 아니다. 경찰명령은 다수인에 대한 발생하지 않은 위험에 대한 일반적·추상적 규율이므로 추상적 위험의 단계에서 가능하다.

2. 성 질

이는 불특정 다수인에게 일반적·추상적 규율을 한다는 점에서 이는 '예방경찰'로 볼 수 있고, 아울러 구체적인 위험보다는 추상적이고 장래적인 위험을 대상으로 한다.

---

8) 종전에는 경찰하명(질서하명)에 경찰명령과 경찰처분을 포함하여 설명하였으나, 이제는 경찰행정작용의 형식에 따라 구분하여 보기로 한다.

Ⅱ. 경찰처분

1. 개 념

경찰처분은 경찰목적을 위하여 일반통치권에 근거하여 개인에게 특정한 작위·부작위·급부·수인의무를 부과하는 행정행위이다. 이는 일반 경찰행정행위를 지칭하는 것이 아니고, 행정행위중 명령적 행위만을 대상으로 한다는 점에서 주의하여야 한다. 경찰하명, 질서하명이라고도 한다.

☞ 과거에는 경찰하명(경찰처분)인 행정행위외에 법규명령도 포함하였으나 지금은 각기 구분하여 설명한다. 이는 불특정 다수인을 대상으로 추상적·일반적 규율을 하는 경찰명령과 달리 원칙적으로 구체적이고 특정한 사람을 대상으로 구체적·개별적 규율을 한다는 점에서 다르다. 물론 일반처분의 경우에는 불특정 다수인에게 구체적인 규율을 하기도 한다(예: 교통신호등).

2. 종 류

1) 법률효과에 따른 분류

(1) 작위하명　　적극적으로 어떤 행위를 행할 의무를 명하는 행위이다. 이는 특정인이 원칙이나 불특정 다수인에게도 부과가 가능하다.

(2) 부작위하명　　소극적으로 어떤 행위를 하지 아니할 의무를 명하는 행위이다. 이는 경찰금지라고도 한다. 효력을 기준으로 하면 절대적 금지와 상대적 금지(허가를 유보한), 사람을 기준으로는 불특정다수인에 대한 금지와 특정인에 대한 금지 등으로 구분할 수 있다.

(3) 급부하명　　금전 또는 물품의 급부의무를 명하는 행위이다. 예는 경찰작용이 특정인을 위한 경우에 수수료납부 등을 명하는 것이다.

(4) 수인하명　　경찰권에 의한 자기의 신체·재산·가택에 대한 사실상의 침해를 감수하고 그에 저항하지 않을 의무를 명하는 행위이다.

2) 대상을 근거로 한 분류

(1) 대인적 처분　　대인적 처분이란 사람을 대상으로 하는 경찰처분을 말한다. 물론 적용대상인 사람의 특정성여부에 따라서 특정인 등에 대한 개별·구체적 규율인 개별처분과 다수인 대상이나 규율의 범위가 시간적·장소적으로 한정된 일반·도구적 규율인 일반처분이 있다.

(2) 대물적 처분　　대물적 처분은 물건을 대상으로 하여 간접적으로 사람을 규율하는 처분이다.

3. 형 식

1) **법규하명** 법규에 규정함으로서 구체적인 행정행위없이 직접 구체적인 의무를 발생시키는 처분법규에 따른 하명이다.[9] '법규하명'이라고도 한다. 실질적으로 행정처분의 성질을 가지므로 항고소송의 대상이 된다(대판 1954.8.19, 53행상37).

2) **처분하명** 법령에 의거하여 경찰목적을 위하여 일정한 의무를 과하는 행정행위이다. 특정인에게 개별적으로 행해지나, 예외로 불특정 다수인에게 행해지는 경우 일반처분이라고 한다.

4. 요 건

경찰처분은 행정행위중에서도 명령적 행위이므로 일반행정행위처럼 권한있는 기관에 의하여 발령됨을 물론, 일반행정행위중에서도 명령적 행위이므로 좀 더 엄격한 법률의 유보원리가 적용된다. 따라서 법적 근거를 반드시 가져야 한다.

그 외에서 경찰처분은 법치국가원칙중 명확성의 원리에 따라 구체적이고 명확해야 하고, 방지해야 할 위험도 구체적인 위험 등으로 강조될 수 있다.

5. 효 과

1) **경찰의무의 발생** 경찰이 특정한 또는 불특정한 수명자에게 경찰처분을 부과한 경우에 수명자인 국민에게는 국가에 대한 하명(경찰의무)의 내용을 이행할 의무가 생긴다. 경찰의무는 자연적 사실·상태 또는 사람의 행위에 대한 제한이나 금지 또는 위반상태의 제거 등의 목적이고, 법률상 능력이나 법률행위의 효력을 제한하지 않는다. 물론 의무는 작위, 부작위, 급부, 수인 등의 의무가 있다. 의무위반시는 강제집행이나 행정벌도 가능하다.

2) **수명자에 대한 의무발생** 경찰의무는 원칙적으로 경찰처분의 수명자에게 발생하는 것이지, 제3자에게 발생하는 것은 아니다. 따라서 제3자가 수명자에게 경찰의무의 이행을 요구할 수 없다.

6. 범 위

1) **인적 범위** 대인적 처분은 수명자에게만, 대물적 처분은 물건의 양수인, 승계인에게도 효력이 발생한다. 혼합처분인 경우는 양수인 등에게 대물처분만 전이된다.

---

9) 김남진교수님은 경찰명령으로 보신다.

2) **지역적 범위** 당해 경찰행정청의 관할(구역)만 효력이 발생한다. 단 대물처분은 관할외에서도 효력발생이 가능하다(운전면허정지).

7. 경찰의무의 위반

경찰처분은 경찰의무를 위반한 경우에는 의무이행을 확보하기 위한 강제집행과 의무위반에 대한 제재로서 경찰벌의 부과가 가능하다.

Ⅲ. 경찰허가

1. 개 념

경찰허가는 경찰법규에 의한 상대적 금지를 특정한 경우에 해제하여 적법하게 일정행위를 할 수 있도록 하는 행정행위이다. 실정법상은 허가외에도, 면허, 인허, 등록, 지정, 특허, 승인 등으로 사용한다.

경찰허가는 금지를 해제하는 행정행위이므로 경찰의무를 부과하는 경찰하명(처분)과 구분된다. 경찰허가는 상대적인 금지를 해제해주나, 특허는 절대적인 금지를 해제하여 부여하는 것이다.

2. 법적 성질

경찰허가의 구성요건을 충족한 경우에 경찰행정청이 허가의무를 가지는 경우는 기속허가이고, 허가여부에 대한 재량을 갖는 것이 재량허가인데, 수정허가권도 역시 재량허가에 속한다.

통설은 원칙적으로 기속재량행위라고 본다(김도창, 328; 이상규, 329; 박윤흔 339). 그러나 실제로 경찰허가상 구성요건의 불확정 법개념의 해석에 달려 있으므로 판단여지의 인정문제가 있다.

3. 성립요건

1) **당사자인 개인의 신청 (출원)** 경찰허가는 원칙적으로 법령의 특별한 규정이 없는 한, 허가를 통하여 허가의 이익을 누리고자 하는 당사자의 신청에 의하여 이루어진다. 개인의 경찰허가의 신청의 법적 성질은 쌍방적 행정행위설과 협력 또는 동의를 요하는 행정행위설이 있다.

신청없이 행해진 경찰허가의 효력문제에 대하여 다수설은 당연무효설이나(김도창, 박윤흔), 법규에 다른 규정이 있거나 상대방이 거부하지 않는 한 당연무효는 아니고, 당사자의 동의가 있는 경우에 효력이 발생한다고 본다(김남진, 이상규, 장태주).

2) **경찰행정청의 심사** 경찰허가는 당사자의 신청에 따라 경찰행정청이 해당 허가에 대한 시험(운전면허), 검사(식품위생법) 등의 허가요건을 심사할 수 있다. 따라서 이러한 요건심사가 법령상 규정된 경우에 이를 거치지 않은 경찰허가는 무효이다.

3) **타 행정기관의 협력 (동의)** 해당 경찰허가를 위하여 다른 행정기관의 동의나 승인 등의 협력을 요하는 경우가 있다. 예를 들면, 건축허가의 경우. 소방서장의 동의(소방법 제8조) 등이 있다.

4) **타인(이해관계인)의 동의** 경찰허가에 이해관계인의 동의(건물주의 동의, 인근주민의 동의) 등을 요건으로 할 수 있다. 원칙적으로 법령의 근거를 요한다.

5) **거리의 제한** 경찰허가에서는 법령에서 위험방지 내지 질서유지를 위하여 건물·위험시설 등의 시설에 일정한 거리제한을 주는 경우가 있다. 이는 이러한 거리제한이 개인의 영업권 내지 직업선택의 자유 등을 제한할 수 있으므로 가능한 법률의 수권하에 제한이 필요하다.

4. 경찰허가의 절차

1) **형 식** 경찰허가는 일정한 형식을 사용하는 경우가 많다. 증서(허가증, 면허증 등), 감찰증교부, 장부등록 등이다(전당포영업법 제10조, 도로교통법 제69조). 물론 구두허가, 추정적·묵시적 허가도 가능하다(무허가건축물의 방치).

2) **수수료나 조세의 납부** 경찰허가에 따라 수수료나 조세 등의 납부가 전제로 되는 경우가 많다. 이러한 경우에 수수료·조세 등의 납부가 경찰허가의 요건인가 여부에 대하여 요건설(김도창, 박윤흔)이 있으나 별개행위설(김남진, 이상규)이 타당하다. 보통 부관으로 정해지므로 이는 별개의 행위로 보아야 한다.

3) **부 관** 경찰허가는 기속행위이므로 원칙적으로 법상 명문규정 없이는 부관 부과가 불가능하다. 예외적으로 재량행위는 부관부과가 가능하다.

4) **취소 및 철회** 경찰허가의 성립요건에 하자 있는 경우는 취소나 철회가 가능하다.

5. 경찰허가의 효과

1) **경찰금지의 해제** 경찰허가의 효력은 우선 경찰허가에 의하여 헌법상 기본권에 해당되는 인간의 자연적 자유를 제한하였던 경찰금지를 일정한 허가요건하에 해제하는 효력을 가진다. 따라서 해당 경찰금지가 풀리므로 그에 따른 행위

를 할 수 있다. 다만 해당 법률상의 금지만 해제되는 것이므로, 타법상의 금지는 해제되는 것이 아니므로 이는 여전히 유효하다.

2) **허가로 얻는 권리** 경찰허가로 인하여 얻은 권리가 주관적 공권인가 여부에서 기속행위인 경우만 주관적 공권으로 본다. 특히 기존업자의 이익은 종전에는 반사적 이익으로 보았으나 최근 공권화되는 경향이 있다.

3) **경찰허가와 법률행위의 효력** 경찰허가는 적법요건에 불과하므로, 허가를 받지 않은 행위도 행정법상 강제집행이나 경찰벌의 대상이라도 사법상 법률행위의 효력에는 영향이 없다.

6. 효과의 범위

1) **대인적 효력**

(1) **대인적 허가** 경찰허가중에서 특정인의 경력이나 기능을 기준으로 행해진 경찰허가는 일신전속적이어서 이전·상속될 수 없다. 이는 경찰허가의 효력이 특정인에게만 미치기 때문이다.

(2) **대물적 허가** 물건의 객관적 사정을 기준으로 행해진 건축허가는 원칙적으로 이전·상속되나, 허가철회사유의 경우 허가양수자에 대하여는 이전 판례는 긍정하고(대판 1986.7.22, 86누203), 학설은 부정한다(김남진).

(3) **혼합적 허가** 경찰허가중에서 특정인과 특정물을 기준으로 한 허가는 권리의 양수시 새로운 허가신청으로 본다.

2) **지역적 효과** 경찰허가는 원칙적으로 해당 경찰기관의 관할내에서만 유효하다. 단 법령의 규정이나 허가의 성질상 관할을 넘을 수 있다. 예를 들면, 운전면허는 지역에서 발급해도 전국적으로 효력을 갖는다.

3) **허가의 갱신** 당해 경찰허가에 종기가 있는 경우는 기간의 도래로 허가가 소멸한다. 경찰허가는 경신신청시 새로운 사정의 변화가 없는 한 경신해 주어야 하고, 이때 종래의 행위로 그 효과를 계속시키는 행위이다(김동희). 즉 이는 새로운 허가이다. 경찰허가가 기한이 설정된 경우에 기한전 경신을 신청했으나 거부처분이 행해진 경우는 당연소멸설(이상규), 장래효력상실설(박윤흔), 신의칙설(김남진)이 있다.

Ⅳ. 경찰상 사실행위

경찰권의 행사에서는 다양한 위험방지를 위하여 사실행위가 많이 사용된다.

다만, 이러한 경찰상 사실행위는 경찰하명과 같이 이루어지기도 한다.

경찰기관이 행하는 경고를 사실행위로 보는 경우에는 권력적 경고인 경우에는 법적 근거를 요구하기도 한다. 물론 경찰상 사실행위도 권력적 사실행위로 행사되는 경우에는 법적 근거가 요구된다. 사실행위에 대한 권리구제는 위의 경찰하명과 함께 이루어지는 합성처분인 경우나 권력적 사실행위인 경우에는 가능하다. 물론 피해를 입은 국민의 경우에는 국가배상도 가능하다고 본다.

제 5 절 경찰법상 의무이행확보수단

Ⅰ. 개 설

경찰기관은 공공의 안녕과 질서유지를 위해 스스로 또는 경찰의무 등을 부과하나, 그래도 질서목적을 달성할 수 없는 경우나 의무의 불이행이 있는 경우는 경찰의무에 대한 이행확보수단을 가진다.

Ⅱ. 경찰상 강제집행

1. 개 념

경찰상 강제집행은 경찰하명에 의한 경찰의무의 불이행이 있는 경우에 상대방의 신체 또는 재산에 실력을 가하여 경찰상 필요한 상태를 실현하는 작용을 말한다. 다만, 이는 경찰의무가 전제되지 않는 경찰상 즉시강제와 구분된다.

2. 법적 근거와 수단

1) **일반수권조항에 의한 집행** 일반수권조항에 의하여 경찰하명을 한 경우는 강제집행도 일반수권조항에 근거하여 집행할 수 있다.

2) **표준적 직무규범에 의한 집행** 경직법 제3조의 경찰관의 직무행위는 표준직무행위로 통설처럼 '즉시강제'로 보지 않는 경우에 강제집행도 포함된다는 견해가 있다(김남진).

3) **개별법상 집행**

(1) **대집행** 행정대집행법상 요건이 충족된 경우 이 법에 따라 대집행할 수 있다(도로교통법 제31조). 물론 행정기관에 의한 경우는 직접강제, 제3자에 의한 경우는 대집행으로 볼 수 있다.

(2) 직접강제 경찰의무의 불이행에 대하여는 식품위생법(제62조), 공중위생법(제25조) 등에 규정된 폐쇄조치, 도로교통법상 위험방지조치 등이 있다.

(3) 이행강제금 (집행벌) 비대체적 작위의무를 강제하는 수단으로 건축법(제83조)의 시정명령을 이행하지 않는 위반건축물의 건축주에 대한 이행강제금을 부과할 수 있다.

(4) 강제징수 금전급부의무의 불이행이 있는 경우 국세징수법상 강제징수를 할 수 있다.

Ⅲ. 경찰상 즉시강제

1. 개 념

경찰상 즉시강제는 경찰하명에 의한 사전의 경찰의무의 부과없이 목전에 급박한 장해를 예방하거나 제거하기 위하여 상대방의 신체 또는 재산에 실력을 가하여 경찰목적을 실현하는 작용을 말한다.

견해에 따라서는 급박한 경우만 협의의 즉시강제로, 급박성이 없는 경우는 즉시시행으로 보는 견해(김남진)도 있다.

2. 법률상 근거와 수단

경찰상의 즉시강제는 법치국가원칙에 따라서 개별법상의 권능조항이 있는 경우, 경직법상의 개별조항(표준직무조항), 경직법상의 일반조항의 순서에 의하여 적용될 수 있다.

1) 경직법상 수단

(1) 일반조항에 의한 집행 경찰상 즉시강제를 시행하는데, 아무런 법적 근거가 없는 경우에는 구체적 위험의 발생시에 보충적으로 경직법상의 일반조항에 의하여 경찰권을 행사할 수 있다.

(2) 개별조항에 따른 집행 경찰법은 다양한 경찰권 행사를 유형화하여 경직법 제3조이하에서 표준직무행위(표준직무조항)를 규정하고 있다. 따라서 이를 소위 경찰상의 즉시강제로 해석하여 집행할 수 있다.

가. 불심검문 - 정지, 질문권, 임의동행요구권, 흉기소지여부조사권(제3조).
나. 보호조치와 임시영치(제4조 제3항).
다. 위험발생방지조치(제5조)
라 범죄의 방지 · 제지(제6조 제1항)
마. 위험방지를 위한 타인 건물 등에 출입권(제7조)

바. 사실의 조회 및 확인권(제8조 제1항)
사. 장구의 사용(제10조)
아 최루탄의 사용(제10조의2 제1항)
자. 무기의 사용(제11조)

2) 타법상의 수단 – 질서법상 즉시강제

(1) 대인적 강제 주로 위생관계법에서 인정한다. 질서행정법상의 즉시강제로 대인적 강제는 감염병자의 강제격리나 마약환자의 강제수용(감염병법 제29조, 제42조 제1항, 마약법 제50조), 유전정신질환자의 불임수술(모자보건법 제9조 제4항), 식품의 폐기처분(식품위생법 제56조), 소방강제처분(소방법 제78조) 등이 있다.

(2) 대물적 강제 대물적 강제로는 불량식품이나 불량의약품의 폐기처분(식품위생법 제24조, 약사법 제65조 제2항), 해당 물건의 수거 및 압수권(식품위생법 제16조 제1항), 위법광고물철거(광고물단속법 제5조 제2항) 등이 있다.

(3) 대가택 강제 대가택강제로는 소유자나 관리자의 의사에 반해 타인의 가택·사무실 등에 들어가 일정한 사실이나 물건의 상태 등을 검사·조사하는 것이다. 음식물저장품의 검사(식품위생법 제16조) 등이 있다.

3. 영장제도

개인의 신체·주거의 자유 및 재산권 보호를 위해 개인의 신체나 재산 및 가택에 대한 침해의 경우에는 법관의 영장주의를 규정하고 있다(헌법 제12, 16조). 단, 즉시강제의 경우는 목전의 급박한 위해의 제거에 목적이 있는 만큼, 사후영장 등 영장주의의 예외인정이 가능하다.

4. 구 제

적법한 경찰상 즉시강제에 대한 구제로서는 수인한도를 넘는 특별한 희생의 경우 개별법에 정한 손실보상이 가능하다.

위법한 경우는 행정심판이나 행정소송에 의한 취소·변경이 가능하다. 직무상 불법행위를 구성하는 경우는 손해배상이 가능하다. 정당방위의 가능성 여부가 문제된다.

Ⅳ. 경찰벌

1. 개 념

경찰벌은 경찰법상의 의무위반에 대하여 일반통치권에 기하여 과해지는 재제로서의 벌을 말한다. 과거의 의무위반에 대한 경찰의무의 실효성 확보외에도 소극적으로 의무자에 대한 심리적 압박도 가능하다.

원칙적으로 법률상 수권을 필요로 하나, 처벌의 대상, 성질, 한도 등을 구체적으로 정하여 명령에 위임이 가능하다.

2. 절 차

1) **경찰형벌** 경찰형벌의 과벌절차는 원칙적으로 형사소송법에 따른다. 단, 예외로서 통고처분과 즉결심판이 있다.

(1) **통고처분** 일정한 출입국관리법위반행위(제102조)나 도로교통법상 범칙행위시(제163조)는 그 범죄의 증명이 충분한 경우, 출입관리소장이나 경찰서장은 벌금이나 과료에 상당하는 금액 또는 범칙금을 납부하도록 하여 행정행위로 형사소송을 대신하는 제도이다. 이는 기한내에 납부하지 않는 경우에는 고발되거나 즉결심판에 회부되는 것이 특징이다.

(2) **즉결심판** 20만원이하의 벌금·구류 또는 과료의 행정형벌은 「즉결심판에 관한 절차법」이 정하는 바에 따라 즉결심판에 의해 부과한다. 형은 경찰서장이 집행한다(제18조 제1항).

2) **경찰질서벌** 과태료에 처해질 자의 소재지를 관할하는 지방법원이 비송사건절차법상의 재판절차에 따라 부과한다. 단 법원이 질서위반법에 따라 과태료를 부과하는 방식과 주무 행정관청이 부과결정하고 이의시 법원의 재판에 의하는 방식으로 구분된다. 행정청부과시에는 이의제기의 경우만 법원에 통보하므로 비송법에 의한 과태료부과절차가 개시한다.

제 6 절 경찰상 손해전보

Ⅰ. 개 설

경찰활동은 그 자체가 위험방지행위로서 국민에 대하여 일정한 명령이나 강제를 행하게 되는 바, 그에 따라 손해를 입은 국민에 대한 피해보전이 문제될 수 있다. 특히 경찰활동은 위해방지행위인 만큼, 그러한 위험발생원인에 따른 책임인 경찰책임과 관련하여 손해전보가 달라질 수 있다.

Ⅱ. 경찰상 손실보상

1. 일반론

경찰의 위험방지행위는 그 자체가 법령을 위반하지 않는 한, 원칙적으로 적법한 공권력의 행사이다. 따라서 경찰관의 적법한 경찰작용으로 인하여 피해를 입은 국민은 국가에 대하여 정당한 보상을 청구할 수 있다(경직법 제11조의2).

2. 경찰비책임자에 대한 손실보상

경찰법에서 특히 문제가 되는 경우는 경찰상 위해방지에 대한 의무가 없는 소위 '경찰비책임자'에게 경찰권을 발동한 경우의 손실보상의 경우이다. 따라서 경찰긴급상태 내지 경찰비책임자에 대한 경찰행정청의 경찰권 발동에 의하여 특별한 재산상의 손실을 입은 경우에는 국가에 대하여 손실보상을 청구할 수 있다. 이것은 일반 행정상 손실보상과 같다.

2) 아울러 이러한 제3자인 경찰비책임자의 피해가 생명이나 신체에 관한 것이라면 희생보상청구권이 인정되어야 한다. 또한 이러한 행위가 그 대상인 위해가 범죄와 관련된 경우에는 범죄피해자로서 보상이 고려될 수 있다.

3) 한편 이러한 경찰비책임자가 경찰명령이 없이 자발적으로 경찰조치에 참여하다가 손실을 입은 경우에도 인정되어야 한다고 본다.

3. 경찰책임자의 손실보상

경찰상 위험을 야기시킨 경찰책임자에게 재산상의 손실이 발생한 경우에는 장애자는 경찰책임을 져야 하므로 원칙적으로는 손실보상이 문제되지 않는다. 다만, 자신의 책임에 상응하는 정도를 초과한 재산상의 손실을 입은 경우에는 손실보상을 청구할 수 있다(경직법 제11조의2 제1항 제2호).

4. 경찰허가의 취소 또는 철회에 따른 보상

최근 경찰허가의 취소나 철회에 따른 보상이 문제되는데, 이는 일반적인 상황에서의 적법한 행위라면, 별도의 손실보상이 문제될 것은 없다.

5. 보상절차와 소멸시효

경찰관의 적법한 직무행위에 따른 손실보상신청사건을 심의하기 위하여 손실보상심의위원회를 두고, 손실보상의 기준, 보상금액, 지급절차 및 방법, 손실보상심의위원회의 구성 및 운영, 그 밖에 필요한 사항은 대통령령으로 정한다(제3항, 제4항).

손실보상청구권은 손실이 있음을 안 날부터 3년, 손실이 발생한 날부터 5년간 행사하지 아니하면 소멸시효의 완성으로 소멸한다(제2항).

Ⅲ. 경찰상 손해배상

경찰이 위해방지를 위하여 경찰조치를 하였거나 또는 경찰권을 행사하지 않은 것이 현저하게 불합리한 경우에는 위법한 직무행위이어서 개인에게 손해가 발생한 경우에는 국가는 배상책임을 부담한다(대법원 1998.8.25, 98다16890). 이러한 경우에는 피해자가 위해발생자인가 여부를 구분하지 않는다.

Ⅳ. 공법상 결과제거청구권

경찰작용의 결과 위법한 상태가 남아 있는 경우에 상대방인 국민은 이러한 위법한 상태의 제거를 경찰에 대하여 청구할 수 있는데, 이를 공법상 결과제거청구권이라고 한다.

Ⅴ. 행정주체에 대한 비용상환청구권

행정권은 위해발생자에 대하여 법령상 명문의 규정이 있는 경우에는 경찰권발동에 대한 비용을 청구할 수 있다. 도로교통법상 주차위반차의 이동 등에 소요된 비용은 그 차의 사용자의 부담으로 하고, 징수는 행정대집행을 준용한다.

그러나 비경찰위해발생자에 대하여는 경찰비용을 청구할 수는 없다.

제7절 특별경찰법

제1항 집회 및 시위법

Ⅰ. 집회 및 시위의 개념

1. 개 념

집회 및 시위법(Versammlungsrecht)에서는 우선 집회 및 시위법의 보호대상이자 위험방지의 대상인 '집회'와 '시위'의 개념이 문제된다.

시위는 "여러 사람이 공동의 목적을 가지고 도로, 광장, 공원 등 일반인이 자유로이 통행할 수 있는 장소를 행진하거나 위력 또는 기세를 보여, 불특정한 여러 사람의 의견에 영향을 주거나 제압을 가하는 행위"라고 법적 정의하고 있다(제2조 제2호). 한편 집회는 "특정 또는 불특정 다수인이 공동의 의견을 형성하여 이를 대외적으로 표명할 목적 아래 일시적으로 일정한 장소에 모이는 것"이라고 할 것이다(대판 1983. 11.22, 83도2528; 2008.6.26, 2008도3014 등 참조). 다만, 집회는 '일시적 모임'이라는 점에서 결사와 구별된다.

한편 시위와 유사한 것인 옥외집회인데, 옥외집회는 "천장이 없거나 사방이 폐쇄되지 아니한 장소에서 여는 집회"를 말한다(제2조 제1호).

그러나 실제는 (옥외)집회후 시위를 하는 것이 일반적이어서 양자가 명확하게 구분되지 않기 때문에 대부분의 집회법에서 시위를 같이 규정한다. 우리 집시법도 옥외집회와 시위를 같이 규정한다.

2. 헌 법

우리 헌법은 표현의 자유에서 언론, 출판, 집회, 결사의 자유를 보장하고 있다(제21조). 특히 집회 및 시위의 자유는 "표현의 자유의 집단적인 형태로서 집단적인 의사표현을 통하여 공동의 이익을 추구하고 자유민주국가에 있어서 국민의 정치적·사회적 의사형성과정에 효과적인 역할을 하는 것이므로 민주정치의 실현에 매우 중요한 기본권이다"(헌재 1994.4.28, 91헌바14).

이러한 점에서 우리 헌법은 집회 및 시위의 자유의 근간이 되는 집회에 대한 허가제를 금지하고 있다. 따라서 집회의 내용, 시간, 장소, 방법을 기준으로 한 허가는 금지된다.[10] 집회와 시위는 국민의 기본권이라는 점을 존중하여 그 제한의 위헌성에 주의하여야 한다.

집회의 자유가 '기본권'이라는 점에서 집회에 참여하지 않는 일반국민에게는 집회에 대한 수인의무가 있다고 보며, 다만 사회통념상 용인될 수 있는 범위내에서는 정당행위로 그 위법성이 조각된다(대판 2004.10.15, 2004도4467).

3. 현행법

우리나라는 헌법상 표현의 자유외에 법률차원에서도 집회와 시위를 규율하고 있다. 종전에는 「집회에 관한 법률」, 「집회에 관한 임시조치법」이 있었으나 1962년에 「집회 및 시위에 관한 법률」(집시법)로 통합 제정되었다.

집시법은 국민의 '집회 및 시위의 자유'라는 기본권과 '공공의 질서유지'라는 공익

10) 이러한 점에서 종래 야간옥외집회가 공공의 안녕과 질서에 대한 해를 끼칠 위험성이 크다고 보다 제한을 강화할 수 있다는 판결(헌재 1994.4.28, 91헌바14)이 있었으나, 최근 야간옥회집회 금지에 대하여 헌법불합치결정이 내려졌다. 헌재 2009.9.25, 2008헌가25.

과의 조화를 위하여 적법한 집회와 시위는 보장하고, 위법한 집회나 시위로부터 질서 유지 및 국민의 권리를 보호하기 위한 것이다(제1조 입법목적).

Ⅱ. 집회 및 시위의 금지

우리 집시법은 일정한 경우에 집회 및 시위 자체를 금지하고 있다.

즉, 집회나 시위의 목적에 따른 금지는 1) 헌법재판소의 결정에 따라 해산된 정당의 목적을 달성하기 위한 집회 또는 시위, 2) 집단적인 폭행, 협박, 손괴, 방화 등으로 공공의 안녕 질서에 직접적인 위협을 끼칠 것이 명백한 집회 또는 시위는 금지된다(제5조 제1항).

한편 집시법은 금지시간으로서 원칙적으로 "누구든지 해가 뜨기 전이나 해가 진 후에는 옥외집회 또는 시위를 하여서는 안 된다"고 하여 야간집회 및 시위를 금지하고 있다. "다만, 집회의 성격상 부득이하여 주최자가 질서유지인을 두고 미리 신고한 경우에는 관할경찰관서장은 질서 유지를 위한 조건을 붙여 해가 뜨기 전이나 해가 진 후에도 옥외집회를 허용할 수 있다"고 하여 예외적으로 야간집회 등을 허용하고 있다(제10조).

한편 옥외집회 및 시위의 금지장소를 아래와 같이 규정하고 있다.

> 「집회 및 시위에 관한 법률」 제11조 (옥외집회와 시위의 금지장소) 누구든지 다음 각 호의 어느 하나에 해당하는 청사 또는 저택의 경계 지점으로부터 100 미터 이내의 장소에서는 옥외집회 또는 시위를 하여서는 아니 된다.
> 1. 국회의사당, 각급 법원, 헌법재판소
> 2. 대통령 관저(관저), 국회의장 공관, 대법원장 공관, 헌법재판소장 공관
> 3. 국무총리 공관. 다만, 행진의 경우에는 해당하지 아니한다.
> 4. 국내 주재 외국의 외교기관이나 외교사절의 숙소. 다만, 다음 각 목의 어느 하나에 해당하는 경우로서 외교기관 또는 외교사절 숙소의 기능이나 안녕을 침해할 우려가 없다고 인정되는 때에는 해당하지 아니한다.
> 가. 해당 외교기관 또는 외교사절의 숙소를 대상으로 하지 아니하는 경우
> 나. 대규모 집회 또는 시위로 확산될 우려가 없는 경우
> 다. 외교기관의 업무가 없는 휴일에 개최하는 경우

Ⅲ. 옥외집회 및 시위의 신고

1. 집회 및 시위의 신고

옥외집회나 시위를 주최하려는 자는 법령상 신고사항 모두를 적은 신고서를 집회일 720시간(30일) 전부터 48시간(2일) 전에 관할 경찰서장에게 제출하여야 한다.

다만, 집회장소 등이 두 곳 이상의 경찰서의 관할에 속하는 경우에는 관할 지방경찰청장에게 제출하여야 하고, 두 곳 이상의 지방경찰청 관할에 속하는 경우에는 주최지를 관할하는 지방경찰청장에게 제출하여야 한다(제6조 제1항).[11]

신고사항은 1) 목적, 2) 일시(필요한 시간을 포함한다), 3) 장소, 4) 주최자(단체인 경우에는 그 대표자를 포함한다), 연락책임자, 질서유지인에 관한 주소, 성명, 직업, 연락처, 5) 참가 예정인 단체와 인원, 6) 시위의 경우 그 방법(진로와 약도를 포함)이다.

신고 없이 옥외집회 또는 시위를 주최한 행위(주최행위)에 대하여는 주최자를 "2년 이하의 징역 또는 200만 원 이하의 벌금"으로 처벌할 수 있다(제22조 제2항).

집회 및 시위에서 신고제를 규정한 이유는 경찰기관이 사전에 집회 등의 성격과 규모를 미리 파악하여 사전에 질서유지를 위한 위험예방조치를 하기 위한 것이라고 본다(대판 2009.7.23, 2009도840).

2. 신고에 따른 금지통고와 제한통고

관할 경찰행정청은 집회 등의 신고에 대하여 즉시 접수증을 내주어야 하며(제6조 제2항), 신고서 기재사항의 미비점이 발견되면, 보완통고를 주최자 또는 연락책임자에게 서면송달하여야 한다(제7조).

한편 관할 경찰행정청은 신고서 접수후 48시간이내에 법위반사항, 학습권, 개인의 사생활의 평온, 등을 침해할 우려가 있는 경우, 중복신고 등에는 금지통고, 제한통고를 할 수 있다(제8조). 이때 경찰행정청이 사인의 신고에 대하여 금지하거나 일정한 부관(조건)을 부과하여 제한할 수 있는가는 재량권에 속한다고 본다(서울고법 1998.12.29, 98누11290).

3. 이의신청

집회 또는 시위의 주최자는 제8조에 따른 금지통고를 받은 날부터 10일 이내에 해당 경찰관서의 바로 위의 상급경찰관서의 장에게 이의를 신청할 수 있다(제9조 제1항).

Ⅳ. 경찰조치

☞ 경찰기관은 집회 및 시위에 대하여 다음과 같은 경찰조치를 규정하고 있다.

11) 집시법상 신고제에 대한 자세한 글로는 한수웅, "집회의 자유와 집회 및 시위에 관한 법률: 집회금지장소규정에 대한 위헌성 판단을 겸하여", 『저스티스』 제77호, 2004.2, 5쪽이하.

1. 장소의 출입

경찰관은 집회 또는 시위의 주최자에게 알리고 그 집회 또는 시위의 장소에 정복을 입고 출입할 수 있다. 다만, 옥내집회 장소에 출입하는 것은 직무집행을 위하여 긴급한 경우에만 할 수 있다(제20조 제1항).

2. 제지조치

경찰행정기관은 「경찰관직무집행법」 제6조에 따라서 범죄예방 등을 이유로 하여 집회장으로 이동에 대하여 제지조치를 시행할 수 있다. 제지조치는 즉시강제로 본다.

3. 해산명령

관할경찰관서장은 집시법위반에 해당하는 집회 또는 시위에 대하여는 상당한 시간 이내에 자진해산할 것을 요청하고 이에 따르지 아니하면 해산을 명령할 수 있다(제20조 제1항). 이때 해산명령을 받고도 지체없이 퇴거하지 아니한 참가자는 해산명령위반으로 "6월 이하의 징역 또는 50만 원 이하의 벌금·구류 또는 과료"에 처하도록 하였다(제21조 제1호, 제18조 제2항).

해산명령의 대상이 되는 집회는 위에서 본 것처럼 "특정 또는 불특정 다수인이 공동의 의견을 형성하여 이를 대외적으로 표명할 목적 아래 일시적으로 일정한 장소에 모이는 것"을 의미하고, 예정된 집회에 참가하기 위한 준비단계에는 해산명령을 발령할 수 없다(대판 2008.6.26, 2008도3014). 이는 위험이 구체화되지 않았기 때문이다.

4. 시위진압행위

시위진압행위의 법적 성질은 즉시강제를 위한 권력적 사실행위로 보는 것이 일반적이다.

제 2 항 도로교통법

Ⅰ. 도로교통법상 도로의 개념

'도로교통법상 도로'는 '도로법상의 도로'의 개념보다 넓은 "실제 교통에 사용되는 모든 도로"를 의미한다.

따라서 도로의 범주에는 1) 「도로법」에 따른 도로, 2) 「유료도로법」에 따른 유료도로, 3) 「농어촌도로 정비법」에 따른 농어촌도로, 4) 그 밖에 현실적으로 불특정 다수의 사람 또는 차마(車馬)가 통행할 수 있도록 공개된 장소로서 안전하고 원활한 교통을 확보할 필요가 있는 장소를 포괄한다.

대법원 1998. 3. 27. 선고 97누20755 판결 【자동차운전면허취소처분취소】
법 제2조 제1호에서 도로의 개념으로 정한 "일반교통에 사용되는 모든 곳"이라 함은 현실적으로 불특정 다수의 사람 또는 차량의 통행을 위하여 공개된 장소로서 교통질서유지 등을 목적으로 하는 일반 교통경찰권이 미치는 공공성이 있는 곳을 의미하는 것이므로 특정인들 또는 그들과 관련된 특정한 용건이 있는 자들만이 사용할 수 있고 자주적으로 관리되는 장소는 이에 포함된다고 볼 수 없다(대법원 1996.10.25. 선고 96도1848 판결, 1993.6.22. 선고 93도828 판결 등 참조).

Ⅱ. 운전면허의 개념과 종류

1. 운전면허의 개념

자동차등을 운전하려는 사람은 원칙적으로 지방경찰청장으로부터 운전면허를 받아야 한다(제80조 제1항). 예외는 시속 20킬로미터 이하로만 운행될 수 있는 차의 운전이다. 운전면허는 인적 허가이다.

운전면허를 받으려면, 운전면허시험에 합격하고 운전면허증을 교부받아야 한다. 아울러 자동차운수사업자는 운전면허가 운송사업면허의 요건이 된다.

2. 운전면허의 종류

지방경찰청장은 운전을 할 수 있는 차의 종류를 기준으로 운전면허의 범위를 구분하고 관리하여야 하고, 운전면허의 범위에 따라 운전할 수 있는 차의 종류는 행정자치부령으로 정한다(제80조 제2항).

1. 제1종 운전면허 : 대형면허, 보통면허, 소형면허, 특수면허
2. 제2종 운전면허 : 보통면허, 소형면허, 원동기장치자전거면허
3. 연습운전면허 : 제1종 보통연습면허, 제2종 보통연습면허

지방경찰청장은 운전면허를 받을 사람의 신체상태 또는 운전능력에 따라 행정자치부령으로 정하는 바에 따라 운전할 수 있는 자동차등의 구조를 한정하는 등 운전면허에 필요한 부관(조건)을 붙일 수 있다. 특히 지방경찰청장은 적성검사를 받은 사람의 신체상태 또는 운전능력에 따라 조건을 새로 붙이거나 바꿀 수 있다.

Ⅲ. 주취운전에 따른 운전면허의 취소 및 정지

1. 주취운전금지의무의 위반 – 음주측정

자동차 등은 주취운전금지의무가 부과되어 있다(제44조 제1항). 따라서 경찰기관은 주취여부를 불심검문하여 조사할 수 있다.

경찰공무원은 교통의 안전과 위험방지를 위하여 필요한 경우 또는 도로교통법상의 주취운전금지의무를 위반하여 술에 취한 상태에서 자동차등을 운전하였다고 인정할 만한 상당한 이유가 있는 경우에는 운전자의 주취여부를 호흡조사로 측정할 수 있다. 이 경우 운전자는 경찰공무원의 측정에 응하여야 한다(제2항). 이는 음주측정협조의무이다. 음주측정의무에 불응하는 경우에는 음주측정불응죄로 1년 이상 3년 이하의 징역이나 500만원 이상 1천만원 이하의 벌금에 처한다(제148조의2 제1항).

음주측정 결과에 불복하는 운전자에 대하여는 그 운전자의 동의를 받아 혈액 채취 등의 방법으로 다시 측정할 수 있다(제3항). 이때 운전이 금지되는 술에 취한 상태의 기준은 운전자의 혈중알코올농도가 0.05% 이상인 경우로 한다(제4항).

2. 운전면허의 취소 및 정지

지방경찰청장은 주취운전 등의 취소사유에 해당하면, 면허취소나 1년의 범위 내에서 면허정지를 할 수 있다(제93조 제1항).

지방경찰청장 또는 경찰서장이 운전면허의 취소 또는 정지처분을 하려는 때에는 운전면허정지·취소처분사전통지서를 그 대상자에게 발송 또는 발급하여야 한다. 다만, 그 주소불명이나 발송불가시는 주소지 관할 경찰관서의 게시판에 14일간 이를 공고함으로써 통지를 대신할 수 있다. 통지된 지정기일에 출석 또는 서면으로 이의를 제기할 수 있고, 이의가 없으면, 운전면허의 정지 또는 취소처분을 결정하고, 운전면허정지·취소처분결정통지서를 대상자에게 발송 또는 발급하여야 한다.

Ⅳ. 권리구제

1. 이의신청

운전면허의 취소 또는 정지처분에 이의가 있는 자는 지방경찰청장에게 이의신청을 할 수 있고, 지방경찰청장은 운전면허행정처분 이의심의위원회를 설치하여야 한다(제94조 제1항, 제2항).

2. 행정심판

이의가 있는 자는 위의 이의신청과 상관없이 「행정심판법」에 따른 행정심판을 청구할 수 있다(제94조 제3항). 중앙행정심판위원회는 소위원회를 두고 있다.

3. 행정소송

도로교통법상 처분에 대하여는 행정심판의 재결을 거치지 않고는 행정소송을 청구할 수 없다(제142조). 이는 필요적 전치주의이다.

제 6 장

건설행정법

근대국가는 산업혁명에 따른 도시화로 인하여 토지가 부족하게 되었다. 따라서 지역균형발전을 위하여 국토자원의 효율적 공간관리를 위한 국토계획법과 국토자원의 개발이라는 명목하에 도시계획과 개발행위를 규제하는 도시계획법과 도시개발법이 발전하였다. 한편 도시의 노후화에 따라 도시재개발 및 도시재생을 규율하는 도시재개발법(도시재생법) 등이 제정되었다. 한편 국가의 공공의 필요에 따른 인적 공용부담을 포함하여 각종개발행위를 위한 개인의 재산권에 대한 공용제한을 규율하는 공용부담법이 발전하였다. 아울러 개인의 건축행위를 규제하기 위한 건축법이 발전하였다. 이러한 국토계획법, 공용부담법, 건축법을 모아 건설행정법이라고 부른다.

제 6 장 건설행정법

제 1 절 개 설

국토(공간)의 효율적인 이용과 보전을 위한 국토계획(공간관리)을 규율하는 국토계획법제과 그에 따른 각종 개발법제(재개발법포함), 대표적인 개발행위인 건축 등을 규율하는 건축행정법, 사인의 토지에 대한 제한 등을 규율하는 공용부담법제, 최근 부동산버블에 따른 부동산법제 등을 포괄하는 법분야(Rechtsgebeit)를 지칭하기는 쉽지 않다.

독일은 공간계획 및 건축법(Raumordnungs- und Baurecht)이라고 칭한다. 우리나라에서는 공용부담법을 제외하고 국토계획과 건축법을 통칭하여 '토지행정법'(장태주, 홍정선), '지역개발행정법'(정하중), '개발행정법'(박균성), '토지공법'(학회명), '부동산공법'(시험과목명) '건축행정법' 등의 다양한 용어가 사용되고 있다.

Ⅰ. 건설행정법의 개념

건설행정법이란 국토공간의 효과적인 관리를 위한 공간계획(국토관리), 건축을 포함한 개발행위, 공공의 필요에 따른 개인에 대한 권리의 제한과 의무의 부과, 부동산에 대한 공법상의 규제 등을 통칭한다.

Ⅱ. 건설행정법의 범위

건설행정법의 범위에는 국토의 효과적인 이용과 보전을 규율하는 국토계획법제, 각종 개발행위를 규율하는 도시개발법제(재개발 및 도시재생법 포함), 대표적인 개발행위인 건축 등을 규율하는 건축법제, 사인의 토지에 대한 제한을 규율하는 공용부담법제을 포괄한다.

따라서 건설행정법(Baurecht)에는 국토계획법(Raumordnungsrecht), 협의의 건축법(Baurecht),[1] 공용부담법, 일부 부동산규제법 등을 포괄한다.

---

1) 물론 협의의 건축법에도 공공건축법(Öffentliches Baurecht)과 건축사법(Privates Baurecht)이 있는데, 여기서는 주로 공법적 요소가 강한 공공건축법만을 말한다.

제2절 국토관리법

제1항 개 설

Ⅰ. 국토관리의 개념

국토관리(Raumordnung)는 '한정된 자원인 국토의 이용·개발·보전을 목적으로 하거나 또는 지역의 기반·구조를 장래에 향하여 적극적·계획적으로 형성하는 행정활동'을 말한다. 생활공간정서행정, 지역개발행정(정하중)이라고도 한다.[2)]

국토관리법은 '국토관리를 규율하는 법'으로 정의한다. 국토관리법에는 '국토계획법'과 '지역개발법' '도시개발법', '도시재개발법' 등이 속한다. 실무에서는 국토계획법제라고도 하는데, 이는 도시개발법 등을 포괄하지 못하므로 국토계획법보다는 더 넓은 범주를 가져야 한다.

> **「국토기본법」 제2조** (국토관리의 기본이념) 국토는 모든 국민의 삶의 터전이며 후세에 물려줄 민족의 자산이므로, 국토에 관한 계획 및 정책은 **개발과 환경의 조화**를 바탕으로, **국토를 균형있게 발전**시키고 국가의 경쟁력을 높이며, 국민의 삶의 질을 개선함으로써 국토의 지속가능한 발전을 도모할 수 있도록 이를 수립·집행하여야 한다.

Ⅱ. 국토관리의 필요성과 국토관리법

1. 국토관리의 필요성

산업혁명이후의 산업화와 도시화로 인한 도시에 과도한 인구유입은 도·농간의 인구나 토지이용의 격차 등 심각한 사회문제가 발생시켰다. 따라서 20세기에 들어서 한정된 자원인 국토의 효율적인 이용을 위하여 국토의 구조정책적인 종합적 관리가 필요하게 되었다.

이러한 국토의 현대적인 구조정책을 위하여 일정한 국토계획에 따른 토지이용과 그 제한, 행정목적(공공시설)을 위한 토지 취득 등으로 제한된 국토를 효율적으로 이용하려는 국가행정이 필요하게 되었고, 이러한 국토관리를 체계화하여 법분야로 형성된 것이 국토관리법제이다.

2. 헌법적 근거

우리 헌법은 경제헌법인 제120조 제2항에서 "국토와 자원은 국가의 보호를 받으며, 국가는 그 균형있는 개발과 이용을 위하여 필요한 계획을 수립한다"고 규

---

2) 그동안 Raumordnung를 일본식으로 '공간정서', '공간이용', '공간계획' 등으로 번역하였다. 직역은 '공간관리'가 정확하지만, '국토관리'로 번역하기로 한다.

정하고, 제122조는 "국가는 국민 모두 생산 및 생활의 기반이 되는 국토의 효율적이고 균형있는 이용·개발과 보전을 위하여 법률이 정하는 바에 의하여 그에 관한 필요한 제한과 의무를 과할 수 있다고 규정하고 있다.

3. 국토관리법제

국토관리법에 속하는 법령은 1) 기본법인 「국토기본법」을 중심으로 2) 국토계획법제에는 「국토의 계획 및 이용에 관한 법률」(국계법)과 지역개발법제인 「수도권정비계획법」 등이 속한다. 종전의 도시계획법은 국토계획법제에 속한다. 3) 도시개발법(제)에는 「도시개발법」(도개법) 등이 있고, 4) 도시재개발법에는 「도시 및 주거환경정비법」(도정법), 「도시재정비촉진을 위한 특별법」(도촉법), 「도시재생 활성화 및 지원에 관한 법률」(재생법) 등이 속한다. 5) 개발사업을 위한 공용부담법으로 일반법인 「공익사업을 위한 토지등의 취득 및 보상에 관한 법률」 등이 있다.

Ⅲ. 국토관리법의 특징

☞ 국토관리법은 국토의 체계적 이용, 지역사회의 기반구조의 형성 등의 적극목적을 실현하기 위한 행정작용을 규율하는 법이다. 따라서 행정계획을 통하여 국토의 효율적인 개발을 도모하고, 그러한 계획을 통하여 행위제한을 부과하는 것이다. 따라서 기존 침해행정처럼 개인의 자유와 권리를 제한하거나 의무를 부과하는 등의 행정의 방법은 같지만 소극적인 위험방지를 넘어서 적극적으로 국토질서를 유지하고 발전시킨다는 점에서 차이가 있다.

현행 국토기본법은 1) 개발과 환경의 조화, 2) 국토의 균형발전, 3) 국토의 지속가능한 발전을 목표로 한다(제2조).

Ⅳ. 국토관리의 수단

국토관리법은 주로 국토계획을 기반으로 하는 계획행정이지만, 그 외에도 다양한 행정행위나 행위제한을 포함하고 있다.

그 외에 계획행정으로서 그 특징은 1) 질서있는 지역형성은 현상분석을 기초로 장래에의 예측과 목표설정 등의 과정을 계획으로만 가능, 2) 다양화된 각 행정기관의 지역시책을 하나의 계획으로 종합적 조정의 필요, 3) 계획을 통한 행정의 과학성과 자의 배제, 4) 국민과 주민에게 국토의 발전에 대한 예측가능성을 부여 등이다.

부수적인 권력행정으로는 1) 토지이용의 자유로운 변경을 억제하는 소극적 권력, 2) 계획적합성을 확보하기 위하여 기존의 토지이용을 폐지·변경을 명령·강제권, 3) 공공의 시설이나 사업의 용지를 확보하기 위해 필요한 권력, 4) 위성도시 건설과 같은 다각적·종합적인 토지수용에 대응하기 위해 광범위한 지역을 매수하며 공적 기관의 주도하에 개발하는 권력 등이다.

제 2 항 국토계획법

☞ 1963년에 제정된 「국토건설종합계획법」은 국토의 종합개발에 관한 기본법으로 "국토의 자연조건을 종합적으로 이용·개발 및 보전하며 산업입지와 생활환경의 적정화를 기하기 위한" 것으로서 '국토건설종합계획'(국토계획)과 '국토조사'를 규정하였다(제1조). 특히 국토계획은 도시지역은 「도시계획법」으로, 도시이외지역은 「국토이용관리법」으로 2원화하여 규정하였다.

2002년에 「국토건설종합계획법」은 「국토기본법」으로 대치되었고, 종전의 「국토이용관리법」과 「도시계획법」을 통합하여 「국토의 계획 및 이용에 관한 법률」이 제정되었다. 특히 토지보상법제는 종전의 「토지수용법」과 「공공용지의 취득 및 손실보상에 관한 특례법」(공특법)을 통합하여 「공익사업을 위한 토지등의 취득 및 보상에 관한 법률」(공토법)이 제정되었다. 한편 도시계획법제로는 「도시개발법」, 「도시 및 주거환경정비법」 등이 제정되었고, 지역개발법으로는 대표적으로 「수도권정비계획법」이 있다.

Ⅰ. 국토계획법의 개념과 범위

공간관리(Raumordnung)을 기반으로 하여 국토의 효율적 이용과 보전에 대한 계획을 수립하는 것이 공간계획(Raumordnungsplan) 내지 국토계획이다. 국토계획을 규율하는 법이 국토계획법이다.

Ⅱ. 국토계획법제

우리나라의 국토계획법제는 「국토기본법」을 기본법으로 한다. 따라서 「국토기본법」은 국토에 관한 계획과 정책을 수립을 위한 기본사항을 규정한다. 국토계획의 기본목적은 1) 국토의 균형있는 발전(제3조), 2) 경쟁력있는 국토여건의 조성(제4조), 3) 환경친화적 국토관리(제5조)이다.

1. 국토계획

1) 개 념

국토계획은 "국토를 이용·개발 및 보전할 때 미래의 경제적·사회적 변동에 대응하여 국토가 지향하여야 할 발전 방향을 설정하고 이를 달성하기 위한 계획"이다(국토기본법 제6조 제1항). 국토계획은 국토종합계획, 도종합계획, 시·군 종합계획, 지역계획 및 부문별계획으로 구분된다(제2항).[3)]

---

3) 법리적으로 보면, 지역계획과 부문별계획은 국토계획에서 제외하는 것이 타당하고, 특히 나머

2) 종 류

(1) **국토종합계획** 국토종합계획은 “국토전역을 대상으로 하여 국토의 장기적인 발전방향을 제시하는 종합계획”이다(제6조 제2항 제1호). 국토종합계획은 도종합계획 및 시・군종합계획의 기본이 되며, 부문별계획과 지역계획은 국토종합계획과 조화를 이루어야 한다(제7조 제1항).

국토종합계획은 국토교통부장관이 중앙행정기관과 시・도지사의 소관별 계획안을 기초로 수립한다(제9조). 국토종합계획은 20년을 단위로 수립하며, 5년마다 국토종합계획을 재검토하고 정비하도록 규정하고 있다(제19조). 현재 ‘제4차 국토종합계획수정계획’(2006~2020)이 수립되어 있다.[4)]

(2) **도종합계획** 도종합계획은 “도 또는 특별자치도의 관할구역을 대상으로 하여 해당 지역의 장기적인 발전방향을 제시하는 종합계획”이다(제6조 제2항 제2호). 도종합계획은 해당 도의 관할구역에서 수립되는 시・군종합계획의 기본이 된다(제7조 제2항). 도지사가 도시계획위원회의 심의를 거쳐 수립한다.

(3) **시·군종합계획** 시군・종합계획은 “특별시・광역시・시 또는 군(광역시의 군을 제외)의 관할구역을 대상으로 하여 해당 지역의 기본적인 공간구조와 장기발전방향을 제시하고, 토지이용, 교통, 환경, 안전, 산업, 정보통신, 보건, 후생, 문화 등에 관하여 수립하는 계획으로서 국토의 계획 및 이용에 관한 법률에 의하여 수립되는 도시계획”을 말한다(제6조 제2항 제3호).

(4) **지역계획** 지역계획은 “특정 지역을 대상으로 특별한 정책목적을 달성하기 위하여 수립하는 계획”이다(제6조 제2항 제4호). 대표적으로 수도권발전계획, 광역권개발계획, 특정지역개발계획, 개발촉진지구개발계획, 그 밖에 다른 법률에 따라 수립하는 지역계획이 있다(제16조).

(5) **부문별계획** 부문별계획(전문계획, Fachplan)은 “국토 전역을 대상으로 하여 특정부문에 대한 장기적인 발전방향을 제시하는 계획”이다(제6조 제2항 제5호). 중앙행정기관의 장이 소관업무에 대하여 수립하는 계획이다. 정보화계획 등이다.

▣ 계획의 법적 성질 - 전국계획은 국가가 국토전반 또는 2도(서울, 부산시 포함)이상 걸친 광역지방을 대상으로 하여 작성하는 종합건설계획이고, 지역계획은 특정지역, 부문별계획은 특정분야를 대상으로 수립하는 계획이다.

3) **상호간의 관계 – 계획의 정합성**

국토계획은 위의 각 계획간에 상하관계를 형성하여 하나의 종합적인 계획체제

지 국토계획도 통합하는 것이 입법적으로 타당하다.

4) 국토종합계획의 내용에 대하여는 국토포털(http://www.land.go.kr/py112.do) 참조.

를 이룬다. 따라서 전국계획인 국토종합계획은 도종합계획 및 시·군종합계획의 기본이 된다. 예를 들면, 도종합계획은 당해 도의 관할구역안에서 수립되는 시군종합계획의 기본이 된다. 그러므로 같은 국토계획간에는 계획의 정합성을 이루어야 한다. 한편 국토계획과 관련된 부문별계획과 지역계획은 국토종합계획과 조화를 이루어야 한다(제7조 제1항). 이는 다른 계획과의 관계에서 계획의 체계성이라고도 한다.

다른 계획과의 관계에서 국토종합계획은 종합계획으로서, 군사에 관한 계획을 제외한 다른 법령에 근거한 국토에 관한 계획에 우선한다(제8조).

2. 국토조사

국토교통부장관은 국토에 관한 계획 또는 정책의 수립, 공간정보의 제작, 연차보고서의 작성을 위하여 필요한 때에는 미리 인구, 경제, 사회, 문화, 교통, 환경, 토지이용, 그 밖의 대통령령이 정하는 사항을 조사할 수 있다(제25조 제1항).

물론 중앙행정기관의 장 또는 지방자치단체의 장에게 조사자료의 제출을 요청하거나 일부 조사를 위임할 수 있고, 국토조사와 국토정보구축을 위하여 국토지리정보원이 설치되어 있다(시행령 제19조).

제3항 도시계획법

☞ 도시계획법은 종전에는 1962년에 제정된 「도시계획법」, 1972년에 제정된 「국토이용관리법」등에서 도시계획구역과 비도시계획을 구별하였다. 그러나 2002년에 양 법을 통합한 「국토의 계획 및 이용에 관한 법률」(국토계획법)이 제정되면서, 현행 「국토계획법」체제하에서는 도시지역과 비도시지역을 통합하여 지방행정기관의 구역별로 도시계획을 수립하게 되었다. 따라서 현행법에서는 도시계획법은 국토계획법에 속해 있다.

Ⅰ. 도시계획법의 개념

도시계획(Stadtplanung)은 '비도시지역에 토지정리와 도시기반시설(사회기반시설 등)을 설치하는 등의 도시개발과 공간관리를 하는 일련의 행위'를 말한다. 따라서 도시계획에는 도시개발과 도시계획을 담고 있다. 물론 도시계획을 간단하게 '도시공간의 정비에 관한 계획'이라고도 볼 수 있다(박균성).

Ⅱ. 국토계획법상 도시계획

1. 도시계획의 개념

국토계획법체제하의 도시·군계획은 "특별시·광역시·특별자치시·특별자치도·

시 또는 군(광역시의 관할구역에 있는 군은 제외)5)의 관할구역에 대하여 수립하는 공간구조와 발전방향에 대한 계획"이다. 도시계획은 도시 · 군기본계획과 도시 · 군관리계획으로 구분된다(제2조 제2호). 그 외에 도시계획위에 "광역계획권의 장기발전방향을 제시하는" 광역도시계획을 수립함으로 각 도시계획간에 상호연계할 수 있다. 도시지역은 도시계획으로 비도시지역인 군은 군계획으로 통칭하기도 한다.

2. 도시계획의 계획정합성

도시계획은 1) 국가계획(국토계획 등)에 부합하여야 하고, 충돌될 경우에는 국가계획이 우선한다(제4조 제2항). 2) 도시기본계획은 광역도시계획은 부합하여야 하고, 충돌시는 광역도시계획이 우선한다(제3항). 3) 도시계획은 시 · 군의 구역에서 수립되는 다른 법률상의 토지의 이용 · 개발 및 보전에 관한 계획의 기본이 된다(제1항). 4) 시 · 군의 관할구역에서 다른 법률상의 환경, 교통, 수도, 하수도, 주택 등에 관한 부문별 계획의 수립시 도시기본계획의 내용과 부합되게 하여야 한다(제4항).

3. 국토계획법상 도시계획의 유형

1) 광역도시계획

(1) 개 념 개별 도시의 도시계획을 넘어서 둘 이상의 인접한 도시의 공간구조 및 기능의 상호연계, 환경보전, 광역시설의 체계적 정비를 위하여 광역도시계획을 수립할 수 있다. 광역도시계획은 "광역계획권의 장기발전방향을 제시하는 계획"이다(제2조 제1호). '2020수도권광역도시계획'이 있다.

우선 국토교통부장관 또는 도지사는 인접한 둘 이상의 시 · 군의 관할구역에 공간구조 및 기능의 상호연계, 환경보전, 광역시설의 체계적 정비를 위하여 광역계획권을 지정할 수 있다(제10조 제1항). 광역계획권은 둘 이상의 시 · 군의 관할구역 단위로 지정하되, 전부 또는 일부를 지정할 수 있다(영 제7조 제1항, 제2항).

(2) 내용 및 효력 광역도시계획은 1) 광역계획권의 공간구조와 기능분담, 2) 광역계획권의 녹지관리체계와 환경보전, 3) 광역시설의 배치규모 · 설치 등, 4) 경관계획, 5) 시 · 군의 기능연계 등 해당 광역도시권을 지정한 목적의 달성에 필요한 사항에 대한 정책방향이 포함되어야 한다.

광역도시계획은 도시계획의 지침이 될 뿐, 사인에 대한 법적 구속력은 없다.

【판례해설】 공동구란 지하매설물(전기, 가스, 수도 등의 공급시설 및 통신시설, 하수도 시설 등)을 공동수용함으로써 도시의 미관, 도로구조의 보전과 원활한 교통의 소통을 기하기 위하여 도시계획법의 규정에 의하여 지하에 설치하는 시설인데, 통상 2 이상의 도시계

5) 이하 '시군'으로 약칭한다.

획구역에 걸쳐서 설치하는 시설로서 광역적인 정비체계가 필요하여 광역계획구역 안에서 광역계획에 의하여 설치하는 광역시설이다(대판 1995.6.30. 95추49). 시 · 군이 공동으로 이용하는 화장장 등의 장묘시설은 광역도시계획의 내용이 될 수 있는 광역시설에 해당하고, 추모공원은 광역시설이므로 광역도시계획의 대상이다(대판 2007.4.12, 2005두2544).

(3) 행정절차 국토교통부장관 또는 시 · 도지사는 광역도시계획의 수립 전에 기초조사(제13조), 주민 및 전문가의 의견청취를 위한 공청회 개최(제14조), 시도의회와 관계 시장 · 군수의 의견청취(제15조)의 행정절차를 거치도록 한다.

2) **도시 · 군기본계획**

(1) 개 념 도시 · 군기본계획은 "도시(시 · 군)의 관할구역 내에서 기본적인 공간구조와 장기발전방향을 제시하는 종합계획으로서 도시 · 군관리계획 수립의 지침이 되는 계획"이다(제2조 제3호). 2020서울도시기본계획이 있다.

(2) 법적 성질 광역도시계획이 수립된 지역에서는 도시 · 군기본계획은 광역도시계획에 부합되어야 하고, 다를 경우에는 광역도시계획이 우선한다(제4조 제3항). 도시 · 군기본계획은 도시 · 군관리계획 수립의 지침이 되고, 도시계획을 수립하는 행정기관을 구속할 뿐, 국민에 대한 직접적인 구속력은 없다(대판 1998.11.27, **96누13927**).

대법원 1998. 11. 27. 선고 96누13927 판결 【도시계획시설결정처분취소】
도시계획법(이하 '법'이라고 한다) 제11조 제1항에는, 시장 또는 군수는 그 관할 도시계획구역 안에서 시행할 도시계획을 도시기본계획의 내용에 적합하도록 입안하여야 한다고 규정하고 있으나, **도시기본계획이라는 것은 도시의 장기적 개발방향과 미래상을 제시하는 도시계획 입안의 지침이 되는 장기적 · 종합적인 개발계획으로서 직접적인 구속력은 없는 것이다.** 따라서 이 사건 **도시계획시설결정 대상면적이 도시기본계획에서 예정했던 것보다 증가하였다 하여 그것이 도시기본계획의 범위를 벗어나 위법하다고 할 수 없다.**

(2) 수립권자 자치단체장(특별시장, 광역시장, 시장, 군수)이 그 관할구역에서 도시 · 군기본계획을 수립한다. 다만, 일부 시 · 군은 그 위치, 인구의 규모, 인구감소율 등을 고려하여 수립하지 않을 수 있다. 도시 · 군기본계획 수립 또는 변경을 하려면 지방의회의 의견을 들어야 한다(제21조 제1항).

3) **도시 · 군관리계획**

(1) 개 념 도시 · 군관리계획은 특별시 · 광역시 · 특별자치시 · 시 또는 군의 개발 · 정비 및 보전을 위하여 수립하는 토지이용, 교통, 환경, 경관, 안전, 산업, 정보통신, 보건, 복지, 안보, 문화 등에 관한 계획이다(제2조 제4호).

도시 · 군관리계획의 내용은 1) 용도지역 · 용도지구의 지정 또는 변경에 관한 계획, 2) 용도구역(개발제한구역, 도시자연공원구역, 시가화조정구역, 수산자원보호구역)의 지정 또는 변경에 관한 계획, 3) (도시)기반시설의 설치 · 정비 또는 개량에 관한 계획, 4) 도시개발사업이나 정비사업(도시재개발)에 관한 계획, 5) 지구단위계획구역의 지정 또는 변경에 관한 계획과 지구단위계획이다(제2조 제4호).

(2) 법적 성질 도시·군관리계획은 상위 계획인 광역도시계획과 도시·군기본계획 등에 부합되어야 한다(제25조 제1항). 실제로 토지이용에서는 도시·군관리계획에서 구체적인 행위제한이나 규제가 행해진다. 따라서 처분성이 있다고 본다.

(3) 수립절차

1) 원칙적으로 도시·군관리계획의 입안권자는 관할구역의 시장 또는 군수이다(제24조 제1항). 예외적으로 인접한 시·군의 단체장(제2항), 국토교통부장관(제5항), 도지사(제6항)이 입안할 수 있다. 입안의 절차적 특례로서 입안권자는 조속히 필요한 경우 광역도시계획이나 도시·군기본계획을 수립할 때에 도시·군관리계획을 함께 입안할 수 있다(제35조 제1항).

2) 주민(이해관계자 포함)은 1) 기반시설의 설치·정비 또는 개량, 2) 지구단위계획구역의 지정 및 변경과 지구단위계획의 수립 및 변경에 대하여 입안권자에게 도시관리계획의 입안을 제안할 수 있다. 주민의 입안제안권에 대한 거부처분은 처분성이 있다고 본다(대판 2004.4.28, 2003두1806).

대법원 2004. 4. 28. **선고** 2003**두**1806 **판결 【도시계획시설변경입안의제안거부처분취소】**
도시계획입안제안과 관련하여서는 주민이 입안권자에게 '1. 도시계획시설의 설치·정비 또는 개량에 관한 사항 2. 지구단위계획구역의 지정 및 변경과 지구단위계획의 수립 및 변경에 관한 사항'에 관하여 '도시계획도서와 계획설명서를 첨부'하여 도시계획의 입안을 제안할 수 있고, 위 입안제안을 받은 입안권자는 그 처리결과를 제안자에게 통보하도록 규정하고 있는 점(제20조 제1항, 제2항) 등과 헌법상 개인의 재산권 보장의 취지에 비추어 보면, **도시계획구역 내 토지 등을 소유하고 있는 주민으로서는 입안권자에게 도시계획입안을 요구할 수 있는 법규상 또는 조리상의 신청권이 있다고 할 것이고, 이러한 신청에 대한 거부행위는 항고소송의 대상이 되는 행정처분에 해당한다**고 할 것이다.

3) 입안권자는 도시·군관리계획을 입안할 때에는 주민과 지방의회의 의견을 들어야 한다(제38조).

4) 도시·군관리계획은 시·도지사가 직접 또는 시장·군수의 신청에 따라 관계 행정기관의 장과 미리 협의하여 시·도도시계획위원회의 심의를 거쳐 결정한다(제30조 제1항, 제3항). 서울특별시와 광역시를 제외한 인구 50만 이상의 대도시는 해당 시장이 직접 결정한다(제29조 제1항). 예외적으로 1) 국토교통부장관이 입안하거나 2) 개발제한구역의 지정 및 변경, 3) 시가화조정구역의 지정 및 변경에 관한 도시·군관리계획은 국토교통부장관이 결정하고, 4) 수산자원보호구역의 지정 및 변경에 관한 도시·군관리계획은 농림수산식품부장관이 결정한다(제2항).

(4) 효 력 국토교통부장관이나 시·도지사는 도시·군관리계획을 결정하면, 그 결정을 고시하고(결정고시), 관계 지자체단체장에서 송부하여 일반이 열람하도

록 하여야 한다(제30조).

시장 · 군수는 결정고시후 '지적이 표시된 지형도에 도시 · 군관리계획에 관한 사항을 자세히 표시한' 지형도면을 작성하고 도지사 등의 승인을 받아 고시하여야 하며(지적고시, 제31조), 도시 · 군관리계획 결정의 효력은 지형도면을 고시한 날부터 발생한다(제31조 제1항). 지형도면의 고시는 확인행위라고 본다(박균성).

【판례해설】 판례는 종래 도시관리계획결정의 효력은 도시관리계획 결정고시로 발생하고, 지형도면의 고시(지적고시)의 승인시에 발생하는 것은 아니라고 보았으나(대판 1997.12.12, 96누18434), 현재는 입법적으로 해결하여 지형도면을 고시한 날부터 발생한다(제31조 제1항). 지형도면의 고시가 없거나 도시계획이 실효되면, 도시계획사업을 실시할 수 없고(대판 1979. 10.10, 78누476), 도시계획결정의 위법을 이유로 지형도면승인처분의 위법을 주장할 수 있지만, 선행처분의 제소기간이 도과한 경우에는 당연무효를 제외하고는 후행처분인 지형도면승인처분의 위법을 주장할 수 없다(대판 1978.12.26, 78누281). 현재는 입법개정으로 지형도면승인처분이나 지형도면고시의 효력을 다투어야 한다.

4. 지구단위계획

1) 개 념 지구단위계획은 "도시 · 군계획 수립 대상지역의 일부에 대하여 토지이용을 합리화하고 그 기능을 증진시키며 미관을 개선하고 양호한 환경을 확보하며, 그 지역을 체계적 · 계획적으로 관리하기 위하여 수립하는 도시 · 군관리계획"을 말한다(제2조 제5호). 해당 지역내의 토지와 건축물에 대한 이용계획이다. 지구단위계획 및 지구단위계획구역은 도시 · 군관리계획으로 결정된다(제50조).

독일의 건축상세계획(Bebaungsplan)을 도입하여 1980년 건축법상 '도시설계'와 1991년 도시계획법상 '상세계획'을 2000년 도시계획법에서 지구단위계획으로 통합하였다. 국토이용관리법상의 비도시지역이 국토계획법에 통합되었다.

절차는 우선 지구단위계획구역을 지정하고, 지구단위계획을 수립하여 지형도면으로 고시한다. 지구단위계획의 내용은 용도지역, 용도지구를 세분 · 변경하고, 기반시설의 배치와 규모, 건축물의 용도, 건폐율, 용적률, 높이의 최고한도와 최저한도, 교통처리계획, 환경, 경관 등을 정한다(제53조).[6]

2) 효 력 지구단위계획구역에서 건축물을 건축하거나 용도변경하려면, 지구단위계획에 따라야 한다(제54조). 지구단위계획을 위반하여 건축물을 건축하거나 용도변경한 자에 대하여는 처분이나 원상회복 등을 명령할 수 있다(제131조 제1

6) 지구단위계획으로 도시지역내의 제1종 지구단위계획은 "토지 이용을 합리화 · 구체화하고, 도시 또는 농 · 산 · 어촌의 기능을 증진하며, 미관을 개선하고 양호한 환경을 확보하기 위하여 수립하는 계획"이고, 비도시지역내의 제2종 지구단위계획은 "계획관리지역이나 개발진흥지구를 체계적 · 계획적으로 개발하거나 관리하기 위하여 용도지역의 건축물, 그 밖의 시설의 용도 · 종류 및 규모 등에 대한 제한을 완화하거나 건폐율 또는 용적률을 완화하여 수립하는 계획"이다.

항). 도시·군관리계획으로 결정되고 3년 이내에 지구단위계획을 결정·고시하지 않으면, 그 효력이 소멸한다.7)

5. 용도지역제 – 용도지역, 용도지구, 용도구역의 지정

1) 개 념 용도지역제도는 도시를 여러 지역으로 나누어 지역마다 토지의 이용용도를 정하여 건축 등의 개발을 규제하는 것이다. 독일, 미국(Zoning) 등에서 시행하였고, 우리나라는 1934년 「조선시가지계획령」에서 처음 도입되었고,8) 현재는 국토계획법 등의 법률에서 규정하고 있다.

용도지역제도는 국토계획법과 다른 법률에서 규정하는데, 다른 법률은 국토계획법상의 용도지구 등에 부합하여야 한다(제8조 제1항). 국토계획법은 용도지역, 용도지구, 용도구역으로 규정하여 일단 용도지역이 지정되고 이를 용도지구와 용도구역으로 강화하거나 완화하고 있다.

2) 종 류

(1) 용도지역 용도지역은 "토지의 이용 및 건축물의 용도, 건폐율, 용적률, 높이 등을 제한함으로써 토지를 경제적·효율적으로 이용하고 공공복리의 증진을 도모하기 위하여 서로 중복되지 않도록 도시·군관리계획으로 결정하는 지역"이다(제2조 제15호). 도시계획구역내의 모든 토지는 각기 용도지역으로 지정되어 있고, 당연히 중복지정할 수 없다. 이는 토지의 기본적인 이용목적을 설정하고, 그에 따라 건축 등의 개발행위를 규율하는 것이다. 따라서 용도지역에서는 지정된 목적에 따른 건축 목적과 기준 등의 행위제한이 있다.

용도지역은 토지의 이용실태 및 특성, 장래의 토지이용방향 등을 고려하여 1) 도시지역(주거, 산업, 공업, 녹지), 2) 관리지역(보전관리, 생산관리, 계획관리), 3) 농림지역, 4) 자연환경보전지역으로 구분하여 정한다(제6조).9) 국토교통부장관, 시·도지사 또는 대

---

7) 지구단위계획구역의 지정에 관한 도시·군관리계획결정의 고시일부터 3년 이내에 그 지구단위계획구역에 관한 지구단위계획이 결정·고시되지 아니하면, 그 3년이 되는 날의 다음날에 그 지구단위계획구역의 지정에 관한 도시·군관리계획결정은 효력을 잃는다(제53조).

8) 민태욱, "도시 토지이용통제수단으로서의 용도지역제", 『부동산학연구』 제13집 제1호, 2007. 4, 5쪽 이하.

9) 1. 도시지역: 인구와 산업이 밀집되어 있거나 밀집이 예상되어 그 지역에 대하여 체계적인 개발·정비·관리·보전 등이 필요한 지역
가. 주거지역: 거주의 안녕과 건전한 생활환경의 보호를 위하여 필요한 지역
나. 상업지역: 상업이나 그 밖의 업무의 편익을 증진하기 위하여 필요한 지역
다. 공업지역: 공업의 편익을 증진하기 위하여 필요한 지역
라. 녹지지역: 자연환경·농지 및 산림의 보호, 보건위생, 보안과 도시의 무질서한 확산을 방지하기 위하여 녹지의 보전이 필요한 지역
2. 관리지역: 도시지역의 인구와 산업을 수용하기 위하여 도시지역에 준하여 체계적으로 관리

도시 시장은 용도지역을 세분하여 지정 또는 변경을 도시·군관리계획으로 결정한다(제36조 제1항). 예를 들면, 도시지역을 다시 주거지역으로 지정하는 것이다.

용도지역지정에 대한 권리구제는 도시·군관리계획(결정고시)로 다투며, 용도지역 지정은 행정청의 형성의 자유에 속하므로 형량명령을 위반한 경우에만 위법이 된다(대판 2012.5.10, 2011두31093).

(2) 용도지구 용도지구는 “토지의 이용 및 건축물의 용도·건폐율·용적률·높이 등에 대한 용도지역의 제한을 강화하거나 완화하여 적용함으로써 용도지역의 기능을 증진시키고 미관·경관·안전 등을 도모하기 위하여 도시·군관리계획으로 결정하는 지역”이다(제2조 제16호). 용도지구는 용도지역을 보완하기 위한 것이므로 모든 도시계획구역내에 지정되는 것이 아니라 필요한 지역에만 지정하고, 중복지정도 할 수 있다.

국토교통부장관, 시·도지사 또는 대도시 시장은 용도지구의 지정 또는 변경을 도시·군관리계획으로 결정한다(제37조 제1항). 아울러 시·도지사 또는 대도시 시장은 도시계획조례로서 용도지역을 세분화하여 지정할 수 있다(제2항). 나아가 조례로 행위제한을 완화할 수도 있다.

용도지구의 종류는 경관지구, 미관지구, 고도지구, 방화지구, 방재지구, 보존지구, 시설보호지구, 취락지구, 개발진흥지구, 특정용도제한지구 등이고(제1항), 더 세분화되어 지정될 수 있다(제2항).[10]

하거나 농림업의 진흥, 자연환경 또는 산림의 보전을 위하여 농림지역 또는 자연환경보전지역에 준하여 관리할 필요가 있는 지역

가. 보전관리지역: 자연환경 보호, 산림 보호, 수질오염 방지, 녹지공간 확보 및 생태계 보전 등을 위하여 보전이 필요하나, 주변 용도지역과의 관계 등을 고려할 때 자연환경보전지역으로 지정하여 관리하기가 곤란한 지역

나. 생산관리지역: 농업·임업·어업 생산 등을 위하여 관리가 필요하나, 주변 용도지역과의 관계 등을 고려할 때 농림지역으로 지정하여 관리하기가 곤란한 지역

다. 계획관리지역: 도시지역으로의 편입이 예상되는 지역이나 자연환경을 고려하여 제한적인 이용·개발을 하려는 지역으로서 계획적·체계적인 관리가 필요한 지역

3. 농림지역: 도시지역에 속하지 아니하는 「농지법」에 따른 농업진흥지역 또는 「산지관리법」에 따른 보전산지 등으로서 농림업을 진흥시키고 산림을 보전하기 위하여 필요한 지역
4. 자연환경보전지역: 자연환경·수자원·해안·생태계·상수원 및 문화재의 보전과 수산자원의 보호·육성 등을 위하여 필요한 지역.

10) 1. 경관지구: 경관을 보호·형성하기 위하여 필요한 지구
2. 미관지구: 미관을 유지하기 위하여 필요한 지구
3. 고도지구: 쾌적한 환경 조성 및 토지의 효율적 이용을 위하여 건축물 높이의 최저한도 또는 최고한도를 규제할 필요가 있는 지구
4. 방화지구: 화재의 위험을 예방하기 위하여 필요한 지구
5. 방재지구: 풍수해, 산사태, 지반의 붕괴, 그 밖의 재해를 예방하기 위하여 필요한 지구
6. 보존지구: 문화재, 중요 시설물 및 문화적·생태적으로 보존가치가 큰 지역의 보호와 보존을 위하여 필요한 지구
7. 시설보호지구: 학교시설·공용시설·항만 또는 공항의 보호, 업무기능의 효율화, 항공기의 안전운항 등을 위하여 필요한 지구

구 도시계획법상 용도지구변경결정에 처분성을 인정하였으나, 토지매입후 용도지구가 변경되었다하더라도 당연무효로 볼 수 없다(대판 2000.2.8, 97누13337).

(3) **용도구역** 용도구역은 "토지의 이용 및 건축물의 용도·건폐율·용적률·높이 등에 대한 용도지역 및 용도지구의 제한을 강화하거나 완화하여 따로 정함으로써 시가지의 무질서한 확산방지, 계획적이고 단계적인 토지이용의 도모, 토지이용의 종합적 조정·관리 등을 위하여 도시·군관리계획으로 결정하는 지역"이다(제2조 제17호). 용도구역은 필요한 지역에만 지정되며, 중복지정할 수는 없다.

용도구역에는 개발제한구역, 도시자연공원구역, 시가화조정구역, 수산자원보호구역이 있다.11)

4) **행위제한** 용도지역 및 용도지구 지정에 따라 건축물 그 밖의 시설의 용도·종류 및 규모 등의 제한이 있다(제76조). 그 외에 관계법령에 정하는 행위제한이 우선하기도 한다(제76조 제5항, 제6항). 용도지역내에서는 건폐율제한(제77조), 용적율 제한(제78조) 등의 건축행위에 대한 직접적이고 구체적인 행위제한이 있다.

6. 개발제한구역

☞ 구 도시계획법 제21조에서 개발제한구역을 지정하였으나, 보상규정이 없어서 재산권

---

8. 취락지구: 녹지지역·관리지역·농림지역·자연환경보전지역·개발제한구역 또는 도시자연공원구역의 취락을 정비하기 위한 지구
9. 개발진흥지구: 주거기능·상업기능·공업기능·유통물류기능·관광기능·휴양기능 등을 집중적으로 개발·정비할 필요가 있는 지구
10. 특정용도제한지구: 주거기능 보호나 청소년 보호 등의 목적으로 청소년 유해시설 등 특정시설의 입지를 제한할 필요가 있는 지구
11. 그 밖에 대통령령으로 정하는 지구(위락지구, 리모델링지구(시행령 제31조 제1항).

11) 개발제한구역 - 국토교통부장관은 도시의 무질서한 확산을 방지하고 도시주변의 자연환경을 보전하여 도시민의 건전한 생활환경을 확보하기 위하여 도시의 개발을 제한할 필요가 있거나 국방부장관의 요청이 있어 보안상 도시의 개발을 제한할 필요가 있다고 인정되면 개발제한구역의 지정 또는 변경을 도시관리계획으로 결정할 수 있다. 개발제한구역의 지정 등에 필요한 사항은 따로 법률로 정한다.
도시자연공원구역 - 시·도지사 또는 대도시 시장은 도시의 자연환경 및 경관을 보호하고 도시민에게 건전한 여가·휴식공간을 제공하기 위하여 도시지역 안에서 식생(植生)이 양호한 산지의 개발을 제한할 필요가 있다고 인정하면 도시자연공원구역의 지정 또는 변경을 도시관리계획으로 결정할 수 있다. 도시자연공원구역의 지정 등에 필요한 사항은 따로 법률로 정한다.
시가화조정구역 - 국토교통부장관은 직접 또는 관계 행정기관의 장의 요청을 받아 도시지역과 그 주변지역의 무질서한 시가화를 방지하고 계획적·단계적인 개발을 도모하기 위하여 대통령령으로 정하는 기간 동안 시가화를 유보할 필요가 있다고 인정되면 시가화조정구역의 지정 또는 변경을 도시관리계획으로 결정할 수 있다. 시가화조정구역의 지정에 관한 도시관리계획의 결정은 시가화 유보기간이 끝난 날의 다음날부터 그 효력을 잃는다. 이 경우 국토교통부장관은 그 사실을 고시하여야 한다.
수산자원보호구역 - 농림수산식품부장관은 직접 또는 관계 행정기관의 장의 요청을 받아 수산자원을 보호·육성하기 위하여 필요한 공유수면이나 그에 인접한 토지에 대한 수산자원보호구역의 지정 또는 변경을 도시관리계획으로 결정할 수 있다.

침해가 문제되어 대법원은 합헌을(대판 1990.5.8, 89부2), 헌법재판소가 헌법불합치결정(헌재 1998.12.24, 89헌마214등)을 내렸고, 따라서 「개발제한구역의 지정 및 관리에 관한 특별조치법」이 제정되었다. 현행 국토계획법에서는 용도구역의 하나로 개발제한구역을 규정하고, 행위제한 및 관리에 관한 사항을 따로 법률로 정하도록 규정한다(제80조).

1) **개 념** 개발제한구역은 '도시의 무질서한 확산을 방지하고 도시주변의 자연환경을 보전하여 도시민의 건전한 생활환경을 확보하기 위하여 도시의 개발을 제한할 필요가 있는 경우에 지정되는 지역'이다(제38조). 법적 근거는 국토계획법외에 「개발제한구역의 지정 및 관리에 관한 특별조치법」이 제정되어 있다.

2) **법적 성질** 개발제한구역은 도시지역에만 지정되며, 도시외곽의 녹지지역에 지정되는 용도구역이다. 이는 도시·군관리계획으로 지정되므로 행정계획이다. 개발제한구역의 지정은 행정계획이므로 형량명령이 적용된다.

3) **지정기준과 부담금** 국토교통부장관은 도시의 무질서한 확산을 방지하고 도시 주변의 자연환경을 보전하여 도시민의 건전한 생활환경을 확보하기 위하여 도시의 개발을 제한할 필요가 있거나 국방부장관의 요청으로 보안상 도시의 개발을 제한할 필요가 있다고 인정되면, 개발제한구역의 지정 및 해제를 도시·군관리계획으로 결정할 수 있다(법 제3조 제1항).

개발제한구역의 지정 및 해제의 기준은 대상 도시의 인구·산업·교통 및 토지이용 등 경제적·사회적 여건과 도시 확산 추세, 그 밖의 지형 등 자연환경 여건을 종합적으로 고려하여 대통령령으로 정한다(법 제3조 제2항).[12] 한편 개발제한구역의 지정과 해제를 구역내 토지소유자 등이 다툴 수 있는가에 대하여 도시·군관리계획변경결정에 대하여 원고적격을 인정하는 견해(박균성)가 있으나 판례는 부정한다(대판 2008.7.10, 2007두10242).

국토교통부장관은 개발제한구역의 보전과 관리를 위한 재원을 확보하기 위하여 관련자에게 '개발제한구역 보전부담금'을 부과·징수한다(제21조).

4) **지정절차** 개발제한구역의 지정 및 해제에 관한 도시·군관리계획은 해당 도시지역을 관할하는 시장 또는 군수가 입안한다.

다만, 국가계획과 관련된 경우에는 국토교통부장관이 직접 또는 관계 중앙행정기관장의 요청에 따라 관할 지방자치단체장의 의견을 들은 후 도시·군관리계획을 입안할 수 있으며, 광역도시계획과 관련된 경우에는 도지사가 직접 또는 관계 시장 또는 군수의 요청에 따라 관할 시장이나 군수의 의견을 들은 후 도시·군관리계획을 입안할 수 있다(제4조 제1항).

---

12) 종전의 판례는 개발제한구역의 지정기준의 설정은 행정청의 재량에 속하므로 지정기준이 객관적으로 부당하지 않으면 존중되어야 하므로 훈령이나 지침에 의한 처분도 적법하다고 보았다. 대판 1998.9.8, 98두8759.

입안자는 행정절차로서 주민의 의견과(제7조 제1항), 지방의회의 의견(제5항)을 들어야 한다. 개발제한구역지정계획은 광역도시계획이나 도시·군기본계획에 부합되도록 입안하여야 한다(제4조 제2항).

개발제한구역의 지정에 관한 도시·군관리계획은 국토교통부장관이 관계 중앙행정기관의 장과 미리 협의하고(제8조 제2항), 중앙도시계획위원회의 심의를 거쳐(제3항) 결정한다(제1항). 단, 국방상 기밀을 요한다고 인정되는 경우에는 절차를 생략할 수 있다(제4항).

개발제한구역 지정에 관한 도시·군관리계획이 결정되면, 국토교통부장관이 고시하고, 관할 지방자치단체장에게 관계서류를 보내어 일반인에게 공람하도록 하여야 한다(제6항). 도시·군관리계획 결정은 고시한 날로부터 5일 후에 효력이 발생한다(제7항). 입안권자는 도시·군관리계획 결정이 고시되면, 지형도면(해당 도시지역에 관하여 지적이 표시된 지형도에 도시관리계획 사항을 명시한 도면)을 작성하여야 한다(제9조 제1항).

도시·군관리계획결정을 고시한 날로부터 2년이 되는 날까지 지형도면을 고시하지 않은 경우에는 그 2년이 되는 다음 날에 도시·군관리계획의 결정이 효력을 상실한다(제10조 제1항). 효력상실시 국토교통부장관은 지체없이 그 사실을 고시하여야 한다(제2항).

국토교통부장관은 개발제한구역이 지정기준에 부합하지 않은 경우에는 조정 또는 해제할 수 있다(영 제2조 제3항). 개발제한구역의 해제에 대하여 지역주민에게 조리상 해제신청권이 있다는 견해(박균성)도 있으나 판례는 관련도시관리계획변경결정의 취소를 구할 법률상 이익이 없다고 본다(대판 2008.7.10, 2007두10242).

5) 행위제한

(1) 원 칙 개발제한구역은 보전이 원칙이므로, 원칙적으로 개발행위가 금지된다. 즉, 개발제한구역에서는 원칙적으로 건축물의 건축 및 용도변경, 공작물의 설치, 토지의 형질변경, 죽목(竹木)의 벌채, 토지의 분할, 물건을 쌓아놓는 행위 또는 도시계획사업의 시행을 할 수 없다(제12조 제1항). 공용제한의 일종이다.

(2) 예 외 개발제한구역내에서의 일정한 개발행위는 관할 허가권자(특별자치도지사·시장·군수 또는 구청장)의 (행위)허가, 신고, 무신고로 허용된다. 허가의 법적 성질은 예외적 허가로 보아 재량행위로 보기도 한다(대판 2001.2.9, 98두17593, 박균성). 따라서 위법여부는 개발제한구역의 지정목적에 지장이 없는 지에 대한 재량권의 일탈·남용만을 판단한다.

1) 허가 - 허가권자는 위의 행위허가사항 중 대통령령으로 정하는 규모 이상으로 건축물을 건축하거나 토지의 형질을 변경하는 행위 등을 허가하려면 1) 주민의 의견을 듣고, 2) 관계 행정기관의 장과 협의한 후, 3) 특별자치도·시·군·구 도시계획위원회의 심의를 거쳐야 한다. 다만, 도시계획시설 또는 국방·군사에 관한 시설 및 교정시설의 설치와 그 시설설치를 위한 토지형질변경은 절차를 거치지 않는다(제12조 제4항).

2) 신고 - 개발제한구역내에서 주택 및 근린생활시설의 대수선 등 대통령령으로 정하는 행위는 허가권자에게 신고하고 할 수 있다(제12조 제2항). 즉 신고사항이다.

3) 무신고 - 국토교통부령으로 정하는 경미한 행위는 허가를 받지 아니하거나 신

고를 하지 아니하고 할 수 있다(제4항).

행위허가자에게는 국토계획법상의 이행보증금(제60조, 제64조 제3항과 제4항)과 원상회복의무를 부과하고, 준공검사(제62조)에 관한 규정을 준용한다(제12조 제5항).

5) **주민보호**

개발제한구역이 지정되면, 기존의 거주주민은 재산권행사의 제한 및 행위제한을 받을 수 있다. 따라서 기존 주민의 권리를 보호하거나 지원조항을 두고 있다.

1) **기존 건축물에 대한 특례** - 시장·군수·구청장은 법령의 개정·폐지나 그 밖에 대통령령으로 정하는 사유로 인하여 그 사유가 발생시에 이미 존재한 대지·건축물 또는 공작물이 이 법에 적합하지 아니하게 된 경우에는 대통령령으로 정하는 바에 따라 건축물의 건축이나 공작물의 설치를 허가할 수 있다(제13조 제1항).

2) **기존부락에 대한 보호** - 시·도지사는 개발제한구역에서 주민이 집단적으로 거주하는 취락(이주단지를 포함)을 「국토계획법」 제37조 제1항 제8호에 따른 취락지구로 지정할 수 있다(제15조 제1항).

3) **토지 등 매수청구권** - 개발제한구역내의 재산권제한을 보호하기 위하여 개발제한구역의 지정에 따라 개발제한구역의 토지를 종래의 용도로 사용할 수 없어 그 효용이 현저히 감소된 토지나 그 토지의 사용 및 수익이 사실상 불가능하게 된 토지(매수대상토지)의 소유자는 국토교통부장관에게 그 토지의 매수를 청구할 수 있다(제17조 제1항).

4) **협의매수** - 국토교통부장관은 개발제한구역을 지정한 목적을 달성하기 위하여 필요하면 소유자와 협의하여 개발제한구역의 토지와 그 토지의 정착물을 매수할 수 있다(제20조 제1항).

5) **주민보호** - 개발제한구역 지정에 따른 거주민의 재산권침해에 대하여 특별한 희생이 아니므로 보상을 부정하는 견해도 있지만, 특별한 희생으로 보아 손실보상은 인정한다. 판례는 대법원은 손실보상을 불인정하였고(대판 1990.5.8, 89부2), 헌법재판소는 보상규정을 두지 않은 것은 위헌이지만, 이는 입법자가 결정할 사항이라고 보았다(헌재 1998.12.24, 89헌마214등).

7. 기반시설의 설치 (도시계획시설결정)

국토계획법에서 도시개발을 위하여 (도시)기반시설[13]을 도시계획시설결정으로

---

13) 「국토계획법」 제2조 6. "기반시설"이란 다음 각 목의 시설로서 대통령령으로 정하는 시설을 말한다. 가. 도로·철도·항만·공항·주차장 등 교통시설, 나. 광장·공원·녹지 등 공간시설, 다. 유통업무설비, 수도·전기·가스공급설비, 방송·통신시설, 공동구 등 유통·공급시설, 라. 학교·운동장·공공청사·문화시설·체육시설 등 공공·문화체육시설, 마. 하천·유수지(遊水池)·방화설비 등 방재시설, 바. 화장시설·공동묘지·봉안시설 등 보건위생시설, 사. 하수도·폐기물처리시설 등 환경기초시설

설치할 수 있다. 즉, 지상·수상·공중·수중 또는 지하에 기반시설을 설치하려면 그 시설의 종류·명칭·위치·규모 등을 미리 '도시·군관리계획'으로 결정하여야 한다. 다만, 용도지역·기반시설의 특성 등을 고려하여 대통령령으로 정하는 경우에는 그러하지 아니하다(제43조 제1항).

Ⅳ. 개발행위허가제

☞ 국토계획법은 국토의 효율적 이용과 개발 및 보전을 위하여 개발행위를 제한한다. 이는 경미한 행위를 제외하고 국토의 변경행위를 원칙적으로 금지하고, 행정청의 허가로 허용한다. 난개발 방지를 위하여 구 도시계획법상 내용을 도입한 것이다(장태주).

1. 국토계획법상 개발행위의 개념

개발행위허가제는 '일정규모이상의 개발행위는 사전에 관할 지방자치단체장의 허가를 받도록 하는 제도'이다.

국토계획법상의 개발행위는 1) 건축물의 건축 또는 공작물의 설치, 2) 토지의 형질변경(경작을 위한 토지의 형질변경은 제외), 3) 토석의 채취, 4) 토지의 분할(건축물이 있는 대지는 제외), 5) 물건적재행위(녹지지역·관리지역 또는 자연환경보전지역에 물건을 1개월 이상 쌓아놓는 행위)를 말한다(제56조 제1항).[14]

2. 개발행위허가

1) **원 칙** 국토계획법상 개발행위를 하려는 자는 원칙적으로 사전에 시장 또는 군수의 허가를 받아야 한다(제56조 제1항). 개발행위허가를 받은 후, 허가사항의 변경도 허가를 받아야 한다(변경허가). 다만, 대통령령으로 정하는 경미한 사항은 허가받지 않아도 된다(제2항).

2) **예 외** 개발행위허가의무가 면제되는 경우는 1) 재해복구나 재난수습을 위한 응급조치(조치후 1개월내 신고), 2) 건축신고로 설치할 수 있는 건축물의 건축 등,[15] 3) 그 밖에 대통령령으로 정하는 경미한 행위이다(제56조 제4항).[16]

3) **개발행위허가절차** 개발행위를 하려는 자는 그 개발행위에 따른 기반시설의 설치나 그에 필요한 용지의 확보, 위해방지, 환경오염 방지, 경관, 조경 등

---

14) 개발행위의 자세한 기준은 법 제56조 제1항과 시행령 제51조 등을 참조. 국토계획법상의 개발행위 기준은 도시개발, 도시정비, 건축 등에서 다양한 기준으로 준용된다.

15) 건축신고를 받으면, 국토계획법상의 개발행위허가를 받은 것으로 의제된다. 「건축법」 제11조 제5항.

16) 경미한 행위는 법령상 일정기준이하만 허용한다. 법 제56조 제4항과 영 제53조 제2항.

에 관한 계획서를 첨부한 신청서를 개발행위허가권자에게 제출하여야 한다. 다만, 개발행위중 건축법의 적용을 받는 건축물의 건축 또는 공작물의 설치를 하려는 자는 건축법상 절차에 따라 신청하여야 한다(제57조 제1항).

개발행위의 허가기준은 1) 용도지역별 특성을 고려하여 대통령령이 정한 개발행위의 규모(면적기준)에 적합할 것, 2) 도시·군관리계획 및 성장관리방안의 내용에 어긋나지 않을 것, 3) 도시·군계획사업의 시행에 지장이 없을 것, 4) 주변지역의 토지이용실태 또는 토지이용계획, 건축물의 높이, 토지의 경사도, 수목의 상태, 물의 배수, 하천·호소·습지의 배수 등 주변환경 또는 경관과 조화를 이룰 것, 5) 그 개발행위에 따른 기반시설의 설치 또는 그에 필요한 용지의 확보계획이 적정할 것이다(제58조 제1항).

개발행위의 허가여부는 위의 기준 외에도 토지의 합리적인 이용이나 도시계획사업에 대한 지장 등을 고려하여 판단한다. 재량권여부에 대하여는 1) 강학상 허가이므로 불허가사유가 없으면 허가를 해 주어야 하는 기속행위로 보거나(서울고법 1990.6.27, 89구14009), 2) 억제적 금지에 대한 예외적 승인에 해당하므로 재량행위로 보거나(장태주, 정태용, 박균성), 3) 원칙적으로 기속행위이나 일정사유로 허가하지 않을 수 있는 기속재량행위로 보거나(김용섭), 4) 개별적으로 판단해야 된다고 본다(김동희). 5) 판례는 재량권이 부여되어 있다고 본다(대판 2001.1.16, 99두8886; 2010.2.25, 2009두19960).[17]

허가절차에 대하여 허가권자는 일정한 기간내에 허가하여야 하며, 중요한 개발행위는 중앙·지방도시계획위원회의 심의를 거쳐야 하며, 허가 또는 불허가의 처분을 할 때에는 지체 없이 그 신청인에게 허가증을 발급하거나 불허가처분의 사유를 서면으로 알려야 한다. 개발행위허가를 하는 경우에는 대통령령으로 정하는 바에 따라 그 개발행위에 따른 기반시설의 설치 또는 그에 필요한 용지의 확보, 위해 방지, 환경오염 방지, 경관, 조경 등에 관한 조치를 할 것을 조건(부관)으로 정할 수 있다.

국토교통부장관, 시·도지사, 시장 또는 군수는 개발의 피해가 우려되는 일정한 지역으로서 도시·군관리계획상 특히 필요하다고 인정되는 지역에 대하여는 대통령령으로 정하는 바에 따라 중앙도시계획위원회나 지방도시계획위원회의 심의를 거쳐 1회에 한하여 3년 이내의 기간 동안 개발행위허가를 제한할 수 있다(제63조 제1항).

다른 법률에 따른 인허가를 받으면, 개발행위허가를 받은 것으로 보는 인허가의제 규정을 두는 경우에는 개발행위허가는 받은 것으로 본다(건축허가, 건축법 제11조 제5항).

3. 개발행위에 따른 피해방지

1) 이행보증금 예치 개발행위허가권자는 기반시설의 설치나 그에 필요한 용지의 확보, 위해 방지, 환경오염 방지, 경관, 조경 등을 위하여 필요하다고 인정되는 경우로서 대통령령으로 정하는 경우에는 그 이행을 보증하기 위하여 개발행위허가를 받는 자로 하여금 이행보증금을 예치하게 할 수 있다. 그러나 국가,

17) 국토교통부는 국토계획법 제58조 제3항, 동법 시행령 제56조 제2항의 위임에 따라 개발행위허가의 세부적인 검토기준을 정하는 「개발행위허가 운영지침」을 제정하고 있다.

지방자치단체, 공공단체(공공기관)의 개발행위는 예외로 한다(제60조 제1항).

2) **원상회복명령** 개발행위허가권자는 개발행위허가를 받지 아니하고 개발행위를 하거나 개발허가의 내용과 다르게 개발행위를 하는 자에게는 그 토지의 원상회복을 명할 수 있다(제60조 제3항). 원상회복명령은 행정행위로 행위의무를 부과하는 것이다.

개발행위허가권자는 원상회복명령을 받은 자가 원상회복을 하지 않으면, 「행정대집행법」에 따른 행정대집행으로 원상회복을 할 수 있다. 이 경우 행정대집행에 필요한 비용은 개발행위허가를 받은 자가 예치한 이행보증금을 사용할 수 있다(제60조 제4항).

4. 준공검사

개발행위허가를 받은 자가 일정한 개발행위(건축물의 건축 또는 공작물의 설치, 토지의 형질변경, 토석의 채취)를 마치면, 허가권자로부터 준공검사를 받아야 한다. 다만, 건축법상의 사용승인을 받은 경우는 예외로 한다(제62조 제1항). 토질형질변경행위는 준공검사를 받지 않아도 된다(대판 1990.1.25, 89누5294).

허가권자는 허가내용대로 사업이 완료된 때에는 준공검사필증을 발급해야 한다(시행규칙 제11조 제3항).

제 3 절 도시개발법

제 1 항 도시개발법

☞ 최초의 도시계획에 대한 근대법은 1934년의 「조선시가지계획령」으로 도시계획과 건축이 포함된 법이었다. 이후 1962년에 「도시계획법」으로 분리 제정되었고, 1966년에 「도시계획법」의 토지구획정리사업 부분을 분리하여 「토지구획정리사업법」이 제정되었다. 2000년에 종래의 「도시계획법」의 도시계획사업과 「토지구획정리사업법」상의 토지구획정리사업을 통합하여 종합적이고 체계적인 도시개발을 위하여 「도시개발법」을 제정하였다. 현행 「도시개발법」은 기본법으로 도시개발을 규율하고, 각 개별법에서도 도시개발을 규정한다.

Ⅰ. 도시개발법의 개념

도시개발법은 '도시개발에 관한 법'이다. 즉, 도시개발(Urbanplan)은 '도시화되지 않은 지역을 지정하여 해당 지역에 도시기능을 가진 시가지를 조성하는 것'이다.

따라서 도시개발을 위하여 도시개발구역을 지정하고 도시개발계획을 수립하여 도시개발사업을 시행한다. 도시개발에 대한 기본법으로는 「도시개발법」이다.[18] 도시개발법은 계획적이고 체계적인 도시개발을 도모하고 쾌적한 도시환경의 조성하여 공공복리를 증진하기 위한 목적을 갖는다(제1조).

도시개발구역은 “도시개발사업을 시행하기 위하여 도시개발법 제3조와 제9조에 따라 지정·고시된 구역”이고(제2조 제1항 제1호), 도시개발사업은 “도시개발구역에서 주거, 상업, 산업, 유통, 정보통신, 생태, 문화, 보건 및 복지 등의 기능이 있는 단지 또는 시가지를 조성하기 위하여 시행하는 사업”을 말한다”(제2호).

Ⅱ. 도시개발구역의 지정

1. 지정권자

해당 도시를 관할하는 지방자치단체의 장인 지정권자(특별시장, 광역시장, 도지사, 특별자치도지사, 대도시시장[19])는 계획적인 도시개발이 필요하다고 인정되는 때에 도시개발구역은 지정할 수 있다(제3조 제1항).

개발면적이 일정규모이상인 경우에는 국토교통부장관의 승인을 받아야 하고, 둘이상의 관할구역에 걸치는 경우에는 관할 지방자치단체장이 협의하여 지정권자를 정한다(제2항).

예외적으로 국가의 필요, 관계 중앙행정기관장의 요청 등으로 국토교통부장관이 지정할 수 있다(제3항). 한편 기초지방자치단체장인 시장, 군수 또는 자치구청장은 관할 지정권자에게 도시개발구역의 지정을 요청할 수 있다(제4항).

2. 기초조사

도시개발사업의 시행자나 시행자가 되려는 자가 도시개발구역의 지정, 지정요청, 제안시에는 해당 지역의 토지·건축물·공작물 그 밖의 필요한 사항을 기초조사(조사·측량)할 수 있다(제6조 제1항).

3. 도시개발계획의 수립

지정권자가 도시개발구역을 지정하는 경우에는 그 개발계획도 수립하여야 한다. 도시개발계획의 작성기준 및 방법은 국토교통부장관이 정한다(제5조 제5항).[20] 도시개발계획은 지정권자가 직접 또는 법령상 관계중앙행정기관의 장, 기초자치단

18) 도시개발법외에 주택건설을 위한 택지개발촉진법이 있으나 폐지될 예정이고, 그 외에 특정목적을 위한 개발법이 있다.
19) 이 때 ‘대도시시장’은 특별시나 광역시가 아닌 인구 50만이상의 시를 말한다.
20) 자세한 개발계획의 내용은 「도개법」 제5조 제1항에 따른다.

체장, 시행자가 될 수 있는 자의 요청으로 변경할 수 있고, 예외적으로 도시개발구역의 지정후에 개발계획을 사후수립하기도 한다(제4조 제1항).

도시개발계획은 광역도시계획이나 도시기본계획이 수립된 지역에는 이들 계획에 맞게 수립되어야 한다(제5조 제2항).

4. 도시개발구역의 지정과 해제

1) **지정절차** 도시개발구역 지정권자는 1) 주민공람을 통하여 주민의 의견을 청취해야 하고(제7조 제1항), 2) 공청회를 개최하여 전문가의 의견을 들어야 하고, 3) 관계행정기관의 장과 협의 후에(제8조 제1항), 4) 관할 도시계획위원회의 심의를 거쳐야 하고, 5) 도시개발구역이 지정되면 관보 또는 공보에 고시해야 한다(제9조 제1항).

2) **도시개발구역의 지정 및 효과** 도시개발구역이 지정·고시되면, 도시지역과 제1종 지구단위계획구역으로 결정·고시된 것으로 본다. 다만, 제2종 지구단위계획 및 취락지구로 지정된 지역인 경우에는 적용하지 않는다(제9조 제2항).

도시개발구역으로 지정되면, 해당 구역 안에서는 일정한 행위제한이 부과되므로 개발행위를 하려는 자는 해당 지방자치단체장의 허가를 받아야 한다(제5항). 허가권자는 개발행위의 허가전에 도시개발사업시행자의 의견을 들어야 한다.

3) **도시개발구역의 해제** 도시개발구역의 지정은 1) 도시개발구역이 지정·고시된 날부터 3년 이내에 실시계획의 인가를 신청하지 않은 경우, 2) 도시개발사업의 공사완료 공고일에 해제된 것으로 본다.

> 한편 도시개발구역지정이 해제되거나 해제가 의제된 경우에 지정권자는 이를 관보나 공보에 고시하고, 관계 행정기관의 장과 관할 기초자치단체장에게 통보하여야 한다(제10조 제1항, 제2항, 제4항). 통보받은 단체장은 이를 일반에게 공람시켜야 한다. 도시개발구역지정이 해제가 의제되면, 그 구역의 용도지역 및 지구단위계획은 지정전으로 각각 환원된다(제3항).

Ⅲ. 도시개발사업의 시행

1. 사업시행자의 지정

도시개발사업의 시행자로 지정받고자 하는 자는 시장·군수 또는 구청장을 거쳐 도시개발구역 지정권자에게 시행자지정을 신청해야 하고(영 제19조 제1항), 지정권자가 사업시행자를 지정한다.

도시개발사업시행자는 국가, 지방자치단체, 공공기관, 정부출연기관, 지방공사, 도시개발조합 등이 될 수 있으며(제11조 제1항), 토지전부의 환지개발방식은 토지소유자 또는 조합만이 사업시행자로 지정될 수 있다.

토지소유자는 도시개발사업조합을 설립하여 사업을 시행할 수 있다. 즉 7명 이상의 토지소유자가 정관을 작성하여 조합을 설립하고, 지정권자로부터 조합설립인가를 받아야 한다(제13조 제1항). 도시개발사업조합의 임직원은 형법상 공무원으로 의제되어 처벌된다(대판 2010.5.13, 2009도7040).

2. 실시계획의 작성 및 인가

도시개발사업 시행자는 도시개발사업에 관한 실시계획을 개발계획에 맞게 작성하여야 한다(제17조 제1항). 실시계획에는 지구단위계획이 포함되어야 한다.

실시계획이 작성되면, 시행자는 도시개발구역 지정권자에게 실시계획을 인가받아야 한다(제2항). 지정권자는 실시계획을 작성·인가시에는 지방자치단체장의 의견을 청취하고 그 실시계획을 관보나 공보에 고시하여야 한다(제18조 제1항).

3. 도시개발사업의 시행

1) **시행방식** 도시개발사업은 1) 수용 또는 사용방식, 2) 환지방식, 3) 혼용방식으로 시행할 수 있다. 환지방식은 토지의 교환·분합, 그 밖의 계획변경, 지목·형질의 변경 등이 필요한 경우에, 수용 또는 사용방식은 계획적이고 체계적인 도시개발 등의 집단적인 조성과 공급이 필요한 경우에 시행된다.

2) **토지의 수용 또는 사용** 사업시행자는 도시개발에 필요한 토지 등을 사용 또는 수용할 수 있다. 이 경우에는 사업대상 토지면적의 2/3이상의 토지를 소유하고, 토지소유자 총수의 1/2이상의 동의를 받아야 한다(제22조 제1항).

Ⅳ. 도시개발법상 공용환지

1. 도시개발사업방식과 도시개발구역의 지정

도시개발법은 체계적인 도시개발을 위하여 시가지를 조성하는 도시개발사업으로 공용수용이나 공용사용외에도 환지방식이나 환지를 혼용하는 방식으로 시행할 수 있다(제21조). 시행지역의 지가가 높거나 공공시설의 정비가 필요한 경우에는 환지방식으로 시행할 수 있고,[21] 이 경우에는 환지계획(개발계획)을 수립해야 한다.

---

21) 「도시개발법」 제43조 (도시개발사업의 시행방식) 1. 환지방식: 다음 각 목의 어느 하나에 해당하는 경우. 가. 대지로서의 효용증진과 공공시설의 정비를 위하여 토지의 교환·분합, 그 밖의 구획변경, 지목 또는 형질의 변경이나 공공시설의 설치·변경이 필요한 경우. 나. 도시개발사업을 시행하는 지역의 지가가 인근의 다른 지역에 비하여 현저히 높아 수용 또는 사용방식으

환지방식으로 도시개발사업을 시행하기 위하여는 먼저 도시개발구역이 지정되어야 한다. 도시개발구역을 지정할 경우에는 개발계획(환지계획)을 수립하여야 한다(제4조). 환지방식의 도시개발사업에는 토지소유자의 동의(조합원의 동의)가 필요한데, 개발구역 지정권자가 사업시행자인 경우에는 예외로 한다

2. 환지계획

1) **개 념** 도시개발법상의 환지계획은 '도시개발사업이 완료된 경우에 시행할 환지처분을 예정하는 계획'이다. 이는 개발계획에 속한다(제4조).

환지계획은 환지처분을 포함하지만, 환지계획 자체는 직접 영향을 미치지 않으므로 '행정계획'으로 보는 것이 타당하고, 판례는 환지계획은 환지예정지의 지정이나 환지처분의 근거가 될 뿐이고, 직접 토지소유자 등의 법률상 지위를 변동시키거나 다른 고유한 법률효과를 수반하지 않으므로 '처분'에 해당하지 않는다(대판 1999.8.20, 97누6889).

환지계획의 내용은 1) 환지설계, 2) 필지별로 된 환지명세, 3) 필지별과 권리별로 된 청산대상 토지명세, 4) 체비지 또는 보류지의 명세, 5) 입체환지를 계획하는 경우에는 입체환지용 건축물의 명세와 공급방법 · 규모에 관한 사항, 6) 기타 국토부령이 정한 사항이다(제28조 제1항).

2) **환지계획의 기준과 절차** 환지계획의 기준으로 종전의 토지 및 환지의 위치 · 지목 · 면적 · 토질 · 수리이용상황 · 환경 그 밖의 사항을 종합적으로 고려하여 합리적으로 정한다(제28조 제2항). 자세한 기준은 국토교통부령으로 정한다(제5항). 예외는 토지소유자의 신청이나 동의에 의하여 환지를 정하지 않은 경우(제30조 제1항), 토지면적규모를 고려한 토지면적의 적정화를 위한 조치(제31조), 공공시설의 용지에 대한 조치(제33조), 토지가 지나치게 작은 과소토지를 방지하기 위한 특례조치(입체환지, 제32조의3) 등이다.

환지계획절차는 토지소유자의 동의를 얻는 경우가 있으며, 행정청이 아닌 사업시행자는 토지소유자와 해당 토지의 임차권자등에게 환지계획의 기준 및 내용을 알리고, 일반인에게 공람시키고, 토지소유권자 등의 의견서를 받아 환지계획을 작성하여 특별자치도지사 · 시장 · 군수 또는 구청장의 인가를 받아야 한다(제29조).

3) **청산금** 환지를 정하거나 대상에서 제외한 경우 생기는 과부족금에 대하여 종전 토지 및 환지의 위치 · 지목 · 면적 · 토질 · 수리 · 이용상황 · 환경 그 밖의 상황을 종합적으로 고려하여 금전으로 청산하는 것이다(제41조 제1항). 청산금은 환매처분을 하는 때에 결정하여야 한다(제2항).

4) **체비지 · 보류지** 사업시행자는 환지계획시 도시개발사업의 필요경비

로 시행하는 것이 어려운 경우.

를 충당하거나 규약·정관·시행규정 또는 사업계획으로 정하는 목적을 위하여 일정한 토지를 환지로 정하지 않은 '보류지'로 정할 수 있으며, 그 중 일부를 도시개발사업의 경비에 충당할 수 있는 체비지로 정할 수 있다(제34조).

5) **환지예정지의 지정** 사업시행자는 도시개발사업의 시행을 위하여 필요하면 도시개발구역의 토지에 대하여 환지예정지를 지정할 수 있다(제35조 제1항).

환지예정지로 지정되면, 종전의 토지소유자와 임차권자 등은 지정의 효력발생일부터 환지처분의 공고되는 날까지 종전의 토지와 같은 내용의 권리를 행사할 수 있으며, 종전의 토지는 사용·수익할 수 없다(제1항). 따라서 종전의 토지소유자에게 개별적으로 서면통지하여야 한다(대판 1962.5.17, 62누10). 환지예정지가 지정된 토지의 종전의 토지소유자나 임차권자는 해당 토지를 사용·수익할 수 없고, 환지예정지의 사용·수익도 방해해서는 안 되지만(제3항), 처분은 할 수 있다(장태주).

환지예정지 지정은 '처분'이므로 행정쟁송이 가능하나, 환지처분이 공고되어 효력이 발생하면, 지정처분이 소멸하므로 지정처분을 다툴 수 없다고 본다(대판 1990.9.25, 88누2557).

3. 환지처분

1) **개 념** 환지처분은 '도시개발사업의 공사가 완료된 후 종전의 토지에 대하여 소유권을 가진 자에게 종전의 토지를 대신하여 환지계획에서 정해진 토지를 할당하여 종국적으로 이를 귀속하게 하는 처분'이다. 법적 성질은 형성적 행정행위이다. '공사완료전의 환지처분'이나 '환지계획에 의하지 않은 환지처분'은 위법하다.

2) **절 차** 사업시행자는 공사완공후, 공고, 공람, 의견제출을 거쳐 지정권자에 의한 준공검사를 받은 경우에 정해진 기간에 환지처분을 하여야 한다. 시행자는 환지계획에서 정한 사항을 토지소유자에게 알리고, 이를 공고하여야 한다(제40조).

3) **효 과** 환지계획에서 정해진 환지는 그 환지처분이 공고된 날의 다음 날부터 종전의 토지로 보며, 환지계획에서 환지를 정하지 않은 종전의 토지에 있던 권리는 그 환지처분이 공고된 날이 끝나는 때에 소멸한다(제42조 제1항).

환지처분이 공고되면, 토지의 과부족분에 대한 청산금을 징수하거나 교부하여야 한다(제46조 제1항). 사업시행자는 환지처분이 공고되면, 토지와 건물에 대한 등기를 촉탁하거나 신청하여야 한다(제43조).

3) **권리구제** 공용환지에 불복이 있는 자는 환지처분의 대상으로 행정쟁송을 제기하여야 한다. 일반행정심판도 가능하다(제77조). 특히 환지처분은 그에 의하여 토지에 대한 권리가 변동되므로 이는 처분이다(대판 1999.8.20, 97누6889).

【판례해설】 환지계획에 의하지 않거나 환지계획과 다른 내용의 환지처분은 당연무효이다(대판 1990.10.10, 89누4673). 효력이 발생한 환지처분은 전체의 절차를 다시 밟기 전에는 변경할 수 없으며(대판 1972.9.26, 72누134), 환지처분의 일부도 다툴 수 없다(대판 1985.4.23, 84누446).

Ⅴ. 권리보호

사업시행자의 처분에 대하여 행정심판을 청구할 수 있다. 다만, 행정청이 아닌 사업시행자에 대하여는 도시개발구역 지정권자에게 행정심판을 청구하여야 한다(제77조). 그 외에는 각 단계별로 처분성이 인정되는 경우에는 행정소송을 제기할 수 있다.

제 2 항 도시재개발법

☞ 1976년에 종전의 「도시계획법」상의 재개발사업 규정을 분리하여 「도시재개발법」을 제정하였고, 1989년에 도시 저소득층이 거주하는 노후·불량주택밀집지역의 개량을 위하여 「도시저소득주민의 주거환경개선을 위한 임시조치법」을 제정하였다. 2002년에는 두 법률과 「주택건설촉진법」의 재건축규정을 통합하여 「도시 및 주거환경정비법」을 제정하여 소위 '도정법'시대를 열었다. 뉴타운사업을 위한 법적 근거로 2005년에 「도시재정비촉진을 위한 특별법」(도촉법)이 제정되었다. 이후 도시재개발에 대한 반성으로 도시재생을 위하여 2013년에 「도시재생 활성화 및 지원에 관한 특별법」(재생법)이 제정되었다.

Ⅰ. 도시재개발법의 개념

도시재개발이란 '도시의 노후·불량한 건축물을 도시기능의 회복이나 주거환경의 개선을 위하여 계획적으로 정비하는 사업'을 말하며, 이를 규율하는 법을 '도시재개발법'이라고 한다. 도시재개발에는 도시재생사업, 도시재개발사업, 도시재건축사업, 뉴타운사업 등이 포함된다. 원래 도시재개발은 '도시재생'을 의미한다.[22]

도시재생은 "인구의 감소, 산업구조의 변화, 도시의 무분별한 확장, 주거환경의 노후화 등으로 쇠퇴하는 도시를 지역역량의 강화, 새로운 기능의 도입·창출 및 지역자원의 활용을 통하여 경제적·사회적·물리적·환경적으로 활성화시키는 것"을 말한다(재생법 제2조 제1호).

도시재개발법에는 「도시 및 주거환경정비법」(도정법)과 「도시재정비촉진을 위한 특별법」(도촉법), 「도시재생 활성화 및 지원에 관한 특별법」(재생법)등이 있다.[23)]

---

22) 길준규, "도시재생법(안)의 계획법적 검토", 『토지공법연구』 제53집, 2001.5, 1쪽이하.

23) 도시재개발은 도정법을 중심으로 하고, 뉴타운사업은 도촉법이, 도시재생은 도시재생법이라는 특별법 형식으로 운용되므로 이하에서는 도정법을 중심으로 설명한다.

Ⅱ. 도시정비사업

(도시)정비사업은 “도시정비법에서 정한 절차에 따라 도시기능을 회복하기 위하여 정비구역안에서 정비기반시설을 정비하고 주택 등 건축물을 개량하거나 건설하는 사업”을 말한다.

주거환경개선사업 : 도시저소득주민이 집단으로 거주하는 지역으로서 정비기반시설이 극히 열악하고 노후·불량건축물이 과도하게 밀집한 지역에서 주거환경을 개선하기 위하여 시행하는 사업. 난곡동, 상계동 등의 달동네 개발사업이다.

주택재개발사업 : 정비기반시설이 열악하고 노후·불량건축물이 밀집한 지역에서 주거환경을 개선하기 위하여 시행하는 사업. 소위 재개발사업이다.

주택재건축사업 : 정비기반시설은 양호하나 노후·불량건축물이 밀집한 지역에서 주거환경을 개선하기 위하여 시행하는 사업. 정비구역이 아닌 구역에서 시행하는 주택재건축 사업을 포함한다. 소위 재건축사업이다.

도시환경정비사업 : 상업지역·공업지역 등으로서 토지의 효율적 이용과 도심 또는 부도심 등 도시기능의 회복이나 상권활성화 등이 필요한 지역에서 도시환경을 개선하기 위하여 시행하는 사업. 도시재생사업을 말한다. 청계천개발사업이다.

주거환경관리사업 : 단독주택 및 다세대주택 등이 밀집한 지역에서 정비기반시설과 공동이용시설의 확충을 통하여 주거환경을 보전·정비·개량하기 위하여 시행하는 사업

가로주택정비사업 : 노후·불량건축물이 밀집한 가로구역에서 종전의 가로를 유지하면서 소규모로 주거환경을 개선하기 위하여 시행하는 사업.

Ⅲ. 도시·주거환경정비 기본계획과 정비계획의 수립

1. 도시·주거환경정비 기본계획

특별시장·광역시장 또는 시장(인구 50만이상)은 도시·주거환경정비기본계획을 10년 단위로 수립하여야 한다. 단, 대도시가 아닌 시는 도지사가 필요하다고 인정하는 경우를 제외하고는 수립하지 않을 수 있다(제3조 제1항).

수립절차는 수립권자가 14일 이상 주민공람하고, 지방의회의 의견을 들은 후, 지방도시계획위원회의 심의를 거쳐 수립한다. 계획수립시에는 관할 지방자치단체의 공보에 고시하여야 한다(제3조 제6항).

2. 정비계획

도시·주거환경정비를 위하여 상위계획인 기본계획에 따라서 안전진단을 실시한 후에 시행계획인 도시·주거환경정비계획을 수립하여 시행한다.

시장·군수 또는 자치구청장은 정비구역지정신청 전에 도시·환경정비기본계획에

따라 요건에 해당하는 정비계획 수립대상지역에 대하여 정비계획을 수립하고 주민에게 서면통보후 주민설명회, 주민공람(30일), 지방의회의 의견을 들은 후에 특별시장·광역시장 또는 도지사에 제출하면, 시·도지사가 정비계획을 지정한다. 단, 대도시시장은 직접 정비계획을 지정한다.

주택재건축사업의 정비계획의 수립 및 사업시행여부를 결정하기 위하여 시장·군수 또는 구청장은 법령의 요건에 해당하는 경우에 안전진단을 실시하여야 한다(제12조 제1항).

3. 정비구역의 지정

정비구역은 "정비사업을 계획적으로 시행하기 위하여 지정·고시한 구역"을 말한다(제2조). 다만, 주택재건축사업은 정비구역 바깥에서도 시행되기도 한다.

정비구역은 시장·군수 또는 구청장의 신청에 따라 특별시장·광역시장 또는 도지사가 지정하거나 대도시시장은 직접 지정한다. 정비구역이 지정고시가 있으면, 정비구역은 제1종지구단위계획구역 및 제1종지구단위계획으로 결정·고시된 것으로 본다(제4조 제7항). 주거환경개선구역은 지정고시가 있는 날부터 제2종 일반주거지역으로 결정·고시된 것으로 본다(제43조 제1항). 정비구역으로 지정되면, 3년 이내의 기간에서 건축물의 건축, 토지의 분할 등의 행위제한이 부과된다.

Ⅳ. 정비사업의 시행

1. 사업시행자

도시정비사업의 시행자는 사업별로 구분된다. 도정법은 원칙적으로 사업시행자, 지정개발자(예외적 사업시행자), 사업대행자 등을 지정할 수 있다.

특히 주택재개발사업과 주택재건축사업은 토지등소유자가 직접 조합을 설립하여 사업을 시행하여야 한다(제13조 제1항). 이에 따라서 주택재건축조합과 주택재개발조합을 설립하여 사업을 시행한다. 토지등소유자는 위원장 포함 5인 이상의 위원과 운영규정에 대한 토지등소유자 과반수의 동의를 받아 조합설립추진위원회를 구성하여 시장·군수 또는 구청장의 승인을 받아야 한다(제2항). 주택재건축사업, 도시환경정비사업, 주택재건축을 위한 조합은 각기 토지소유자 등의 동의를 얻어 정관을 작성후 필요서류를 첨부하여 시장·군수의 인가를 받아야 한다(제16조). 이를 조합설립인가라고 한다.

【판례해설】 재건축조합의 설립인가는 종래 사인의 조합설립행위에 대한 보충행위인 인가라고 보았으나, 최근 공법상 사단인 행정주체의 법적 지위를 부여하는 일종의 설권적 행위라고 본다(대판 2010.2.25, 2007다73598). 한편 조합설립인가처분이 이루어진 경우에

조합설립결의의 무효는 항고소송으로 구하여야 하고, 민사소송인 확인의 소는 허용되지 않는다(같은 판례).

대법원 2010. 2. 25. 선고 2007다73598 판결 【창립총회결의무효확인】
행정청이 도시정비법 등 관련 법령에 근거하여 행하는 **조합설립 인가처분은 단순히 사인들의 조합설립행위에 대한 보충행위로서의 성질을 갖는 것에 그치는 것이 아니라, 재건축조합에 대하여 도시정비법상 주택재건축사업을 시행할 수 있는 권한을 갖는 행정주체(공법인)로서의 지위를 부여하는 일종의 설권적 처분의 성격을 갖는다**고 보아야 한다.

2. 사업시행계획

사업시행자는 정비계획에 따라 사업시행계획서를 작성하여야 하고(제30조), 이를 시장·군수 또는 구청장에게 제출하여 사업시행인가를 받아야 한다(제28조 제1항). 사업시행인가시에 인가청은 일반인에게 공람하고, 교육기관, 국공유재산관리청과 협의하여야 하며, 정비구역외의 주택재건축사업은 건축위원회의 심의를 거쳐서 최종적으로 고시하여야 한다. 행정청의 사업시행인가는 '재량행위'로 본다(대판 2007. 7.12, 2007두6663).

사업시행자는 과밀억제권역에서 주택재건축사업을 시행하는 경우에는 정비계획상 용적률에도 불구하고 지방도시계획위원회의 심의를 거쳐 국토법 등이 정한 용적률의 상한까지 건축할 수 있다. 한편 사업시행자는 국토계획법보다 증가된 용적률의 30/100~50/100의 범위에서 소형주택을 건설하여야 한다(제30조의3 제2항).

3. 관리처분계획

1) 개 념 관리처분계획은 '정비사업에 의하여 조성된 대지 및 건축물의 처분 및 관리에 관한 계획'이다(제48조 제4항). 즉, '정비사업의 완료후에 분양신청에 대한 분양처분(환권처분)의 예정'이다. 법적 성질은 환권계획이다.

주택재개발, 주택재건축, 도시환경정비사업이 해당된다. 주거환경개선, 주택재개발, 도시환경정비사업은 사업시행을 정비구역에서 환지를 공급하는 방식으로 수행할 수 있다.

관리처분계획의 법적 성질은 토지등소유자의 권리나 의무에 직접 구속력이 있으므로 '구속적 행정계획'으로 보며(박균성), 판례는 토지등소유자의 권리의무에 영향을 미치므로 구속적 행정계획으로서 독립된 행정처분이라고 본다(대판 1996.2.15, 94다31235).

【판례해설】 관리처분계획은 구속적 행정계획으로서 재건축조합이 행하는 독립적인 행정처분이고(대판 2009.9.17, 2007다2428), 인가청은 관리처분계획에 대한 실질적 심사권은 있으나 판례는 인가신청서와 첨부서류에 대한 심사에 한정하고 있고(대판 2014.3.13, 2013다27220), 관리처분계획의 인가시 기부채납과 같은 다른 조건을 붙일 수 없다(대판 2012.8.30, 2010두24951). 관리처분계획에 대한 조합총회 결의의 효력을 다투는 소송은 종래 민사소송으로 보았으나, 최근 공법상 당사자소송으로 본다(대판 2009.11.26, 2008다41383). 분양처분

이나 이전고시가 효력을 발생하면, 조합원 등은 관리처분계획을 다툴 수 없다(대판 2012.3. 22, 2011두6400).

대법원 2009. 11. 26. **선고** 2008다41383 **판결【총회결의무효확인】**
행정주체인 재건축조합을 상대로 관리처분계획안에 대한 조합 총회결의의 효력 등을 다투는 소송은 행정처분에 이르는 절차적 요건의 존부나 효력 유무에 관한 소송으로서 그 소송결과에 따라 행정처분의 위법 여부에 직접 영향을 미치는 공법상 법률관계에 관한 것이므로, 이는 「행정소송법」상의 당사자소송에 해당한다.

2) **관리처분계획절차**

(1) **분양공고** 사업시행자는 사업시행인가의 고시가 있은 날부터 60일 이내에 개략적인 부담금내역과 분양신청기간(30일이상 60일 이내) 그 밖에 사항을 정하여 토지등소유자에게 통지하고, 해당 지역 일간신문에 분양공고한다(제46조 제1항).

(2) **분양신청 및 청산** 대지 또는 건축물을 분양받고자 하는 토지등소유자는 사업시행자에게 분양신청을 하여야 한다(제2항).

토지등소유자 중에서 1) 분양신청을 하지 않은 자, 2) 분양신청기간 종료 이전에 분양신청을 철회한 자, 3) 인가된 관리처분계획에 따라 분양대상에서 제외된 자에 대해서는 관리처분계획 인가를 받은 날의 다음 날로부터 90일 이내에 일정한 절차에 따라 토지·건축물 또는 그 밖의 권리에 대하여 현금으로 청산하여야 한다(현금청산). 기간내에 청산하지 않은 경우는 이자를 지급하여야 한다(제47조).

(3) **관리처분계획의 인가** 사업시행자는 분양신청기간의 종료후 기존 건축물의 철거전에 관리처분계획을 수립하여 시장·군수의 인가를 받아야 한다(제48조 제1항). 인가를 하면, 당해 지방자치단체의 공보에 고시하여야 하고, 사업시행자는 분양신청자에게 통지하여야 한다(제49조).

관리처분계획은 분양신청자에게 종전의 토지 또는 건축물의 위치, 면적, 이용상황, 환경 기타의 상황을 종합적으로 고려하여 결정한다. 단, 재해 또는 위생상의 위해방지를 위해 토지의 규모조정이 필요시는 조정, 보상, 대지의 공유지분을 교부할 수 있다.

(4) **일반분양** (보류지와 체비지) 사업시행자는 관리처분계획(환권계획)에서 일반분양하는 대지나 건축물은 공용환지의 보류지나 체비지로 본다(제55조 제2항).[24]

(5) **분 양** (공급) 사업시행자는 정비사업의 완료후 준공인가와 공사완료고시, 토지분할절차를 거쳐 관리처분계획에서 정한 사항을 분양받을 자에게 통지하고, 이전고시를 거쳐 대지 또는 건축물의 소유권을 이전하여야 한다(제54조).

---

24) 체비지는 사업비의 일부를 충당하기 위하여 매각할 목적으로 분양에서 제외한 대지나 건축시설이고, 보류지는 사업시행자가 그 정관 등 또는 사업시행계획이 정하는 목적에 공용하기 위하여 분양에서 제외한 대지나 건축시설을 말한다.

4. 관리처분 (준공인가와 이전고시)

1) **개 념** 관리처분은 '정비사업시행자가 관리처분계획에 따라 분양처분 및 청산을 하는 형성적 행정행위'이다(제48조 제4항). 관리처분은 이전고시(구 분양처분)와 청산으로 행해진다.

> 관리처분계획이 인가되면, 거주자는 이주하고 종전 건물을 철거하며 사업을 착공한다. 공사가 완료되면, 사업시행자는 준공인가를 신청하고(제52조), 시장·군수는 준공검사후 준공인가를 고시한다(제52조). 사업시행자는 고시가 있은 때에는 지체없이 대지확정측량, 토지의 분할절차를 거쳐 관리처분계획에서 정한 사항을 분양을 받을 자에게 통지하고 대지 또는 건축물의 소유권을 이전하여야 한다. 소유권 이전의 내용을 고시하는데, 이전고시이다(제54조). 이전고시에 따라 소유권은 이전하고 법적 성질은 환지이다. 이전고시는 처분이므로 소송제기가 가능하지만, 일부만을 다툴 수는 없다(대판 1991.10.8, 90누10032).

> **【판례해설】** 이전고시의 효력이 발생한 후에는 청산금부과처분은 할 수 있지만, 더 이상 조합설립인가처분(대판 2014.9.25, 2011두20680)이나 관리처분계획(대판 2012.3.22, 2011두6400)을 다툴 수 없다.

2) **법적 효과** 1) 이전고시가 있은 날의 다음 날에 공용환권의 효과로 대지 등에 대한 소유권이 이전한다. 토지등소유자는 대지 또는 건축물에 대한 소유권을 취득한다. 소유권 이전의 고시후 지체없이 대지와 건축물에 대한 등기를 지방법원 지원 또는 등기소에 촉탁 또는 신청하여야 한다.

2) 분양신청자가 종전의 소유한 토지 또는 건축물의 가격과 분양대상이 차이가 있는 경우에는 사업시행자는 분양처분 고시후에 차액을 징수하거나 지급(청산)한다(제57조). 이는 청산금이다.

제 4 절 건축행정법

제 1 항 건축행정법의 개념과 체계

Ⅰ. 건축행정법의 개념

건축법이란 "토지의 건축상 이용의 방법과 외형, 건축물의 질서, 건축물의 생성과정에서의 관련자들의 법률관계를 규율하는 행정법 및 사법상의 규정"을 말한다.[25] 이중 공공건축법 내지 건축행정법은 "대지(Boden)의 건축상 이용, 특히 건축물(baulich Anlagen)의 신축(Errichtung), 규정에 맞는 이용, 본질적인 변경, 철거 등에 대한 허가, 한계, 질서, 촉진에 대한 법령의 총체"이다.[26] 따라서 건축행정법은 공익을 중심으로 하여 건축상의 위험방지와 건축질서를 규율하는 법이다. 반대로 건축사법은 주로 상린관계법(Nachbarrecht)를 중심으로 사법상 재산권인 토지와 부동산을 중심으로 발생하는 사법상의 법적 문제, 즉 일조권, 주위지통행권, 상린관계 등을 규율하는 법이다.

건축법(Baurecht)는 국토계획법(Raumordnungrecht)과 연결된 전통적인 특별행정법분야이다. 다만, 우리나라에서는 '기술'에 매몰되어 법적 연구가 덜 활성화되어 있는 점에서 건축행정법이라고 부르기로 한다. 우리나라의 건축행정법은 「건축기본법」을 중심으로 하여 「건축법」이 있다.

Ⅱ. 건축 등의 개념

종래 「건축법」상 건축은 "건축물을 신축·증축·개축·재축(再築)하거나 건축물을 이전하는 것"을 말한다(제2조 제1항 제8호). 건축의 대상인 건축물은 "토지에 정착하는 공작물 중 지붕과 기둥 또는 벽이 있는 것과 이에 딸린 시설물, 지하나 고가(高架)의 공작물에 설치하는 사무소·공연장·점포·차고·창고, 그 밖에 대통령령으로 정하는 것"이라 한다(제2조 제1항 제2호).

그러나 2007년에 제정된 「건축기본법」상 건축은 "건축물과 공간환경을 기획, 설계, 시공 및 유지관리하는 것"으로 규정하므로써 종래의 건축물의 시공행위에 도시공간적 요소를 추가하였다.

따라서 협의의 건축개념은 '건축물의 건축행위'로 보지만, 광의의 건축개념은 '건축물의 시공을 넘어서 도시공간적 관련성'까지 포함하여 보기로 한다.

「건축법 시행령」 제2조

1. "신축"이란 건축물이 없는 대지(기존 건축물이 철거되거나 멸실된 대지를 포함한다)에 새로 건축물을 축조(築造)하는 것[부속건축물만 있는 대지에 새로 주된 건축물을 축조하는 것을 포함하되, 개축(改築) 또는 재축(再築)하는 것은 제외한다]을 말한다.
2. "증축"이란 기존 건축물이 있는 대지에서 건축물의 건축면적, 연면적, 층수 또는 높이를 늘리는 것을 말한다.
3. "개축"이란 기존 건축물의 전부 또는 일부[내력벽·기둥·보·지붕틀(제16호에 따른 한옥의 경우에는 지붕틀의 범위에서 서까래는 제외한다) 중 셋 이상이 포함되는 경우를 말한다]를 철거하고 그 대지에 종전과 같은 규모의 범위에서 건축물을 다시 축조하는 것

25) *Battis/Krautzberger/Löhr*, Baugesetzbuch, 11. Auflage, 2009, Einleitung, Rn. 1
26) *Battis/Krautzberger/Löhr*, a.a.O., Einleitung, Rn. 3.

을 말한다.
4. "재축"이란 건축물이 천재지변이나 그 밖의 재해(災害)로 멸실된 경우 그 대지에 종전과 같은 규모의 범위에서 다시 축조하는 것을 말한다.
5. "이전"이란 건축물의 주요구조부를 해체하지 아니하고 같은 대지의 다른 위치로 옮기는 것을 말한다.
9. "대수선"이란 건축물의 기둥, 보, 내력벽, 주계단 등의 구조나 외부 형태를 수선·변경하거나 증설하는 것으로서 대통령령으로 정하는 것을 말한다.

제 2 항 건축허가 등

☞ 건축은 국민의 자유이지만, 건축의 안전과 질서를 확보하고 공공복리와의 조화를 목적으로 건축을 규제하는 것이다.

Ⅰ. 건축의 허가

1. 건축허가의 개념

건축허가는 "건축물을 건축하거나 대수선하려는 자가 행정청으로부터 받아야 하는 허가를 말한다.

건축물을 건축하거나 대수선하려는 자는 관할 기초지방자치단체장(특별자치도지사 또는 시장·군수·구청장)의 허가를 받아야 한다(제11조 제1항). 기초지방자치단체가 없는 제주특별자치도를 제외하면, 원칙적으로 기초지방자치단체의 허가사항이다. 다만, 특별시나 광역시에 21층 이상의 건축물 등 대통령령으로 정하는 용도 및 규모의 건축물을 건축하려면, 특별시장이나 광역시장의 허가를 받아야 한다(제1항).

건축허가를 받으려는 자는 허가신청서에 국토교통부령으로 정하는 설계도서를 첨부하여 허가권자에게 제출하여야 한다(제3항).

2. 관련 행정청

1) **승인사항** - 일반건축허가와 달리 1) 특별시나 광역시에 건축하는 21층 이상의 건축물 등 대통령령으로 정하는 용도 및 규모의 건축물, 2) 자연환경이나 수질을 보호하기 위하여 도지사가 지정·공고한 구역에 건축하는 3층 이상 또는 연면적의 합계가 1천제곱미터 이상인 건축물로서 위락시설과 숙박시설 등 대통령령으로 정하는 용도에 해당하는 건축물, 3) 주거환경이나 교육환경 등 주변 환경을 보호하기 위하여 필요하다고 인정하여 도지사가 지정·공고한 구역에 건축하는 위락시설 및 숙박시설에 해당하는 건축물인 경우에는 시장·군수는 해당 건축물의 건축을 허가하려면 미리 건축계획서와 국토교통부령으로 정하는 건축물의 용도, 규모 및 형태가 표시된 기본설계도서를 첨부하여 도지사의 승인을 받아야 한다(제11조 제2항).

2) **건축위원회의 심의** - 허가권자는 '위락시설'이나 '숙박시설'에 해당하는 건축물의 건축허가가 해당 대지에 건축하려는 건축물의 용도·규모 또는 형태가 주거환경이나 교육환경 등 주변환경에 부적합하다고 인정하면, 건축위원회의 심의를 거쳐 건축허가를 하지 않을 수 있다(제11조 제4항).

3. 건축허가에 따른 인허가의제

건축허가에 따른 인허가의제로서, 건축허가를 받으면 다음 각 호의 허가 등을 받거나 신고를 한 것으로 보며, 공장건축물의 경우에는 「산업집적활성화 및 공장설립에 관한 법률」 제13조의2와 제14조에 따라 관련 법률의 인·허가등이나 허가등을 받은 것으로 본다(제11조 제5항).

다만, 건축허가에 따른 의제사항이 다른 행정기관의 권한에 속하면 그 행정기관의 장과 미리 협의하여야 하여 건축허가를 하여야 한다.

4. 건축허가의 법적 성질

건축허가에 대한 행정청의 재량권에 대하여 1) 기속행위설은 전통적으로 건축허가는 일정한 요건만 충족하면, 건축의 자유를 허용하는 기속행위라고 본다. 2) 예외적 재량행위설은 최근 유흥시설이나 위락시설의 건축이 문제되면서 허가청의 재량이 인정할 필요가 있어서, 건축허가는 원칙적으로 기속행위이나, 공익상 필요 등의 일정한 한도에서 재량이 인정된다고 본다. 3) 기속재량행위설은 원칙적으로는 기속행위이고, 예외적으로는 재량행위라고 본다. 4) 판례는 원칙적으로는 기속행위이나 예외적으로 국토계획법상 토지형질변경행위를 수반하는 건축허가나 숙박시설 등의 건축허가는 재량행위로 본다. 따라서 행정청은 건축법상 규정된 제한사유나 특별한 공익상의 필요외의 사유로는 건축허가를 거부할 수 없다(대판 1989.3.28, 88누10541). 거부하면, 위법하다.

5. 건축허가의 제한과 철회

건축허가의 제한으로 국토교통부장관은 국토관리를 위하여 주무부장관은 국방, 문화재보존, 환경보전 또는 국민경제를 위하여 특히 필요하다고 인정하여 요청하면 허가권자의 건축허가나 허가를 받은 건축물의 착공을 제한할 수 있다(제18조 제1항). 시·도지사는 지역계획이나 도시계획에 특히 필요하다고 인정하면 시장·군수·구청장의 건축허가나 허가를 받은 건축물의 착공을 제한할 수 있다(제2항). 건축허가나 건축물의 착공을 제한하는 경우, 제한기간은 2년 이내로 한다. 다만, 1회에 한하여 1년 이내의 범위에서 제한기간을 연장할 수 있다(제3항).

건축허가권자는 일정한 경우에 건축허가철회권도 가지고 있다. 즉, 건축허가를 받은 자가 1) 허가를 받은 날부터 1년 이내에 공사에 착수하지 않은 경우, 2) 허가를 받은 날부터 1년 이내에 공사에 착수하였으나 공사의 완료가 불가능하다고 인정되는 경우에 해당하면 허가를 취소하여야 한다. 다만, 공사에 착수하지 않은 경우로서 정당한 사유가 있다고 인정되면 1년의 범위에서 공사의 착수기간을 연장할 수 있다(제11조 제7항).

6. 건축관련 입지와 규모의 사전결정

건축허가 대상인 건축물을 건축하려는 자는 건축허가를 신청하기 전에 허가권자에게 그 건축물을 해당 대지에 건축하는 것이 이 법이나 다른 법령에서 허용되는지에 대한 사전결정을 신청할 수 있다(제10조 제1항). 사전결정은 예비결정의 성질을 갖는다고 본다(홍정선).

이때 사전결정신청자는 건축위원회 심의와 교통영향분석·개선대책의 검토를 동시에 신청할 수 있고(제10조 제2항), 허가권자는 사전결정이 신청된 건축물의 대지면적이 사전환경성검토대상인 경우 환경부장관이나 지방환경관서의 장과 사전환경성검토에 관한 협의를 하여야 하고, 건축물의 입지, 규모, 용도 등을 사전결정한 후 사전결정 신청자에게 알려야 한다(제3항).

사전결정신청자는 사전결정을 통지받은 날부터 2년 이내에 건축허가를 신청하여야 하며, 이 기간에 건축허가를 신청하지 않으면 사전결정의 효력이 상실된다(제8항).

7. 건축신고

한편 소규모의 건축물의 건축이나 대수선에 대하여는 건축허가대신에 건축신고로써 허가를 의제하는 제도를 두고 있다. 즉, 바닥면적의 합계가 85제곱미터 이내의 증축·개축 또는 재축 등의 소규모 건축물의 건축이나 대수선의 경우에는 미리 특별자치도지사 또는 시장·군수·구청장에게 국토교통부령으로 정하는 바에 따라 신고를 하면 건축허가를 받은 것으로 본다(제14조). 물론 건축신고후 1년이내에 공사하지 않으면, 신고의 효력을 잃는다.

건축신고의 법적 성질은 종래 학설과 판례는 자기완결적 신고로 '수리를 요하지 않는 신고'로 보았다. 그러나 최근 그 반려행위 또는 수리거부행위는 항고소송의 대상으로 보면서(대판 2010.11.18, 2008두167), 특히 "인허가의제의 효과를 수반하는 건축신고는 그 실체적 요건을 심사한 후에 수리하여야 하는 수리를 요하는 신고이므로, 허가청은 그 수리를 거부할 수 있고, 거부처분은 항고소송의 대상이 된다"고 보았다(대판 2011.1.20, 2010두14954).[27] 이에 대하여 건축신고 자체를 수리를 요하는 신고로

27) 다만, 실무에서는 개발행위를 전제로 하지 않는 건축신고는 담장보수 같은 소규모의 것이어서 건축신고의 상당수는 인허가의제의 효과를 수반하는 신고이다.

보는 견해(홍정선, 박균성)도 있지만, 건축허가 자체도 원칙적으로 기속행위이므로 건축신고 자체는 자기완결적 신고이고, 인허가의제를 수반하는 건축신고만 수리를 요하는 신고로 보아야 할 것이다.

8. 수수료 납부

건축허가를 신청하거나 건축신고를 하는 자는 허가권자나 신고수리자에게 수수료를 납부하여야 한다(제17조). 수수료는 국토교통부령으로 정하는 범위에서 해당 지방자치단체의 조례로 정한다.

Ⅱ. 건축과정(시공)상의 법적 행위

1. 착공신고

건축허가를 받거나 건축신고를 한 건축물의 공사를 착수하려는 건축주는 국토교통부령으로 정하는 바에 따라 허가권자에게 공사계획을 신고하여야 한다. 이는 착공신고이다. 다만, 건축물의 철거를 신고할 때 착공 예정일을 기재한 경우에는 그러하지 아니하다(제21조).

착공신고를 하지 않으면 공사중지, 철거, 사용금지통지결정 명령, 영업등 행위허가 금지요청, 이행강제금, 벌금을 부과할 수 있다(제69조 제1항). 따라서 착공신고의 반려행위는 항고소송의 대상이 된다(대판 2011.6.10, 2010두7321).

2. 사용승인 (준공검사)

건축주가 건축허가나 건축신고를 한 건축물의 건축공사를 완료(하나의 대지에 둘 이상의 건축물을 건축하는 경우 동(棟)별 공사를 완료한 경우를 포함)한 후 그 건축물을 사용하려면, 공사감리자가 작성한 감리완료보고서와 국토교통부령으로 정하는 공사완료도서를 첨부하여 허가권자에게 사용승인을 신청하여야 한다(제22조 제1항).[28] 사용승인없이 건축물을 사용하면, 위법하다.

허가권자는 사용승인신청을 받은 경우 국토교통부령으로 정하는 기간에 1) 사용승인을 신청한 건축물이 건축법에 따라 허가 또는 신고한 설계도서대로 시공되었는지의 여부, 2) 감리완료보고서, 공사완료도서 등의 서류 및 도서가 적합하게 작성되었는지의 여부에 대한 검사를 실시하고(준공검사), 검사에 합격된 건축물에 대하여는 사

---

28) 1962년 건축법에서는 건축법상 기준과 건축물의 품질을 평가하는 준공검사제도이었고, 1992년 법에서는 건폐율 등의 건축법상의 건축기준만 공무원이 현장확인하는 사용검사제도로 변경되었고, 1996년 법에서는 공사감리자가 작성한 감리완료보고서로 대치되었다.

용승인서를 내주어야 한다. 다만, 해당 지방자치단체의 조례로 정하는 건축물은 사용승인을 위한 검사를 실시하지 않고 사용승인서를 내줄 수 있다(제22조 제2항).

행정청은 건축허가대로 완공한 경우에는 위법사항이 있더라도 건축허가를 취소할 특단의 사정이 없는 한, 사용승인을 거부할 수 없다(대판 2009.3.12, 2008두18052).

건축주는 사용승인을 받은 후가 아니면 건축물을 사용할 수 없다. 다만, 1) 허가권자가 정해진 기간 내에 사용승인서를 교부하지 아니한 경우, 2) 사용승인서를 교부받기 전에 공사가 완료된 부분이 건폐율, 용적률, 설비, 피난·방화 등 국토교통부령으로 정하는 기준에 적합한 경우로서 기간을 정하여 대통령령으로 정하는 바에 따라 임시로 사용의 승인을 한 경우에는 예외적으로 사용할 수 있다(제22조 제3항). 사용승인없이 건축물을 사용한 경우에 허가청은 시정명령을 발하고, 이후 이행강제금을 부과할 수 있다.

건축주가 사용승인을 받은 경우에는 사용승인에 따른 의제로서 다른 법령상의 사용승인·준공검사 또는 등록신청 등을 받은 것으로 보며, 공장건축물은 「산업집적활성화 및 공장설립에 관한 법률」 제14조의2에 따라 관련 법률의 검사 등을 받은 것으로 본다. 따라서 사용승인에 따라 의제되는 사항은 허가권자가 관계 행정기관의 장과 미리 협의하여야 한다.

제 3 항 위법건축물에 대한 제재

Ⅰ. 허가 등의 취소와 시정명령

건축허가권자는 대지나 건축물이 건축법 또는 그에 따른 명령이나 처분에 위반되면 건축법상의 허가 또는 승인을 취소하거나 그 건축물의 건축주·공사시공자·현장관리인·소유자·관리자 또는 점유자에게 공사의 중지를 명령하거나 상당한 기간을 정하여 그 건축물의 철거·개축·증축·수선·용도변경·사용금지·사용제한, 그 밖에 필요한 조치를 명할 수 있다(제79조 제1항).

건축허가권자는 시정명령을 하는 경우 국토교통부령으로 정하는 표지를 그 위반건축물이나 그 대지에 설치하여야 하며, 국토교통부령으로 정하는 바에 따라 건축물대장에 위반내용을 적어야 한다. 누구든지 시정명령 표지 설치를 거부 또는 방해하거나 훼손하여서는 아니 된다(제3항, 제4항).

Ⅱ. 관허사업(영업)의 제한

건축허가권자는 건축법위반에 따라 허가나 승인이 취소된 건축물 또는 시정명령을 받고 이행하지 아니한 건축물에 대하여는 다른 법령에 따른 영업이나 그 밖의 행위를 허가하지 아니하도록 요청할 수 있다. 다만, 허가권자가 기간을 정하여 그 사용 또는 영업, 그 밖의 행위를 허용한 주택과 대통령령으로 정하는 경우에는 그러하지 않다(제79조 제2항).

Ⅲ. 기존건축물에 대한 시정조치

1) 허가권자는 기존 건축물이 '국가보안상 이유가 있거나 건축법 제40조부터 제47조까지(대지와 도로)를 위반하여 대통령령으로 정하는 기준에 해당하면' 해당 건축물의 철거 · 개축 · 증축 · 수선 · 용도변경 · 사용금지 · 사용제한, 그 밖에 필요한 조치를 명할 수 있고, 필요한 조치를 명하면 대통령령으로 정하는 바에 따라 손실에 대한 정당한 보상을 하여야 한다.

2) 허가권자는 '미관지구 또는 경관지구 안의 건축물로서 도시미관이나 주거환경상 현저히 장애가 된다고 인정하면' 건축위원회의 의견을 들어 개축이나 수선을 하게 할 수 있다.

3) 허가권자는 '위해의 우려가 있다고 인정하여 지정하는 건축물'의 건축주등은 대통령령으로 정하는 바에 따라 건축사협회나 그 밖에 국토교통부장관이 인정하는 전문 인력을 갖춘 법인 또는 단체로 하여금 건축물의 구조 안전 여부를 조사하게 하고, 그 결과를 허가권자에게 보고하여야 한다. 허가권자는 조사결과에 따라 필요하다고 인정하면, 해당 건축물의 철거 · 개축 · 수선 · 용도변경 · 사용금지 · 사용제한, 그 밖에 필요한 조치를 명할 수 있다.

Ⅳ. 이행강제금

허가권자는 건축법 등 위반에 따라 시정명령을 받은 후 시정기간 내에 시정명령을 이행하지 않은 건축주등에 대하여는 그 시정명령의 이행에 필요한 상당한 이행기한을 정하여 그 기한까지 시정명령을 이행하지 아니하면 이행강제금을 부과한다(제80조). 다만, 연면적이 85제곱미터 이하인 주거용 건축물 등의 경우에는 법정금액의 2분의 1의 범위에서 해당 지방자치단체의 조례로 정하는 금액을 부과한다.

부과절차는 허가권자는 이행강제금을 부과하기 전에 이행강제금을 부과 · 징수한다는 뜻을 미리 문서로써 계고하여야 한다. 허가권자는 이행강제금을 부과하는 경우 금액, 부과 사유, 납부기한, 수납기관, 이의제기 방법 및 이의제기 기관 등을 구체적으로 밝힌 문서로 하여야 한다. 허가권자는 최초의 시정명령이 있었던 날을 기준으로 하여 1년에 2회 이내의 범위에서 그 시정명령이 이행될 때까지 반복하여 이행강제금을 부과 · 징수할 수 있다. 다만, 건축법 제80조 제1항 각 호 외의 부분 단서에 해당하면 총 부과 횟수가 5회를 넘지 아니하는 범위에서 해당 지방자치단체의 조례로 부과 횟수를 따로 정할 수 있다. 허가권자는 시정명령을 받은 자가 이를 이행하면 새로운 이행강제금의 부과를 즉시 중지하되, 이미 부과된 이행강제금은 징수하여야 한다. 허가권자는 이행강제금 부과처분을 받은 자가 이행강제금을 납부기한까지 내지 아니하면 지방세 체납처분의 예에 따라 징수한다.

Ⅴ. 행정대집행

허가권자는 건축법에 따라 필요한 조치를 할 때 「행정대집행법」에 따른 절차에 의하면 그 목적을 달성하기 곤란한 때에는 해당 절차를 거치지 않고 대집행할 수 있다(제85조 제1항). 다만, 절차를 생략한 대집행은 건축물의 관리를 위하여 필요한 최소한도에 그쳐야 한다.

제5절 공용부담법

제1항 개 설

Ⅰ. 개 념

공용부담은 '국가 등이 특정한 공익목적을 위하여 또는 일정한 물건의 효용을 확보하기 위하여 법령에 근거하여 개인에게 강제적으로 부과되는 경제적 부담'을 말한다. 이는 국가 등이 공익목적(공공필요)을 위하여 공익사업의 수요를 '공권력의 행사'라는 권력수단으로 달성하는 것이다.

다만, 공용수용을 포함한 공용침해를 넘어서 어디까지 공용부담으로 볼 것인가는 문제이다. 일반적으로는 '국가의 공익목적을 위하여 부과되는 제한'이라고 볼 수 있다.

1) 공용부담의 주체 - 원칙적으로 행정주체이나, 권한의 위임 등에 따라 공공목적을 수행하는 공기업 등에 공용부담특권을 부여할 수 있다.

2) 공용부담의 목적 - 공익 내지 공공의 필요를 위한 경우이다. 따라서 공익상 필요한 사업의 수행이나 일정한 물건의 효용확보이므로 재정목적의 조세와 구분되고, 사익목적과도 구분된다. 판례도 공익사업여부는 사업주체가 아니라 사업의 공공성과 독점성의 인정여부로 결정한다(대판 1970.9.22, 70누81).

3) 공용부담의 내용 - '공법상 강제적인 부담'이므로 개인의 사법상 계약에 의한 부담과 구분된다. 개인에게 과해진 부담이므로 국가의 지방자치단체에 대한 부담, 지방자치단체의 국가에 대한 부담과 구분된다. '경제적 부담'이므로 충성의무 등의 윤리적 의무과 구분된다.

Ⅱ. 법적 근거

1. 헌 법

우리 헌법은 공용부담과 관련하여 "공공필요에 의한 재산권의 수용·사용 또는 제한 및 그에 대한 보상은 법률로서 하되, 정당한 보상을 지급하여야 한다"고 규정한다(제23조 제3항). 이는 공용수용을 포함한 공용침해와 손실보상의 헌법적 근거를 규정한 것이다. 따라서 이 헌법규정을 공용부담에 유추하면, 1) 부담법률, 2) 보상의 범주, 3) 정당한 보상을 명령하고 있다.

2. 법 률

공용부담은 국가 등의 개인의 권리와 재산에 대한 강제적인 제한이자, 권력적 수단에 의한 침해이므로 제한행위에는 반드시 엄격한 법률상의 규정(권능규정)에 의한 수권이 필요하다. 특히 우리 헌법이 개인의 자유를 기본권으로, 재산권은 '재산권의 보장'에서 보장하므로(제23조 제1항) 이러한 기본권의 제한은 법률로써 하도록 규정하고 있기 때문이다(제37조 제2항). 아울러 공용부담에 따른 제한은 헌법상 개인의 재산권을 보장하므로 제한에 따른 보상규정도 역시 병행되어야 한다.

공용부담에 대한 대표적인 법률은 「공익사업을 위한 토지등의 취득 및 보상에 관한 법률」(공토법)이고, 그 외에도 「국토의 계획 및 이용에 관한 법률」, 「도로법」, 「하천법」 등에 다양한 법률에서 공용부담과 일정한 행위제한을 규정하고 있다.

Ⅲ. 종 류

1. 내용에 따른 분류

공용부담을 제한하는 내용에 따라 국민의 자유를 제한하느냐 또는 재산권을 제한하느냐에 따라 인적공용부담과 물적 공용부담으로 구분할 수 있다.

1) **인적 공용부담**　인적 공용부담은 '국가 등이 공익목적을 위하여 특정인에게 작위·부작위·급부 등의 의무를 부과하는 공용부담이다. 이는 대인적 성격을 갖는 것으로 종전에는 '공법상 채무'라고 보았다. 부담금, 부역·현품, 노역·물품, 시설부담, 부작위부담 등이 있다.

2) **물적 공용부담**　물적 공용부담은 '국가 등이 공익목적을 위하여 개인의 특정한 재산권에 일정한 제한·수용 또는 교환의 제약을 부과하는 부담'을 말한다. 공용부담의 대표적인 유형으로 공용제한, 공용수용, 공용환지·공용환권 등이 있다.

2. 발생원인에 의한 분류

1) **강제적 부담** 강제적 부담은 '부담의무자의 의사와는 관계없이 국가 등에 의하여 일방적으로 부과되는 공용부담'을 말한다. 이는 법률의 규정이나 행정행위, 협의 등으로 행해진다. 견해에 따라서는 강제적 부담만을 공용부담으로 보기도 한다(홍정선).

2) **임의적 부담** 임의적 공용부담은 '공용부담이 부담의무자의 자유의사에 의하여 성립하는 부담'을 말한다. 이러한 공용부담은 주로 부담주체와 의무자의 합의에 의하여 성립하지만, 부담주체의 일방적 의사표시로도 가능하다. 예를 들면, 국유재산법의 기부채납이다.

제2항 인적 공용부담

Ⅰ. 인적 공용부담의 개념

인적공용부담은 '특정한 공익사업의 수요, 물건 등 공공의 필요를 위하여 법률에 의거하여 특정한 개인에게 부과되는 작위·부작위 또는 급부의 공법상 의무'를 말한다. 사람을 대상으로 한다는 점에서 대물적 공용부담(공용제한, 공용수용, 공용환지, 공용환권) 등과 구분된다.

Ⅱ. 인적 공용부담의 구분

1. 부과방법에 의한 분류

1) **개별부담** 개별부담은 부담의무자인 각 개인에 대하여 개별적으로 과하는 부담을 말한다. 부담자가 다수인인 경우에는 각기 자기의 부담분에 대하여만 책임을 진다.

2) **연합부담** 부담의무자가 개인의 총합체에 대하여 공동의 부담으로서 과해지는 부담으로, 예를 들면, 토지개량사업의 부담이다. 이는 전체의 이행으로서만 부담의 이행이 완료된다.

2. 의무자에 의한 분류

1) **일반부담** 일반부담은 '일정한 범위내의 개인에 대하여 각자의 능력

에 따라 일반적으로 과하여지는 부담'이다. 국가나 지방자치단체만이 과할 수 있다. 이는 금전지급의무가 원칙이다. 모든 국민에게 균등하게 부과되는 부담이라고 보기도 한다(홍정선).

2) **특별부담** 특별부담은 '특정한 공익사업과 특별한 관계가 있는 자 내지 특정인에게 과해지는 부담'을 말한다. 이는 개발부담. 원인자부담. 손상자부담 등이 있다.

3) **우발부담** 우발부담은 '우연히 그 사업의 수요를 충족시킬 수 있는 지위에 있는 자에게 과해지는 부담'이다. 부담정도는 당해 사업의 필요성 정도로 결정한다. 단, 특별희생이므로 손실보상의 문제가 발생한다.

3. 내용에 따른 분류

그밖에 부담의 내용에 따라 부담금, 부역·현품, 노역·물품, 시설부담 및 부작위부담으로 구분할 수 있다.

Ⅲ. 종 류

1. 부담금

1) **개 념** 부담금은 '국가나 지방자치단체 등의 행정주체가 특정한 공익사업과 특별한 이해관계가 있는 자에 대하여 그 사업에 필요한 경비의 전부 또는 일부를 부담시키기 위하여 부과하는 금전급부의무'를 말한다(헌재 2002.9.19, 2001헌바56).29) 이는 특별부담의 성질을 가지며, '분담금'이라고도 한다.

> 최근 부담금 증가를 이유로 부담금 운용의 공정성 및 투명성을 확보하여 국민의 불편을 최소화하고 기업의 경제활동을 촉진하기 위하여 2001년에 「부담금관리기본법」이 제정되었다. 이 법에 따르면, 부담금은 "중앙행정기관의 장, 지방자치단체의 장, 행정권한을 위탁받은 공공단체 또는 법인의 장 등 법률에 따라 금전적 부담의 부과권한을 부여받은 자(부과권자)가 분담금, 부과금, 기여금, 그 밖의 명칭에도 불구하고 재화 또는 용역의 제공과 관계없이 특정 공익사업과 관련하여 법률에서 정하는 바에 따라 부과하는 조세 외의 금전지급의무(특정한 의무이행을 담보하기 위한 예치금 또는 보증금의 성격을 가진 것은 제외한다)"라고 법적 정의한다(제2조).

---

29) 전통적인 부담금의 개념을 협의로 보고, 특정한 공익사업외에도 행정목적을 위하여 특정인외에 불특정한 관계인에게도 부과하는 금전급부의무를 광의로 보기도 한다. 박균성, 행정법강의, 2013, 1138쪽. 이 견해는 실정법상 부담금개념은 더 넓다고 본다.

2) 타 개념과의 구분

(1) 조세와 구분 부담금이 공법상 금전급부의무의 부과라는 측면에서는 조세와 유사하지만, 양자는 1) 부과목적이 부담금은 특정공익사업을 위하여, 조세는 행정의 일반경비충당을 위한 국가재정목적에서 부과된다. 물론 목적세가 문제된다. 2) 부과대상도 부담금은 해당 공공사업과 특별한 이해관계가 있는 자에게만, 조세는 일반국민 전체에게 부과된다. 이 경우도 역시 목적세가 제한된 범위에 과세되므로 구별이 어렵다. 3) 부과기준도 부담금은 사업소요경비와 사업과 관계를 고려하여 부과하나, 조세는 담세력을 기준으로 부과한다.

(2) 사용료, 수수료와 구별 사용료와 수수료는 일반국민이 공기업 또는 공물의 사용자의 지위에서 이용에 대한 대가나 반대급부의 성격을 가지나, 부담금은 공익사업 자체의 소요경비를 일반 사인으로서 부담으로 하는 것이다.

3) 법적 근거

부담금의 부과는 공공의 필요에도 불구하고 '재산권의 침해'이므로 엄격한 법률의 근거를 요한다. 1) 부담금의 설치는 「부담금관리기본법」 별표에 규정된 법률에 따르지 않고는 설치할 수 없다(제3조). 현행법에는 99개의 분담금이 설치되어 있다.

2) 부담금의 설치 외에도 부과와 강제징수에도 법률상 근거를 필요로 한다. 이러한 입장에 따라 부담금 부과근거가 되는 법률에는 부과요건인 부담금의 부과 및 징수주체, 설치목적, 부과요건, 산정기준, 산정방법, 부과요율 등이 구체적이고 명확하게 규정되어야 한다고 규정한다. 다만, 부과요건등의 세부적인 내용은 해당 법률에서 구체적으로 범위를 정하여 위임한 바에 따라 대통령령·총리령·부령 또는 조례·규칙으로 정할 수 있다(제4조).

3) 부담금의 부과에도 부담금의 감면 및 환급 절차에 관하여는 해당 법령에서 구체적으로 정하여야 한다고 규정한다(제5조 제5항).

4) 부담금 부과의 원칙

(1) 수익자부담의 원칙 부담금은 해당 공공사업 등에 의하여 수익이나 혜택을 보는 자가 부담하는 것이 일반적인 부담의 원칙이다.

(2) 이중부과금지의 원칙 부담금은 특별한 사유가 없으면 하나의 부과대상에 이중으로 부과되어서는 안 된다(제5조 제1항). 이때의 '특별한 사유'는 부담금 부과를 정당화할 수 있는 공익목적이 있어야 한다는 것이다.

(3) 최소침해의 원칙 부담금은 설치목적을 달성하기 위하여 필요한 최소한의 범위에서 공정성 및 투명성이 확보되도록 부과되어야 한다(제5조 제1항). 이 규정에 따라 수익자부담금은 수익의 한도에서, 원인자부담금과 손궤자부담금은 공사비 내지 소요비용의 한도에서 부과하여야 한다고 본다(홍정선).

(4) 사전통지제도와 의견청취제도 부과권자가 부담금을 부과하는 경우에는

납부의무자에게 미리 부담금의 부과와 납부에 필요한 사항과 의견제출방법을 사전에 알려야 한다. 따라서 사전통지를 통한 의견청취제도를 규정하고 있다(제5조 제2항).

5) 종 류

(1) **사업의 종류에 따른 구분** 부담금은 사업을 종류에 따라 개발부담금(개발이익환수법 제3조), 도로부담금(도로법 제64조, 제65조, 제67조), 하천부담금(하천법 제56조, 제58조), 사방부담금(사방사업법 제18조, 제19조) 등으로 구분된다.

(2) **부담원인에 따른 구분**

가) **수익자부담금 (개발부담금)** 해당 사업의 시행으로부터 특별한 수익을 얻게 된 자(사업시행자 포함)에 대하여 수익의 범위 내에서 사업경비를 또는 부과기준에 의하여 산정된 금액을 부담금으로 부과하는 경우이다(도로법, 항만법).

나) **원인자부담금** 특정한 사업의 시행을 필요하게 한 원인을 제공한 자에 대해 그 사업비용의 전부 또는 일부를 부담시키는 부담금이다(도로법, 하천법). 다만, 원인행위로 인하여 필요한 사업비용을 초과할 수 없다고 규정하기도 한다(도로법, 사방법).

다) **손상자부담금** 이는 특정한 공익사업의 시설에 손상을 주는 행위를 한 자에 대하여 그 시행의 유지 또는 수선에 필요한 비용의 전부 또는 일부를 부담시키는 것이다. 이는 '손궤자부담금'이라고도 한다.

라) **특별부담금** 특별부담금은 특별한 국가임무를 수행하기 위한 재정을 확보하기 위하여 특정인에게 해당 국가임무와의 관계를 기준으로 부과하되, 행정에 의한 반대급부가 보장되지 않는 금전급부의무이다.

특별부담금은 부담금의 부과로 특정한 행정목적을 달성하기 위한 정책실현목적의 부담금과 순수 재정목적으로 부과되는 재정목적의 부담금이 있다.

> **헌법재판소** 2008. 11. 27, 2007헌마860 **【영화및비디오물의진흥법제25조의2등위헌확인】**
> 부담금은 그 부과목적과 기능에 따라 ① 순수하게 재정조달의 목적만 가지는 재정조달목적 부담금과 ② 재정조달 목적뿐만 아니라 부담금의 부과 자체로써 국민의 행위를 특정한 방향으로 유도하거나 특정한 공법적 의무의 이행 또는 공공출연으로부터의 특별한 이익과 관련된 집단 간의 형평성 문제를 조정하여 특정한 사회·경제정책을 실현하기 위한 정책실현목적 부담금으로 구분될 수 있다. 전자의 경우에는 공적 과제가 부담금 수입의 지출 단계에서 비로소 실현되나, 후자의 경우에는 공적 과제의 전부 혹은 일부가 부담금의 부과 단계에서 이미 실현된다(헌재 2004.7.15. 2002헌바42, 판례집 16-2상, 14, 25-26 ; 헌재 2005.3.31. 2003헌가20, 판례집 17-1, 294, 302 참조).
> 이 사건 부과금은 그 부과의 목적이 한국영화산업의 진흥 발전을 위한 각종 사업의 용도로 쓰일 영화발전기금의 재원을 마련하는 것으로서, 그 부과 자체로써 부과금의 부담 주체인 영화상영관 관람객의 행위를 특정한 방향으로 유도하거나 관람객 이외의 다른 사람

들과의 형평성 문제를 조정하고자 하는 등의 목적은 없으며, 또한 추구하는 공적 과제가 부과금으로 재원이 마련된 영화발전기금의 집행 단계에서 실현되므로 순수한 재정조달목적 부담금에 해당한다.

6) 부과 및 징수

부담금 부과권은 원칙적으로 해당 공공사업의 주체가 가진다. 단, 사업주체와 비용부담자가 다른 경우(국영공비사업)에는 비용부담자가 부담금의 부과 및 징수권을 가진다.

부담금의 설치는 법률의 수권이 필요하다. 「부담금관리기본법」 별표에 규정되어야만 한다. 부담금의 불이행에 대하여는 공법상 금전지급의무이므로 강제징수가 인정된다. 이의시 부과처분에 대한 행정쟁송이 가능하다. 부과처분이 취소되면, 이에 대한 부당이득반환청구청구소송도 가능하다(대판 1998.2.10, 95다20256).

따라서 「부담금관리기본법」을 통하여 부담금을 신설하려는 중앙행정기관은 해당 법률안의 입법예고전에 기획재정부장관에서 타당성심사를 요청하여야 한다(제6조 제1항). 아울러 기존에 설치된 부담금도 소관 중앙행정기관의 장이 매년 전년도 부담금의 부과실적 및 사용명세가 포함된 부담금운용보고서를 작성하여 기획재정부장관에게 제출하고(제7조 제1항), 기획재정부장관은 이를 기초로 하여 부담금운용종합보고서를 국회에 제출하여야 한다(제2항).

2. 부역·현품

부역·현품(夫役·現品)은 '특정한 공익사업의 수요를 충족하기 위하여 노역 또는 물품이나 그에 상당하는 금전을 지급할 선택적 이행의무를 지는 인적 공용부담'을 말한다. 이중에서 노역과 금전간의 선택이행의무는 '부역'이라 하고, 물품과 금전과의 선택은 '현품'이라고 한다. 화폐경제가 발달하기 전의 전근대적 방법으로서, 근대법에서는 조세국가원리이후로 당연히 금지된 것이다. 이제는 농촌에서도 소멸되었다.

부역·현품의 종류는 1) 일반부담은 '일정한 범위내의 일반 개인에게 그 부담능력을 표준으로 일반적으로 부과하는 것'이다. 종전에 지방자치법에 규정이 있었으나, 지방자치법 개정으로 폐지되었다. 2) 특별부담은 특정한 공익사업과 특별한 관계가 있는 자에게 부과하는 것이다. 예를 들면, 구 농지개량조합법, 구사방사업법 등에 규정이 있었다. 3) 현행법상은 일반부담이나 개별법상의 특별부담도 다 폐지되었다

부역·현품은 선택적 지급의무이므로 금전으로 환산부과가 원칙이다(구 농지개량조합법 제43조 제4항), 부역은 타인에 의한 대행이 인정되고, 강제징수절차로 강제집행이 가능하다. 이의시 행정쟁송이 가능하다.

3. 노역 ·물품

노역 · 물품(勞役 · 物品)은 '특정한 공익사업을 위하여 필요한 노역 또는 물품의 이행의무인 인적공용부담'이다. 노역 또는 물품 자체로 이행하여야 하는 의무인 점에서 부역 · 현품과 구별된다. 이는 주로 비상재해의 복구나 기타 급박한 필요가 있는 경우에 제한적으로 부과되는 부담이다. 일반법은 없고 개별법에서만 법적 근거가 있다. 현행법에서는 긴급한 경우에 경찰비책임자에 대한 즉시강제의 성격만 남아 있다.[30] 물품부담의 불이행에 대하여는 행정벌이 부과되며, 불복은 행정쟁송에 의한다. 부담부과로 인한 손실은 행정상 손실보상이 가능하다.

노역 · 물품의 종류에는 노역부담과 물품부담이 있다.

1) **노역부담** - 노역부담은 해당 공공사업의 성격상 긴급한 경우, 긴급사태시에 법령에 근거하여 예외적으로 인정된다(방조제관리법 제10조 제1호, 도로법 제47조, 수난구호법 제16조 제3호). 원칙은 사업종사자나 사법상 수단으로 획득한다.

2) **물품부담** - 응급부담으로 내용에 따라 1) 해당 소유권을 부담권리자에게 이전하는 것(구 하천법), 2) 단순히 부담권리자에게 이것을 사용케 하는 것(도로법 제49조)으로 구분한다. 양자는 우발부담으로 손실보상이 원칙이다(방조제관리법 제11조). 이는 공용수용이나 공용사용과 유사하다.

4. 시설부담

시설부담은 '특정한 공익사업을 위하여 그 사업과 특별한 이해관계가 있는 자 또는 우연히 그 필요를 충족시킬 수 있는 지위에 있는 자에게 일정한 일 또는 공사를 완성시킬 의무인 인적 공용부담'이다. 이는 부담자가 자기책임하에 일이나 공사를 완성시키는 것이므로 부역이나 노역부담과 구별된다.

시설부담은 법률상의 근거를 요하나, 일반법은 없고, 일부 개별법에서 규정한다(하천법 등). 시설부담의 종류에는 도로부담(도로법 제29조), 하천부담(하천법 제39조), 철도부담 등이 있다. 시설부담을 불이행한 경우 대체성이 있는 것은 대집행이 가능하나, 기타는 벌칙의 적용이 있다. 관련자에게 특별한 희생이 발생하면, 손실보상이 가능하다.

5. 부작위부담

부작위부담은 '특정한 공익사업을 위하여 일정한 부작위의무를 부과하는 것을 내용으로 하는 인적공용부담'이다. 특정한 사업을 독점하기 위한 것과 특정한 사업에 대한 장해를 방지하기 위한 것이 있다.

---

30) 이러한 점에서 공익사업의 성격이 문제된다는 지적도 있다(홍정선).

부작위부담에는 국가의 독점권을 확보하기 위하여 개인에게 사업을 금지하는 경우와 특정한 공익사업에 따른 장해를 방지하기 위한 일정한 행위를 금지하는 경우가 있다. 물론 법률상 근거를 요한다. 부작위부담의 불이행시에는 강제집행의 제재가 있다(도로법 제83조). 원칙은 법정부담이고, 예외로 행정처분으로 부과할 수 있다. 불이행은 벌칙의 적용이 있다.

제3항 공용제한

Ⅰ. 공용제한의 개념

공용제한은 '국가 등이 공공필요, 특히 특정한 공익사업이나 특정한 물건의 효용을 확보하기 위하여 개인의 재산권에 가하는 공법상의 제한'이다. 나라에 따라서는 공용수용과 공용제한을 같게 보기도 하지만, 우리나라는 공용제한을 공용수용보다 더 넓은 상위개념으로 본다.

1) 주 체 - 개인의 재산권을 제한하는 공권력의 행사는 원칙적으로 국가를 포함한 행정주체이어야 하지만, 예외적으로 법령에 의하여 공익사업의 수행을 위탁받은 경우에 사인도 가능하다.
2) 목 적 (공공필요) - 개인의 재산권에 대한 제한을 정당화할 수 있는 공공의 필요가 요구된다. 따라서 특정한 공익사업을 목적으로 하는 경우가 많다. 예는 부담제한(공익사업)이나 공물제한(특정한 물건의 효용을 높이는 것), 질서목적의 제한(위법건축물의 사용금지), 재정목적의 제한(체납처분을 위한 재산압류) 등이 있다.
3) 대 상 - 특정한 개인의 재산권에 부과된다. 일반적으로는 부동산물권이 중심이 된다. 권리에 대한 제한이므로 의무부과인 인적공용부담과 구별된다.
4) 내 용 - 공용제한은 권리의 제한이므로 권리의 소멸인 공용수용, 공용환지, 공용환권과 구분된다.
5) 공법상 제한 - 공법상 제한이므로 사법에 근거한 권리제한인 사법상 제한과 구분된다.

Ⅱ. 공용제한의 법적 근거

공용제한은 개인의 재산권에 대한 제한이므로 행정의 법률적합성원리에 따라 엄격한 법적 근거가 요구된다. 따라서 우리 헌법은 공공의 필요에 의한 경우에 재산권의 사용 및 제한할 수 있다고 규정하고 있다(제23조 제3항).

헌법상 근거외에도 공용제한에는 반드시 법률의 근거가 요구된다. 법률상 수권근거로는 공토법, 도로법, 하천법, 철도법 등이 있다. 아울러 공용제한을 하는 경우에는 개인의 재산권제한과 병행하여 반드시 손실보상 규정을 두어야 한다.

Ⅲ. 종류 – 법적 형태를 기준으로

1. 공물제한

공법상 재산권의 제한으로 우선 공익목적에 제공된 물건인 '공물'을 생각할 수 있다. 공물은 행정목적의 달성을 위하여 사권의 행사가 제한될 수 있다. 이는 제한되는 권리의 목적물 자체가 공익상 필요하기 때문에 공법상 제한이 가해지는 경우이다.

1) **사유공물에 대한 제한** - 사유재산이 공용 또는 공공용에 제공되고 있기 때문에 해당 재산권의 소유권에 대한 제한을 하는 경우이다. 예는 사유토지의 도로부지사용시, 사권행사를 제한하는 경우이다(도로법 제3조).

2) **보존공물에 대한 제한** - 공익상 해당 재산권 자체가 필요하기에 과해지는 공법상 제한이다. 따라서 해당 물건이 공익 목적에 제공됨으로 비로소 공익목적을 달성하게 된다. 이는 보안림이나 중요문화재 등에 대한 사실상 제한이 부과되는 경우이다. 물론 문화재는 공물로서 수출·반출금지가 있다(문화재법 제35조).

3) **특허** - 기업용재산에 대한 제한으로서, 특허기업에 제공된 물건의 경우 공익성 때문에 유통성(저당권 설정 등)을 제한하는 경우이다.

2. 부담제한 (사업제한)

부담제한은 공물처럼 물건 자체에 대한 제한이 아니라 특정한 공익사업의 수행을 위하여 해당 재산권의 주체에게 부과해지는 행위제한이다. 이는 주로 재산권에 대한 사회적 제약으로 보게 되어 손실보상에는 이르지 않는 경우가 많고, 오히려 의무의 불이행시에는 행정상 강제집행(행정벌)이 부과될 수 있다.

1) **작위부담** (시설부담) - 일정한 시설의무를 과하는 것으로 공익사업의 장해방지와 효용증진의 두 가지 목적을 위하여 부과된다. 접도구역내 토지 및 건물 소요자의 도로의 안전을 위한 장해시설의무(도로법 제49조), 개인의 공공하수도로의 배수관 설치의무(하수도법 제27조) 등이 있다. 의무불이행시 법칙이나 대집행에 의한 강제집행을 하게 된다.

2) **부작위부담** (의무) - 사업시행에 장애가 되는 일정한 행위를 제한하거나 금지하는 부담이다. 법령 또는 행정행위에 의해서 부과된다. 예로는 접도구역, 연안구역, 도시계획구역내의 건축·토지의 형질변경, 식수제한이나 금지 등이 있다. 주로 공물이용에 대한 장애를 제거할 의무이다.

3) **수인부담** (의무) - 각종 공익사업을 위하여 조사목적으로 타인의 토지에 출입하

거나 타인의 토지를 사용하는 경우의 수인의무이다.

3. 사용제한 (공용사용)

1) **개 념** 사용제한은 재산권의 사용에 대한 제한으로서 공익사업의 주체가 타인 소유의 재산권 위에 공법상 사용권을 설정하고, 재산권자는 그 사용을 수인할 의무를 지는 제한이다. 공용사용은 공용수용절차에 준한다. 따라서 공용사용도 공토법에 따른다.

2) **유 형**

(1) **일시적 사용** - 공익사업주체가 사업목적으로 일시적으로 타인의 재산권을 사용하는 것이다. 행정주체는 법률상 규정, 사기업은 행정청의 허가를 받고 통지하거나(공토법 제9조)나 토지등 점유자와 협의(전기사업법 제72조)를 하여야 한다. 상대방에 대한 통지와 손실이 발생하면, 보상이 원칙이다. 공익사업을 위한 측량, 실지조사, 공사 등을 위한 타인토지의 출입과 응급부담으로 비상재해시 재해의 방지와 구호를 위해 행할 수 있으며(공토법 제38조 제1항), 이 경우는 법정부담이고, 단 손실은 보상해야 한다.

(2) **계속적 사용** - 공익사업을 위해 비교적 장기간 타인의 재산을 사용하는 경우이다. 재산권침해 우려로 사용권 설정이 필요하다.

3) **약식절차 – 예외적인 경우**

(1) **천재지변시의 토지사용** - 천재지변이나 그 밖의 사변으로 인하여 공공의 안전을 유지하기 위해 공익사업을 긴급히 시행할 필요가 있을 때에는 사업시행자는 기초지방자치단체장의 허가를 받아 즉시 타인의 토지를 사용할 수 있다. 다만, 사업시행자가 국가나 시·도인 경우에는 관할 기초지방자치단체장에게 통지하고, 시·군 또는 구인 경우에는 기초지방자치단체장이 허가나 통지 없이 사용할 수 있다(제38조). 허가, 통지, 직접사용시는 토지소유자등에게 통지하여야 한다.

이 때 토지사용기간은 6개월을 넘지 못한다. 위 사용으로 인한 손실의 보상은 협의결정이나 미협의시, 토지수용위원회에 재결신청을 하여야 한다.

(2) **긴급을 요하는 토지의 사용** - 토지사용의 재결신청을 받은 토지수용위원회는 재결을 기다려서는 재해방지가 곤란하거나 그 밖에 공공의 이익에 현저한 지장을 줄 우려가 있다고 인정할 때에는 사업시행자의 신청을 받아 담보를 제공하게 한 후 즉시 해당 토지의 사용을 허가할 수 있다. 단, 사업시행자가 국가나 지방자치단체인 경우에는 담보를 제공하지 않는다. 토지의 사용기간은 6개월을 넘지 못한다. 위원회는 허가시는 토지소유자 및 점유자에게 통지하여야 한다(제39조).

4. 목적에 의한 제한

국토의 합리적 이용이나 도시의 건전한 발전을 위한 일정한 행정계획 등에 의거한 지역, 지구 등의 지정에 따른 공법상의 제한이다.

1) **국토이용계획제한** - 국토의 효율적 이용, 산업입지의 합리화, 환경보전, 지역사회개발, 과밀도시에의 인구·산업의 집중방지 등을 위해 수립되는 행정계획에 의한 제한을 말한다. 이는 토지거래의 허가제, 신고제, 거래불허, 토지매수청구제, 선매협의권 등의 제한이 있다.

2) **사업제한** - 공익사업의 원활한 수행을 위하여 타인의 재산권에 가해지는 제한이다. 이는 사업지, 인접지역, 예정지 등에서 건축 등의 행위를 제한하는 경우이다.

Ⅳ. 손실보상

우리 헌법에서는 공용제한으로 인하여 특별한 손실이나 사회적 제약을 넘은 경우에는 정당한 보상을 하도록 규정하고 있다(제23조 제3항). 다만, 공용제한의 경우의 경우에는 공익목적을 위한 경우가 많아서 재산권의 사회적 제약으로 보아 수권규정이 없는 경우가 많다. 특히 공물제한과 사용제한의 경우, 사례도 적고, 보상법제도 잘 정비되어 있다. 부담제한의 경우는 도로, 연도, 철도인접지 등만 보상규정이 있다(도로법 제92조, 철도건설법 제12조, 하천법 제76조).

실제보상은 관련규정흠결시 관련규정의 유추적용으로 보상을 인정하고 있다(대판 1987.7.21, 87누126; 1985,11.12, 84카36).

제 4 항 공용수용

Ⅰ. 공용수용의 개념

1. 개 념

공용수용은 '국가 등이 공공의 필요를 위하여 법령에 따라 타인의 특정한 재산권을 강제적으로 취득하는 행위'를 말한다. 공용수용은 손실보상을 조건으로 한다.

1) **수용주체** - 수용주체는 원칙적으로 행정주체이다. 현행법은 공익사업의 시행자(주체)로 규정한다. 따라서 개인도 공공의 필요가 있는 경우에는 즉, 공익사업의 주체로서 공용수용권의 부여여부가 문제된다.

2) **수용목적** - 공공의 필요가 있는 경우에 한정된다. 다만, 공공의 필요는 실정법상에서는 '공익사업'으로 구체화되어 규정되어 있다. 다만, 공익사업의 범위는 법률로 정해진다(공토법 제2조 제2호, 제4호).

3) **수용대상목적물** - 사인의 재산권이다. 소유권외의 각종 물권이 대상이 된다.

4) 수 단 - 법령에 근거하여 강제적으로 취득한다(대판 2005.11.10, 2003두7507).

5) 보 상 - 손실보상의 법리에 따라 정당한 보상을 하여야 한다. 공토법에서 규정하고 있다.

2. 법적 근거

공용수용은 개인의 재산권에 대한 침해이므로 우리 헌법에서는 "공공의 필요에 의한 재산권의 수용·사용 또는 제한 및 그에 대한 보상을 법률로써 하되, 정당한 보상을 지급하여야 한다"고 규정하여(제23조 제3항) 공용수용과 보상의 근거를 법률로 정하도록 헌법상 근거를 두었다.

아울러 법률의 유보에 따라 법률상 근거로 일반법으로는 「공토법」, 기타 개별법으로서는 「도로법」, 「하천법」, 「국토계획법」 등이 있다.

공용수용의 종류는 1) 수용대상에 따라 부동산수용, 동산수용, 무체재산권수용, 2) 수용절차에 따라 법률이 정하는 일련의 토지수용절차를 거치는 경우(보통절차), 3) 급박한 필요가 있는 경우에 소정의 절차를 거치지 않는 경우(약식절차), 4) 수용내용에 따라 토지수용(개인의 토지를 강제로 취득), 매수수용(일정시설을 일방적으로 매수), 재해수용(재해에 대처하기 위한 응급처분으로서 공용수용)으로 구분한다.

Ⅱ. 공용수용의 당사자와 목적물

1. 당사자

1) 공용수용의 주체

(1) 수용권자 공공의 필요를 위하여 사인의 재산권을 수용할 수 있는 수용권자는 누구인가의 문제이다. 공용수용의 주체라고도 한다. 수용권자는 원칙적으로는 수용권이라는 공권력을 행사할 수 있는 '국가'이다. 따라서 사인이 수용권을 행사할 수 있는가에 대하여는 논란이 있다. 실정법에서는 형식적으로 '공익사업시행자'로 인정받으면, 공용수용을 할 수 있다고 본다.

누가 수용권자인가에 대하여 1) 국가수용권설은 수용권이란 공용수용의 효과를 야기시킬 수 있는 법적 능력은 국가만이 가지므로 국가만이 수용권자라 보고(윤세창, 이선영), 이 설에 따르면 사업시행자는 단지 국가에 토지 등을 수용해 줄 것을 청구할 수 있는 권리만 갖는다고 본다. 2) 사업시행자수용권설(다수설)은 공용수용의 주체는 공용수용의 효과를 향수하는 자, 즉 재산권의 취득자인 사업시행자(종전의 기업자)라고 보고(홍정선, 박균성), 3) 국가위탁설은 수용권은 국가의 권한이므로 사업인정을 통하여 사업시행자에 위탁할 뿐이라고 본다. 4) 독일은 행정청이 고용수용을 시행하고, 우리나라처럼 기업에게 수용권을 남발하는 현실에서는 개인의 재산권보호를 위하여 엄격하게 국가수용권설을 유지해야 한다.

(2) 사업시행자 한편 형식논리적인 수용권자외에 실제 공용수용의 수혜자인 사업시행자가 있다. 구 토지수용법에서는 기업자이었으나, 현행법은 '사업시행자'로 규정한다. 이는 공토법상 "공익사업을 수행하는 자"이다(제2조 제3호).

현행법에서는 국가, 지방자치단체, 공법인외에도 사인도 사업시행자가 될 수 이다. 공토법상의 절차나 행위도 사업시행자에게 효력이 미친다. 사업시행자의 권리와 의무는 사업승계자에게 이전한다(제5조 제1항).

2) 피수용자

피수용자는 공용수용의 목적물인 재산권의 소유권자 및 기타의 권리자이다. 공토법은 토지소유자와 관계인으로 규정한다. 물론 국가도 피수용자일 수 있다. 피수용자는 공토법상의 절차 및 그 밖의 행위에 영향을 받고, 특히 손실보상청구권 외에도 재결신청권, 수용청구권, 환매권 등을 가진다. 토지등의 소유자라고도 한다.

공토법상 토지소유자는 "공익사업에 필요한 토지의 소유자"이다(제2조 제4호). 관계인은 "사업시행자가 취득하거나 사용할 토지에 관하여 지상권 · 지역권 · 전세권 · 저당권 · 사용대차 또는 임대차에 따른 권리 또는 그 밖에 토지에 관한 소유권 외의 권리를 가진 자나 그 토지에 있는 물건에 관하여 소유권이나 그 밖의 권리를 가진 자를 말한다. 다만, 제22조에 따른 사업인정의 고시가 된 후에 권리를 취득한 자는 기존의 권리를 승계한 자를 제외하고는 관계인에 포함되지 아니한다"고 규정한다(제5호). 관계인은 피수용자이외의 자로써 사업시행에 대하여 직접적인 이해관계를 가지는 자이다. 주로 사업시행대상인 토지의 소유권이외의 권리 및 토지위의 물권에 대한 권리를 갖는 자이다.

2. 목적물

1) 개 념 수용대상인 목적물은 '재산권'이다. 공토법은 '토지등'은 "토지 · 물건 및 권리라고 규정하고(제2조 제1호), 개별법도 규정이 있다.

공토법은 목적물을 다시 1) 토지 및 이에 관한 소유권 외의 권리, 2) 토지와 함께 공익사업을 위하여 필요한 입목(立木), 건물, 그 밖에 토지에 정착된 물건 및 이에 관한 소유권 외의 권리, 3) 광업권 · 어업권 또는 물의 사용에 관한 권리, 4) 토지에 속한 흙 · 돌 · 모래 또는 자갈에 관한 권리로 규정한다(제3조).

2) 목적물의 제한 공용수용을 하는 경우에 목적물 자체의 성질에 따른 제한이 발생할 수 있다. 즉, 물건 자체가 수용불가하거나 제한되는 경우이다. 이러한

예는 1) 국가의 행정재산, 2) 공익사업에 수용되거나 사용되고 있는 토지 등은 특별한 경우를 제외하고는 다른 공익사업에 수용, 사용할 수 없고(제19조 제2항), 3) 치외법권이 인정된 외교사절의 관저・부지(외교관계에 관한 비엔나조약 제22조 제3항) 등이다.

공적 목적에 제공된 공물도 수용대상인가에 대하여 1) 부정설은 공물은 이미 행정목적에 제공되어 있으므로 공용수용으로 다른 공익목적에 제공하는 것은 원래 공물의 지정목적에 어긋나므로 공용폐지가 선행되어야 한다고 보고(홍정선), 2) 긍정설은 더 중요한 공익목적을 위하여는 공용수용할 수 있다고 보고, 3) 판례는 공물도 보다 더 중요한 공익사업을 위하여 특별한 필요가 있는 경우에는 예외적으로 수용될 수 있다고 본다(헌재 2000.10.25, 2000헌바32, 대판 1996.4.26, 95누13241).

3) **목적물의 범위** 공용수용되는 목적물의 범위는 원칙적으로 사업을 위하여 필요한 최소한도에 그쳐야 한다(대판 1987.9.8, **87누395**). 이러한 한계문제는 비례의 원칙이 적용된다.

4) **목적물의 확장** 공용수용의 대상인 목적물은 원칙적으로 공공필요에 의하여 필요한 범위에 한정되지만, 예외적으로 피수용자의 권리보호나 당해 사업의 목적에 비추어 필요한 경우에는 목적물이 확장될 수 있다.

(1) 전부수용 (殘地收用) - 동일한 토지소유자의 일단의 토지의 일부를 수용함으로써 잔여지를 종래 목적대로 사용하는 것이 현저히 곤란할 때 토지소유자의 청구로 그 잔여지까지 수용하는 것이다(공토법 제74조 제1항).

(2) 완전수용 - 토지의 사용시 1) 사용이 3년이상, 2) 사용으로 형질변경시, 3) 사용대상토지에 토지소유자의 건물이 있을 때 등에 토지소유자의 청구로 그 토지를 수용하는 것이다(제72조).

(3) 이전수용 - 수용・사용할 토지에 있는 건축물등(입목, 공작물 등)이 있는 경우는 이전비를 보상하고 이전함이 원칙이다(제75조 제1항). 단, 1) 이전이 어렵거나 이전으로 인하여 종래의 목적대로 사용할 수 없게 된 경우, 2) 이전비가 물건가격을 넘는 경우, 3) 사업시행자가 공익사업에 직접 사용할 목적으로 취득하는 경우에 그 물건의 가격으로 보상하여 수용한다.

Ⅲ. 공용수용절차

1) **행정수용** - 공용수용권이 법률에 정한 일련의 절차를 거쳐 별도의 행정행위로 설정되는 경우로 통상의 공용수용절차에 따른다. 행정수용은 다시 보통절차와 약식절차로 행해진다.

2) **법률수용** - 공용수용권이 직접 법률에 의하여 성립하므로 별다른 절차가 필요하지 않은 경우이다. 국가나 공공단체가 수용권자인 경우로 비상재해 등의 긴박한 필요가 있는 경우에 예외적으로 인정된다(도로법 제47조). 수용토지후 무조건 또는 보상을 조건으로 즉시 수용한다.

☞ 보통의 공용수용절차는 '공익사업의 준비' - '사업인정' - '토지 · 물건의 조서작성' - '협의' - '재결' - '화해'의 순서로 진행된다.

1. 공익사업의 준비

사업시행자는 공익사업을 준비하기 위하여 타인이 점유하는 토지에 출입하여 측량하거나 조사할 수 있다(제9조 제1항).

사업시행자는 타인의 토지에 출입이 필요한 경우에는 사업의 종류, 출입할 토지의 구역 및 기간을 정하여 해당 기초지방자치단체장의 허가를 받아야 한다. 단, 사업시행자가 국가나 광역지방자치단체일 때에는 해당 기초지방자치단체에게 통지하여야 한다(제2항).

해당 기초지방자치단체장은 허가, 통지, 직접 출입시 각각 허가 · 통지사항을 공고하고, 토지점유자에게 통지하여야 한다(제3항). 이러한 통지로 사업시행자에게는 타인의 토지에 출입할 수 있는 권리를, 토지점유자에게는 출입하여 측량 · 조사행위를 방해하지 않고 인용할 의무가 부과된다(제11조). 허가없이 타인의 토지에 출입한 사업시행자와 인용의무를 위반하여 사업시행자의 행위를 방해한 토지점유자는 200만원 이하에 벌금에 처한다(제97조). 사업시행자는 부득이한 경우 토지소유자 등의 동의를 얻거나 허가를 받아 장해물제거 등을 할 수 있다(제12조). 토지출입후 측량 · 조사함으로써 발생하는 손실은 보상하여야 한다(제9조 제4항).

2. 사업인정

1) 개 념 사업인정은 '공익사업을 위하여 토지수용을 하는 사업시행자로서 인정하는 국가의 행위'이다. 공토법에서는 "공익사업을 토지등을 수용 또는 사용할 사업으로 결정하는 것"이라고 규정하고 있다(제2조 제7호). 사업인정부터 공용수용절차가 개시한다.

사업인정은 국토교통부장관이 결정하고, 수수료를 납부하여야 한다(제20조). 학설에 따라서는 사업인정의 실체인 토지수용권을 설정하는 행위라고도 본다(박균성). 한편 개별법에 의하여 사업인정이 의제되는 경우도 있다(박균성). 나아가 다른 법령에서 공용수용이나 공용사용을 규정한 경우에도 공토법상의 사업인정을 받을 수 있다(대판 2005.4.29, 2004두14670).

2) 법적 성질 사업인정으로 어떠한 권리, 즉 공용수용권이 발생하느냐에 따라서 법적 성질이 나뉜다.

사업인정의 법적 성질에 대하여는 1) 확인행위설은 어떤 사업이 토지수용을 할 수 있는 공토법상의 공익사업에 해당하는 지를 공법상 확인하는 행위라고 보므로 토지수용권은 사업인정이 아니라 협의나 토지수용위원회의 재결로 발생한다고 보고(윤세창), 2) 형성행위설은 사업인정으로 사업시행자에게는 수용권이, 토지소유자 등에게는 토지형질변경금지 등의 의무가 발생하는 행정행위라고 본다(김남진, 홍정선, 류지태). 3) 판례는 "일정한 절차를 거칠 것을 조건으로 일정한 내용의 수용권을 설정해 주는 형성행위"인 행정처분으로 본다(대판 1987.9.8, **87누395**).

3) 사업인정의 요건과 행정청의 결정권

1) 공토법상 사업인정은 형식적으로는 공토법상의 공익사업에의 해당여부, 실질적으로는 공용수용으로 인한 개인의 재산권침해를 정당화해 줄 수 있는 공공의 필요가 인정되는 지 여부가 핵심이다.

【판례해설】 판례는 1) 해당 사업이 외형상 '공토법상의 공익사업'(제4조)에 해당하고, 2) 해당 사업에 공용수용을 인정할 만한 공공의 필요(공익성)이 있어야 하고,[31] 공익성이 있는 경우에도 관련 제이익의 정당한 비교형량하여야 하며, 비례의 원칙에 적합하여야 한다. 3) 사업시행자가 해당 사업을 수행할 의사와 능력이 있어야 한다고 본다(대판 2011.1.27, 2009두1051).

대법원 2011. 1. 27. **선고** 2009**두**1051 **판결** **【토지수용재결처분취소】**
사업인정이라 함은 공익사업을 토지 등을 수용 또는 사용할 사업으로 결정하는 것으로서 공익사업의 시행자에게 그 후 일정한 절차를 거칠 것을 조건으로 일정한 내용의 수용권을 설정하여 주는 형성행위이므로, 해당 사업이 외형상 토지 등을 수용 또는 사용할 수 있는 사업에 해당한다고 하더라도 사업인정기관으로서는 **그 사업이 공용수용을 할 만한 공익성이 있는지의 여부와 공익성이 있는 경우에도 그 사업의 내용과 방법에 관하여 사업인정에 관련된 자들의 이익을 공익과 사익 사이에서는 물론, 공익 상호간 및 사익 상호간에도 정당하게 비교·교량하여야 하고, 그 비교·교량은 비례의 원칙에 적합하도록 하여야 한다**(대법원 1995. 12. 5. 선고 95누4889 판결, 대법원 2005. 4. 29. 선고 2004두14670 판결 등 참조). 그뿐만 아니라 **해당 공익사업을 수행하여 공익을 실현할 의사나 능력이 없는 자에게 타인의 재산권을 공권력적·강제적으로 박탈할 수 있는 수용권을 설정하여 줄 수는 없으므로, 사업시행자에게 해당 공익사업을 수행할 의사와 능력이 있어야 한다는 것도 사업인정의 한 요건**이라고 보아야 한다.

2) 행정청의 사업인정 결정에 대한 재량권 여부는 1) 기속행위설은 사업인정요건(제3조)을 충족하면 행정청은 사업인정을 하여야 한다고 보고(김남진), 2) 재량행위설은 사업인정요건외에 '공공의 필요'(공익성)의 존재를 판단하여야 하므로 행정청에게 재량권이 있다고 본다(홍정선, 박균성). 3) 판단여지설은 사업인정의 핵심요건은 공공의 필요의 존재인데, 이는 불확정법개념이므로 행정정책적인 결정이 일정한 한계

31) 이때 공공의 필요에 대하여 1) 일반적인 공익과 같다고 보는 견해(홍정선), 2) 일반적인 공익개념보다 엄격한 개념으로 보는 견해(김성수), 3) 헌법 제37조 제2항의 국가안전보장, 질서유지, 공공복리를 포함하는 광의로 보는 견해(정하중), 4) 헌법 제37조 제2항외에도 국가 또는 지역경제상의 이익도 포함하므로 공익보다 넓게 보는 견해(박균성)이 있다. 5) 공공의 필요는 저가구매라는 순수한 국고(재정)목적이나 간접적인 공공의 필요에는 허용되지 않으므로 일반공익보다 엄격하게 보아야 한다.

내에서 행해지는 판단여지라고 본다(정하중). 4) 판례는 사업인정은 공용수용을 할만한 공익성여부를 판단하는 재량행위라고 본다(대판 2005.4.29, 2004두14670).

4) **사업인정절차** 사업인정절차로 사업시행자는 1) 국토교통부장관에게 사업인정을 신청하고, 2) 국토교통부장관은 관계 중앙행정기관의 장 및 광역자치단체장과 협의하여야 하며, 사전에 중앙토지수용위원회 및 이해관계자의 의견청취를 청취하여야 한다(제21조). 3) 사업인정시는 사업시행자, 토지소유자 및 관계인, 관계 시・도지사에게 통지하고, 사업시행자의 성명 등을 관보에 고시하여야 한다(사업인정고시, 제22조 제1항). 사업인정을 통지받은 시・도지사는 관계 기초지방자치단체장에게 통지하여야 한다. 판례는 사업인정의 통지와 고시에 대한 절차를 누락한 사업은 취소사유가 된다고 본다(대판 1988.12.27, 87누1141).

5) **사업인정의 효과**

사업인정의 효과는 1) 사업인정고시로 수용의 목적물(수용대상)이 확정되고, 따라서 피수용자인 토지소유자와 관계인의 확정된다(사업인정고시후 토지 등에 관한 새로운 권리 취득자는 기존의 권리승계자를 제외하고는 관계인에 포함되지 않는다 제2조 제5호 단서). 2) 사업시행자는 수용권으로 하여금 목적물의 현재 및 장래의 권리자에게 대항할 수 있는 일종의 공법상의 권리가 발생한다(대판 1994.11.11, 93누19375). 3) 피수용자의 의무로 고시된 토지에 대하여 보전의무(토지의 형질변경, 물건의 손괴・수거행위 등 금지)가 부과되므로 이후의 개발행위(건축행위나 물건의 부가 등)는 기초지방자치단체장의 허가를 받아야 하고, 위반시는 원상회복하여야 하며, 이에 관한 손실보상은 청구할 수 없다(제25조). 4) 보상가격조사로 사업시행자 및 감정평가업자는 해당 토지나 물건에 출입하여 측량・조사할 수 있다(제27조). 5) 사업인정고시후에는 열람기간 이내의 이의제기를 제외하고는 토지조서 및 물건조서의 내용에 대하여 이의를 제기할 수 없다(제27조).

구속력 - 사업인정의 효력은 토지수용위원회를 구속한다. 따라서 이에 반하는 재결은 불가하다. 단, 사업인정과 수용재결처분간의 하자의 승계에 대하여 1) 부정설은 별개의 독립한 행정행위로 본다. 이는 다수설과 판례의 입장이다. 2) 긍정설은 양 처분이 결합하여 토지취득이라는 법적 효과를 완성한다고 보아 하자의 승계를 인정한다. 3) 판례는 하자의 승계를 부정한다(대판 1996.4.26, 95누13241).

6) **사업인정의 효력 발생 및 실효**

1) 사업인정의 효력은 사업인정고시가 효력발생요건이므로 고시한 날로부터 효력이 발생한다(제22조 제3항).

2) 사업인정의 효력기간(실효)는 고시된 날로부터 1년 이내에 재결신청을 하지 않은 때에는 그 효력을 상실한다(제23조 제1항). 사업시행자는 사업인정의 실효로 인한 손실을 토지소유자 또는 관계인에게 보상하여야 한다(제2항).

3) 사업인정고시가 된 후 사업의 전부 또는 일부가 폐지 또는 변경되어 토지등의

전부 또는 일부를 수용·사용할 필요가 없게 된 때에는 사업시행자는 지체없이 관할 시·도지사에게 신고하고 토지소유자 및 관계인에게 통지하여야 한다(제24조 제1항). 신고시 시·도지사는 사업의 폐지나 변경을 관보에 고시하여야 하고, 고시한 때에는 국토교통부장관에게 보고하여야 한다(제2항, 제3항). 사업인정의 효력은 고시된 날로부터 고시된 내용에 따라 효력을 상실한다. 사업의 폐지 등으로 인하여 손실이 발생한 경우는 보상하여야 한다(제6항). 보상에 대한 소송은 재결절차를 거쳐 행정소송으로 한다(대판 2012.10.11, 2010다23210).

아울러 사업시행자는 토지나 물건의 사용기간이 만료되거나 사업의 폐지나 변경 등으로 사용할 필요가 없게 된 경우에는 토지나 물건의 소유자 또는 승계인에게 반환하여야 하고, 토지소유자가 원상회복을 청구하면, 미리 손실보상한 경우를 제외하고는 원상회복하여야 한다(제48조).

7) **사업인정의 후속절차** 사업인정의 후속절차로서 수용취득의 경우에는 사업시행자는 토지조서 및 물건조서의 작성, 보상계획의 공고·통지 및 열람, 보상액의 산정과 토지소유자 및 관계인과의 협의절차를 거쳐야 한다.

8) **권리구제** 사업인정에 따라 피수용자에게 공용수용에 따른 재산권의 침해와 토지형질변경 등의 의무가 부과되므로 이해관계인은 사업인정에 대하여 위법을 다툴 법률상 이익이 있다고 본다(대판 1973.7.30, 72누137). 한편 사업인정후 제소기간이 도과하여 불가쟁력이 인정된 경우에는 당연무효가 아닌 한 사업인정의 위법·부당으로 수용재결처분의 취소를 구할 수는 없다(대판 1987.9.8, 87누395).

3. 토지·물건의 조서작성 및 보상계획의 공고

1) **토지·물건조서의 작성** 사업시행자는 수용목적물에 대하여 토지조서·물건조서를 작성하고(필요시 토지 등에 출입하여 측량 및 조사), 토지소유자 및 관계인의 서명·날인을 받아야 한다(제14조). 사업시행자, 토지소유자, 관계인이 서명·날인한 조서의 효력은 진실한 것으로 추정된다. 토지조서의 작성 등은 사업인정으로 확정된 수용목적물을 확인하는 것이다. 따라서 토지조서 등에 서명·날인이 없거나 입회하지 않아 하자가 발생한 경우에는 기재사항에 대한 증명력이 추정되지 않을 뿐, 이후 재결의 위법이나 취소를 구할 수 없다(대판 1986.8.19, 86누256).

2) **보상계획의 공고** 사업시행자는 토지조서와 물건조서를 작성한 경우에는 공익사업의 개요, 토지조서 및 물건조서의 내용과 보상의 시기·방법 및 절차 등이 포함된 보상계획을 전국을 보급지역으로 하는 일간신문에 공고하고, 피수용자와 기초자치단체장에게 각각 통지하여야 한다(제15조 제1항). 공고나 통지한 때에는 그 내용을 14일 이상 일반인에게 열람시켜야 한다(제2항). 이때 이의가 있는 토지소유자 또는 관계인은 열람기간내에 사업시행자에게 이의제기를 할 수 있다(제3항). 이의제기시는 해당 토지조서나 물건조서에 제기된 이의를 부기하고 이의가 이유있다고 인정할 때

에는 적절한 조치를 취하여야 한다(제4항).

4. 협 의

1) **개 념** 협의는 사업시행자가 해당 토지에 대한 권리를 취득하거나 소멸시키기 위해 보상에 관하여 피수용자(토지소유자 및 관계인)과 교섭하는 절차를 말한다. 자세한 사항은 대통령령으로 정한다.

2) **법적 성질** 협의는 주로 수용할 토지의 범위·수용시기·손실보상 등에 관한 사업시행자와 피수용자간의 교섭행위이다. 법적 성질은 사법상 매매계약으로 보는 사법상 계약설이 있으나 공익을 목적으로 하는 공법상 계약이 통설이다. 실무에서는 사법상 계약으로 체결되기도 하고, 판례는 협의취득을 사법상 매매로 보아 행정소송의 대상이 아니라고 본다(대판 1992.10.27, 91누3871).

3) **협의의 법적 효력** 협의의 효력은 협의성립으로 공용수용의 절차가 종결되고, 토지·물건의 공용수용의 효과가 발생한다. 따라서 협의에 따라 사업시행자는 수용시까지 보상금을 지급·공탁하고, 피수용자는 토지·물건을 인도·이전하여야 한다. 사업시행자는 목적물에 대한 권리를 취득하고, 피수용자는 상실한다.

4) **협의성립의 확인** 협의성립시 사업시행자는 수용재결 신청기간이내에 피수용자의 동의를 받아 관할 토지수용위원회에 협의성립의 확인을 신청한다(제29조 제1항). 사업시행자가 공증을 받아 토지수용위원회에 협의성립의 확인신청시는 '수리'함으로써 협의성립이 확인된 것으로 본다(제3항). 협의성립의 확인은 공토법상 '재결'로 보며, 사업시행자나 피수용자는 확인된 협의의 성립이나 내용을 다툴 수 없다(제4항). 토지수용위원회로부터 협의성립의 확인을 받지 못하면, 이는 공토법상의 공용수용에 의한 권리취득인 토지의 원시적 취득이 아니라 승계취득으로 보아야 한다(대판 1978.11.14, 78다1528).

5. 재 결

1) **개 념** 재결은 '수용과 보상에 관한 당사자간의 협의가 성립되지 않은 경우에 당사자간의 목적물의 수용과 보상에 관한 권리의무를 정하는 공용수용의 종국적 절차인 토지수용위원회의 결정'이다.

2) **법적 성질** 사업시행자가 보상금지급을 조건으로 토지 등에 대한 권리를 취득하게 하고, 피수용자에게 권리를 상실케 하는 형성적 행정행위이다.

3) **재결신청절차** 사업시행자는 협의가 성립되지 않거나 협의를 할 수 없을 때에 사업인정고시가 된 날로부터 1년 이내에 관할 토지수용위원회에 재결을

신청할 수 있다(제28조 제1항). 기간초과시에는 사업인정은 효력을 상실한다.

한편 토지소유자 및 관계인은 사업인정고시후 협의불성립시에 사업시행자에 대해 서면으로 토지수용위원회에 재결신청을 청구할 수 있다. 사업시행자는 청구를 받은 날부터 60일 이내에 재결을 신청하여야 한다. 기간을 넘길 경우에는 지연된 기간에 대하여 보상금에 법정이율을 가산하여 지급하여야 한다(제30조). 지연가산금에 관한 다툼은 보상금증감청구소송에 의한다(대판 1997.10.24, 97다31175).

4) **재결기관** 토지수용에 관한 재결을 위하여 국토교통부에는 중앙토지수용위원회, 시·도에는 지방토지수용위원회를 둔다(제49조). 각 토지수용위원회는 행정결정권을 가진 합의제 행정관청의 성질을 가진 행정위원회이다. 중앙토지수용위원회는 국가 또는 시·도가 사업시행자인 사업, 수용 또는 사용할 토지가 둘이상의 시·도에 걸쳐 있는 사업을 관할한다(제51조 제1항).

5) **재결절차**

1) **재결절차의 공고 등** – 토지수용위원회는 재결신청시(재결신청서를 접수한 때)에 이를 지체 없이 공고하고, 공고한 날부터 14일 이상 관계서류의 사본을 일반인에게 열람시켜야 한다(제31조 제1항). 공고시 토지소유자 및 관계인에게 열람기간 중에 의견을 제시할 수 있다(제2항). 물론 제시된 의견은 열람기간 경과후에 심리하게 된다.

2) **사건조사 및 심리** - 토지수용위원회는 열람기간의 경과후 신청에 대한 조사와 심리를 하고, 심리할 때 필요시 사업시행자, 토지소유자 및 관계인을 출석시켜 그 의견진술을 받을 수 있다(제32조).

3) **화해의 권고** - 토지수용위원회는 재결 전에 3인으로 구성된 소위원회에서 화해를 권고할 수 있다. 화해가 성립되었을 때에는 화해조서를 작성하여 참여위원, 사업시행자, 피수용자가 서명 또는 날인하여야 한다. 이 경우 화해조서와 동일한 내용의 합의가 성립한 것으로 본다(제33조).

4) **재 결** - 토지수용위원회는 심리를 마치면, 최종적으로 서면으로 재결한다(제34조 제1항). 재결의 형식은 서면으로 하며, 회의 참석자의 서면날인후 사업시행자, 토지소유자 및 관계인에게 송달하여야 한다(제34조). 재결내용의 정정은 가능하다(제36조 제1항). 다만, 행정쟁송에 의한 사업인정이 취소되지 않는 한, 사업인정을 무의미하게 하는 재결, 즉 사업시행이 불가능하게 되는 재결은 행할 수 없다(대판 1994.11.11, **93누19375**).

6) **재결의 효력** 재결로 공용수용절차가 종료하므로 공용수용의 내용이 확정되고, 손실보상으로 보상금이 확정된다. 재결은 사업시행자와 피수용인에게 효력을 미친다. 이 때의 재결은 수용재결이다. 재결이 공용수용을 확정하지만, 재결의 효력과 공용수용의 효과는 구분하여야 한다. 다만, 토지수용위원회는 재결로써 사업인정의 취소나 “사업인정 자체를 무의미하게 하는 사업의 시행을 불가능하게 하는 재결”을 행할 수는 없다(대판 1994.11.11, 93누19375).

토지수용위원회의 재결사항은 1) 수용 또는 사용할 토지의 구역 및 사용방법, 2) 손실보상, 3) 수용 또는 사용할 개시일과 기간, 4) 그 밖에 공토법 및 다른 법률에서 규정한 사항이다(제50조 제1항). 토지수용위원회는 사업시행자와 피수용자가 신청한 범위에서만 재결하여야 한다(불고불리의 원칙). 다만, 손실보상의 경우에는 신청과 무관하므로 보상액에 대한 증액재결을 할 수 있다(제2항).

대법원 1994. 11. 11. **선고** 93누19375 **판결 【토지수용재결처분취소】**
토지수용법은 수용·사용의 일차 단계인 사업인정에 속하는 부분은 사업의 공익성 판단으로 사업인정기관에 일임하고 그 이후의 구체적인 수용·사용의 결정은 토지수용위원회에 맡기고 있는바, 이와 같은 토지수용절차의 2분화 및 사업인정의 성격과 토지수용위원회의 재결사항을 열거하고 있는 토지수용법 제29조 제2항의 규정내용에 비추어 볼 때 토지수용위원회는 행정쟁송에 의하여 사업인정이 취소되지 않는 한 그 기능상 사업인정 자체를 무의미하게 하는 즉, 사업의 시행이 불가능하게 되는 것과 같은 재결을 행할 수는 없다.

단, 사업시행자가 수용 등의 개시일까지 보상금을 지급 또는 공탁하지 않은 경우에는 그 재결은 효력을 상실한다(실효). 재결의 효력이 상실되는 경우에는 사업시행자는 토지소유자 등이 입은 손실을 보상하여야 한다(제42조).

6. 재결에 대한 불복

1) **이의신청** 재결(수용재결)에 이의시 재결서의 정본을 받은 날부터 30일 이내에 중앙토지수용위원회에 이의신청을 할 수 있다. 이는 특별행정심판의 성질을 갖는다. 중앙토지수용위원회는 수용재결이 위법 또는 부당한 경우에 그 재결의 전부 또는 일부를 취소하거나 보상액을 재결로써 변경할 수 있다. 이는 이의재결이다. 한편 수용재결서를 받은 날부터 60일 이내에 이의신청은 30일 이내에 소송이 제기되지 않거나 그 밖의 사유로 이의신청에 대한 재결이 확정된 때에는 이의재결은 민사소송법상의 확정판결과 같은 효력을 갖는다. 아울러 이의신청이나 행정소송의 제기가 사업의 진행이나 토지의 수용을 정지키시지는 않는다(제88조).

2) **행정소송** 사업시행자와 피수용자는 수용재결에 불복하는 경우에는 재결서를 받은 날부터 60일 이내에, 이의신청(이의재결)에 불복하는 경우에는 이의신청에 대한 재결서를 받은 날부터 30일 이내 행정소송을 제기할 수 있다. 단, 사업시행자는 소송제기전에 이의재결에서 정한 보상금을 공탁하여야 하고, 보상금은 소송종결시까지 수령할 수 없다(제85조). 짧은 제소기간은 국민의 재판청구권을 침해하지 않는다(헌재 1996.8.29, 93헌바63등).

행정소송의 대상은 원처분주의에 따라 신청에 따른 재결(수용재결)이다. 구 토지수용법에서는 이의재결이 대상이었으나, 현행 공토법하에서는 수용재결이 대상이라고 본다. 보상금청구소송은 토지수용위원회가 아니라 각 상대방을 피고로 한다(제85조 제2항). 이는 형식적 당사자 소송이다.

Ⅳ. 공용수용의 효과

1. 공용수용의 효력발생시기

공용수용은 손실보상에 대한 협의(제16조)의 성립과 재결(제34조)로써 효력이 발생한다. 협의는 보상에 대한 협의의 성립후 계약체결(제17조)후 협의성립의 확인을 받아(제29조), 재결은 보상을 조건으로 하여 공용수용의 내용과 손실보상을 확정한다.

재결에 따른 경우는 사업시행자가 수용 또는 사용의 개시일까지 토지수용위원회가 재결한 보상금을 지급하여야 발생한다. 물론 지급할 수 없는 일정한 경우에는 토지등의 소재지의 공탁소에 보상금을 공탁할 수 있다. 사업인정고시후 권리변동시에는 권리승계자가 보상금을 수령한다(제40조). 사업시행자가 수용 또는 사용의 개시일까지 보상금을 지급 또는 공탁하지 않았을 때에는 공용수용의 재결은 효력을 상실한다(제42조).

2. 공용수용의 효과

피수용자에게 손실보상이 지급되면, 비로소 공용수용의 효과가 발생한다.

1) **손실보상** 공용수용의 전제로서 피수용자에게 손실보상이 지급되어야 한다. 이는 사회적 약자인 피수용자를 보호하기 위하여 원칙적으로 손실보상을 선지급하도록 한 것이다.

2) **사업시행자의 권리의 취득** 공용수용의 효과로 사업시행자는 보상금을 지급하고, 피수용자의 재산권인 수용의 목적물의 권리를 취득한다.

권리의 취득방식은 토지 등의 목적물의 소유권은 취득하고 토지등에 관한 다른 권리는 소멸한다(제45조 제1항). 공용사용은 목적물의 사용권을 취득하고, 목적물에 관한 다른 권리는 공용사용기간중에는 행사하지 못한다(제2항).

이때 사업시행자의 권리취득의 법적 성질은 원시취득이다. 단, 협의매수에 의한 토지수용시 관할 토지수용위원회의 확인을 받지 않으면, 소유권이전등기를 마쳐야 취득하므로 '승계취득'이라고 본다(대판 1997.7.8, 96다53826). 공용수용은 법률의 규정에 의한 취득이므로 등기 없이도 권리취득이 이루어지고, 협의취득시 토지수용위원회의 확인을 받지 못한 경우에는 소유권취득을 위하여 소유권이전등기를 마쳐야 한다. 특히 처분을 위하여는 등기가 필요하다.

3) **피수용자의 목적물의 인도・이전의무** 공용수용의 효과에 따라 보상금을 지급받은 피수용자는 수용의 목적물은 인도・이전하여야 한다. 공토법은 피

수용자는 수용 또는 사용의 개시일까지 토지 등을 사업시행자에게 인도·이전할 의무를 진다고 규정한다(제43조).

1) 인도의 대행 - 토지소유자 등이 과실없이 인도·이전하지 않거나, 토지소유자 등을 알 수 없는 경우에는 사업시행자의 청구에 의하여 기초지방자치단체장이 인도·이전을 대행할 수 있다(제44조).

2) 대집행 - 사업시행자가 보상금을 지급·공탁하였음에도 토지소유자 등의 목적물의 미인도, 기간내 불가시, 공익을 해할 경우는 기초지방자치단체에게 행정대집행을 신청할 수 있다. 이때 사업시행자가 국가나 지방자치단체인 경우에는 직접 시행할 수 있다(제89조).

4) **위험책임** 공용수용후 목적물의 멸실 등에 대한 위험책임은 법적으로 사업시행자에게 권리가 이전하였으므로 당연히 사업시행자가 부담한다. 따라서 재결이후 토지등이 피수용자의 고의나 과실없이 멸실·훼손된 경우의 손실(위험부담)은 사업시행자가 부담한다(제46조).

5) **그 밖의 효력** 그 밖에 피수용자는 환매권(제91조), 공용수용에 대한 행정소송권 등을 가질 수 있고, 대신에 사업시행자에게 공용수용을 협조하여야 하며, 사업시행자는 손실보상으로서 보상금지급 외에도 이주대책, 생활보상 등을 할 수 있다.

3. 손실보상원칙

1) **헌법규정 - 정당한 보상** 사업시행에 따른 손실보상은 헌법에 따라 정당한 보상을 하여야 한다(제23조 제3항).

2) **공토법상 보상원칙** 공토법에서는 다음과 같은 보상원칙을 규정한다.

1) 사업시행자보상의 원칙(제61조)은 사업으로부터 수익을 얻는 사업시행자가 보상해야 한다는 것이고, 2) 사전보상의 원칙(제62조)은 수용목적물을 취득·사용하기 전에 보상하여야 한다는 것이다. 3) 금전보상의 원칙은 원칙적으로는 금전보상을 하여야 하고, 예외적으로 대물보상(대토보상), 채권보상도 가능하다(제63조 제1항). 3) 개별불의 원칙은 원칙적으로 개별적으로 지급하고(제64조), 단 개인별로 산정할 수 없는 경우만 예외적으로 일괄보상하며(제65조), 4) 사업이익과 상계금지는 토지의 일부를 수용하는 경우 해당 사업의 시행으로 잔여지 가격이 상승하였을 지라도 그 이익을 손실과 상계하지 못한다는 것이다(제66조), 5) 시가보상의 원칙은 협의시는 협의 당시의 가격, 재결은 수용·사용재결당시 가격을 기준으로 하며, 공시지가를 기준으로 한다(제67조).

4. 손실보상의 내용

1) **토지에 대한 보상** 토지에 대한 보상은 공시지가에 의한 수용보상(제70

조), 사용보상(제71조), 사용토지의 매수 · 수용청구(제72조), 잔여지의 보상 · 청구(제73조, 제74조)를 할 수 있다.

2) **물건에 대한 보상**　　건축물 등의 물건에 대한 보상은 1) 건축물, 입목, 공작물 기타 토지에 정착한 물건에 대하여는 이전비보상과 가격보상(제75조 제1항), 잔여 건축물의 손실에 대한 보상(제75조의2 제1항, 제2항), 2) 농작물 등의 손실보상(제75조 제2항), 3) 토지에 속한 흙, 돌, 모래 또는 자갈에 대한 보상(제3항), 4) 분묘 이장에 대한 보상(제4항)을 할 수 있다.

3) **권리의 보상**　　광업권, 어업권 및 물(용수시설 포함) 등의 사용에 관한 권리에 대한 손실보상을 할 수 있다(제76조 제1항).

4) **영업손실 등에 대한 보상**　　공토법에 따르면, 영업손실에 대한 보상(제77조 제1항), 농업손실에 대한 보상(제2항), 휴직 또는 실직에 대한 보상(제3항)을 할 수 있다.

5) **이주대책**　　사업시행자는 공익사업의 시행으로 주거용 건축물이 제공되어 생활의 근거를 상실한 자를 위하여 다른 지역으로 이주시키는 제도이다. 공토법은 이주정책과 이주정착금 지급을 규정한다(제78조 제1항). 생활보상차원에서 이루어진다. 이주대책으로서 이주정착지에는 통상적인 생활기본시설이 포함되어야 하고, 그 비용을 사업시행자가 부담한다.

6) **기타 토지에 관한 비용보상**　　공사비보상, 기타 공익사업 시행에 따라 발생한 손실을 보상할 수 있다.

Ⅴ. 환매권

1. 개　념

환매권은 '공용수용의 목적물이 당해 공익사업의 폐지 · 변경 등으로 불필요하게 되거나 현실적으로 공용에 제공되지 않은 경우에 피수용자가 일정한 대가를 지불하고 목적물의 소유권을 회복할 수 있는 권리'이다.

환매권의 이론적 근거는 개인의 재산권의 존속보장의 사상이라는 견해도 있으나, 판례는 "공평의 원칙상 인정되는 권리"로 보거나(대판 1993.6.29, 91다43480) 헌법상 재산권 보장에서 도출되는 것으로 헌법상 재산권보장의 내용에 포함되는 권리라고 본다(헌재 1994.2.24, **92헌가15**등). 아울러 환매권은 협의취득에도 인정된다(같은 판례).

2. 법적 근거

환매권의 법적 근거에 대하여는 1) 헌법상 재산권의 보장에 근거하는 헌법상 권리(헌재 1994.2.24, 92헌가15등), 2) 법률의 규정에 의하여 인정되는 법률상 권리(대판 1993.6.29, 91다43480)로 본다. 3) 법률상 권리로 보는 입장에서는 법률에 규정이 있는 경우에만 인정된다고 본다. 따라서 헌법상 권리로 보아야 한다.

환매권은 인정하는 이유는 1) 재산권을 침해당한 피수용자의 감정을 존중하는 것이라고 보거나(박윤흔), 2) 헌법상 재산권의 보장(존속보장)을 근거로 본다(김남진, 홍정선). 3) 헌법상 공용수용을 재산권보장의 예외로 규정한 만큼, 공용수용을 하지 않으면, 수용목적물은 돌려 주는 것이 헌법상 재산권보장에 타당하다.

3. 법적 성질

환매권의 법적 성질에 따라 공권이면 행정소송, 사권이면 민사소송으로 진행해야 한다. 실무에서는 민사소송으로 행해진다.

환매권의 법적 성질에 대하여는 1) 공권설은 공법에 의하여 야기된 법적 상태를 원상으로 회복하는 수단으로 공권력 주체에 대한 공법상 권리라고 보고(김남진, 홍정선, 류지태), 2) 사권설은 환매권자의 매수라는 의사표시에 의존하므로 단순한 수용해제가 아니라 환매권자가 자기 토지의 이익을 위하여 일방적으로 수용물을 회복하는 사법상 권리라고 본다(박윤흔, 류해웅). 3) 판례는 '국가와 환매권자의 사법상 매매'라고 보아 사권설을 지지한다(대판 1989.12.12, **88다카15000**, 헌재 1994.2.24, 92헌마283). 4) 환매권의 발생은 공법에 의하여 발생하므로 이를 사법관계로 보아 민사소송으로 다투는 것을 옳지 않다.

사업시행자가 환매권자에 대한 환매가격증감소송은 공법상 당사자소송으로 본다.

한편 환매권은 환매요건만 충족하면, 환매권자의 일방적인 의사표시로 발생하므로 형성권의 일종이라고 본다(홍정선).

4. 환매의 요건

1) 환매권자 환매권자는 협의취득일 또는 공용수용의 개시일 당시의 토지소유자 또는 그 포괄승계인이다(제91조 제1항).

2) 목적물 환매의 대상인 목적물은 수용대상인 '토지의 전부 또는 일부에 대한 소유권'이다(제91조 제1항). 따라서 '토지에 대한 소유권 이외의 권리'나 '토지이외의 물건'은 환매의 목적물이 아니다. 판례는 건물에 대한 환매권부인은 입법재량권이므로 재산권을 침해하지 않는다고 본다(헌재 2005.5.26, 2004헌가10).

3) **환매권 행사의 요건** 공토법 제91조상의 환매요건규정의 해석에 대하여 1) 환매권의 성립요건이라고 보는 견해, 2) 환매권은 수용시에 법률상 당연히 성립된 것이므로 이는 환매권의 행사요건이라고 본다(정하중).

환매요건은 1) 협의취득일 또는 수용의 개시일부터 10년 이내에 해당 공익사업의 폐지·변경 그 밖의 사유로 인하여 취득한 토지의 전부 또는 일부가 필요 없게 된 때(제91조 제1항), 2) 협의취득일 또는 수용의 개시일부터 5년 이내에 취득한 토지의 전부를 해당 공익사업에 이용하지 않았을 때(제2항)이다.

1)은 공용수용의 필요가 소멸한 경우로 해석할 수 있다. 이는 제척기간은 아니다. 단 확장수용의 경우, 잔여지에 접한 일단의 토지가 필요없게 된 경우가 아니면, 환매할 수 없다(제96조 제3항). 2)는 공용필요가 없어진 경우가 아니라 실제로 사업에 이용하지 않은 경우를 말한다. 따라서 환매권은 사업지연에도 행사할 수 있다.

4) **환매요건의 예외 — 사업의 변환** 공익사업을 위하여 수용한 토지를 다른 공익사업에 제공하도록 사업목적을 변경한 경우에는 환매후 다시 수용하는 절차의 중복을 없애고자 국가, 지방자치단체, 공공기관에 한하여 환매할 수 없다(제91조 제6항). 이는 재산권 보장을 이유로 위헌이 주장되었으나 합헌으로 결정되었다(헌재 1997.6.26, 96헌바94).

5) **환매권의 행사기간 (제척기간)** 1) 토지의 전부 또는 일부가 필요 없게 된 때부터 1년 또는 그 취득일부터 10년 이내에 환매권을 행사할 수 있다(제91조 제1항). 환매권자의 이익을 위하여 10년을 택한다(대판 1987.4.14, 86다324). 2) 취득일부터 사업에 이용되지 않은 경우에는 취득일부터 6년 이내에 환매권을 행사하여야 한다. 수용시로부터 6년이 경과하면 환매권이 소멸한다(제2항).

대법원 1987. 4. 14. **선고** 86다324 **판결 【소유권이전등기등】**
위 법조항에서 필요없게 된 때로부터 1년, 또는 취득일로부터 10년 이내에 매수할수 있다고 규정한 취지는 취득일로부터 10년 이내에 그 토지가 필요없게 된 경우에는 그때로부터 1년 이내에 환매권을 행사할 수 있으며, 또 필요없게 된 때로부터 1년이 경과하였더라도 취득일로 부터 10년이 경과되지 아니하였다면 환매권자는 적법하게 환매권을 행사할 수 있다는 의미로 풀이함이 옳을 것이다.

3) 사업시행자는 공토법 제91조 제1항 및 제2항에 따라 환매할 토지가 생겼을 때에는 지체 없이 그 사실을 환매권자에게 통지하여야 하고, 과실 없이 환매권자를 알 수 없을 때에는 공고하여야 한다. 환매권자는 통지를 받은 날 또는 공고를 한 날부터 6개월이 지난 후에는 환매권을 행사하지 못한다(제92조).

6) **보상금상당액의 지급과 환매가격** 환매권을 행사하려면, 원칙적으로 해당 토지에 대하여 지급받은 "보상금에 상당하는 금액"을 지급하여야 한다(제91조

제1항).

보상금에 상당하는 금액은 "사업시행자로부터 지급받은 보상금을" 말하고, 환매당시까지의 법정이자를 가산한 금액이 아니라고 본다(대판 1994.5.24, 93누17225). 보상금을 환매가격의 기준으로 하는 이유는 일단 환매권 행사에 명확한 객관적인 기준이기 때문이다. 보상금상당액의 지급은 환매권의 행사요건이지, 환매의 요건은 아니라고 본다(헌재 2006.11.30, 2005헌가20). 보상금상당액은 선지급의무이고(대판 1976.2.24, 73다1747), 이러한 선지급의무는 위헌이 아니라고 판시하였다(헌재 2006.11.30, 2005헌가20). 나아가 보상금상당액을 지급하거나 공탁하지 않으면 소유권이전등기를 구할 수 없다(대판 1993.9.14, 92다56810).

한편 사업시행자는 토지가격의 상승을 이유로 보상금상당액에 근거하여 환매가격의 증액을 협의하거나 소송으로 다툴 수 있다.

최종적인 환매가격의 결정에서 "토지의 가격이 취득일 당시에 비하여 현저히 변동된 경우"(제4항), 즉 "환매권 행사 당시의 토지가격이 지급한 보상금에 환매 당시까지의 해당 사업과 관계없는 인근 유사토지의 지가변동률을 곱한 금액보다 높은 경우"는(영 제48조), 사업사행자와 환매권자는 환매금액에 대하여 서로 협의하되, 협의가 성립되지 아니하면, 그 금액의 증감을 법원에 청구할 수 있다(제4항). 이는 공법상 당사자소송에 의한다(대판 2000.11.28, 99두3416).

7) **환매권의 대항력** 환매권은 부동산등기법에 따라 협의취득 또는 수용의 등기가 되었을 때에는 제3자에게 대항할 수 있다(제91조 제5항). 따라서 수용된 토지가 제3자에게 양도되어도 등기가 있는 경우는 환매권자는 제3자에게 자신의 권리를 주장할 수 있다.

5. 환매절차

1) **사업시행자의 환매의 통지 및 공고** 사업시행자는 환매대상토지가 생긴 때에는 지체없이 환매권자에게 통지하여야 한다. 단, 사업시행자의 과실없이 환매권자를 알 수 없는 경우는 전국적인 일간신문에 공고하거나 관할 시군구의 게시판에 7일 이상 게시하여야 한다(제92조, 영 50조). 이때 통지의 성질은 '최고'이다. 한편 사업시행자의 통지나 공고가 부적법하여 환매권이 상실되면, 불법행위가 된다(대판 2006.11.23, 2006다35124).

2) **환매권자의 환매권 행사** 환매권자는 보상금에 상당하는 금액을 지급하고 수용된 토지를 환매한다는 의사표시를 사업시행자에게 하여야 한다. 환매는 사업시행자의 동의없이 환매권자의 의사표시만으로 소유권 이전의 효과가 발생한다. 즉, 환매권을 행사하면, 사법상 매매계약의 효력이 발생한다고 본다(대판 1992.4.24,

92다4675). 한편 환매권행사로 소유권의 변동이 발생하는 것이 아니라 소유권이전등기청구권이 발생한다고도 본다(박균성).

3) **환매가격 결정절차** 사업시행자는 환매권자와 환매가격을 협의하거나 소송을 통하여 결정할 수 있다. 이로써 환매권자의 환매대금지급의무가 확정된다.

4) **소유권의 이전** 환매대금이 지급되면, 대가관계에 있는 환매대상토지도 소유권이전이 확정된다. 제3자에게 대항하려면, 등기하여야 한다.

6. 환매권 관련소송

환매권의 행사에 대하여 다툼이 있는 경우에는 1) 환매권을 공권이라고 보면, 행정소송으로, 2) 사권으로 보는 경우에는 민사소송으로 보지만, 3) 판례는 민사소송으로 다룬다.

한편 환매대금증액소송은 종래 구 토지수용법에서는 공법상 당사자소송으로 다루었으나(대판 2000.11.28, 99두3416), 현재는 민사소송으로 본다(대판 2013.2.28, 2010두22368).

☞ 주위적 청구는 환매권존부확인소송, 예비적 청구는 환매대금증액청구소송으로 할 수 있다.

7. 공익사업의 변환제도

1) **개 념** 국가, 지방자치단체, 공공기관(공기업)이 사업인정을 받아 공익사업에 필요한 토지를 협의취득하거나 수용한 후 해당 공익사업이 공토법 제4조 제1호부터 제5호까지 규정된 다른 공익사업으로 변경된 경우에 수용된 토지의 환매를 제한하여 새로운 공용수용절차 없이 변경된 공익사업에 이용하는 제도이다(제91조 제6항).

2) **도입배경** 공용수용한 공익사업이 다른 공익사업으로 변경되면, 이는 환매절차를 거쳐 다시 공용수용하는 것이 원칙이다. 그러나 공익사업의 변환제도는 환매와 공용수용이라는 절차의 반복을 막기 위한 제도이다. 이는 환매권자의 재산권 침해라는 위헌주장(류지태)도 있지만, 헌법재판소는 과잉금지의 원칙에 위배되지 않아 합헌이라고 보았다(헌재 1997.6.26, 96헌바94).

3) **요 건**

(1) **주 체** 수용주체는 국가, 지방자치단체, 공기업인 공공기관에 한정된다.

다만, 변경된 공익사업의 사업시행자가 변경전과 다른 경우에도 변환을 인정할 것인가에 대하여 1) 부정설은 사업시행자에게 시세차익을 주는 것보다는 원소유자에게 환매해야 한다고 보고(김시현), 2) 긍정설은 사업시행자의 동일성을 변환요건으로 규정하지 않으므로 사업의 공익성에서 변환을 인정하고(홍정선), 3) 판례는 사업시행자가 동일한 경우에만 변환이 허용되는 것으로 해석하지 않는다(대판 1994.1.25, 93다11760).

(2) 대상사업　변환되는 공익사업은 공토법 제4조 제1호부터 제5호까지의 공익사업에 한정된다.

이는 공익성이 강한 공익사업이고(박균성), 새로운 공익사업도 사업인정을 받거나 사업인정의제가 되어야 하고, 나아가 새로운 공익사업의 사업시행자가 수용된 토지의 소유권을 가져야 하며, 제3자에게 처분된 경우에는 해당 공익사업에 필요 없게 되기 때문이다(대판 2010.9.30, 2010다30782, 박균성).

(3) 통　지　다른 공익사업으로 변경된 경우에 사업시행자는 공익사업이 변경된 사실을 환매권자에게 통지하여야 한다. 변경된 공익사업에 이용되는 토지의 환매권 행사기간은 관보에 해당 공익사업의 변경을 고시한 날부터 기산한다(제91조 제6항).

4) 효　과　공익사업이 변환되면, 변환전에 수용된 토지의 환매권을 제한되고, 공익사업의 변경을 고시한 날로부터 새로이 환매권행사기간이 기산된다.

제 5 항　공용환지와 공용환권

☞ 공용환지는 종전의 농지정비를 위한 「농촌근대화촉진법」상 농지개량사업으로 시행되었다. 1994년부터 「농어촌정비법」으로 개편되면서, 농어촌정비사업은 농지개량사업을 넘어 농업기반등정비사업으로 확대되었다. 다만, 여기서는 도시개발에 따른 토지정리를 중심으로 하는 도시개발법(도개법)상의 공용환지를 다루기로 한다.

I. 공용환지

공용환지는 토지를 효과적인 이용을 위하여 토지정리사업(구획정리, 형질변경)을 하고, 그에 따라 다시 토지를 배분하는 것이다. 즉, '토지의 이용증진을 위하여 일정한 구역내에 있는 토지를 정리한 후 강제적으로 종전의 토지의 소유권 및 기타의 권리를 새로운 토지 등과 교환·분합하는 것'이다.

이는 단순한 행위제한과 같은 권리의 제한이나 타인의 재산권을 완전히 박탈하는 공용수용이 아닌 종전의 권리의 대상물을 물리적으로 변경하여 사업후 새로운 동가의 대상물과 변경해준다는 점에서 구분된다. 관련법으로는 농지대상의 농어촌정비법상 농업기반정비사업과 생활환경정비사업, 도시개발법상의 도시개발사업이 있다.

공용환지는 환지계획과 환지처분으로 이루어진다.

Ⅱ. 공용환권

공용환권은 '토지의 평면적 · 입체적 효용을 증진하기 위하여 특정한 지역내의 토지를 정비(구획정리, 형질변경, 시설정비 등)하여 종전의 토지 · 건축물에 관한 권리를 권리자의 의사에 상관없이 토지정리후에 새로 건축된 건축물 및 토지에 관한 권리로 강제적으로 교환 · 변경하는 행위'이다(대판 2007.12.27, 2004다26256).

공용환지는 입체환지를 제외하고 원칙적으로 토지정비를 위한 것이라면, 공용환권은 토지와 건축물을 포함한다. 공용환권에는 도시 및 주거환경정비법(도정법)에 의한 정비사업(재건축, 재개발 등)이 있다. 다만, 동법상에서는 환권을 '분양'이라고 지칭하고, 환권처분의 내용을 정하는 환권계획을 '관리처분계획'이라고 한다. (☞도시재개발법 참조)

제 7 절 부동산 규제법

제 1 항 토지거래허가제도

1. 토지공개념과 토지거래의 제한

토지거래는 원래 사법상 사적 자치에 맡겨져 있는 것이나, 산업화과정에서 급격한 도시화로 인하여 한정된 자원인 토지(택지, 산업입지, 공공용지)의 이용이 집중되므로 주택부족과 부동산투기에 따른 지가상승을 막기 위한 지가안정 및 거래질서의 확립 등의 공익을 확보하는 것이 토지거래제한의 목적이다. 특히 이러한 배경하에 우리나라에서는 토지공개념사상이 등장하였다.

☞ 토지가격의 기준제시를 위하여 1972년에 「국토이용관리법」상 기준시가고시제도를, 1989년 이후에는 「지가공시 및 토지 등의 평가에 관한 법률」에 의한 공시지가제도를 도입하였다. 나아가 1978년에는 토지의 이용규제와 토지거래규제 등을 「국토이용관리법」의 새로운 목적으로 규정하여 토지거래허가 및 신고제, 토지선매제, 유휴지매수제 등 도입하였다. 이후 건설부장관 또는 도지사의 "지가의 동향 및 토지거래상황을 조사"하도록 규정하였고(구 국토이용관리법 제28조, 영 제45조의2), 정부가 국회에 제출하는 '국토이용에 관한 연차보고서'에 지가정책 및 토지거래정책동향을 포함하였다(동법 제3조). 현재에는 「국토계획법」 제117조 이하에서 토지거래허가제를 규정하고 있다.

2. 토지거래허가제의 개념

토지거래허가제는 '토지의 투기적인 거래로 인한 급격한 지가상승을 억제하기 위하여 국토교통부장관이 지정한 구역안에서의 토지 등의 거래계약에 대하여 시장·군수 또는 구청장의 허가를 받도록 하는 제도'이다(제118조 제1항). 토지의 소유권·지상권의 이전 및 설정하는 유상계약이 대상이다.

3. 허가구역지정 및 허가절차

1) **토지거래 허가구역의 지정** 국토교통부장관 또는 시·도지사는 국토의 이용 및 관리에 관한 계획의 원활한 수립과 집행, 합리적인 토지이용 등을 위하여 1) 토지의 투기적 거래가 성행하거나 2) 지가가 급격히 상승하는 지역과 그러한 우려가 있는 지역(투기우려지역)에 대하여 5년 이내의 기간을 정하여 토지거래계약에 관한 허가구역을 지정할 수 있다(제117조 제1항).

지정절차로서 국토교통부장관은 1) 중앙도시계획위원회의 심의를 거쳐 2) 대통령령이 규정한 사항(지정내용)을 공고하고, 공고내용을 시·도지사를 거쳐 시장·군수 또는 구청장에게 통지하고, 3) 시장·군수 또는 구청장은 공고내용을 관할 등기소장에게 통지하며, 지체없이 그 사실을 7일 이상 공고하고, 그 공고내용을 15일간 일반인이 열람하도록 한다(제117조 제2항, 제3항, 제4항). 허가구역의 지정은 지정을 공고한 날부터 5일 후에 효력이 발생한다(제5호).

허가구역 지정의 법적 성질은 행정청의 처분에 해당하므로 항고소송을 제기할 수 있다(대판 2006.12.26, 2006두12883).

2) **토지거래계약 허가절차** 허가구역내의 토지에 관한 소유권, 지상권(소유권·지상권의 취득을 목적으로 하는 권리를 포함)을 이전 또는 설정하는 계약(대가를 받는 이전하거나 설정하는 경우만 해당)을 체결하려는 계약당사자는 공동으로 대통령령이 정하는 바에 따라 시장·군수 또는 구청장의 허가를 받아야 한다(제118조 제1항). 허가사항을 변경하는 경우도 같다. 거래허가대상토지 여부는 매매계약의 체결일을 기준으로 한다(대판 1994.5.24, 93다53450).

허가를 받으려는 자는 토지거래허가신청서에 계약내용과 토지이용계획, 취득자금 조달계획 등을 적어 시장·군수 또는 구청장에게 제출하여야 한다. 이 경우 토지이용계획, 취득자금 조달계획 등에 포함되어야 할 사항은 국토교통부령으로 정한다. 다만, 시장·군수 또는 구청장에게 제출한 취득자금 조달계획이 변경된 경우에는 취득토지에 대한 등기일까지 시장·군수 또는 구청장에게 그 변경사항을 제출할 수 있다(제118조 제3항).

시장·군수 또는 구청장은 신청서를 받으면, 민원사무처리기간에 허가 또는 불허가 처분을 하고, 허가증을 발급하거나 불허가처분사유를 서면으로 알려야 한다(제4항).

3) **토지거래허가의 적용예외** 일정한 경우에는 토지거래허가지역내의 토지이더라도 허가를 받지 않는 예외적인 경우는 1) 경제 및 지가의 동향과 거래단

위면적 등을 종합적으로 고려하여 대통령령으로 정하는 용도별 면적 이하의 토지에 대한 토지거래계약에는 허가가 필요하지 않는다(제118조 제2항). 2) 국가 등에 대한 특례로 토지거래 당사자의 한쪽이상이 국가, 지방자치단체, 한국토지주택공사, 그 밖에 공공기관 또는 공공단체인 경우에는 해당 기관장이 관할 허가청와 협의할 수 있고, 협의성립시에는 허가를 받은 것으로 본다(제121조 제1항). 3) 「공토법」에 따른 토지의 수용, 4) 「민사집행법」에 따른 경매, 5) 그 밖에 대통령령으로 정하는 경우에는 허가를 받지 않는다(제2항, 영 제121조).

4) **불허가기준** 토지거래계약 허가신청이 1) 토지이용면적이 그 토지의 이용목적으로 보아 적합하지 않다고 인정되는 경우, 2) 토지이용목적이 도시계획 그밖에 토지의 이용 및 관리에 관한 계획에 적합하지 않거나 생태계의 보전과 주민의 건전한 생활환경보호에 중대한 위해를 끼칠 우려가 있는 경우, 3) 토지면적이 토지이용목적으로 보아 적합하지 않다고 인정되는 경우에는 불허가할 수 있다(제119조).

불허가사유 이외의 사유로 허가를 거부할 수 없다(대판 1997.6.27, 96누9362).

4. 토지거래계약허가의 법적 성질

1) 토지거래계약허가가 1) 사인의 토지거래에 대한 사적 자치 내지 사유재산제를 위반한다는 주장(위헌설 허영, 연 89/8)에 대하여 2) 헌법재판소는 토지거래허가제는 토지의 투기적 거래를 억제하기 위하여 그 처분을 제한하는 재산권 제한의 한 형태로 사유재산제의 부정이나 재산권의 본질적인 침해는 아니고, 경제헌법, 비례원칙 등에 위반되지 않는다고 보았다(헌재 1989.12.22, 88헌가13; 1997.6.26, 92헌가5).

2) 토지거래계약허가에 대한 재량권 여부에 대하여 행정청은 불허가사유에 해당하지 않는 한 허가해야 한다고 보므로 기속행위로 본다(대판 1997.6.27, 96누9362).

3) 토지거래계약허가의 법적 성질에 대하여는 1) 인가설은 사인의 토지거래인 사법상 토지매매계약의 효력을 국가가 단지 후견적으로 완성시켜주는 것으로 보아 인가로 보며(김상용, 류지태, 김성수), 인가설에 서는 경우에 형사처벌을 하는 것은 실효성을 담보하기 위한 것으로 본다(정하중). 2) 허가설은 토지거래허가는 허가구역내에서의 원칙적인 금지이고, 단지 사후에 해제하고, 무허가계약은 처벌하며, 사법상 계약의 효력도 인정하지 않으므로 허가라고 보고(박균성), 3) 양면성설은 학문상 인가의 개념이지만, 허가를 받아야 효력이 발생하고, 실질적으로 무허가의 경우 형사(처)벌을 예정하므로 허가의 요소도 있다고 보고(김동희), 다른 논거는 국가가 사인의 거래를 지도·조정한다는 점에서 양면성을 갖는다고 본다(홍정선). 4) 판례는 허가지역내에서 거래의 자유는 인정되나, 토지거래허가를 통하여 유동적 무효의 상태에 있는 법률행위의 효력을

완성시켜주는 인가적 성질을 띤다고 본다(대판 1991.12.24, **90다12242**). 5) 인가로 보는 것이 타당하다.

5. 토지거래계약허가의 효과

1) **토지거래계약의 효과 발생** 토지거래계약허가를 받으면, 비로소 해당 구역내의 토지거래계약의 법적 효력이 발생한다. 허가를 받지 못하면, 거래계약의 효력이 발생하지 않으므로 무효이지만, 허가를 받으면 소급하여 유효가 되는 '유동적 무효'의 효력을 가진다(대판 1991.12.24, 90다12243). 농지에 대하여 허가를 받으면 농지법상의 농지취득자격증명을 받은 것으로 보며, 허가증을 발급받은 경우에는 「부동산등기 특별조치법」상의 검인을 받은 것으로 본다(제126조).

2) **토지이용의무 (사용목적의 제한)** 토지거래계약허가를 받은 자는 대통령령으로 정하는 사유가 있는 경우 외에는 5년의 범위에서 대통령령으로 정하는 기간에 그 토지를 허가받은 목적대로 이용하여야 할 의무가 발생한다(제124조 제1항). 허가권자는 위 허가목적에 따른 이용의무이행을 조사하여야 하고(제2항), 위반시 허가권자나 수사기관에 신고하거나 고발한 자에게 대통령령으로 정하는 바에 따라 포상금을 지급할 수 있다(제3항). 허가에 따른 토지의 이용의무를 이행하지 않은 경우에는 이행명령을 하고, 이행명령이 정해진 기간에 이행되지 않을 경우에는 이행강제금을 부과할 수 있다(제124조의2).

6. 선매제도

허가권자(시장·군수 또는 구청장)는 토지거래계약 허가신청이 있는 경우 1) 공익사업용 토지, 2) 토지거래계약허가를 받아 취득한 토지를 그 이용목적대로 이용하고 있지 아니한 토지에 대하여 국가, 지방자치단체, 한국토지주택공사, 그 밖에 대통령령으로 정하는 공공기관 또는 공공단체가 그 매수를 원하는 경우에는 이들 중에서 해당 토지를 매수할 자(선매자)를 신청일로부터 1개월 이내에 지정하여 토지소유자에게 알리고, 그 토지를 협의매수하게 할 수 있다(제122조 제1항).

선매자는 지정통지를 받은 날부터 1개월 이내에 그 토지 소유자와 대통령령으로 정하는 바에 따라 선매협의를 끝내야 한다. 선매자의 토지매수가격은 「부동산 가격공시 및 감정평가에 관한 법률」에 따라 감정평가업자가 감정평가한 감정가격을 기준으로 하되, 토지거래계약 허가신청서에 적힌 가격이 감정가격보다 낮은 경우에는 허가신청서에 적힌 가격으로 할 수 있다(제3항). 허가권자는 선매협의가 이루어지지 아니한 경우에는 지체없이 허가 또는 불허가의 여부를 결정하여 통보하여야 한다(제4항).

7. 무허가 토지거래계약의 효력과 제재

1) **민사법상 효력** 허가를 받지 않은 토지거래계약은 그 효력이 발생하지 않는다(제118조 제6항). 판례는 처음부터 허가를 배제하거나 잠탈하는 계약은 확정적 무효이나, 허가를 전제로 한 계약인 경우에는 허가를 받기 전까지 유동적 무효의 상태에 있다고 본다(대판 1991.12.24, 90다12243).

2) **형사제재** 허가나 변경허가없이 토지거래계약을 체결하거나 속임수나 그 밖의 부정한 방법으로 토지거래계약 허가를 받은 자는 2년 이하의 징역 또는 계약 체결 당시의 개별공시지가에 의한 해당 토지가격의 100분의 30에 해당하는 금액 이하의 벌금에 처한다(제141조 제5호). 판례는 "처음부터 허가를 배제하거나 잠탈하는 내용의 계약을 체결하는 행위를 가리키고 허가받을 것을 전제로 한 거래계약을 체결하는 것은 여기에 해당하지 않는다"고 본다(대판 1991.12.24, 90다12243).

8. 권리구제

1) **이의신청** 허가권자의 처분에 대하여 이의가 있는 자는 처분을 받은 날부터 1개월 이내 허가권자(시장 · 군수 · 구청장)에게 이의신청을 할 수 있다(제120조 제1항). 이의신청시 허가권자는 시 · 군 · 구도시계획위원회의 심의를 거쳐 그 결과를 이의신청인에게 알려야 한다(통지의무, 제2항).

2) **행정소송** 허가권자의 처분에 대하여는 위의 이의신청을 하거나 행정소송을 직접 제기할 수 있다. 이의신청은 전치주의가 아니라고 보아야 한다.

3) **매수청구권** 토지거래계약 허가신청에 대하여 불허가처분을 받은 자는 그 통지를 받은 날(불허가처분일)부터 1개월 이내에 허가권자에게 해당 토지의 매수를 청구할 수 있다(제123조 제1항). 매수청구를 받은 허가권자는 국가, 지방자치단체, 한국토지주택공사 그 밖에 대통령령으로 정하는 공공기관 및 공공단체 중에서 매수할 자를 지정하여, 매수할 자로 하여금 예산의 범위에서 공시지가를 기준으로 하여 해당 토지를 매수하게 하여야 한다. 다만, 토지거래계약 허가신청서에 적힌 가격이 공시지가보다 낮은 경우에는 허가신청서에 적힌 가격으로 매수할 수 있다(제2항).

제 2 항 지가공시제도

Ⅰ. 기준토지가격제도의 일원화

우리나라는 종래 다원적 토지가격체제로서 1) 국토이용관리법상의 보상가격 산정기준인 기준지가, 2) 소득세법에 의한 양도소득세액의 산정기준인 기준시가, 3) 금융기관의 담보물가격 등 산정기준인 토지시가, 4) 지방세법상 재산세액의 산정기준인 과세시가표준액 등으로 토지가격기준이 있었다. 따라서 국가의 정책혼선 및 국민의 예측가능성 저해 등 문제되었다.

1989년 「지가공시 및 토지등의 평가에 관한 법률」(지가공시법)이 제정되면서 일원적 기준토지가격제도가 도입되어 기준토지가격이 일원화되었다. 즉, 구「국토이용관리법」상 기준지가제가 「지가공시법」상 공시지가제로 변경되었다. 이 법은 이후 2005년에 「부동산 가격공시 및 감정평가에 관한 법률」(공시법)로 개정되었다.

Ⅱ. 공시지가제도

공시지가제도는 전국에 걸쳐 토지의 적정가격을 공시하여 토지가격평가의 기준이 되게 함으로써 토지가격(지가)의 적정한 가격형성을 도모하고 나아가 국토의 효율적 이용과 국민경제의 발전에 이바지하는 것이다. 다만, 전수조사의 한계상 표준지를 선정하여 표준공시지가를 평가하고 표준지공시지가를 기준으로 개별 토지에 대하여 개별공시지가를 환산하여 공시지가(지준지가)로 삼는 방식이다.

Ⅲ. 표준지 공시지가

1. 개 념

표준공시지가는 '「공시법」상의 절차에 따라 국토교통부장관이 조사·평가하여 공시한 표준지의 단위면적당 가격'을 말한다(제2조 제5호). 이는 표준지를 선정하고 표준지의 지가를 기준지표로 삼는 제도이다. 국토교통부와 한국감정원은 공동으로 매년 '표준지공시지가 조사·평가 업무요령'을 제정한다.

2. 법적 성질

표준지 공시지가의 법적 성질에 대하여 표준지공시지가가 실제 개별 토지가격은 아니라는 점에서 표준지 공시지가를 1) 입법행위설(행정입법설)은 표준지공시지가는 그 자체로서 국민의 권리·의무를 발생시키지 않고 단지 개별공시지가의 산정기준이므로 일반적·추상적 규율인 입법행위라고 보고(홍정선), 2) 행정계획설은 개별 공시지가의 결정기준일 뿐 구속력은 없고, 이의신청은 허용하지만 그렇다고 처분성을 인정할 수는 없으므로, 내부적 효력을 갖는 구속력없는 행정계획에 불과하다고 보고(류지태), 3) 사실행위설은 지가정보를 제공하는 의사작용에 불과한 사실행위라고 보고, 5) 행정행위설은 국민의 권리의무와 법률상 이익에 영향을 미치고 이의신청의 대상이라는 점에서 행정행위로 보고, 6) 개별검토설은 표준공시지가가 토지거래의 지표에 불과한 경우를 제외하고 개별공시지가 산정의 기준이 되거나 토지보상액산정의 기준이 되는 경우는 처분성을 인정하자는 견해이다(김남진, 김동희, 장태주). 7) 판례는 구 지가공시법(공시법) 제8조 제1항에서 이의절차를 거쳐 행정소송을 제기한다는 점에서 표준공시지가의 처분성을 인정한다(대판 1994.3.8, 93누10828; 1998.3.24, 96누6851).

3. 절 차

1) **토지가격의 조사 및 평가** 토지가격의 기준이 되는 표준지는 "국토교통부장관이 토지이용상황이나 주변환경 그 밖의 자연적·사회적 조건이 일반적으로 유사하다고 인정되는 토지를 선정"하고(제3조 제1항), '주변의 토지를 대표할 수 있는 필지의 토지'이다(영 제3조 제1항). 표준지의 적정가격은 인근유사토지의 거래가격·임대료 및 당해 토지와 유사한 이용가치를 지닌다고 인정되는 토지의 조성에 필요한 비용추정액 등을 종합적으로 참작하여 조사·평가한다(제5조 제1항). 지가산정의 객관성을 확보하기 위하여 표준지의 적정가격을 조사·평가할 때에는 둘 이상의 감정평가업자에게 의뢰하여야 한다(제2항). 물론 최종가격결정은 국토교통부장관에게 유보되어 있다는 견해도 있다(김동희).

2) **표준지 공시지가의 공시** 국토교통부장관은 표준지의 매년 공시기준일 현재의 적정가격을 조사·평가하고, 중앙부동산평가위원회의 심의를 거쳐 공시한다(제3조 제1항). 공시내용은 1) 표준지의 지번, 2) 표준지의 단위면적당 가격, 3) 표준지의 면적 및 형상, 4) 표준지 및 주변토지의 이용상황, 5) 그 밖에 대통령령이 정하는 사항이다(제6조).

3) **공시지가의 열람** 국토교통부장관이 지가를 공시한 때에는 그 내용을 시·도지사를 거쳐 시·군·구청장에게 송부하여 국민에게 열람하게 하고, 이를 도서·도표 등으로 작성하여 관계행정기관 등에 공급하여야 한다(제7조).

4. 효 력

표준지공시지가는 1) 토지시장의 지가정보를 제공하고 2) 일반적인 토지거래의 지표가 되며, 3) 국가·지방자치단체 등의 기관이 그 업무와 관련하여 지가를 산정하거나 3) 감정평가업자가 개별적으로 토지를 감정평가하는 경우에 그 기준이 된다(제10조).

특히 국가·지방자치단체, 「공공기관의 운영에 관한 법률」에 따른 공공기관 그 밖에 대통령령이 정하는 공공단체(토지가격 산정의 주체)가 1) 공공용지의 매수 및 토지의 수용·사용에 대한 보상, 2) 국유·공유토지의 취득 또는 처분, 3) 그 밖에 대통령령이 정하는 토지가격의 산정의 목적을 위하여 토지의 가격을 산정하는 경우(토지가격 산정의 목적)에는 당해 토지와 유사한 이용가치를 지닌다고 인정되는 하나 또는 둘 이상의 표준지공시지가를 기준으로 하여 그 토지의 가격과 표준지공시지가가 균형을 유지하도록 하여야 한다. 다만, 필요하다고 인정하는 때에는 산정된 지가를 위의 목적에 따라 가감조정하여 적용할 수 있다(제9조 제1항).

국토교통부장관은 위의 목적을 위한 지가산정을 위하여 필요하다고 인정하는 경우에는 표준지와 지가산정대상토지의 지가형성요인에 관한 표준적인 비교표(토지가격비준표)를 작성하여 관계행정기관 등에 제공하여야 하며, 관계행정기관 등은 이를 사용하여 지가를 산정하여야 한다(제2항).

5. 이의신청 및 지가의 재공시

1) **이의신청** 표준지공시지가에 대하여 이의가 있는 자는 표준지공시지가의 공시일부터 30일 이내에 서면으로 국토교통부장관에게 이의를 신청할 수 있다. 이에 국토교통부장관은 이의신청기간이 만료된 날부터 30일 이내에 이의신청을 심사하여 그 결과를 신청인에게 서면으로 통지하여야 한다. 이 경우 국토교통부장관은 이의신청의 내용이 타당하다고 인정될 때에는 당해 표준지공시지가를 조정하여 다시 공시하여야 한다(제8조).

2) **행정소송** 이의신청에 대한 국토교통부장관의 결정에 불복하는 경우에는 행정소송을 제기할 수 있다. 이 경우에 소송대상은 원처분중심주의에 따라 표준공시지가를 대상으로 국토교통부장관은 피고로 하여 항고소송을 제기할 수 있다. 판례는 이의신청을 '필요적 전치주의'로 보지만(대판 1994.3.8, 93누10828), 명문의 규정없이 필요적 전치주의로 볼 수 없다는 반대설이 있다(홍정선). 한편 개별공시지가와 다른 불복방법을 규정한 것은 헌법상 평등원칙과 재판권보장의 원칙을 위반하지는 않는다고 본다(대판 1997.9.26, 96누7649).

대법원 1994. 3. 8. **선고** 93**누**10828 **판결 【개별토지가격결정처분취소】**
원심은, 원고 소유의 이 사건 토지 중 대전 동구 인동 83의 1 토지에 대하여는 건설부장관이 1992.3.2.자로 지가공시및토지등의평가에관한법률 제4조 제1항에 의하여 이를 표준지로 선정하여 1992. 1. 1.현재의 위 토지의 m²당공시지가를 금 2,100,000원으로 공시하였으므로, 원고가 그와 같은 공시지가에 대하여 불복을 하기 위하여는 동법 제8조 제1항 소정의 이의절차를 거쳐 처분청인 건설부장관을 피고로 하여 위 공시지가 결정의 취소를 구하는 행정소송을 제기하여야 할 것인데, 위와 같은 전심절차를 거치지 아니하고 처분청이 아닌 대전 동구청장을 피고로 하여 제기한 이 사건 소는 부적법하다고 판단하였는바, 관계법령의 규정과 기록에 의하여 살펴볼 때 원심의 위와 같은 인정과 판단은 정당한 것으로 수긍이 된다.

단, 표준공시지가와 조세부과처분간의 하자는 승계되지 않으므로 조세부과처분쟁소소송에서 표준지공시지가를 다툴 수 없고(대판 1997.9.26, 96누7469), 개별토지가격결정을 다투는 소송에서도 표준공시지가를 다툴 수 없다고 본다(대판 1996.12.6, 96누1832).

Ⅳ. 개별공시지가

1. 개 념

개별공시지가는 '시장·군수 또는 구청장이 「개발이익환수에 관한 법률」에 의한 개발부담금의 부과 그 밖의 다른 법령이 정하는 목적을 위한 지가산정에 사용하도록 하기 위하여 시·군·구부동산평가위원회의 심의를 거쳐 매년 공시지가의 공시기준일 현재 관할구역 안의 개별토지의 단위면적당 가격'을 말한다(제11조 제1항). 즉, 개별토지의 공시지가(기준가격)이다. 국토교통부는 매년 「개별공시지가 조사·산정지침」을 제정하고, 이는 법규성이 있다(대판 1998.5.26, 96누17103).

2. 법적 성질

개별공시지가는 개발부담금 등의 공과금 부과를 위한 가격기준이다. 따라서 개별공시지가 자체의 법적 성질에 대하여 1) 행정규칙설(행정입법설)은 토지초과이득세나 개발부담금 등 공과금의 산정기준인 내부적 지침이며 일반적·추상적 규율을 하므로 개별·구체성이 결여되었다고 보고(석종현, 홍정선), 2) 행정계획설은 일반토지거래의 지표, 지가산정시 기준인 행정계획이라 보고(강구철, 류지태), 3) 사실행위설은 현실 정상지가를 조사·공시함으로 단지 지가정보를 제공하는 의사작용을 요소로 하고 아무런 법적 효력을 갖지 않는다고 보고(이춘섭), 4) 행정행위설은 각종 세금의 산정기준이 되기 때문에 국민의 구체적 권리의무관계 또는 법률상 이익에 영향을 미치고, 공시에 이의신청을 한다는 이유이다(김완석, 조용호; 대판 1997.2.28, 96누10225; 1998.3.24, 96누6851). 행정행위설 중에서도 일반처분으로 보는 견해가 있으나(류지태), 개별공시지가는 개별 토지 소유자에게 발생하므로 부정적이다(김동희). 5) 판례는 공과금산정에 직접적으로 관계되는 것이므로 항고소송의 대상이 되는 처분에 해당한다고 본다(대판 1993.1.15, 92누12407).

3. 지가의 결정절차

1) 지가의 결정 및 공시 기초지방자치단체장(시장·군수 또는 구청장)은 1) 우선 개별 토지의 특성을 조사하고(토지특성조사), 2) 비교표준지 선정기준에 따라 비교표준지를 선택하고, 3) 비교표준지와 개별토지의 특성차이에 따른 토지가격비준표상의 가격배율을 산출하고, 4) 산출된 총가격배율을 비교교준의 가격에 곱하여 지가산정을 하고, 5) 산정된 지가에 가격타당성을 위하여 감정평가업자가 가격검증

을 하는 지가산정과정을 거친다.[32] 이후 6) 주민열람을 통한 20일간의 의견청취를 하고, 7) 시 · 군 · 구 부동산평가위원회의 심의를 거쳐 지가결정 및 공시를 한다.

개별공시지가를 결정하는 경우에는 지가기준은 당해 토지와 유사한 이용가치를 지닌다고 인정되는 하나 또는 둘 이상의 표준지의 공시지가를 기준으로 '토지가격비준표'를 사용하여 지가를 산정하되, 당해 토지의 가격과 표준지공시지가가 균형을 유지하도록 하여야 한다(제11조 제3항). 토지가격비준표는 법규성이 있다(대판 1998.5.26, 96누17103).

예외는 표준지로 선정된 토지, 조세 또는 부담금 등의 부과대상이 아닌 토지 그 밖에 대통령령이 정하는 토지에 대하여는 개별공시지가를 결정 · 공시하지 않을 수 있다. 이 경우 표준지로 선정된 토지에 대하여는 당해 토지의 공시지가를 '개별공시지가'로 본다.

> 개별공시지가는 공시기준일이나, 공시기준일 이후에 분할 · 합병 등이 발생한 토지에 대하여는 '대통령령이 정하는 날'이 기준이 된다(제11조 제2항).

2) **감정평가사의 검증** 기초지방자치단체장은 개별토지의 가격을 산정한 때에는 그 타당성에 대하여 감정평가업자의 검증을 받고 토지소유자 그 밖의 이해관계인의 의견을 들어야 한다. 다만, 기초지방자치단체장은 감정평가업자의 검증이 필요없다고 인정되는 때에는 지가의 변동상황 등 대통령령이 정하는 바에 따라 감정평가업자의 검증을 생략할 수 있다(제11조 제4항).

> 기초지방자치단체장이 지가산정의 검증을 받으려는 때에는 당해 지역의 표준지의 공시지가를 조사 · 평가한 감정평가업자 또는 대통령령이 정하는 감정평가실적 등이 우수한 감정평가업자에게 의뢰하여야 한다.

3) **국가의 지도와 감독** 아울러 국토교통부장관은 지가공시행정의 합리적인 발전을 도모하고 표준지공시지가와 개별공시지가와의 균형유지 등 적정한 지가형성을 위하여 필요하다고 인정하는 경우에는 개별공시지가의 결정 · 공시 등에 관하여 시장 · 군수 또는 구청장을 지도 · 감독할 수 있다(제11조 제6항).

4) **개별공시지가의 정정** 시장 · 군수 또는 구청장은 개별공시지가에 위산(違算), 오기, 표준지 선정의 착오 그 밖에 대통령령이 정하는 명백한 오류가 있음을 발견한 때에는 지체없이 이를 정정하여야 한다(제13조 제1항).

---

32) 국토교통부, 2014년도 적용 개별공시지가 조사 · 산정지침, 2013. 11.

4. 개별공시지가의 효력

개별공시지가는 「개발이익환수에 관한 법률」에 의한 개발부담금의 부과, 농지법에 의한 농지보전부담금의 부과, 재세와 양도소득세 등의 과세처분 등의 부과하는 경우에 토지가격기준으로 사용된다.

5. 개별공시지가에 대한 불복

1) **이의신청** 이의가 있는 자는 개별공시지가의 결정·공시일로부터 30일 이내에 서면으로 관할 기초지방자치단체에게 이의신청을 할 수 있다(제12조 제1항). 이의신청을 받은 기초지방자치단체장은 이의신청기간이 만료된 날부터 30일 이내에 심사하여 그 결과를 신청인에게 서면통지하여야 한다(제2항). 단, 이의신청내용을 인정하는 경우는 당해 공시지가를 조정하여 다시 결정·공시하여야 한다(제2항). 준사법적 절차로 보기 어려우므로 행정심판의 성질을 갖지 않는다고 보기도 한다(박균성).

2) **행정소송** 이의신청에 대한 불복은 원처분중심주의이지만 표준공시지가가 아니라, 개별공시지가가 대상이 된다. 따라서 판례는 개별공시지가의 결정 자체를 독립한 처분이라고 본다.

> 개별공시지가의 법적 성질에 대하여 행정행위설을 취하면, 행정소송이 가능하나, 행정규칙설을 취하는 경우는 개별공시지가에 근거하여 이루어지는 행정작용(처분)에 대하여서만 가능하다. 판례는 개별공시지가의 처분성을 인정하므로 당연히 항고소송의 대상이 된다고 본다.

한편 현저하게 불합리한 개별공시지가가 결정되어 국민에게 손해가 발생한 경우에는 상당인과관계가 있는 범위에서 소속지방자치단체가 배상책임을 진다(대판 2010.7.22, 2010다13527).

앞서 언급한 것처럼 개별공시지가의 위법을 다투면서 표준지공시지가의 위법을 다툴 수 없다. 다만, 개별공시지가 결정의 위법을 기초로 한 조세소송에서는 개별공시지가의 위법은 다툴 수 있다(대판 1994.1.25, 93누8542).

V. 주택가격공시제도

1. 개 념

구법인 「지가공시 및 토지등의 평가에 관한 법률」과 달리 개정법인 「부동산공시법」은 종전의 지가공시제도와 별도의 단독주택 및 공동주택의 적정가격을 공시하기 위한 주택가격공시제도를 신설하였다(제16조, 제17조). 이는 부동산 보유세제 개편에 따라 조세부담의 형평성 제고하기 위한 것이다.

주택가격공시제도는 외국처럼 주택에도 기준가격제도를 도입한 것이다.

2. 절 차

1) 단독주택가격의 공시제도

(1) 표준주택가격의 결정 및 공시 표준주택가격은 국토교통부장관이 용도지역, 건물구조 등이 일반적으로 유사하다고 인정되는 일단의 단독주택 중에서 선정한 표준주택에 대하여 매년 공시기준일 현재의 적정가격(표준주택가격)을 조사·평가하고, 중앙부동산평가위원회의 심의를 거쳐 이를 공시하여야 한다(제16조 제1항).

(2) 개별주택가격의 공시 개별주택가격은 시장·군수 또는 구청장이 시·군·구부동산평가위원회의 심의를 거쳐 매년 표준주택가격의 공시기준일 현재 관할구역 안의 개별주택의 가격(개별주택가격)을 결정·공시하고, 이를 관계행정기관 등에 제공하여야 한다. 다만, 표준주택으로 선정된 단독주택 그 밖에 대통령령이 정하는 단독주택에 대하여는 개별주택가격을 결정·공시하지 아니할 수 있다. 이 경우 표준주택으로 선정된 주택에 대하여는 당해 표준주택가격을 개별주택가격으로 본다(제16조 제2항).

시장·군수 또는 구청장이 개별주택가격을 결정·공시하는 경우에는 당해 주택과 유사한 이용가치를 지닌다고 인정되는 표준주택가격을 기준으로 주택가격비준표를 사용하여 가격을 산정하되, 당해 주택의 가격과 표준주택가격이 균형을 유지하도록 하여야 한다(제7항).

2) 공동주택가격의 공시제도

국토교통부장관은 공동주택에 대하여 매년 공시기준일 현재의 적정가격(공동주택가격)을 조사·산정하여 중앙부동산평가위원회의 심의를 거쳐 공시하고, 이를 관계행정기관 등에 제공하여야 한다. 다만, 대통령령이 정하는 바에 따라 국세청장이 국토교통부장관과 협의하여 공동주택가격을 별도로 결정·고시하는 경우를 제외한다(제17조 제1항).

국토교통부장관은 공동주택가격을 공시하기 위하여 공동주택의 가격을 산정한 때에는 대통령령이 정하는 바에 따라 공동주택소유자 그 밖의 이해관계인의 의견을 들어야 한다(제2항). 국토교통부장관은 공시한 가격에 위산, 오기 그 밖에 대통령령이 정하는 명백한 오류가 있음을 발견한 때에는 지체없이 정정하여야 한다(제7항).

국토교통부장관은 공시기준일 이후에 토지의 분할·합병이나 건물의 신축 등이 발생한 경우에는 대통령령이 정하는 날을 기준으로 하여 공동주택가격을 결정·공시하여야 한다(제3항).

국토교통부장관이 공동주택의 적정가격을 조사·산정하는 경우에는 인근 유사공동주택의 거래가격·임대료 및 당해 공동주택과 유사한 이용가치를 지닌다고 인정되는 공동주택의 건설에 필요한 비용추정액 등을 종합적으로 참작하여야 한다(제4항).

3. 주택가격 공시의 효력

표준주택 가격은 국가·지방자치단체 등의 기관이 그 업무와 관련하여 개별주택가격을 산정하는 경우에 그 기준이 된다. 개별주택 및 공동주택의 가격은 주택시장의 가격정보를 제공하고, 국가·지방자치단체 등의 기관이 과세 등의 업무와 관련하여 주택의 가격을 산정하는 경우에 그 기준으로 활용될 수 있다(제18조).

제 2 항 개발이익환수제

☞ 개발이익환수제는 국토의 개발에 따른 이익을 환수하여 적정하게 배분하기 위한 제도이다. 이 제도는 초기에는 국토이용관리법에서 규정되었으나 그 시행이 보류되다가, 1989년 「개발이익환수에 관한 법률」의 제정으로 시행되었다. 2006년의 「기반시설부담금법」도 이에 속한다.

Ⅰ. 개발이익의 개념

1. 개 념

개발이익은 "개발사업의 시행이나 토지이용계획의 변경, 그 밖에 사회적·경제적 요인에 따라 정상지가상승분을 초과하여 개발사업을 시행하는 자나 토지 소유자에게 귀속되는 토지가액의 증가분"을 말한다(제2조 제1호).

개발이익은 불로소득이므로 이를 사회에 환원하므로써 부동산 투기방지와 토지의 효율적 이용을 도모하기 위한 것이다.

2. 개발이익의 환수방법

개발이익의 환수는 크게 과세방법과 비과세방법으로 구분된다.

과세수단에 의한 환수에는 양도소득세, 간주취득세 등이 있다. 종전에 토지소유자에 대한 토지 초과 소유를 조세로서 막기 위한 제도로서 토지초과이득세가 있었으나, 위헌판결되었다.

그 외에도 개발이익을 환수하기 위한 방법으로 1) 토지구획정리사업, 도시재개발사업시행에서 감보제로 이용하거나, 2) 공시지가제는 일반거래나 공용매수 및 수용보상 시 개발이익을 배제하기 위하여 객관적인 지가를 산정하는 것이고, 3) 개발부담금제는 사업시행자의 개발이익에 직접 부담금을 부과하는 것이고, 4) 기타 농지조성비, 산지전용부담금제 등이 있다.

Ⅱ. 개발부담금제

1. 개 념

개발부담금은 "개발이익 중 「개발이익환수에 관한 법률」에 따라 국가가 부과·징수하는 금액", 즉 개발사업시행자에게 귀속되는 전체 개발이익중에서 사회에 환원되는 금액으로 위 법에 따라서 국가가 부과·징수하는 금액이다(제2조 제4호).

2. 법적 성질

개발부담금의 법적 성질은 기본적으로 부담금이다. 그러나 통상의 부담금과 다르다는 점에서 논란이 있다.[33] 1) 조세 및 준조세설은 토지개발에 따르는 부당한 토지가액증가분에 대한 조세나 준조세라고 보고(박윤흔, 이태로, 정하중), 2) 인적공용부담설은 전 국토의 균형개발을 위해 부과되는 공용부담의 발전된 형태라고 본다(김홍대).

3. 부과대상인 개발사업

개발사업은 국가나 지방자치단체로부터 인가·허가·면허 등(신고 포함)을 받아 시행하는 택지개발사업이나 산업단지개발사업 등을 말한다(제2조 제2호).

이는 택지개발사업(주택단지 조성사업포함), 산업단지개발사업, 관광단지조성사업, 도시환경정비사업(공장 건설 제외), 물류용지조성사업, 온천 개발사업, 여객자동차터미널사업, 골프장 건설사업, 지목변경이 수반되는 사업으로 대통령령이 정하는 사업 등이다(제5조 제1항).

4. 부과기준 및 부담률

개발부담금의 부과기준은 개발사업을 종료한 부과종료 시점의 부과대상 토지의 가액(종료시점지가)에서 개발사업의 개시때인 부과개시 시점의 부과대상 토지의 가액(개시시점지가), 부과기간의 정상지가상승분, 개발비용금액을 뺀 금액이다(제8조).

납부의무자가 납부하여야 할 개발부담금은 개발이익의 100분의 25로 한다. 다만, 「국토의 계획 및 이용에 관한 법률」 제38조에 따른 개발제한구역에서 개발사업을 시행하

33) 김남욱, 개발부담금제도에 관한 고찰, 토지공법연구 제10집, 2000, 160쪽.

는 경우로서 납부 의무자가 개발제한구역으로 지정될 당시부터 토지소유자인 경우에는 100분의 20으로 한다(제13조).

5. 부담금의 부과 및 납부

국토교통부장관은 부과 종료시점부터 3개월 이내에 개발부담금을 결정·부과하여야 한다. 다만, 제9조 제3항 각호 외의 부분 단서에 해당하는 경우로서 해당 사업이 대규모 사업의 일부에 해당되어 개발비용의 명세를 제출할 수 없는 경우에는 대통령령으로 정하는 바에 따라 개발부담금을 결정·부과할 수 있다(제14조 제1항).

국토교통부장관은 개발부담금을 결정·부과하려면, 대통령령으로 정하는 바에 따라 미리 납부의무자에게 그 부과기준과 개발부담금을 알려야 한다(사전통지, 제2항).

국토교통부장관은 납부의무자에게 대통령령으로 정하는 바에 따라 납부고지서를 발부하여야 한다(제15조 제1항). 개발부담금은 부과·고지할 수 있는 날부터 5년이 지난 후에는 부과할 수 없다(제척기간). 이 경우 행정심판이나 소송에 의한 재결이나 판결이 확정된 날부터 1년이 지나기 전까지는 개발부담금을 정정하여 부과하거나 그 밖에 필요한 처분을 할 수 있다(제2항). 개발부담금의 징수권과 개발부담금의 과오납 환급권은 행사할 수 있는 시점부터 5년간의 소멸시효가 있다(제17조).

개발부담금의 납부의무자는 부과일부터 6개월 이내에 개발부담금을 납부하여야 한다(제18조). 개발부담금은 현금 납부를 원칙으로 하되, 해당 부과 대상 토지 및 그와 유사한 토지로 하는 납부(물납)를 인정할 수 있다(제18조).

징수된 개발부담금은 50/100이 개발이익이 발생한 토지를 관할하는 지방자치단체에 귀속되고, 나머지는 법률이 정하는 광역·지역발전특별회계에 귀속된다(제4조 제1항). 개발부담금을 납부하지 않은 경우에는 독촉장을 발부하고 가산금을 부과하며(제21조), 체납처분을 할 수 있다(제22조).

6. 불복절차

1) **심사청구** 통지받은 개발부담금에 대하여 이의가 있는 자는 대통령령으로 정하는 바에 따라 심사를 청구할 수 있다(제14조 제3항).

2) **행정심판의 특례** 개발부담금 등의 부과·징수에 이의가 있는 자는 「공토법」에 따른 중앙토지수용위원회에 행정심판을 청구할 수 있다. 이 행정심판청구에 대하여는 「행정심판법」 제6조에도 불구하고 「공토법」에 따른 중앙토지수용위원회가 심리·의결하여 재결한다(제26조).

3) **행정소송** 개발부담금 부과처분에 이의가 있는 자는 행정소송을 제기할 수 있다.

제 3 편　급부행정법 및 보증행정법

제 7 장　경제행정법

경제행정법이란 국가가 경제과정에서 개입하여 영향을 미치는 행정을 규율하는 법이다. 원래 경제행정법은 개인의 영업을 규율하는 영업법(Gewerberecht)에서 시작하여 시장과 관련된 대부분의 영업을 규율하였다. 따라서 각종 직업법(Berufsrecht)은 물론 은행법, 통신법, 금융(기관)법 등도 넓게는 경제행정법에 속한다고 볼 수 있다. 경제행정법에서는 시장에서의 경쟁과 공익을 확보하기 위하여 기업, 소비자인 개인, 국가와의 관계를 중심으로 규율한다.

제 7 장　경제행정법

제 1 절　경제행정법 개설

Ⅰ. 경제법과 경제행정법

경제법은 '경제활동에 관한 규율'을 총칭하는 것이나 이는 우리나라에만 존재하는 법분야이다. 경제법은 원래 '경쟁법'을 지칭하는 것으로 주로 경제의 자유롭고 공정한 질서를 유지하기 위하여 경쟁제한이나 불공정거래를 규제하는 것이다.

경제현상을 규율하는 법은 크게 경제사법과 경제행정법(경제헌법)이 있다. 그중 경제행정법은 경제헌법을 포함한 법분야라는 점에서 '경제공법'이라고도 한다. 즉, 경제행정법은 '경제생활에 참여하는 자와 (공공)행정간의 관계를 규율하고 경제의 감시·유도·촉진 등을 위한 공행정기관의 설치 및 그 활동을 규율하는 규범의 전체'라고 정의할 수 있다.

Ⅱ. 경제헌법

1. 경제헌법의 개념

경제헌법은 '국민의 경제생활에 관련된 헌법규범'이라고 정의할 수 있다. 이러한 경제헌법은 한 나라의 경제체제를 정하는 경제질서(협의의 경제헌법)과 그밖의 경제헌법규범으로 구분할 수 있다. 물론 경제헌법을 실정헌법에서 규정하지 않은 나라(독일 등)에서는 경제관련기본권을 경제헌법적인 내용으로 보기도 한다.[1] 한편 경제헌법은 종래의 국가헌법이 정치지향적이므로 정치헌법으로 대비하여 부르기도 한다.

2. 헌법규정

우리 헌법은 입헌이래 경제헌법에서는 매우 선진화된 입법이다. 경제체제를 규정한 경제질서규정(Wirtschaftsordnung)으로 「헌법」 제119조는 '사회적 시장경제'를

---

1) 자세한 것은 길준규, "경제행정법의 전제로서의 경제질서", 『공법연구』 제28집 제2호, 2000. 1, 456쪽이하.

규정하여 경제민주화를 위한 국가의 개입을 인정하고 있다. 따라서 사회적 시장경제는 우리나라 경제정책의 헌법적 지침을 주는 규정으로 이를 경제생활의 규율에서도 구체화되어야 한다.2)

그 밖에 우리 헌법은 제9장 '경제'에서 '그 밖의 경제헌법' 규정을 두고 있다. 즉, 사회적 시장경제를 개별 경제헌법규정인 '국토와 자원의 균형있는 개발과 이용과 보전'(제120조, 제122조), '경자유전의 원칙'(제121조), '농업과 어업의 육성'(제123조 제1항, 제3항, 제5항), '지역균형발전을 위한 지역경제의 육성'(제123조 제2항), '소비자보호'(제124조), '대외무역의 규제와 조정'(제125조), '사회화'(제126조), '과학기술 등의 개발'(제127조) 등에서 구체화시키고 있다.

Ⅲ. 경제행정조직

1. 중앙행정기관

경제행정을 담당하는 중앙행정기관은 기획재정부, 공정거래위원회가 있고, 금융행정에는 금융감독원, 금융감독위원회, 한국은행 등이 있다.

2. 공법상 사단법인

경제행정의 일부를 위임받아 수행하는 공법상 사단법인으로서는 대한상공회의소가 있다. 그 밖에 각종 직업단체(의사회, 약사회, 한의사회, 변호사회, 약사회 등)도 간접행정의 일부를 담당한다. 다만, 경제단체인 전경련이나 경총은 임의단체에 불과하다.

3. 공기업

국가는 사인의 경제활동을 규율하기도 하지만, 스스로 사법상 조직형식(회사 등)을 이용하여 직접 경제활동을 하기도 한다. 이것이 바로 공기업이다. 공기업은 최근 '공공기관'으로 통일되었다.

Ⅳ. 경제행정의 유형

1. 경제감독

경제감독은 '국가가 소극적으로 경제적 위험을 방지하고 경제질서를 보호·유지하기 위하여 사경제활동에 참여하는 경제주체가 경제에 관한 법령을 준수하는지

---

2) 이러한 문제점에 대하여는 김준규, "경제질서에 대한 우리 헌법재판소의 가치정향", 『법과정책연구』 제8집 제2호, 2008.12, 540쪽 이하.

여부를 감독하는 행정작용'이다. 이는 경제감시, 위생질서행정이나 산업질서행정상의 감독 등이 있다. 경제감독은 위험방지(식품위생법), 법적 지식의 도움, 사회적 약자 보호(보험업법, 소비자보호법, 할부거래에 관한 법률) 등이 있다.

2. 경제유도

경제유도는 '국가가 적극적으로 경제를 바람직한 상태로 이끌어 가기 위하여 경제·사회정책적으로 바람직한 상태를 실현하거나, 경제생활을 올바로 진행되도록 하기 위해 경제의 여러 과정에 관여하는 것'을 말한다.

3. 경제촉진

경제촉진(조성)은 국가 경제를 직접·간접으로 지원하는 것으로서 경제를 발전시키고 공공복리를 증진하기 위하여 특정경제활동을 지원하고 진흥시키는 것이다. 중소기업지원, 지역균형발전, 보조금행정 등이 있다.

제 2 절 경제촉진행정법 (보조금법)

Ⅰ. 경제촉진행정의 개념

경제촉진행정 또는 조성행정은 '국가 등의 행정주체가 일정한 공익상의 성과의 실현 등의 공적 목적을 위하여 사인의 활동을 조장하는 행정활동'을 말한다.

Ⅱ. 자금조성행정의 개념

자금조성행정이란 '국가 등의 행정주체가 공익적 입장에서 특정한 사업 또는 활동을 조장·촉진하기 위하여 그러한 사업을 하는 공공단체 또는 사인에게 자금지원(금전급부) 및 그 밖의 방법에 의하여 경제적인 지원을 제공하는 행정'을 말한다. 자금지원, 교부지원행정, 보조금 행정이라고도 한다.

> 자금조성행정을 1) 최협의는 '보조금'에 한정되지만, 2) 협의는 세제혜택이나 공과금상의 특혜조치를 제외한 보조금과 기타 융자·보증과 같은 실질적인 조치를 포함하고, 3) 광의는 경제활동을 조장하고 촉진하기 위한 행정주체에 의한 모든 경제상의 원조를 포함하여 모든 실질적인 지원조치가 포함된다.

Ⅲ. 목적과 수단

1. 목 적

경제촉진은 수출진흥, 중소기업우대, 농어촌 육성, 지역균형발전, 기술분야의 연구개발 등의 다양한 정책목적으로 사인을 지원한다.

2. 촉진수단

경제촉진행정으로는 보조금교부, 융자, 보증, 면세, 손실보전, 국유재산의 무상대여, 공공영역에서의 우대 등의 수단이 사용된다.

보조금교부는 경제촉진의 목적으로 특정분야의 수급자가 반환의무를 지지 않는 연구보조금, 생산장려금 등을 교부하는 것이다. 융자는 경제촉진 및 산업진흥을 위하여 정부자금을 해당 사업자에게 빌려주는 것이다. 중소기업에 대한 융자가 있다. 보증은 정부가 수출진흥 등의 목적으로 사기업에 대한 지급보증을 하는 것이다. 면세는 농어촌육성을 위하여 어촌의 선박용 기름의 세금을 면제해 주는 것이다. 손실보전은 특정한 위험이 예상되는 사업에 대하여 그 실패를 보전해 주는 것이다. 그 외에도 국가는 경제촉진을 위하여 국유재산의 무상대여할 수 있고, 공공부문에서의 우대로서 공공기관에서의 중소 소프트웨어 우선구매나 중소기업이 생산하는 물건의 우선구입조치 등이 있다.

Ⅳ. 법적 근거

1. 법적 근거

자금지원의 헌법적 근거는 헌법 제9장의 경제헌법조항이다.

한편 자금지원의 법적 근거에 대하여는 1) 행정의 법률적합성 원리중에서 법률의 유보에 따르면, 원칙적으로 비권력적 행정이므로 예산상의 근거만으로 충분하다고 생각할 수 있다(김동희). 2) 자금지원은 경쟁자의 권리를 침해할 수 있으므로 역시 법적 근거를 필요로 한다(정하중). 3) 한편 수급자나 경쟁자의 권리를 침해하거나 사회형성적 조치의 경우에만 제한적으로 법적 근거가 필요하다고 보기도 한다(김남진/김연태). 4) 독일에서도 보조금지원사건에서 경쟁자의 권리침해를 이유로 법률의 유보가 문제된 것처럼 우리나라에서도 경쟁자의 권리를 침해할 수 있으므로 법적 근거가 필요하다고 보는 것이 타당하다.

특히 1) 상대방의 부담과 결부된 경우, 2) 조성받을 권리를 보호할 필요가 있는 경우, 3) 조성의 법형식 또는 조직을 고권적으로 구성할 필요가 있는 경우, 4) 제공자에게 조성의무를 명할 필요가 있는 경우 등에는 법적 근거가 필요하다.

자금조성과 관련하여 일반법으로 「보조금 관리에 관한 법률」이 제정되어 있고, 나머지는 대부분 개별법령에 근거규정이 있다.

2. 적용원칙

자금조성에는 헌법상 사회적 시장경제를 비롯한 경제헌법외에도 사회국가원칙, 평등대우의 원칙, 보충성의 원칙, 비례의 원칙, 신뢰보호의 원칙 등이 적용된다. 다만, 보조금의 지급은 원칙적으로 경제촉진이라는 공익목적을 고려하는 행정권의 재량행위이라고 볼 수 있다.

Ⅴ. 자금조성의 형식

자금조성은 해당 자금지원을 결정하는 행정행위와 이에 대한 구체적인 자금지원은 계약에 의하여 2단계로 이루어지는 경우가 많다. 이 경우에 지원결정은 행정행위이고, 지원은 사법상 계약으로 이루어진다. 따라서 공법에서는 자원지원결정을 근거로 행정법상 제재를 하거나 행정소송이 제기된다.

Ⅵ. 보조금법

1. 보조금의 개념

보조금은 '행정주체가 경제촉진을 목적으로 반대급부 없이 상대방에게 제공하는 금전'이다. 이는 장려금, 조성금으로도 불린다.

보조금법에서는 "국가 외의 자가 수행하는 사무 또는 사업에 대하여 국가(국가재정법 별표 2에 규정된 법률에 따라 설치된 기금을 관리·운용하는 자를 포함)가 이를 조성하거나 재정상의 원조를 하기 위하여 교부하는 보조금(지방자치단체에 교부하는 것과 그 밖에 법인·단체 또는 개인의 시설자금이나 운영자금으로 교부하는 것만 해당), 부담금(국제조약에 따른 부담금은 제외), 그 밖에 상당한 반대급부를 받지 아니하고 교부하는 급부금으로서 대통령령으로 정하는 것"을 말한다(제2조 제1호). 시행령에 위임된 급부금은 「농산물의 생산자를 위한 직접지불제도 시행규정」 제3조에 따른 소득보조금이다(제2조).

2. 법적 근거

보조금지원은 크게 법령상의 규정여부로 나누어 볼 수 있다.

명문의 규정이 있는 경우는 주로 일반법인 「보조금 관리에 관한 법률」에서 정한 교부절차를 중심으로 하고, 개별법은 「중소기업진흥 및 제품구매촉진에 관한 법률」, 「벤처기업육성에 관한 특별조치법」 등이 있다. 다만, 보조금법은 국가보조금에 한정되므로 지방자치단체가 교부하는 보조금에는 「지방재정법」 및 「지방재정법 시행령」 그리고 지방자치단체의 조례가 적용될 뿐이다(대판 2011.6.9, 2011다2951).

명문의 규정이 없는 경우는 예산상의 근거만으로 가능하다고 볼 수 있으나(홍정선), 대부분은 포괄적인 수권규정이라도 두고 있다.

3. 보조금지원의 법률관계

보조금지원의 법적 성질에 대하여는 1) 공법상 증여계약설(이상규), 2) 협력을 요하는 행정행위설(홍정선), 3) 공법상 계약설(변재옥, 강구철), 5) 교부결정의 행정행위에 의하여 성립하는 공법상 채권관계설, 5) 이단계론에 따라 교부금결정은 행정행위이고, 그 이행은 공법상 계약이나 사법상 계약의 체결로 볼 수 있다. 5) 판례는 재량권이 인정되는 수익적 행정행위로서의 성격을 가진다고 본다(대판 2011.6.9, 2011다2951). 6) 이단계론으로 보는 것이 타당하다.

4. 보조금 청구권

1) **성 립** 개인적 공권으로 보조금청구권을 인정할 것인가는 근거 법령을 근거로 판단하여야 한다. 교부지원의 성격을 갖는 근거법률이 보조금지원의 실질적 요건 및 절차를 구체적으로 규정한 경우에 요건충족시 보조금청구권의 인정이 가능하다고 본다(홍정선).

2) **법적 성질** 보조금청구권의 양도성에 대하여 1) 사법상 금전채권으로 해석하면, 근거법령에 제한규정이 없는 한, 양도나 압류가 가능하다. 2) 그러나 공법상 권리라고 보면, 양도성이나 압류가 제한된다. 3) 판례는 교육진흥상의 목적으로 교부된 보조금교부채권은 양도성이 금지된 것으로 본다. 따라서 강제집행의 대상이 될 수 없다고 본다(대결 1996.12.24, 96마1302).

다만, 경제적 성질을 가진 보조금은 이전이 가능하다고 볼 수 있다.

5. 보조금 지원의 위반

보조금의 지원목적에 위반하는 행위를 한 경우나 법령이나 처분을 위반하여 사용된 경우 등에는 보조금법위반이 될 수 있다. 이외에도 현행 보조금법에서는 '허위로 신청하거나 기타 부정한 방법으로 교부를 받은 경우'에는 교부결정의 취소(제30조 제1항)와 보조금의 반환(제31조 제1항), 보조금환수(제33조의2), 행정형벌(징역, 벌금 제47조이하)을 할 수 있다. 따라서 보조금 교부결정이 취소된 경우에는 교부된 보조금과 발생한 이자까지 반환되어야 하고, 이는 '국세징수의 예'에 따라 징수할 수 있다(제33조). 이때 반환될 보조금에 대한 징수권은 공법상 권리이다.

6. 권리구제

1) **이의신청** 보조금법은 보조금교부결정, 교부결정의 취소, 반환명령, 그 밖에 보조금의 교부에 관한 중앙관서의 장의 처분에 이의가 있을 때에는 그 통지 또는 처분을 받은 날부터 20일 이내에 서면으로 그 중앙관서의 장에게 이의를 신청할 수 있다(제37조 제1항). 중앙관서의 장은 이의신청을 받으면 관계자의 의견을 들은 후 필요한 조치를 하고, 그 사실을 이의신청자에게 통지하여야 한다.

2) **행정쟁송** 행정주체와 수급자사이의 관계에서는 보조금결정이 행정행위형식인 경우에는 행정소송, 청구권의 실현과정인 경우에는 공법상 계약이면 공법상 당사자 소송, 사법상 계약이면 민사소송이 가능하다. 특히 보조금 교부결정취소와 반환명령은 '처분'에 해당한다. 따라서 보조금반환청구권은 행정소송에 의하여야지, 민사소송으로 청구될 수 없다(대판 2012.3.15, 2011다17328). 행정주체와 수급자와 경쟁자 관계에 있는 제3자의 경우에는 경쟁자소송이 가능하다.

3) **의회에 의한 통제** 보조금 지원은 주로 예산상의 근거로 이루어지므로 의회에 의한 합목적성 내지 적법성 통제가 가능하다.

Ⅶ. 사권보호행정

☞ 사권보호행정은 국가 등의 행정주체가 사인의 사권형성·유지에 관여하여 이를 보호·조장하는 행정작용이다.

1. 형성관여작용

형성관여행정은 국가가 공익적인 견지에서 사권형성에 관여하는 경우이다.

1) **직접형성** 직접형성은 사권이 행정권에 의하여 직접 형성되는 경우로 행정청의 특허에 의하여 광업권이나 어업권의 설정하는 것이다.

2) **인가에 의한 관여** 국가가 감독자로서 인가권을 유보하여 사인의 법률관계가 형성되도록 하는 경우이다.

3) **확인·공증에 의한 관여** 발명 등은 국가의 확인 또는 등록을 하여야 효력이 발생되고, 광업권도 설정과 이전은 등록을 하여야 한다.

2. 감독·보호작용

사인간의 법률관계에서 당사자가 그 법적 효력을 확실하게 누리도록 보호하고, 그 법적 한계를 지키도록 관리하는 것이다.

제 3 절 영업법

Ⅰ. 영업법의 개념

사인의 경제활동중에서 '독립적이고 지속적인 영리활동'은 '영업'이라고 하여 질서유지, 공공복리 등의 행정목적을 위하여 제한하는 영업법이 발전하였다. 우리나라는 일반법으로서의 영업법은 없고, 개별법령에서 규정하고 있다.

Ⅱ. 영업의 자유

우리 헌법은 제15조에서 '직업선택의 자유'를 규정하는데, 이 조항에서 '영업의 자유'가 파생한다고 본다. 특히 우리나라는 '직업수행의 자유'를 '영업의 자유'라고 본다.

Ⅲ. 영업권의 허용유형

영업의 자유는 입법자의 입법형성권에 의하여 제한할 수 있다고 보고, 다만 이러한 제한을 유형적으로 구분하고 있다.

1. 영업특허 (특허기업)

국가는 공공성이 있거나 독점인 영업에 대하여 사인에게 특허를 부여한다. 이러한 특허영업 내지 특허사업에는 공공성, 독점성, 배타성 때문에 국가의 강한 감독과 규제가 특징이다. 우리나라에서는 '특허기업'이라고 한다. 공공재와 관련하여 영업특허가 부여된다.

2. 영업허가

인간의 자연적인 자유에 속하지만, 질서유지 등의 행정목적을 위하여 제한하고 영업허가를 통하여 영업의 자유를 회복시켜주는 제도이다. 인적허가인 면허와 물적허가, 혼합적 허가로 나뉜다. 영업허가를 받지 않으면, 무허가영업으로 처벌받기도 한다.

3. 영업등록

영업을 하기 위하여 일정한 사실 또는 법률관계의 인식을 위하여 일정사항을 국가에 제공하고 국가는 공적으로 확인해 주는 형태이다. 등록은 국가에서 영업사항이 공적 장부에 등재되어 있고, 일반에게도 열람될 수 있다는 점이 특징이다. 무등록영업은 불법은 아니므로 과태료부과로 처벌되는 것이 원칙이라고도 본다(박균성).

4. 영업신고

신고영업은 주로 일정 규모이하의 영업에 대하여 일정한 사실만 통보하면, 영업행위를 할 수 있도록 허용해 주는 영업이다.

Ⅳ. 영업의 규정방식

영업활동을 법적으로 규제하는 방식은 영업시간의 제한(영업제한시간), 영업구역의 제한(영업장소), 영업자격의 인정(면허증), 영업설비의 제한, 영업방식의 제한(노선지정) 등으로 다양하게 제한될 수 있다.

영업법으로는 풍속영업규제에 관한 법률, 식품위생법(식품접객업) 등이 있다.

Ⅴ. 영업위반에 대한 제재

영업자가 법령을 위반하거나 영업조건을 위반한 경우에는 1) 영업제한, 2) 영업정지, 3) 과태료나 행정형벌(벌금), 4) 영업관련 인허가취소 등이 부과될 수 있다.

따라서 영업자는 이러한 영업상의 제재에 대하여 개별법령이 허용하는 다양한 방법으로 이의신청, 행정심판, 행정소송 등을 제기할 수 있다.

제 4 절 공기업법

☞ 공기업은 국가가 기업의 형식을 빌려서 생존배려라는 공공목적을 수행하면서 일부 영리경제활동을 하는 분야이다. 이는 국가가 조세국가이후 스스로 시장에 참여하여 생산자로 직접 경제활동을 하는 법제도이다.

제1항 공기업의 개념과 종류

Ⅰ. 공기업의 개념

1. 개 념

공기업의 개념은 '기업'개념 때문에 다양한 정의가 존재한다. 주로 설립주체, 목적 등을 중심으로 정의할 수 있다.

1) **최광의** - 설립주체를 기준으로 하여 "국가 또는 공공단체가 경영하는 모든 사업"이라고 본다. 형식적 개념이라고도 한다(홍정선). 예는 우리 지방공기업법상의 공기업 개념이다.

2) **광 의** - 사업주체·목적·수단을 중심으로 한 "급부주체가 직접 국민에 대한 생활배려를 위하여 인적·물적 종합시설을 갖추어 경영하는 비권력적 사업"으로 본다(박윤흔). 프랑스의 공역무개념과 유사하다고도 본다(박균성). 이는 '수익성'이 규정되지 않으므로 '문화적·사회적 사업'도 포함한다.

3) **협 의** - 기업의 본질인 수익성을 중시하여 "국가 또는 공공단체가 직접으로 사회공공의 이익을 위하여 경영하는 기업"이라고 본다(박윤흔, 홍정선).

4) **최협의** - "국가·지방자치단체 및 그에 의해 설립된 법인이 사회공공의 이익을 위하여 직접 경영하거나 경영에 참가하는 기업"이라고도 정의한다(김남진, 박균성).

2. 개념적 특징

1) **설립주체** - 공기업의 설립주체는 국가·지방자치단체 및 그에 의해 설립된 법인이어야 한다. 공기업은 행정주체만이 설립할 수 있다.

2) **공공목적** - 공기업은 반드시 직접적인 공공목적을 수행하여야 한다(공익성). 공공목적은 주로 생존배려에 기여하는 것이다. 운영수입을 통하여 재정에 기여하는 간접적인 목적은 공기업활동을 정당화시킬 수 없다.

3) **경제성** - 공기업은 기업이므로 공공목적을 수행하면서 부수적으로 영리경제활동을 통한 경제성(영리성)을 가져야 한다. 그러나 이 경제성은 일반 사인의 수익성과 달리 비용을 충족하는 정도의 수준을 말한다.

Ⅱ. 공기업의 종류

1. 경영주체에 따른 분류

1) **국영(공)기업** '국가가 자기의 경제적 부담에 의하여 스스로 관리·경영하는 기업'이다. 정부기업으로서 우편사업[3]과 종전의 철도사업 등이 있고, 일반

---

3) 우편사업은 우정사업단으로 지식경제부 소속이다.

회계가 아니라 공기업특별회계로 운영된다. 현재 국영공기업에 대하여는 「공공기관법」이 제정되어 있다.

2) **지방공기업 (공영기업)** '지방자치단체가 자기의 경제적 부담에 의하여 직접 설치·경영하거나 법인을 설립하여 경영하는 사업'이다. 「지방공기업법」과 조례상의 지방직영기업 등이 있다. 특히 지방공기업법은 설립분야를 규정한다(제2조).

3) **국영공비기업** (國營公費企業) '국가와 지방자치단체와의 협력에 의하여 행하는 공기업의 경영형태'로, 지방자치단체가 경비를 부담하고 국가가 경영하는 공기업이다. 농지개량사업(농어촌정비법) 등의 예가 있다.

4) **공사 (특수법인기업)** '국가 또는 지방자치단체에 의하여 특정한 공기업의 경영을 위해 공법에 의하여 회사형식으로 설립된 법인체기업'이다. 이는 공법상 회사로 일본에서는 특수법인이라고 하였다. 일반법으로는 종전에는 「정부투자기관기본법」이 있었으나, 현재의 「공공기관법」으로 개정되었고, 각 개별 설립법이 있고, 지방에는 지방조례에 의한 지방공사와 공단이 있다.

2. 독점권의 유무에 따른 분류

독점기업은 해당 공기업이 법률상 독점권을 가지고 있는 경우이다. 사실상 독점(자연독점)도 포함하는 견해(김도창)도 있으나 적합하지 않다. 국가의 독점사업은 우편사업(우편법 제2조), 우편부대사업(우편환법 제2조), 전파자원(전파법 제5조) 등이 있다. 공공단체의 독점사업은 농수산물도매사업(농수산물유통법 제12조), 가축시장(가축법 제25조)이 있으나, 수도사업(수도법 제6조)은 최근 자유화되었다.

비독점기업은 법률상의 독점은 아니나 사실상의 독점(자연독점)을 가지는 기업도 포함한다. 사실상 독점은 전기, 철도, 궤도, 가스처럼 초기 투자비용이 높거나 규모의 경제가 필요하여서 투자자가 없어서 사실상 독점사업자가 되는 경우이다.

3. 독립성의 유무에 의한 분류

1) **비독립적 기업** 공기업은 행정조직에 의해 경영되며 독립한 법인격을 가지지 않은 기업으로 운영될 수 있다(구철도사업, 수도사업). 따라서 공기업의 경영이 일반 행정작용이나 행정조직으로 이루어진다.

2) **독립적 기업** 공기업이 행정조직에서 분리된 법인체기업이다. 한국통신, 한국방송공사 등이 있다.

4. 조직형태에 다른 분류

1) **정부사업, 지방자치단체의 경영수익사업** 정부사업이나 지방자치단체

의 경영수익사업은 행정주체로부터 전혀 독립성이 없이 단지 일정한 행사나 시설을 통하여 영리경제적 활동(경영수익사업)을 시행하는 것이다.

2) **정부기업** 정부기업은 지방직영기업처럼, 행정조직상으로는 분리되지만, 법적 독립성은 없는 것이다. 예를 들면, 국가는 우정사업, 지방자치단체의 수도사업소이다.

3) **공 사** 공사는 독일에서는 영조물(법인), 일본에서는 특수법인으로서 공법상 법인으로 운영되는 것이다. 이는 공법상 공기업으로서, 지방공기업에는 지방공사와 지방공단이 있다. 종전에는 국영공기업은 국가지분을 중심으로 정부투자기관(지분의 50%이상), 정부출연기관(지분의 50%이하), 정부재투자기관(재투자) 등으로 구분하였다.

4) **사법상 공기업** 사법상 공기업은 사법에 근거하여 설립한 공기업이다. 이는 주식회사의 형태를 가지거나 사인과 공동투자하여 설립하는 기업이기도 한다. 공사혼합기업, 제3섹터라고도 한다. 국정교과서, 한국감정원 등이 있다.

5) **자본투자** 국가나 지방자치단체는 독립하여 기업을 설립하는 것이 아니라, 잡종재산으로서 민간기업에 투자하는 것도 가능하다. 다만, 이 경우에는 주식의 50%이하의 지분을 가져야 하며, 회사운영에 전혀 영향력을 가지지 않은 경우에 한정된다.

6) **공적자금 투입** 한편 특수한 예로 한국자산관리공사가 민간기업의 부실관리를 위하여 공적자금을 지원한 경우에도 일정한 경우에 공기업의 성질을 가진다고 볼 수 있다.

5. 공공기관법상 구분

공공기관법에서는 공공기관에 속하는 공기업을 시장형 공기업과 준시장형공기업으로 구분하고 있다(제5조 제3항).

1) 시장형 공기업 : 자산규모가 2조원 이상이고, 총수입액 중 자체수입액이 대통령령이 정하는 기준 이상인 공기업
2) 준시장형 공기업 : 시장형 공기업이 아닌 공기업

제 2 항 공기업의 설립과 준용법원칙

Ⅰ. 공기업의 설립

1. 국영기업

우리나라에서 공기업의 설립에 대한 법적 근거는 경제에 대한 규제를 허용하는 사회적 시장경제질서를 천명한 헌법상 경제질서규정에서 수권된다(제119조).

그 밖에는 정부조직법(제4조)에 따라 최소한 대통령령에 근거하여 예산의 범위 내에서 자유 설립할 수 있다.

2. 지방공기업

지방공기업은 헌법상 지방자치의 보장(주민의 복리사무)에 근거를 두고 있고, 설립규범으로 「지방자치법」 제137조의 설립조항이 있고, 구체적으로는 「지방공기업법」과 조례로도 설립할 수 있다.

3. 공사나 사법상 공기업

공사는 구「정부투자기관관리법」이나 특별법에 의하여, 사법상 공기업은 정부의 투자형식으로 설립된다. 단, 지방공사나 지방공단은 행정자치부장관으로 승인과 설립운영은 조례로 정하도록 규정하고 있다(지방공기업법 제49조, 제76조).

Ⅱ. 조 직

1. 비독립적 기업

비독립적인 공기업은 조직상으로만 행정조직에서 독립될 뿐, 독립한 법인격을 가지지 않으므로 행정조직의 일부로 운영된다. 즉 소속직원은 공무원이고, 공물을 이용한다. 이 경우에는 일반행정조직법상 제약을 받는다.

2. 독립적 기업

독립적인 공기업은 독립한 법인격을 갖는 종전의 정부투자기관(사장, 이사회)과 같은 국영공기업과 지방공사 등이다. 공공기관법이 적용된다. 공기업의 임직원에 대하여는 공무원에 관한 범죄규정이 준용된다(공공기관법 제53조).[4] 지방공사와 공단

---

4) 「공공기관법」 제53조(벌칙 적용에서의 공무원 의제) 공기업·준정부기관의 임직원, 운영위원회

에도 같은 공무원의제조항이 있다(지방공기업법 제83조).

3. 지방공기업

지방공기업에는 지방공사(사장, 이사, 감사), 지방공단(이사장)제도를 두고 있다.

Ⅲ. 예산회계

1. 비독립기업

비독립기업은 국가재정법상의 제약을 받는다. 따라서 국가의 특정사업 운영시 공기업특별회계의 설치를 하고 있다.

2. 특수법인기업

독립된 법인격에 따라 독립된 예산운영을 한다. 이는 기업회계원칙에 따른다.

Ⅳ. 공기업의 운영

1. 개 설

공기업을 설립하기 위하여는 우선 경제성과 공공성을 충족해야 한다.

2. 비독립적 기업

비독립적인 기업은 특별법으로 규율한다.

3. 특수법인기업

특수법인기업은 종래 「정부투자기관관리기본법」에 의하였으나, 현재는 「공공기관법」에서 규율한다. 한편 지방공기업에 대하여는 「지방공기업법」이 있다.

제 3 항 공기업의 보호와 감독

Ⅰ. 공기업에 대한 보호

공기업은 설립된 공익의 달성을 위해 사기업과 달리 여러 공법상 특혜를 부여

의 위원과 임원추천위원회의 위원으로서 공무원이 아닌 사람은 「형법」 제129조(수뢰, 사전수뢰) 내지 제132조(알선수뢰)의 적용에 있어서는 이를 공무원으로 본다.

하고 있다.

1. 사업의 독점권

국가는 법령에 의하여 해당 공기업에 법률상 독점권을 부여할 수 있다. 예를 들면, 우편독점(우편법 제2조), 지방자치단체의 수도사업 독점(구 수도법) 등이 있다.

2. 공용부담특권

공기업의 설립이나 사업의 원활한 수행을 위하여 타인의 토지의 수용 및 사용, 출입, 장애물의 제거 등의 특권을 인정하기도 한다(공토법 제27조, 철도법 제76조, 수도법 제60조).

3. 경제상 특전

그 밖에도 공기업에 대하여는 비과세(국영, 공영사업), 조세의 감면(조세감면규제법 제3, 4조), 국공유재산의 무상이용, 타 재산과의 교환(국유재산법 제43조), 사용료 등의 강제징수(수도법 제68조), 보조금의 교부(보조금법 제2조, 지방재정법 제14조), 손해배상책임의 제한 또는 면제(우편법 제38조) 등을 부여하기도 한다. 최근에는 공기업에게도 과세하는 방향으로 전환되고 있다.

4. 행정강제권

한편 공익사업의 시행을 위하여 지방자치단체장에게 대집행을 신청할 수 있고(공토법 제89조), 사용료 등의 체납시 강제징수권(수도법 제68조, 우편법 제24조) 등이 있다. 최근 부정당업자제재와 관련하여 「공기업·준정부기관 계약사무규칙」(기획재정부령)을 두고 있다.

5. 형사제재

공기업의 침해에 대한 형사적 제재로 외부자에 대한 처벌, 기업자 자신의 의무위반, 이용자의 의무위반 등이 있다.

Ⅱ. 공기업에 대한 감독과 통제

1. 행정청에 의한 감독

1) **주무부장관** 공기업은 소속 주무부장관이 일반적 감독으로 법인체공기업의 업무처리의 일반적인 지침을 정하여 그 준수여부를 감독한다.

물론 개별적 감독으로 특정한 사항에 대한 감독이 있다. 종전의 정부투자기관의 상임임원의 겸임을 하는 경우에 주무부서 장관의 허가를 받도록 한 예이다.

2) **예산 · 회계관계장관** 기획재정부장관이 공기업의 회계 및 재산상태에 대한 감독한다. 공공기관법에 따른 감독도 있다.

3) **감사원** 자본금의 1/2이상을 국가 또는 지방자치단체가 출자한 기관의 회계는 감사원의 필요적 감사사항이다(감사원법 제22조 제1항 제3호). 법인체기업의 회계, 임원 및 직원의 직무도 감사대상이다(동법 제24조). 감사의 중복을 막고자 종전의 정부투자기관기본법은 외부감사는 원칙적으로 감사원만, 주무부서장관은 감사원과 협의하에 시행하였다(동법 제29조).

2. 국회에 의한 통제

공기업에 대하여 국회는 입법권(헌법 제40조), 예산안심의권(제54조), 국무위원 등에 대한 질문권(제62조) 등을 통하여 간접적으로 통제할 수 있다. 물론 예외적으로 국정조사권도 발동할 수 있다. 지방공기업은 지방의회의 통제를 받는다. 다만, 단체장의 권한에 속하는 사항에 대하여는 관여할 수 없다.

3. 법원에 의한 통제

법원에 의한 통제는 공기업이 위법행위를 한 경우에 분쟁이 발생하면서 사법적인 제재가 가해지게 된다.

제 4 항 공기업의 이용관계

Ⅰ. 개 념

공기업이용관계는 '개인이 공기업으로부터 재화나 역무를 공급받고 설비를 이용하는 관계'를 말한다. 일회적인 이용으로 이용관계를 종료하는 경우인 일시적 이용관계와 이용관계가 장기간 계속되는 경우 계속적 이용관계로 나뉘며, 주로 문제되는 것은 후자인 공기업이용관계이다.

Ⅱ. 이용관계의 성질

1. 일반적 구분

공기업과 공기업이용자간의 법률관계에 대하여는 1) 공법관계설은 공기업이 사회공공의 이익을 위해 행해지는 작용이라는 점을 강조하고, 2) 사법관계설은 공기업의 관리·경영이 비권력적 작용이므로 사기업과 본질적으로 같다고 보고, 3) 사회법적 관계설은 공사법이 혼재된 제3의 법영역이라고 본다. 4) 혼합관계설으로 공기업이용관계는 기본적으로 사법관계라고 보되, 관련법령에서 특별한 규정이 있는 경우에는 공법관계로 본다. 5) 판례는 국가의 철도이용관계(대판 1970.7.28, 70다961), 전화가입계약에 의한 이용관계(대판 1982.12.28, 82누441)는 사법관계로, 수도료의 부과 징수는 공법관계로 보았다(대판 1977.2.22, 76다2517).

2. 공법관계에 대한 구체적 기준

법령상의 규정을 근거로 공법관계라고 유추할 수 있는 경우는 1) 이용대가의 징수에 행정상 강제집행이 인정되어 있는 경우(수도법 제32조, 우편법 제24조, 주택건설촉진법 제40조), 2) 이용관계와 관련된 문제(보상액, 사용료의 결정 등)에 행정쟁송(재정 등)을 인정하는 경우(전기통신사업법 제45조), 3) 법률관계의 공공성이 특별히 강한 경우로 법이 공법관계로 볼 수 있는 특별규정이 없더라도 그 법률관계의 공공성이 특히 강한 경우 등이다.

Ⅲ. 이용관계의 성립

1. 합의이용

공기업주체와 이용자사이의 자유로운 의사의 합의인 계약으로 서비스공급계약 등이 성립하는 경우이다. 이는 명시적 합의뿐만 아니라 묵시적 합의도 포함한다.

2. 이용강제

공익목적의 효율적 달성을 위해 이용관계설정이 강제되는 경우이다.

1) 계약강제

(1) 법률상 강제 계약체결이 법률상 강제된 경우이다. 예: 보험회사와 한국보험공사와의 재보험계약

(2) 간접강제 수도, 전기등 사회의 필수적 재화를 사실상 공기업자가 독점하는 경우 사실적으로 공기업을 이용할 수밖에 없는 경우이다.

2) 이용강제

(1) 법률에 의한 이용강제 산업재해보상보험법에 의한 사용자의 산재보험 당연가입처럼 법령에서 직접 이용을 강제하는 것이다.

(2) **행정작용에 의한 이용강제** 전염병환자의 강제수용처럼 법령에 근거한 행정작용으로 일정한 자를 국공립병원에 강제이용하는 경우이다.

3. 이용관계 성립의 특수성

1) **획일·정형성** — 당사자간의 합의에 의한 것이 원칙이나 실제로는 법령이나 약관 등에 정형화되어 있으므로 부합계약의 성격을 가지므로 단지 체결의 선택만 있다.

2) **강제성** - 이용관계의 설정이 사실상 강제되어 있는 경우를 말한다.

3) **외형성** — 보통 이용이 일반에 공개되어 있는 경우도 있다.

Ⅳ. 이용관계의 내용

1. 이용자의 권리

1) **공기업이용권** 법령, 조례, 정관 등이 정하는 바에 따라 공기업으로부터 역무 또는 재화의 공급을 받거나 시설을 이용할 수 있는 권리를 말한다. 공기업에게는 이용시킬 의무를 부과하는 것이다. 이러한 권리는 특정한 행위를 목적으로 하므로 채권적 권리의 성질을 가진다.

2) **평등한 급부를 받을 권리** 공기업주체로부터 평등한 급부를 받을 권리를 말한다.

3) **권리보호청구권** 공기업이용권이 공기업주체에 의하여 침해받는 경우에 공기업이용자는 공법적인 특수성이 인정되어 공법관계로 볼 수 있는 경우에는 행정쟁송권을 가지며, 손해배상청구권도 행사할 수 있다.

2. 공기업주체의 권리

1) **이용조건설정권** 공기업은 해당 공기업서비스의 이용방법, 이용료, 이용기간 등의 이용관계의 내용과 조건을 설정하거나 변경할 권리를 가진다. 물론 이러한 공기업 이용조건의 설정은 법령, 조례, 규칙, 공기업규칙 등으로 정해진다. 다만, 규범의 형식인 경우에는 위반시 형벌이나 과태료 등의 행정상 제재가 가능하지만, 공기업규칙을 위반한 경우에는 내부적인 서비스 이용거부나, 정지 등이 가능할 뿐이고, 원칙적으로 법규성이 없으므로 행정상 제재는 불가하다.

판례도 한국전력공사의 전기공급규정의 위반에 대하여 공사내부의 업무처리지침에 불과하여 법규성을 부인한 바 있다(대판 1992.12.24, 92다16669).

2) **이용대가징수권** 공기업은 해당 공기업서비스의 제공과 관련하여, 수수료, 사용료 등을 부과하고 징수할 수 있다. 수수료는 공기업의 역무의 제공의 대가

이고, 사용료는 공기업이 제공하는 재화의 대가 또는 물적 시설의 이용대가이다.

> 공기업이용관계가 합의로 성립한 경우에는 법령의 근거가 없어도 공기업규칙 등으로 징수할 수 있으나, 공기업서비스의 이용강제시는 반드시 법규에 근거하여야 한다. 특히 일정한 공공요금은 주무부장관이 기획재정부장관과 협의하도록 규정한 경우도 있다(물가안정법 제4조 제1항).

이용대가의 미납은 행정상 강제징수의 대상이 된다.

3) **제재권** 공기업 이용관계의 이용자가 관계법령이나 이용조건을 위반한 경우에는 서비스에 대한 이용해지 및 정지권의 법적 성질에 대하여 공기업주체에게 질서유지권에 근거한 명령·징계권을 부여한 것이라는 주장도 있으나, 이는 단지 이용위반행위에 대한 제재로서의 해지권, 정지권이라고 본다(장태주).

V. 이용관계의 종료

공기업이용관계는 크게 1) 이용자의 이용목적의 완료, 2) 이용자의 이용관계에서의 탈퇴, 3) 이용관계에서의 배제, 4) 공기업의 폐지 등으로 종료한다.

제 5 절 특허기업

I. 특허기업의 개념

특허기업이란 '국가 등이 공익목적을 가진 기업을 운영할 권리를 설정하는 경우(특허)에 이러한 특허를 받은 기업'을 말한다. 따라서 협의의 특허기업은 특허처분기업, 즉 행정청으로부터 특허를 받아 사인이 경영하는 공익사업을 말한다(박윤흔, 홍정선, 김동희, 유지태).

> 한편 광의의 특허기업은 위의 특허처분기업에 법규특허기업(국가 또는 지방자치단체가 법령이나 조례의 제정을 통해서 설립된 특수법인기업)을 합친 것을 말한다. 이 경우 특허기업은 법규특허와 특허처분이 있다는 것이 전제되는 것이다(김도창, 석종현, 이명구, 이상규). 다만, 법규특허기업은 주로 공기업이고, 특허(처분)기업은 사기업이다. 특허기업은 일본식으로 '공익기업'이라고도 하나, 단지 공공성있는 사업분야를 운영할 뿐 본질은 사법상 기업이다. 다만, 행정임무나 공공성에 따른 공법상 제한과 특혜가 있다. 종래 공기업이 민영화되면서 특허기업으로 바뀌는 경우가 많다. 주로 국민의 생존배려를 위한 전기, 가스, 교통 등의 기업이고, 따라서 국가는 해당 서비스의 공공성을 확보하기 위한 보증행정으로서 특허기업을 규제한다.

Ⅱ. 타 개념과의 구분

1. 공기업과의 구분

특허기업은 공공성을 가진 사기업이므로 종래의 공기업(국·공영기업)과 구분하여야 한다. 물론 공기업이 민영화되면, 특허기업이 될 수 있다.

2. 특수법인기업과의 구분

특수법인기업은 정부나 지방자치단체가 자본의 전액 또는 50%이상을 투자한 법인체공기업으로서 원칙적으로 공공기관법(구 정부투자기관관리기본법) 및 지방공기업법의 적용을 받는 공기업을 말한다. 이는 특별법에 의하여 설립된 회사형식, 즉 공법상 공기업이다. 그러나 특허기업은 사기업이다.

Ⅲ. 특허기업의 특허

1. 개 념

특허기업이 성립하기 위하여는 국가 등의 특허가 필요하다. 특허는 '행정주체가 특정한 공공성이 있는 사업의 경영권을 사인에게 부여하는 형성적 행정행위'이다.

이때 특허의 주체는 행정청이고, 특허의 상대방은 사인이며, 특허의 대상은 공공성이 있는 사업이다. 예를 들면, 지역적 독점성이 보장된 자동차운수사업이다.

2. 특허의 법적 성질

특허는 형성적 행정행위로 부작위의무를 해제하는 명령적 행위인 허가와 구분되나, 효력과 관련해서 1) 포괄적 법률관계설정설은 특정한 사업에 관한 각종의 권리의무를 포괄적으로 설정하는 '설권행위'라고 본다(이상규, 변재옥, 석종현, 김동희). 2) 독점적 경영권설정설은 사업의 독점적 경영권을 특정인에게 설정하여 주는 '형성적 행위'라고 본다(김남진, 박윤흔, 홍정선). 3) 허가설은 특허행위를 (영업)허가와 같은 성질로 보아 '단순한 영업금지의 해제'라는 견해이다. 4) 신청을 전제로 한 행정행위(협력을 요하는 행정행위, 쌍방적 행정행위)라고 보기도 한다.

특허는 공익판단이 우선시 되는 전형적인 재량행위이다.

3. 영업허가와 구분

특허기업은 일반적으로 행해지는 행정청의 허가를 받아 운영하는 허가기업과의 구분된다.

1) **양자의 공통점** 양자 모두 1) 행정청에 의한 법률행위적 행정행위이고, 2) 신청을 전제로 하고, 3) 수익적 행정행위이고, 4) 특허나 허가없이는 영업을 할 수 없고, 5) 국가에 의한 감독·통제가 따르고, 6) 실무상 명칭이 혼용되기도 한다.

2) **양자의 차이점**

(1) 사업대상의 차이 - 특허기업의 대상은 공공성이 있는 사업(공공재공급사업, 운송사업 등)이 주로 대상이고, 허가기업은 일반적인 행정목적의 제한만이 부가된 사인의 영업활동이 중심을 이룬다.

(2) 목적의 차이 - 허가는 공공의 안녕, 질서유지가 목적이나, 특허기업은 공공복리의 증진이 설치목적이기도 하다.

(3) 구성요건의 차이 - 허가기준은 명확하나, 특허는 불확정개념을 사용하므로 정책적 고려의 가능성이 높다.

(4) 재량행위여부 - 원칙적으로 허가는 기속행위이자만, 특허는 재량행위이다. 다만, 최근 양자의 구별의 상대화가 주장된다.

(5) 보호감독의 차이 - 허가는 단지 질서위반만이 문제이나, 특허는 공법상 혜택도 부여한다는 점이다.

(6) 권리여부 - 허가는 원칙적으로 반사적 이익이나, 특허는 공권이 인정된다. 그러나 역시 구분의 상대성이 있다.

(7) 행위의 성질 - 원칙적으로 허가는 명령적 행위, 특허는 형성적 행위로 본다.

Ⅳ. 특허기업의 법률관계

1. 특허기업자의 권리

1) **기업경영권** 특허기업자는 사업의 특허로 인하여 해당 분야에서 기업을 독점적으로 경영할 수 있는 권리를 갖는다. 독점적 경영권에 대하여는 1) 긍정설(박윤흔, 유지태, 홍정선)과 2) 부정설(김도창, 석종현, 이상규, 김동희)이 있다.

실제로 기존업자는 신규특허에 따른 법률상 이익침해를 이유로 한 행정쟁송이 가능하다. 여객운송사업자의 기존업자의 동의가 대표적인 예이다.

그러나 '독점'이던 '과점'이던 결국은 정책의 문제라고 볼 수 있다. 물론 특허를 받지 않은 자에 대하여는 배타적인 독과점의 지위에 있다.

2) **공법상 특권** 특허기업은 공법상 특권으로 1) 공용부담권(전기사업법 제55조, 도시가스사업법 제31조), 2) 공물사용권(전기사업법 제60조, 도시가스사업법 제31조), 3) 기타 경제상의 보호로 면세, 감세, 보조금의 교부, 국공유지의 무상대부, 양여 등의 혜택을 받는다.

2. 특허기업자의 의무

1) 기업경영의무

특허받은 자가 특허기업을 경영하는 경우에 부담하는 의무이다.

(1) 기업개시의무　특허행정청이 지정한 기일 또는 기한내에 사업을 개시할 의무가 있다(가스법 제5조, 운수법 제7조, 전기법 제9조).

(2) 기업계속의무　사업이 개시되면 사업을 계속할 의무를 지므로 특허행정청의 승인없이는 해당 사업을 휴지, 폐지할 수 없는 것이 원칙이다(자동차운송사업법 제16조, 해운업법 제20조, 도시가스사업법 제8조, 전기사업법 제13조 1항).

(3) 이용제공의무　국민 누구나 요청할 경우는 당해 사업의 재화나 용역을 제공할 의무가 있다(운수법 제24조, 해운업법 제13조, 도시가스사업법 제19조, 전기사업법 제16조).

2) 감독을 받을 의무

특허기업은 특허로 인하여 독과점 지위를 얻는 대신에 생기는 행정청으로 부터의 감독를 받아야 한다. 물론 이는 법률의 규정에 의한다.

(1) 기업의 감시　감독행정청에 기업활동에 대한 보고 및 서류의 제출을 하는 경우이다.

(2) 기업에 대한 감독　기업활동에서 필요로 한 유자격자의 채용여부, 회계나 재무 등의 감독 등이다.

(3) 기업활동에 대한 감독　특허시의 사업계획의 준수여부를 감독할 수 있고, 특히 요금 등 공급조건이나 운송조건 등이 행정청의 인가사항일 수 있으며, 위반시는 사업면허의 철회 등 제재가 있을 수 있다.

3) 기타 특허권에 따른 의무

특허기업은 1) 기업 폐지에 대한 제한으로 기업의 양도·양수에 따른 감독행정청의 인가 등을 받을 수 있다. 2) 특허료 납부의무(가스법 제44조)로 일부 특허기업의 경우 독점적 지위의 대가로서 특허료를 납부하여야 하고, 법률 또는 특허명령서에 근거하여야 한다. 그 외에도 3) 국가 등의 매수에 응할 의무, 4) 저렴한 공급가유지 의무(가스법 제20조) 등이 있다.

Ⅴ. 특허기업의 이용관계

특허기업과 국가·지방자치단체는 공법관계이나 특허기업과 이용자의 관계는 원칙적으로 사법관계이다. 단, 법령에 의한 강제징수권이 인정되는 요금문제는 행정청의 인가 등이 필요한 공법관계일 수도 있다.

Ⅵ. 특허기업의 이전·위탁·종료

1. 이 전

'특허기업자가 해당 경영권을 타인에게 이전하는 것'으로 양도나 합병, 상속하는 경우이다. 특허기업은 해당 사업의 공공성 때문에 양도나 양수는 행정청의 허가사항이고, 상속은 신고사항인 경우가 일반적이다. 기간통신사업자는 외국인의 참여를 금지하기도 한다.

2. 위 탁

특허기업의 경영권은 특허사업자가 가지되, 경영권만 타인에게 위탁하는 경우이다. 원칙적으로 금지되나, 예외적으로 감독행정청의 인가를 받아 위탁은 가능할 수 있다.

3. 종 료

원칙적으로 특허기업자는 해당 사업을 종료할 수 없으나, 예외적으로 사업의 휴지나 폐지 역시 감독행정청의 인가사항이다(자동차사업법 제29조, 해운업법 제20조).

제 8 장

환 경 법

산업혁명이후의 자연과 인간에 대한 환경오염을 중심으로 환경위험에 대한 피해구제를 중심으로 발전한 환경법은 오늘날에는 환경피해에 대한 사전배려가 강조되고 있다. 특히 글로벌한 환경은 국제규범으로도 제정되고, 국내법에서도 다양한 형태의 규범을 가지고 있다. 환경법은 종래의 환경오염외에도 자연과 환경의 보존, 폐기물처리법 등으로 다양하게 발전하고 있다. 아울러 최근 환경분쟁조정이 활성화되고 있다.

제 8 장 환경법

제 1 절 개 설

I. 환경국가와 환경권

근대국가는 산업혁명으로 통하여 농업국에서 선진공업국(Industrieländer)으로 발전하였으나 개발의 후유증으로 20세기를 거치면서 환경국가로 새롭게 변신하고 있다.

이러한 배경하에 1972년에 유엔 「인간환경선언」, 1992년에 유엔의 「환경과 개발에 대한 리우선언」, 1991년에는 「오존층보호를 위한 특정물질의 제조규제등에 관한 법률」이 제정되었다.

우리나라도 「헌법」 제35조 제1항에 '환경권'을, 제2항은 환경권의 행사와 내용은 법률로 정하도록 규정하였다.[1] 이에 따라 1990년에 「환경정책기본법」이 제정되면서 국민이 쾌적한 환경에서 생활할 수 있도록 유해물질로부터 국민을 보호해야 하도록 하고 있다.

Ⅱ. 환경의 개념

1. 환경의 법적 정의

환경법 및 환경행정의 대상이 되는 환경은 "자연환경과 생활환경"을 말한다(환경정책기본법 제3조 제1호). 자연환경은 "지하・지표(해양을 포함) 및 지상의 모든 생물과 이들을 둘러싸고 있는 비생물적인 것을 포함한 자연의 상태(생태계 및 자연경관을 포함)"를 말한다(제2호). 생활환경은 "대기, 물, 폐기물, 소음・진동, 악취, 일조 등 사람의 일상생활과 관계되는 환경"을 말한다(제3호).

2. 환경의 오염, 훼손과 보전

환경은 인간에 의하여 오염되거나 훼손될 수 있으므로 따라서 환경을 보전하

---

1) 헌법상 환경보호에서 우리나라는 환경권이라는 국민의 기본권으로 보장하고, 독일은 환경국가 내지 환경보호라는 국가목표규정으로 헌법상 보장하고 있다.

여야 한다.

환경오염 - “사업활동 및 그 밖의 사람의 활동에 따라 발생되는 대기오염, 수질오염, 토양오염, 해양오염, 방사능오염, 소음·진동, 악취, 일조방해 등으로서 사람의 건강이나 환경에 피해를 주는 상태”(제3조 제4호).

환경훼손 - “야생동식물의 남획 및 그 서식지의 파괴, 생태계질서의 교란, 자연경관의 훼손, 표토(表土)의 유실 등으로 인하여 자연환경의 본래적 기능에 중대한 손상을 주는 상태”(제4의2호).

환경보전 - “환경오염 및 환경훼손으로부터 환경을 보호하고 오염되거나 훼손된 환경을 개선함과 동시에 쾌적한 환경상태를 유지·조성하기 위한 행위”(제5호).

Ⅲ. 환경법의 개념과 특성

1. 개 념

환경법은 ‘환경을 보호하는 법규범의 총체’로서, 인인보호와 같은 사법관계는 물론 환경행정법, 환경형법 등의 요소를 가지고 있다.

종전의 환경법은 환경피해에 대한 민·형사법상의 구제가 중심을 이루었으나, 최근에는 환경에 대한 사전보호와 행정법상의 사후제재가 중심으로 이루므로 환경행정법으로 발전하게 되었다.

2. 특 성

1) **적극적인 행정** 환경행정은 소극적인 환경피해의 구제를 넘어서 적극적으로 환경을 보전하고 개선하는 행정으로 변신하였다.

2) **사전배려** 환경보호는 궁극적으로 국민의 환경에 대한 사전배려(Vorsorge)를 중심으로 한다.

3) **다양한 행정작용** 환경보전을 위하여는 환경계획과 같은 행정계획에서 구체적인 권리보호를 위한 권력행정인 행정행위, 일선 현장에서의 환경기준치 준수를 위한 행정지도까지 다양한 행위형식을 요구하고 있다.

4) **지역종속성** 환경보전은 전국적인 기준도 중요하지만, 개별 지역에서의 구체적인 환경보전을 요한다는 점에서 강한 지역성을 갖는다.

Ⅳ. 환경법의 법원

1. 헌 법

우리 헌법은 "모든 국민은 건강하고 쾌적한 환경에서 생활할 권리를 가지며, 국가와 국민은 환경보전을 위하여 노력하여야 한다"고 규정하여 환경권을 기본권으로서 규정한다(제35조 제1항).

환경권은 형식적으로는 '주관적 공권'의 성격을 갖는 것으로 보이지만, 국가목표규정과 마찬가지로 '객관적 법질서'의 측면을 강하게 반영하고 있다.

2. 법 률

법률적 차원에서는 1990년에 「환경정책기본법」이 제정되어 기본법으로서 환경정책의 기본이념과 주요 정책을 규정하고 있다.

그 외 분야별로는 「자연환경보전법」, 「수질환경보전법」, 「해양오염방지법」, 「폐기물관리법」, 「대기환경보전법」, 「유해화학물질관리법」, 「폐기물관리법」, 「소음・진동규제법」, 「수질환경보전법」 등이 제정되어 있다.

Ⅴ. 환경법상의 기본원칙

1. 위험방지의 원칙

환경법은 환경보호라는 말처럼 '환경에 대한 위험을 방지하는 것'이 우선적인 원칙이라고 볼 수 있다. 다만, 환경권의 침해는 해당 지역에 사는 주민의 기본권뿐만 아니라 환경 자체에 대한 침해도 중요하게 다투어져야 한다.

다만, 환경에 대한 위험은 경찰법과 달리 환경에 대한 위험뿐만 아니라 장래에 발생할 수 있는 위험, 즉 '리스크'까지 포함한다는 점에서 다르다고 볼 수 있다.

2. 사전배려의 원칙

환경은 위험방지뿐만이 아니라 환경에 대한 위험발생 등을 사전에 준비할 필요가 있다. 따라서 환경법에서는 사전배려가 중요하다. 사전배려의 원칙(Vorsorgeprinzip)은 '국가와 사회는 미래를 예측하고 계획성 있는 행위를 함으로써 발생할 우려가 있는 위험과 리스크에 사전에 대비하여야 하고 생태계의 기초와 자연자원의 관리와 보전을 위해 배려해야 된다는 원칙'이다. 이 원칙은 적극적 미래지향적인 행정을 지향한다. 사전예방의 원칙이라고도 한다(제8조).

3. 존속보장의 원칙

존속보장의 원칙(Bestandschutzprinzip)은 '환경을 더 이상 악화시켜서는 안 되며 현존의 상태로 유지해야 한다는 것'이다. 이는 악화금지의 원칙이라고도 한다. 이는 환경오염 또는 파괴행위의 금지 내지는 금지의 해제와 관련된다. 「환경보전법」 제2조 제2호와 제3호에 규정되어 있다.

4. 원인자책임의 원칙

원인자책임의 원칙(Verursacherprinzip)은 '자기의 행위 또는 사업활동(자신의 보호·감독에 있는 자의 행위 내지는 물건)으로 인하여 환경오염 또는 환경훼손의 원인을 발생시키는 자는 그 오염·훼손을 방지하고 오염·훼손된 환경을 회복·복원할 책임을 지며, 환경오염 또는 환경훼손으로 인한 피해의 구제에 드는 비용을 부담함을 원칙으로 한다(제7조). 오염원인자 책임원칙이라고 한다. 이는 행정이 환경에 대한 오염자에게 부과하는 '비용부담의 원칙'을 말한다. 이러한 원리에 따라 배출부과금 제도가 규정되어 있다. 이는 「환경정책기본법」 제7조, 「환경개선비용부담법」 제9조 이하, 「대기환경보전법」 제19조 등에서 규정되어 있다.

5. 공동부담의 원칙

환경법은 근대국가 이후의 과실책임 내지 개인책임의 원리를 넘어서 개인차원이 아니라 국가 또는 공공단체가 환경오염의 방지·감소 및 제거를 위한 비용을 부담하는 경우가 많다. 또 경우에 따라서는 개인의 노력만으로는 환경문제를 해결할 수 없고 국가와 사회가 공동으로 노력하여야 하는 경우가 많다. 이를 공동부담의 원칙이라고 한다. 물론 개인도 예외적, 보충적으로 노력할 수 있다.

6. 협력의 원칙

협력의 원칙은 환경보전의 국가목적을 위하여 환경목표의 설정, 의사형성 그리고 결정의 여러 과정에 국가와 사회의 모든 이해관계인이 참여하고 서로 협력해야 한다는 것이다. 이는 우리 「헌법」 제35조 제1항 후단과 「환경정책기본법」 제4조와 제5조에 규정되어 있다.

Ⅵ. 환경행정의 유형

1. 매개적 환경보전

환경은 토양, 물, 대기등이 환경의 주요소를 이루므로 이들 매체의 오염으로부터의 보전하는 것이 목적이다. 이에는 「토양환경보전법」, 「대기환경보전법」, 「수질환경보전법」, 「자연환경보전법」 등이 있다.

2. 인과적 환경보전

환경행정은 환경의 오염원 또는 파괴원에 대한 대증요법적 환경행정을 수행한다. 이에는 「소음・진동규제법」, 「원자력법」, 「유해화학물질관리법」, 「오수・분뇨 및 축산폐수의 처리에 관한 법률」, 「폐기물관리법」 등이 있다.

3. 축생적 환경보전

환경행정은 환경보호를 위하여 동식물을 직접 보호하는 행정활동을 수행할 수 있다. 이에는 「조수보호 및 수렵에 관한 법률」, 「수산업법」, 「산림법」 등이 속한다.

4. 통합적 환경보전

그 외에도 환경행정은 자연개발과 생태계의 보호 등 상호 대립・경쟁관계에 있는 대상을 통합・조정하는 것을 내용으로 하는 행정활동을 수행한다. 여기에는 각종 계획을 통한 환경보전활동이 속한다. 대표적인 예는 환경영향평가제도이다.

제 2 절 환경행정의 작용형식・수단

Ⅰ. 환경계획

환경행정은 미래예측을 포함한 사전배려를 중심으로 하므로 환경에 대한 사전구제를 의도하는 환경계획이 중심을 이룬다.

1. 종합적 환경계획

환경정책기본법은 환경부장관이 관계 중앙행정기관의 장과 협의하고 국무회의의 심의를 거쳐 '국가환경종합계획'을 10년마다 수립한다(제14조). 환경부장관은 국가환경종합계획의 종합적 · 체계적 추진을 위하여 5년마다 환경보진중기종합계획(중기계획)을 수립한다(제17조).

2. 개별환경계획

1) **환경권별 환경계획** 환경정책기본법에 따라 대기오염의 영향권별, 지역 및 수질오염의 수계별 관리하는 환경계획을 수립한다. 이는 지방환경청장으로 하여금 중 · 대권역으로 영향권별 환경관리계획을 수립한다.

2) **분야별 환경계획** 그 외에도 환경행정의 분야에 따라 자연환경보전기본계획, 생태계보전지역관리기본계획, 측정망설치계획, 폐기물처리종합계획, 폐기물처리기본계획 등을 수립한다.

3. 타 계획상 환경계획적 요소

1) **국토기본법상 환경친화적 국토관리의 목표** 국토계획법제의 기본법인 국토기본법에서 환경보호와 국토관리(계획)의 조화를 국토관리의 목표로 삼아 환경친화적 국토관리를 규정하고 있다.

2) **국토계획법상 환경보전 조항** 국토계획법에서도 도시계획 등은 환경요인도 고려하도록 규정하고 있고, 자연환경보전지역은 도시계획으로 결정한다고 하여 환경보호를 염두에 두고 있다.

Ⅱ. 환경기준의 설정

환경기준은 쾌적한 환경의 보호와 인간의 건강을 보호하기 위하여 일정한 환경상태의 유지를 위하여 정한 기준으로 이것은 환경행정의 목표라고 할 수 있다.

환경기준에는 사전배려의 차원에서 사전에 배출 기준치를 설정하는 기술기준과 목표치를 설정하는 성과기준이 있다. 지역별로 강화된 지역환경기준을 설정할 수 있다(제12조 제3항).

Ⅲ. 환경영향평가제도

1. 개 념

국가는 환경에 영향을 미치는 계획 및 개발사업이 환경적으로 지속가능하게 수립 · 시행될 수 있도록 해당 사업이 환경에 미칠 영향을 미리 평가 · 검토하여 환경에 미치는 해로운 영향을 최소화하기 위한 저감방안(환경보호조치) 등을 마련하기 위하여 환경영향평가를 실시한다. 전략환경영향평가, 환경영향평가, 소규모 환경영향평가가 있다(제41조).

전략환경영향평가 - "환경에 영향을 미치는 상위계획을 수립할 때에 환경보전계획과의 부합 여부 확인 및 대안의 설정·분석 등을 통하여 환경적 측면에서 해당 계획의 적정성 및 입지의 타당성 등을 검토하여 국토의 지속가능한 발전을 도모하는 것".
환경영향평가 - "환경에 영향을 미치는 실시계획·시행계획 등의 허가·인가·승인·면허 또는 결정 등(이하 "승인등")을 할 때에 해당 사업이 환경에 미치는 영향을 미리 조사·예측·평가하여 해로운 환경영향을 피하거나 제거 또는 감소시킬 수 있는 방안을 마련하는 것".
소규모 환경영향평가 - "환경보전이 필요한 지역이나 난개발이 우려되어 계획적 개발이 필요한 지역에서 개발사업을 시행할 때에 입지의 타당성과 환경에 미치는 영향을 미리 조사·예측·평가하여 환경보전방안을 마련하는 것".

환경정책기본법에 '환경영향평가등'으로 규정한 것은 위의 3가지를 전부 포괄한다. 여기서는 기존의 환경영향평가를 중심으로 설명한다.

2. 연 혁

환경영향평가제도는 미국의 「국가환경정책법」에 처음 도입되었고, 우리나라는 1977년 「환경보전법」에서 도입하여 1993년에 단행법으로 「환경영향평가법」이 제정되었다. 동법은 2002년에 「환경·교통·재해등에 관한 영향평가법」으로 확대 개편되었으나, 평가의 중복이 문제되어 2008년에 다시 「환경영향평가법」으로 변경되었다.

3. 내 용

1) **주 체** 환경영향평가대상사업의 사업자(제22조)와 그 대행자(환경영향평가업자, 제53조)가 환경영향평가의 작성주체가 되고, 비용을 부담한다.

2) **대상사업** 환경영향평가를 받아야 하는 대상은 환경에 영향을 미치는 각종 개발행위로서, '환경영향평가대상사업'이라 한다(제22조).

환경영향평가대상사업은 1) 도시의 개발사업, 2) 산업입지 및 산업단지의 조성사업, 3) 에너지개발사업, 4) 항만의 건설사업, 5) 도로의 건설사업, 6) 수자원의 개발사업, 7) 철도(도시철도를 포함)의 건설사업, 8) 공항의 건설사업, 9) 하천의 이용 및 개발사업, 10) 개간 및 공유수면의 매립사업, 11) 관광단지의 개발사업, 12) 산지의 개발사업, 13) 특정 지역의 개발사업, 14) 체육시설의 설치사업, 15) 폐기물처리시설의 설치사업, 16) 국방·군사시설의 설치사업, 17) 토석·모래·자갈·광물 등의 채취사업, 18) 환경에 영향을 미치는 시설로서 대통령령으로 정하는 시설의 설치사업이다(제22조).

환경영향평가 대상에 대한 예외는 1) 「재난 및 안전관리기본법」 제37조에 따른 응급조치를 위한 사업, 2) 국방부장관이 군사상 고도의 기밀보호가 필요하거나 군사작전의 긴급한 수행을 위하여 필요하다고 인정하여 환경부장관과 협의한 사업, 3) 국가

정보원장이 국가안보를 위하여 고도의 기밀보호가 필요하다고 인정하여 환경부장관과 협의한 사업이다(제23조).

3) **평가항목과 기준** 환경영향평가는 계획이나 사업으로 영향으로 받게 될 자연환경, 생활환경, 사회·경제환경 등의 분야로 환경영향평가분야를 나누어 실시하고, 세부평가항목 및 평가방법은 대통령령으로 정한다(제7조).

4) **주민의 의견수렴** 사업자는 환경영향평가항목등에 따라 환경영향평가서 초안을 작성하여 설명회, 공청회 등을 통하여 주민 등의 의견을 수렴하여야 한다(제25조).

4. 절 차

1) **평가서 제출 및 협의요청** 사업자는 승인기관의 장에 승인 등을 받기 전에 환경영향평가서를 제출하여야 한다(제27조 제2항). 승인기관장등은 환경영향평가대상사업에 승인등을 하거나 대상사업을 확정하기 전에 환경부장관에게 협의를 요청하여야 하고, 환경영향평가서에 대한 의견을 첨부할 수 있다(제1항). 협의는 그 결과에 따라 해당 개발사업의 실시여부를 최종적으로 결정하는 기관에 환경영향평가서를 제출하여 의견을 구하는 절차이다.

2) **평가서의 검토** 환경부장관은 주민의견 수렴절차 등의 이행여부 및 환경영향평가서의 내용을 검토하고, 필요하면 관계 전문가의 의견을 듣거나 현지조사, 관련자료의 제출을 요청할 수 있다(제28조 제1항, 제2항). 환경부장관은 필요시 승인기관의 장에게 보완 또는 조정을 요청할 수 있다(제3항).

3) **협의내용의 통보** 환경부장관은 평가서 검토를 마치면, 승인기관의 장에게 협의내용을 통보하여야 하고(제29조), 사업자나 승인기관의 장은 통보받은 협의내용을 사업계획 등에 반영하기 위하여 필요한 조치를 하여야 하고, 승인기관의 장은 승인시 협의내용의 반영여부를 확인하고, 반영결과를 환경부장관에게 통보하여야 한다(제30조).

4) **조정요청** 사업자나 승인기관의 장은 협의내용에 이의가 있으면, 환경부장관에게 협의내용을 조정하여 줄 것을 요청할 수 있고, 조정요청은 환경부의 환경평가협의회의 심의를 거쳐 조정여부를 결정하고 그 결과를 사업자나 승인기관의 장에게 통보하여야 한다(제31조).

5. 위반의 효과

환경영향평가는 대상사업의 사업계획승인처분의 (사전)절차로서의 성질을 갖는다. 따라서 환경영향평가의 하자는 승인처분의 (절차적) 하자로 문제될 수 있다.

1) **절차상의 하자** 평가대상사업의 사업자가 환경영향평가 자체를 시행하지 않고 승인등의 처분을 한 경우에는 해당 처분이 당연무효가 된다(대판 2006.6.30, 2005두14363).

> 대법원 2006. 6. 30, 2005두14363 판결 【국방군사시설사업실시계획승인처분무효확인】
> 그런데 **환경영향평가를 거쳐야 할 대상사업에 대하여 환경영향평가를 거치지 아니하였음에도 불구하고 승인 등 처분이 이루어진다면,** 사전에 환경영향평가를 함에 있어 평가대상지역 주민들의 의견을 수렴하고 그 결과를 토대로 하여 환경부장관과의 협의내용을 사업계획에 미리 반영시키는 것 자체가 원천적으로 봉쇄되는바, 이렇게 되면 환경파괴를 미연에 방지하고 쾌적한 환경을 유지·조성하기 위하여 환경영향평가제도를 둔 입법 취지를 달성할 수 없게 되는 결과를 초래할 뿐만 아니라 **환경영향평가대상지역 안의 주민들의 직접적이고 개별적인 이익을 근본적으로 침해하게 되므로, 이러한 행정처분의 하자는 법규의 중요한 부분을 위반한 중대한 것이고 객관적으로도 명백한 것이라고 하지 않을 수 없다.**

한편 승인기관의 장이 주민의 의견수렴절차나 환경부장관과의 협의를 거치지 않고 사업승인등을 한 경우에는 위법한 처분이 된다.

2) **내용상의 하자** 환경영향평가를 하였으나, 그 내용이 부실한 경우에 이는 내용상의 하자이다. 이때 위법성 판단의 기준은 '부실의 정도가 환경영향평가제도를 둔 입법취지를 달성할 수 없을 정도이어서 하지 않은 것과 다를 바 없는 경우'에만 위법하다고 본다(대판 2006.3.16, 2006두330). 따라서 환경영향평가상의 하자가 미시행한 것과 다를 바 없는 정도가 아니면 위법은 아니다. 또한 이러한 경우는 해당 처분의 재량권 일탈·남용의 판단요소일 뿐 위법성 판단의 한 요소에 그친다고 본다(대판 2001.6.29, 99두9902).

한편 환경부장관의 협의를 거쳤으나, 협의의 내용이 반영되지 않은 경우에 승인처분의 효력에 대하여 중대한 하자로 보아 위법하다는 견해가 있으나(박균성), 판례는 환경부장관과의 협의를 거친 이상, 특별한 사정이 없는 한 위법하지 않다고 본다(대판 2001.7.27, 99두2970; 2001.7.27, 99두5092).

> 대법원 2001. 7. 27. 선고 99두2970 판결 【용화집단시설지구기본설계변경승인처분취소】
> 내무부장관이 이 사건 변경처분을 함에 있어서 **피고(*환경부장관)와의 협의를 거친 이상, 환경영향평가서의 내용이 환경영향평가제도를 둔 입법 취지를 달성할 수 없을 정도로 심히 부실하다는 등의 특별한 사정이 없는 한, 내무부장관이 피고의 환경영향평가에 대한 의견에 반하는 처분을 하였다고 하여 그 처분이 위법하다고 할 수는 없다.**

3) **원고적격** 환경영향평가에 따른 승인처분을 대상으로 지역주민이 소송을 제기할 원고적격(법률상 이익)이 있는가의 문제가 제기될 수 있다. 이에 대한

환경영향평가 대상지역 내에 거주하는 주민에게는 법률상 이익을 인정하고(대판 1998.4.24, 97누3286), 대상지역밖에 거주하는 주민에게는 처분등으로 인하여 처분전과 비교하여 수인한도를 넘는 환경피해를 받거나 받을 우려가 있는 경우에는 침해의 입증으로 원고적격을 인정받을 수 있다(대판 2006.3.16, 2006두330).

> **대법원 2006. 3. 16. 선고 2006두330 전원합의체 판결 【정부조치계획취소등】**
> <u>**환경영향평가 대상지역 밖의 주민이라 할지라도 공유수면매립면허처분 등으로 인하여 그 처분 전과 비교하여 수인한도를 넘는 환경피해를 받거나 받을 우려가 있는 경우에는, 공유수면매립면허처분 등으로 인하여 환경상 이익에 대한 침해 또는 침해우려가 있다는 것을 입증함으로써 그 처분 등의 무효확인을 구할 원고적격을 인정받을 수 있다**고 할 것이다.</u>

Ⅳ. 직접적인 규제수단

1. 사전규제조치

1) **인허가제** 환경보호를 위하여 일정한 요건을 설정하고 이를 충족하는 경우에만 허용하는 방식이다.

2) **신고제** 경미한 환경피해인 경우에는 신고의무를 부과한다.

2. 사후적 규제조치

1) **배출규제** 일정한 환경기준을 설정하고 이에 따라 의무부여후 위반에 대하여 제재하는 경우이다.

2) **공급거부** 의무위반자에 대하여 행정서비스의 제공을 거부하는 것이다.

3) **행정벌** 행정형벌과 과태료와 같은 행정질서벌을 부과하는 경우이다.

3. 경제적 규제

환경을 오염·훼손한 자에 대하여 경제적 부담을 부과하는 제도로서, 환경공과금제도, 배출부담금제도, 환경부담금제도 등이 있다. 이는 원인자부담의 원칙 및 부담한 부담금을 통한 환경개선을 목적으로 한다. 부담금의 유형은 원인자·이용자부담금, 수익자부담금, 예치금, 조세성부담금으로 구분될 수 있다.2)

최근 환경오염물질을 다량으로 배출하여 환경오염의 직접적인 원인이 되는 건물이나 그 밖의 시설물의 소유자 또는 점유자와 경유를 연료로 사용하는 자동차의 소유자로부터 환경개선부담금을 부과·징수하고 있다. 이를 위하여 1991년에 「환경개선

---

2) 자세히는 한국환경정책·평가연구원, 『2011 경제발전경험모듈화사업: 환경부담금 제도 운영』, 2012.

비용부담법」이 제정되었다.

Ⅴ. 폐기물처리시설에 대한 적정통보제도

1. 폐기물의 개념

폐기물은 “쓰레기, 연소재(燃燒滓), 오니(汚泥), 폐유, 폐산(廢酸), 폐알칼리 및 동물의 사체 등으로서 사람의 생활이나 사업활동에 필요하지 아니하게 된 물질”을 말한다(폐기물관리법 제2조 제1호). 폐기물에는 생활폐기물, 사업장폐기물, 지정폐기물, 의료폐기물이 있다.

폐기물과 관련하여 「폐기물관리법」외에도 「건설폐기물의 재활용촉진에 관한 법률」, 「방사성폐기물 관리법」, 「중·저준위 방사성 폐기물 처분시설의 유치지역지원에 관한 특별법」, 「폐기물처리시설 설치촉진 및 주변지역지원 등에 관한 법률」 등이 제정되어 있다.

1) 생활폐기물은 “사업장폐기물 외의 폐기물”을 말한다. 2) 사업장폐기물은 “「대기환경보전법」, 「수질 및 수생태계 보전에 관한 법률」 또는 「소음·진동관리법」에 따라 배출시설을 설치·운영하는 사업장이나 그 밖에 대통령령으로 정하는 사업장에서 발생하는 폐기물”을 말한다. 3) 지정폐기물은 “사업장폐기물 중 폐유·폐산 등 주변 환경을 오염시킬 수 있거나 의료폐기물 등 인체에 위해를 줄 수 있는 해로운 물질로서 대통령령으로 정하는 폐기물”을 말한다. 4) 의료폐기물은 “보건·의료기관, 동물병원, 시험·검사기관 등에서 배출되는 폐기물 중 인체에 감염 등 위해를 줄 우려가 있는 폐기물과 인체 조직 등 적출물(摘出物), 실험 동물의 사체 등 보건·환경보호상 특별한 관리가 필요하다고 인정되는 폐기물로서 대통령령으로 정하는 폐기물”을 말한다.

2. 폐기물의 처리

폐기물의 처리는 “폐기물의 수집, 운반, 보관, 재활용, 처분”을 말한다(제2조 제5의2호).

1) 처분은 “폐기물의 소각·중화·파쇄·고형화 등의 중간처분과 매립하거나 해역으로 배출하는 등의 최종처분”을 말한다(제6호). 2) 재활용은 폐기물을 재사용·재생이용하거나 재사용·재생이용할 수 있는 상태로 만드는 활동, 폐기물로부터 「에너지법」 제2조 제1호에 따른 에너지를 회수하거나 회수할 수 있는 상태로 만들거나 폐기물을 연료로 사용하는 활동으로서 환경부령으로 정하는 활동의 어느 하나에 해당하는 활동”을 말한다(제7호).

3. 폐기물처리업

폐기물처리업은 폐기물의 수집·운반, 재활용 또는 처분을 하는 사업을 말한다(제25조). 폐기물처리업은 허가사항으로 대물적 허가이며 재량사항이다.

허가절차는 1) 폐기물처리업을 하려는 자는 폐기물처리 사업계획서를 지정폐기물인 경우는 환경부장관에게, 그 밖의 폐기물인 경우에는 시·도지사에게 제출하여야 한다(제1항). 2) 환경부장관 또는 시·도지사는 제출된 폐기물처리사업계획서를 검토한 후에 그 적합여부를 제출자에게 통보하여야 한다(적합통보, 제2항). 3) 적합통보를 받은 자는 통보를 받은 날부터 2년 이내에 환경부령의 기준에 따른 시설·장비 및 기술인력 등의 요건을 갖추어 허가신청을 한 경우에 허가권자는 지체없이 허가하여야 한다(제3항).

4. 권리구제

폐기물처리 사업계획서의 적합통보(적정통보)후에 허가요건에 갖춘 자에게 폐기물처리업허가를 하지 않는 것은 신뢰보호원칙에 위반되어 위법하다(대판 1998.5.8, 98두4061). 다만, 적합통보가 다른 법상의 국토이용계획이나 토지형질변경을 승인해 주겠다는 것을 의미하지 않는다(대판 2005.4.28, 2004두8828).

제 3 절 환경법상 권리구제

Ⅰ. 개 설

환경피해 또는 환경법상 권리침해에 대하여 민사적 구제, 공법상 구제, 환경분쟁조정제도 등이 있다. 행정법상 구제로 환경분쟁조정이 활성화되어 있다.

Ⅱ. 환경분쟁조정제도

1. 환경피해와 환경분쟁의 개념

환경분쟁조정의 대상이 되는 환경피해는 "사업활동, 그 밖에 사람의 활동에 의하여 발생하였거나 발생이 예상되는 대기오염, 수질오염, 토양오염, 해양오염, 소음·진동, 악취, 자연생태계 파괴, 일조 방해, 통풍 방해, 조망 저해, 인공조명에 의한 빛공해, 그 밖에 대통령령으로 정하는 원인으로 인한 건강상·재산상·정신상의 피해"를 말한다. 다만, 방사능오염으로 인한 피해는 제외한다(환경분쟁조정법 제2조 제1호).

환경분쟁은 "환경피해에 대한 다툼과 「환경기술 및 환경산업 지원법」 제2조 제2호에 따른 환경시설의 설치 또는 관리와 관련된 다툼"을 말한다(제2호).

2. 분쟁조정의 유형

환경분쟁, 환경피해민원 등의 신속하고 효과적인 구제를 위하여 환경부에 중앙환경분쟁조정위원회, 시 · 도에는 지방환경분쟁조정위원회를 설치한다(제4조).

환경분쟁조정은 재판이전에 환경분쟁위원회를 통한 분쟁조정을 시행하는 것이다. 분쟁조정절차는 알선, 조정, 재정으로 구분된다.

1) 알선은 환경분쟁의 당사자가 상호간의 입장을 개진하고 타협하도록 위원회가 주선하는 것이다. 알선은 분쟁해결가능성이 없다고 인정하는 경우와 알선중인 분쟁에 대하여 조정 또는 재정신청으로 중단된다(제29조). 2) 조정은 당사자간의 입장차이를 조율하고 구체적인 타협안을 통하여 소송에 의하지 않고 환경분쟁을 종결시키는 활동으로 이는 조정신청서제출이나 위원회 직권으로 절차가 시작하여 당사자에게 합의안을 권고할 수 있다. 3) 재정은 환경오염에 따른 분쟁이 있는 경우에 당사자의 신청에 의하여 위원회에게 중재를 부탁하고 그 결과에 승복하도록 하는 제도이다.

환경분쟁조정위원회의 조정절차를 거친 경우에는 국가배상법상 배상심의회의 심의 · 의결을 거친 것으로 본다(제62조).

제 9 장

재 정 법

국가는 국가임무를 위하여 수행하기 위하여 재정목적으로 조세 등을 징수하고, 이를 국가예산으로 하여 재정지출을 한다. 따라서 국가예산을 중심으로 국가의 수입과 국가지출을 중심으로 연구하는 분야가 바로 재정법이다. 물론 조세법도 크게는 재정법의 한 분야라고 볼 수 있다.

제 9 장　재정법

제 1 절　개　설

Ⅰ. 재정의 개념과 종류

1. 재정의 개념

재정이란 '국가 또는 지방자치단체가 그 존립과 활동에 필요한 재력을 취득하고 이를 관리하는 작용'을 말한다. 이는 국가의 수입을 중심으로 운용된다. 흔히 재정과 예산은 같게 보는데, 재정은 "예산·기금·결산·성과관리 및 국가채무 등"을 포괄한다(국가재정법 제1조). 예산, 기금, 국유재산, 민간투자사업, 공기업, 국가채무 등의 국가임무를 흔히 재정이라고 한다.

2. 재정의 종류

1) **국가재정과 지방재정**　　재정주체에 의한 구분으로 국가재정은 '국가의 통치권에 근거한 재정작용'이고, 지방재정은 '국가로부터 부여받은 지방자치단체의 자치고권중 재정고권에 근거한 재정작용'이다. 현행법은 지방재정을 "지방자치단체의 수입·지출 활동과 지방자치단체의 자산 및 부채를 관리·처분하는 모든 활동"이라고 정의한다(지방재정법 제2조 제1호).

2) **재정권력작용과 재정관리작용**　　재정의 수단에 의한 구분으로 재정관리작용은 '재산의 관리와 수입·지출의 관리'를 내용으로 하며, '회계'라고도 칭한다. 재산관리는 물품회계, 수입·지출의 관리는 현금회계라 한다.

재정권력작용은 '국민과의 관계에서 이루어지는 대외적 작용', 재정관리작용은 행정조직내부의 적정한 재산관리 또는 수지관리를 기하는 것이다.

Ⅱ. 재정법의 기본원리

1. 재정의회주의

국가재정은 법률과 마찬가지로 의회주권의 원리에 의하여 의회의 전권에 속한다고 보는 원리이다. 예산은 법률로 제정하기도 하고, 법률의 성질을 가진다.

재정의회주의에는 1) 조세법률주의로 조세의 요건, 효과, 절차는 의회제정법인 법률로서 정한다는 원칙이 있고, 2) 예산의결제도로 예산안편성권은 행정부에 있지만, 예산(1년을 단위로 하는 회계년도의 세입·세출의 예정서)은 국회의 심의를 거쳐 성립한다. 예산은 예산안과 추가경정예산안이 있다. 3) 결산심사주의로 예산의 집행결과인 결산은 감사원의 결산검사보고에 따른 국회가 심사권이 있고, 국회의 재정집행에 대한 사후감독제도가 있다.

2. 엄정관리주의

국가나 지방자치단체의 재산은 손·망실이나 훼손되지 않도록 엄정하게 관리해야 한다는 원칙이다.

3. 건전재정주의

재정은 재정건전성에 맞게 운용되어야 한다는 것이다. 법적으로는 국가의 수입과 지출은 균형을 이루어야 한다는 수지균형의 원칙이 있다.

1) **기채금지의 원칙** - 재정의 건전성을 확보하기 위하여 국가의 세출은 국회의 의결을 얻은 경우를 제외하고는 원칙적으로 국채 또는 차입금을 그 재원으로 할 수 없다. 지방자치단체 등도 법률이 정하는 바에 따라 지방채, 채무부담의 원인이 될 계약의 체결 등을 발행할 수 있음.

2) **감채의 원칙** - 매 회계연도의 세입세출의 결산후 잉여금중 다른 법률이 정하는 것과 세출예산의 이월액을 공제한 금액(세계잉여금)의 30/100이상을 공적자금상환기금법에 따른 공적자금상환기금에 우선적으로 출연해야 하고, 나머지 세계잉여금의 30/100이상은 국채 또는 차입금의 원리금상환에 지출하여야 한다.

Ⅲ. 재정법의 법원

재정법의 법원에는 헌법차원에서는 재정헌법이 있다. 우리나라는 재정헌법의 총론에 관한 규정은 없지만, 예산과 관련된 재정헌법 규정은 있다.

법률은 일반법인 「국가재정법」과 「지방재정법」이 있고, 개별법으로는 「정부기업예산법」, 「공공자금기금관리법」, 「국유재산법」 등이 있고, 국가의 수입과 관련하여 「국세기본법」, 「국세징수법」, 「조세범처벌법」, 「소득세법」 등이 있다.

제 2 절 재정의 내용

Ⅰ. 재정권력작용

1. 재정하명 (재정명령)

재정하명은 행정주체가 재정목적을 위하여 국가통치권에 의하여 개인에게 일정한 작위·부작위·급부·수인을 명하는 행정행위이다.

2. 재정허가와 재정면제

1) **재정허가** 재정허가는 재정의 목적을 위하여 명령한 일반적 금지를 특정한 경우에 해제하여 적법하게 행위를 할 수 있도록 하는 행정행위이다.

2. **재정면제** 재정면제는 재정목적을 위하여 일반적으로 부과된 작위의무 또는 급부의무를 특정한 경우에 해제하는 행정행위이다.

3. 재정강제

1) **개 념** 재정강제는 재정목적을 위하여 개인의 신체 또는 재산에 실력을 가하여 재정상 필요한 상태를 실현하는 작용이다. 이는 국민의 재산을 침해하므로 반드시 법적 근거를 요한다.

2) **재정상 강제집행** 재정강제집행으로는 대집행이 일반적이고 직접강제는 드물다. 재정의무는 금전급부이므로 강제징수도 이용된다.

(1) 국세징수법상 강제징수 - 국세징수법상의 강제징수절차는 독촉 - 재산압류 - 압류재산의 매각 - 청산으로 이루어진다. 전체가 하나의 법적 효과를 완성하므로 개별행정행위이라도 선행행위의 위법은 후행행위에 승계된다.

(2) 담보권실행 - 국세징수법 및 각 세법에서 정하고 있는 조세채권의 보존수단으로서 납세담보의 제공을 요구하는 경우를 규정한다.

(3) 관세법상 강제징수 - 관세법은 다음과 특별한 강제징수절차를 규정하고 있다.

1) 법정담보 - 관세미납물품은 법률상 당연히 관세의 담보가 되고, 다른 공과금과 채권에 우선하여 관세에 충당된다. 2) 특별담보 - 세관장은 일정한 사유가 있는 경우에 관세에 대한 특별담보를 제공도록 한다. 3) 관세미납물품의 유치권 및 예치권 - 세관장은 여행자 또는 외국을 출입하는 승무원의 미허가 휴대품을 유치할 수 있으며, 수입의사가 없는 물품은 세관장에게 신고하여 일시 예치시킬 수 있다.

3) **재정상 강제집행과 재정조사** 재정상 강제집행과 재정조사는 권력행위이므로 그 법적 근거가 문제된다.

4. 재정벌

재정벌은 재정법상의 의무위반에 대하여 일반통치권에 의거하여 부과하는 제재를 말한다. 국세는 「조세범처벌절차법」, 관세는 「관세법」이 있다.

Ⅱ. 재정관리작용

재정관리작용은 '국가 또는 지방자치단체가 비권력적으로 재산 및 수입과 지출을 관리하는 작용'을 말한다. '회계'라고도 한다.

재산관리는 국가 또는 지방자치단체가 소유하는 재산을 관리하는 작용이다. 「국유재산법」과 「공유재산 및 물품관리법」이 있다. 이는 사법이 적용된다. 수입·지출의 관리는 국가 또는 지방자치단체의 예산·회계에 관한 작용을 말한다. 사경제적 작용이나 일부 공익적 견지에서 특별한 법적 규율이 있다.

제 3 절 조 세

Ⅰ. 조세의 개념

조세는 '국가 또는 지방자치단체가 재정수입을 목적으로 법률이 정하는 과세요건에 해당하는 모든 자에게 부과하는 무상의 금전부담'을 말한다.

> 조세는 '금전급부의무'라는 점에서 부역, 노역 등과 구분된다. '반대급부가 없는 일방적 의무'라는 점에서 사용료, 수수료 등과 구별된다. '재정목적'이라는 점에서 벌금, 과료, 과태료 등과 구분된다.
>
> 조세의 종류는 1) 과세주체에 따라 국세와 지방세로, 2) 납세의무자와 조세부담의 일치여부에 따라 직접세와 간접세로, 3) 과세대상의 성질에 따라 수익세, 재산세, 소비세, 거래세로, 4) 부과시기에 따라 정기세, 임시세로 나눌 수 있다.
>
> 세법은 "국세의 종목과 세율을 정하고 있는 법률과 「국세징수법」, 「조세특례제한법」, 「국제조세조정에 관한 법률」, 「조세범 처벌법」 및 「조세범 처벌절차법」"을 말한다(국세기본법 제2조 제2호). 국세외에도 지방세, 관세 등이 있다.

Ⅱ. 조세법의 기본원리

1. 조세법률주의

1) **개 념** 조세법률주의는 '조세의 부과와 징수는 의회제정법을 근거로 하여야 한다'는 것이다.

2) **법적 근거** 우리 헌법은 "조세의 종목과 세율은 법률로 정한다"고 규정한다(제59조). 단, 법률의 위임에 의하여 법규명령 등으로도 가능하다. 특례는 지방세법상의 위임에 의한 조례과세, 국제조약에 의한 관세부과도 가능하다.

3) **효 력** 조세는 입법자는 원칙적으로 다수의 법률효과중에서 조세를 선택할 수 있다. 그러나 행정부와 법원은 선택권이 없다. 나아가 상대방인 국민과 조세합의나 조세계약이 허용되지 않는다(조세합의의 불허). 절차법상의 적법주의 로서 과세 및 징수절차에 적정절차가 적용되어야 한다. 권한과 의무의 특수성으로 법률상 정해진 조세에 대한 징수에 대하여 권한이자 의무를 가진다.

영구세주의 - 법률의 개정이 없는 한, 매년 과세할 수 있다는 영구세주의와 매회계년도마다 의회의 의결에 근거한 예산법에 따라 과세하는 1년세주의가 있다. 우리 헌법은 제59조에서 영구세주의를 채택하였다.

2. 조세정의의 실현

조세는 조세를 통한 부의 재분배로 조세정의의 실현이 제1의 목적이다(Tipke/Lang). 국가는 조세정의를 목표로 사회국가원칙에 따라 특별세를 부담시킬 수 있고, 특별과세감경조치 등으로 사회국가원리를 간접적으로 실현할 수 있다.

3. 조세공평주의 (실질과세의 원칙)

모든 국민은 능력에 따라 조세를 부담하여야 한다. 이는 입법상 평등과세으로 입법자는 국민간의 담세력에 따라 공평하게 배분되도록 조세 입법을 제정하여야 한다. 두 번째는 실질과세의 원칙으로 조세법의 해석과 적용단계에서도 국민의 담세력(이행능력)에 따라 과세하여야 한다(국세기본법 제14조).

4. 근거과세의 원칙

인정과세에 반대하는 것으로 납세의무자가 세법에 의하여 근거자료를 제시하는 경우에는 국세의 과세표준의 조사와 결정은 근거자료에 의한다. 단, 근거자료가 사실과 다른 경우에는 과세권자가 직권으로 조사한 사실에 따라 결정할 수 있다

(국세기본법 제16조).

5. 명확성의 원칙과 법적 안정성의 원리

법치국가원리의 하부원리인 법적 안정성의 원리가 적용된다. 이러한 것으로 명확성의 원칙은 조세법도 마찬가지로 과세요건이 명확하고, 그 법률효과도 명확하게 규정하므로 자유재량을 배제되어야 한다. 소급과세 금지의 원칙은 과세에서 소급과세는 금지된다는 것을 말한다(제18조 제3항). 유추해석금지의 원칙은 과세근거의 해석에 엄격해석을 요구하므로 확대해석이나 유추해석으로 과세확대는 허용되지 않는다는 것이다.

Ⅲ. 조세의 부과

1. 과세권자

조세의 과세권자는 세무행정청인 세무서장 및 세관장이 원칙이다. 다만, 일정한 국세의 경우는 대통령령에 따라 시장·군수에서 징수를 위탁할 수 있다.

2. 과세요건

과세요건은 납세의무의 성립요건으로 조세를 부과할 수 있는 요건을 말한다(박균성). 과세요건을 충족하면, 납세의무가 발생한다.

1) **납세의무자** 납세의무자는 '세법에 의하여 조세를 납부할 의무를 가진 자'를 말하고, 국세를 징수하여 납부할 의무는 제외한다(국세기본법 제2조 제9호). 납세의무자와 (실제) 납세자와의 다르다.

> 국세기본법에서는 납세자를 "납세의무자(연대납세의무자와 납세자를 갈음하여 납부할 의무가 생긴 경우의 제2차 납세의무자 및 보증인을 포함)와 세법에 따라 국세를 징수하여 납부할 의무를 지는 자"로 규정한다(국세기본법 제2조 제10호). 즉, 납세의무자는 간접세의 경우에는 담세자와 납세자를 대리하여 조세에 관한 사무를 처리하는 납세처리자 및 소득세 등의 징수의무자와 구분하여야 한다.

2) **과세물건** 과세물건은 조세부과의 대상이 되는 것을 말한다. 이는 소득, 재산, 경제적 거래행위, 소비행위 등이 된다.

3) **과세표준** 과세표준은 세액산출의 기초가 되는 과세물건을 금액, 용량, 건수, 인원 등의 척도로 계량화, 금액화한 것을 말한다. 이는 소득세의 소득세율 등이다.

4) **세 율** 세율은 '과세표준에 대한 세액의 비율'을 말한다.

3. 조세채무의 확정과 부과처분

1) **조세채무의 확정** 과세요건을 충족하면, 납세의무가 발생하지만, 구체적인 세액 등을 확정하여 조세를 납부할 의무인 조세채무를 확정하여야 한다. 확정방법으로 자동확정방식, 부과과세제도, 신고납세제도가 있다.

자동확정방식은 과세요건에 해당하는 사실과 납부세액 등이 객관적으로 명확한 경우에 별도의 확정절차없이 법률로써 납세의무가 확정된다(박균성). 부과과세제도는 세법상 과세요건의 충족에 의하여 추상적으로 성립한 납세의무에 대하여 그 내용의 확정권을 과세관청에 부여하여 처분으로 확정하는 제도이다. 신고납세제도는 추상적으로 성립한 납세의무를 구체적인 납세의무로 확정하는 절차가 제1차적으로 납세의무자에 맡겨진 제도이다.

2) **부과처분의 형식** 조세의 부과처분은 특별한 규정에 의하여 구술로 할 수 있는 경우이외에는 서면인 부과처분을 발급하여야 한다.

3) **과세기간** 국세징수권과 국세부과권을 구분하여 국세징수권의 소멸시효에 관한 규정외에 국세부과권의 제척기간 규정이 있다.

Ⅳ. 조세의 징수

1. 조세의 징수방법

1) **보통징수** 보통징수는 징수기간이 확정된 조세금액을 소정의 납기에 이르러 징수하는 것을 말한다.

2) **특별징수** 특별징수는 수입원천에서 직접 징수하는 것을 말한다

3) **변태징수** (예외징수) 변태징수는 조세의 납기내 징수원칙에 대한 예외적인 징수방법이다. 변태징수에는 납기전 징수제도와 납기유예제도가 있다.

납기전 징수제도는 이미 확정된 납부기한의 이익을 박탈하여 납기전에 징수하는 것이다. 납기유예제도는 일정한 사유가 있는 경우 납기가 도래한 납세의무의 이행을 일정기간 유예해주는 것이다.

4) **강제징수** 강제징수는 조세가 체납된 경우에 체납처분 등 행정권의 강제력에 의하여 납세의무자의 재산에 실력을 가하여 강제로 징수하는 것이다. 강제징수에 대한 일반법은 국세징수법이다.

2. 조세의 감면

특별한 사유가 있는 경우에 납세의무자의 신청에 의하여 납세의무의 전부 또는 일부를 면제하는 것이다. 일부면제를 감세, 전부면제를 면세라고 구분한다.

감면사유로서는 담세력의 상실, 공익사업의 보호 등이 있고, 이는 조세감면규제법외에 각 개별법에서 규정하고 있다.

3. 조세채권의 확보

조세채권의 확보를 위하여는 강제징수 외에도 조세채권의 우선권, 조세채무의 확장, 조세채권의 대외적 효력, 납세담보 등의 제도가 인정된다.

1) **우선징수제도**

(1) **조세의 우선징수** 납세의무자의 재산을 강제징수절차에 의하여 매각하는 경우에 국세가산금과 체납처분비가 다른 공과금 기타의 채권에 우선하여 징수한다.

(2) **관세의 우선징수** 관세미납물건은 관세의 담보가 되며, 그에 의한 관세의 징수는 다른 조세 기타의 공과 및 채권에 우선한다.

2) **납세의무의 확장** 조세채무는 본래의 납세의무자가 이행하여야 하나, 조세수입확보 차원에서 1) 상속합병, 2) 연대채무, 3) 제2차 납세의무로 확장되는 경우가 있다.

3) **조세채권의 대외적 효력** 세법에서는 사해행위취소청구권이 인정된다.

4) **납세담보** 납세담보란 납세자 등이 제공한 물적·인적 담보를 말한다. 이는 1) 징수유예처럼 체납처분의 유예시, 2) 과세물품을 수입면허전 보세구역외로 반출시, 3) 주류제조업자에 대한 주세담보, 4) 상속세·증여세를 연부연납할 때에 제공된다.

담보권의 이행은 행정상 강제집행절차로 집행한다.

Ⅴ. 납세의무의 소멸

1. 납세의무의 이행

납세의무는 납세의무자가 세금을 납부하여 소멸하는 것이 가장 일반적인이다.

2. 시 효

납세의무는 소멸시효에 따라 소멸한다. 조세징수권의 소멸시효는 일반국세와 지방세는 5년(제27조 제1항), 관세는 원칙적으로 2년이나 사위 기타 부정한 방법으로 관세를 포탈하거나 정당한 이유없이 관세를 납부하지 않은 물품에 대한 관세는 5년이다.

소멸시효는 납세고지의 독촉 또는 납부권고, 교부청구, 압류 등의 사유로 중단된다. 징수유예나 연부체납기간중은 시효가 진행되지 않는다(제28조 제1항). 시효중단의 효과는 중단사유가 있는 부분만 발생한다. 기타는 민법의 소멸시효에 관한 규정에 의한다.

3. 기 타

납세의무는 그 밖에도 공매의 중지(제71조 제2항), 과세처분의 취소・결손처분(제86조 제2항), 국세환급금의 충당(제51조 제2항), 제척기간의 만료(제27조) 등으로 소멸한다.

Ⅵ. 조세법상 권리구제제도

1. 과세전 적부심사

과세전 적부심사는 '세무조사 결과의 서면통지 또는 그에 따른 과세예고통지를 받은 자는 이의가 있는 경우에 통지를 받은 날부터 30일 이내에 통지를 한 세무서장이나 지방국세청장에게 통지내용의 적법성(과세전 적부심사)에 관한 심사청구하는 것'이다(제81조의15 제1항). 단, 법령해석과 관련하여 국세청장의 유권해석을 변경해야 하거나 새로운 해석이 필요한 경우 등은 국세청장에게 청구할 수 있다.

과세전적부심사 청구의 예외는 1) 납기전 징수사유가 있거나 세법상 규정된 수시부과의 사유가 있는 경우 2) 조세범처벌법위반으로 고발 또는 통고처분하는 경우, 3) 세무조사 결과통지 및 과세예고통지를 하는 날로부터 국세부과제척기간의 만료일까지의 기간이 3개월 이하인 경우, 4) 그 밖에 대통령령으로 정하는 경우로 심사청구할 수 없다(제2항).

과세전적부심사청구를 받은 세무서장, 지방국세청장 또는 국세청장은 국세심사위원회의 심사를 거쳐 결정을 하고, 그 결과를 청구를 받은 날로부터 30일이내에 청구인에게 통지하여야 한다(제3항).

2. 행정쟁송

1) 이의신청 국세 부과처분에 이의가 있는 경우, 즉 세법에 따른 처분이 위법 또는 부당하거나 필요한 처분을 받지 못하여 권리나 이익을 침해당한 자는 그 처분의 취소 또는 변경을 청구하거나 필요한 처분을 청구하는 제도이다(제55조

제1항). 이의신청은 행정심판이 아닌 임의절차로(장태주, 박균성), 심사청구나 심판청구 전에 선택적으로 신청할 수 있다.

국세청장이 조사·결정 또는 처리할 처분을 제외하고는(제3항) 세무서장을 거쳐 지방국세청장에게 이의신청을 할 수 있다(제66조 제1항). 이의신청은 해당 처분이 있음을 안 날(처분의 통지를 받은 때는 그 받은 날)부터 90일 이내 제기하여야 한다(제61조 제1항). 이의신청시 세무서장 등은 30일(지방세는 90일) 이내에 결정하여야 한다(제66조 제6항).

2) **조세심판**

조세의 부과의 징수에 관한 행정처분에 대하여 그 취소나 변경을 구하는 심판이다. 이는 국세기본법, 관세법, 지방세법이 적용된다.[1] 다만, 심사청구와 심판청구에서 하나를 선택해야 한다.

(1) 심사청구 국세청장의 위법·부당한 처분, 이의신청에 대한 결정에 불복, 이의신청의 결정기간내에 결정의 통지가 없는 경우에는 처분을 한 세무서장을 거쳐 국세청장에 심사청구할 수 있다.

심사청구는 해당 처분이 있음을 안 날(처분의 통지를 받은 때는 그 받은 날)부터 90일 이내에 제기하여야 한다(제61조 제1항). 심사청구를 받은 국세청장은 국세심사위원회의 심의를 거쳐 청구일로부터 90일 이내에 결정하여야 한다(제65조).

한편 심사청구를 제기한 자는 심판청구나 감사원 심사청구를 청구할 수 없다. 심사청구의 결정통지를 받은 날부터 90일이내에 행정소송을 제기할 수 있다. 이는 필요적 절차이다.

(2) 심판청구 심판청구는 불복의 사유를 갖추어 처분을 하였거나 하였어야 할 세무서장을 거쳐 국무총리 소속하의 조세심판원장에게 하여야 한다(제69조 제1항).

심판청구는 처분이 있음을 안 날 또는 이의신청에 대한 결정의 통지를 받은 날부터 90일 이내에 제기하여야 한다(제68조). 이는 불고불리의 원칙과 불이익변경금지의 원칙이 적용된다(제79조).

3) **감사원 심사청구** 국세, 관세, 지방세의 부과처분이 위법하거나 부당한 경우에 대하여 감사원에 심사청구를 할 수 있다.

심사청구절차는 처분이 있음을 안 날부터 90일 이내에, 처분이 있은 날부터 180일 이내에 심사를 청구하여야 한다(감사원법 제44조 제1항). 단, 감사원은 당해 처분을 직접 취소·변경할 수 없고 세무서장 등에게 시정이나 필요한 조치를 요구할 수 있다(감사원법 제46조 제2항). 이러한 점에서 행정심판이 아니고 진정이라고 보기도 한다(박

1) 조세심판제도에 대하여는 신봉기/김광수/길준규, 『특별행정심판 제도에 관한 연구』, 2009. 12, 238쪽이하.

균성). 감사원에 대한 심사청구는 행정심판으로 인정하여 감사원에 심사청구시는 국세기본법상의 심사청구나 심판청구를 거친 것으로 보고(제56조 제4항), 감사원에 대한 심사청구의 결정통지를 받은 날부터 90일 이내에 직접 행정소송을 제기할 수 있다(제46조의2).

4) 행정소송

(1) 과세부과처분에 대한 소송 　행정심판전치주의가 적용되어 국세부과처분에 대하여는 국세청장에 대한 심사청구 또는 국세심판원장에 대한 심판청구를 거치지 않으면 행정소송을 제기할 수 없다(제56조 제2항). 지방세도 필요적 전치주의였으나, 이는 위헌으로 삭제되었다. 심사청구 또는 심판청구에 대한 결정의 통지를 받은 날부터 90일 이내에 행정소송을 제기하여야 한다(제56조 제3항).

무효확인소송을 보충적인 소송으로 이해하는 판례에 따라 과세처분이 무효인 경우에는 부당이득반환청구 등으로 구제받을 수 있으므로 확인을 구할 법률상 이익이 없으므로 각하하여야 한다.

(2) 경정처분 　과세처분에 하자가 있는 경우에 과세관청은 하자를 제거하기 위하여 경정처분을 할 수 있다. 일종의 변형처분이다. 부과과세와 납세의무자에 의한 신고과세에도 적용된다(제22조의2). 원 과세처분에 대하여 경정처분이 이루어진 경우에는 당초처분과 경정처분을 별개의 처분으로 보아 세법규정을 적용한다는 병존설이 법제화되었다.

1) 증액경정처분 : 최근 과세처분에 관한 신고・결정은 (증액)경정처분에 흡수되어 경정처분이 쟁송대상이 된다. 다만, 최초 과세처분과 관련된 신고・결정에 관한 위법사유를 주장할 수 있다(대판 2009.5.14, 2006두17390). 단, 과세처분의 절차적 하자는 승계되지 않는다(대판 2010.6.24, 2007두16493).

2) 감액경정처분 : 과세처분중 감액되고 남은 부분이 소송대상이 되며, 제소기간도 과세처분(당초처분)으로 기산한다(대판 1991.9.13, 91누391).

(3) 과오납금반환청구소송

가. 개 념 　조세의 과오납금반환청구제도는 납세의무자가 법률상 원인없이 납부할 세금을 초과하여 납부하거나(과납), 착오에 의하여 납부의무가 없는 세금을 납부한 경우(오납)에 이러한 과오납금을 납부자에게 반환하는 제도이다. 국세기본법은 과오납금을 "납세의무자가 국세・가산금 또는 체납처분비로서 납부한 금액중 잘못 납부하거나 초과하여 납부한 금액"으로 규정한다(제51조 제1항).

과오납금의 법적 성질은 법률상 원인없이 과세관청이 납부받은 것이므로 부당이득이다. 법령의 규정처럼 세법에 따라 환급하여야 할 조세환급금을 포함하기도 한다(정하중).

나. 법적 성질 과오납반환청구권과 그에 따른 소송의 법적 성질에 대하여는 1) 공권설은 과오납반환청구권은 공법상 원인에 의한 공권이므로 공법상 당사자 소송으로 제기하여야 하고, 2) 사권설은 발생원인과 상관없이 실질적으로 사법상 부당이득반환청구권으로 보아 민사소송으로 다퉈야 한다. 3) 판례는 환금급결정에 의하여 환급청구권이 확정되는 것이 아니어서 처분이 아닌 내부적인 사무처리절차이므로 반환청구를 위하여는 부당이득반환청구소송으로 민사소송으로 제기해야 한다고 본다(대판 1995.4.28, 94다55019).

다. 선결문제 과오납의 원인은 과세처분이 법률상 전혀 근거가 없거나 그 하자가 중대하고 명백하여 당연무효인 경우에 부당이득에 따른 과오납반환청구권이 발생한다. 그러나 취소사유시는 과세처분취소소송을 제기하여 당해 부과처분을 소멸시키고, 다시 과오납반환청구소송을 제기하거나 양자를 병합하여 제기하여야 한다.

라. 과오납금의 발생과 처리 납세의 과오납은 초과납부와 이중납부, 납세후 부과처분의 취소 또는 감액경정결정, 착오에 의한 납세의무가 없는 금액의 납부 등으로 발생한다. 따라서 납세의무자가 세금, 가산금, 체납처분비로 납부한 금액중에서 과오납이 있는 경우는 즉시 다른 조세, 가산금, 체납처분비에 충당하고, 나머지는 반환하여야 한다.

마. 환급가산금 국세환급금(과오납한 국세, 가산금, 체납처분비 및 세법에 따라 환급하여야 할 환급세액)을 제51조에 따라 충당하거나 지급할 때에는 대통령령이 정하는 국세환급가산금 기산일부터 충당 또는 지급결정하는 날까지의 기간과 금융회사 등의 예금이자율 등을 고려하여 대통령령이 정하는 이자율에 따라 계산한 국세환급가산금을 국세환급금에 가산하여 지급하여야 한다(제52조).

제 10 장

그 밖의 특별행정법

역사적인 발전에 따라 개별행정법을 특별행정법의 범주에 넣기도 하고 빼기도 하였다. 행정법학 초기에는 농업법이나 병역법을 포함하였으나, 최근에는 사회보장법이나 정보통신법 등이 중요시되기도 한다. 다만, 이 책에서는 최근 문제되는 사회보장법과 종종 판례에서 인용되는 병역처분을 중심으로 병역법을 간략하게 소개하고자 한다.

제10장 그 밖의 특별행정법

제1절 사회보장법

Ⅰ. 사회보장의 개념

사회보장이란 사회국가원리에 따라 모든 국민에게 인간다운 삶을 보장하기 위하여 법률 차원에서 구체화된 것이다. 특히 사회보장법은 국민 개인을 '사회적 위험'으로부터 보호하기 위한 법이다.

사회보장기본법에서는 '사회보장'을 "출산, 양육, 실업, 노령, 장애, 질병, 빈곤 및 사망 등의 사회적 위험으로부터 모든 국민을 보호하고 국민 삶의 질을 향상시키는 데 필요한 소득·서비스를 보장하는 사회보험, 공공부조, 사회서비스"라고 규정한다(제3조 제1호).

Ⅱ. 사회보장(법)의 종류

☞ 사회보장법은 크게 사회보험법, 사회보상법, 사회복지법으로 나눌 수 있다.

1. 사회보험법

사회보장법은 '사회보험을 규율하는 법'이다. 사회보험은 "국민에게 발생하는 사회적 위험을 보험의 방식으로 대처함으로써 국민의 건강과 소득을 보장하는 제도"를 말한다(제3조 제2호). 사회보험은 공보험제도로 보험료를 납부하고 이에 따른 서비스를 보장받는 방식을 취한다. 사회보험에는 국민건강보험(종전의 의료보험), 연금보험, 고용보험(실업보험), 산업재해보상보험 등이 속한다(제3조 제2호).

관련법으로 「국민건강보험법」, 「국민연금법」, 「공무원연금법」, 「군인연금법」, 「기초노령연금법」, 「사립학교교직원연금법」, 「장애인연금법」, 「고용보험법」, 「산업재해보상보험법」 등이 있다.

2. 사회보상법 (공공부조법)

사회보상법은 국가유공행위 또는 특별히 공동체 전체에 책임이 귀속되는 개인의 인적·물적 피해에 대한 국가적 차원에서 보상하기 위한 법이다. 전통적으로는 '국가원호보상'이 있고, 최근에는 '범죄자 피해보상'이 문제된다.

관련법으로 「국가유공자 등 예우 및 지원에 관한 법률」, 「범죄피해자보호법」, 「범죄피해자보호기금법」 등이 있다.

3. 사회복지법

사회복지는 전통적으로 빈민구제제도에서 발전하여 현행 사회보장기본법은 공공부조, 사회복지서비스, 관련 복지제도를 규율한다.

공공부조(公共扶助)는 "국가와 지방자치단체의 책임하에 생활유지능력이 없거나 생활이 어려운 국민의 최저생활을 보장하고 자립을 지원하는 제도"이다(제3조 제3호).

사회복지서비스는 "국가·지방자치단체 및 민간부문의 도움이 필요한 모든 국민에게 복지, 보건의료, 교육, 고용, 주거, 문화, 환경 등의 분야에서 인간다운 생활을 보장하고 상담, 재활, 돌봄, 정보의 제공, 관련시설의 이용, 역량 개발, 사회참여지원 등을 통하여 국민의 삶의 질이 향상되도록 지원하는 제도"이다(제4호).

평생사회안전망은 "생애주기에 걸쳐 보편적으로 충족되어야 하는 기본욕구와 특정한 사회위험에 의하여 발생하는 특수욕구를 동시에 고려하여 소득·서비스를 보장하는 맞춤형 사회보장제도"를 말한다(제3조 제5호).

관련법으로 「아동복지법」, 「장애아동복지지원법」, 「노인복지법」, 「장애인복지법」 등이 있다.

제 2 절 병역법

Ⅰ. 헌법과 병역의무

우리 헌법은 '국민의 의무'를 규정한다. 우리나라는 전근대적인 식민잔재로 근로, 교육, 납세, 국방의 의무를 두고 있다. 특히 "모든 국민은 법률이 정하는 바에 의하여 국방의 의무를 진다"고 규정하고(제39조 제1항). "누구든지 병역의무의 이행으로 인하여 불이익한 처우를 받지 아니한다"고 규정한다(제38조 제2항). 이는 국방의 의무로 헌법에 따라 「병역법」은 대한민국 국민의 남성에게 병역의무를 부과하며(제3조 제1항), 이는 '헌법상 평등권 위반'이 아니라고 본다(헌재 2011.6.30, 2010헌마460).

Ⅱ. 징병검사와 병역처분

1. 징병검사

지방병무청장은 대한민국 국민의 남성이 18세가 되는 해에 병역의무의 감당여부를 판정하기 위하여 징병검사를 실시하여야 하고, 해당 병역의무자는 징병검사의 수검의무가 있다(제11조). 징병검사는 신체검사와 심리검사가 있다.

신체검사를 한 징병검사전담의사, 징병검사전문의사 또는 제12조의2에 따른 군의관은 아래와 같이 신체등위를 판정한다(제12조 제1항). 이는 '신체등위판정'이며, 처분성은 없다(대판 1993.8.27, 93누3356).

1. 신체 및 심리상태가 건강하여 현역 또는 보충역 복무를 할 수 있는 사람: 신체 및 심리상태의 정도에 따라 1급·2급·3급 또는 4급
2. 현역 또는 보충역 복무를 할 수 없으나 제2국민역 복무를 할 수 있는 사람: 5급
3. 질병이나 심신장애로 병역을 감당할 수 없는 사람: 6급
4. 질병이나 심신장애로 제1호부터 제3호까지의 판정이 어려운 사람: 7급

2. 병역처분

지방병무청장은 징병검사를 받은 사람(군병원에서 신체검사를 받은 사람을 포함) 또는 현역병지원 신체검사를 받은 사람에 대하여 다음과 같이 병역처분을 한다. 이 경우 현역병지원 신체검사를 받은 18세인 사람에 대하여는 신체등위 5급 또는 6급의 판정을 받은 경우에만 병역처분을 한다(제14조 제1항).

1. 신체등위가 1급부터 4급까지인 사람: 학력·연령 등 자질을 고려하여 현역병입영 대상자, 보충역 또는 제2국민역
2. 신체등위가 5급인 사람: 제2국민역
3. 신체등위가 6급인 사람: 병역면제
4. 신체등위가 7급인 사람: 재신체검사(再身體檢査)

지방병무청장은 위법 또는 부당한 신체등위판정을 기초로 한 병역처분은 직권취소할 수 있다(대판 2002.5.28, 2001두9653).

3. 병역변경처분

병역의무자는 질병 또는 심신장애를 사유로 병역처분에 대하여 변경신청을 할 수 있고, 이에 지방병무청장은 병역처분을 변경하여 처분할 수 있다.

종전 병역처분이 새로운 병역처분으로 변경된 경우 새 병역처분이 당연무효가 아닌

한, 새로운 병역처분의 하자가 있다고 하여 취소해도 구 병역처분의 효력이 다시 살아나는 것은 아니다(대판 2002.5.28, 2001두9653). 즉, 새 병역처분을 하면, 종전의 병역처분은 효력을 잃는다. 한편 소의 계속중에 병역처분이 변경된 경우에는 종전의 병역처분에 대한 소송은 권리보호의 필요성이 없어 기각된다(대판 2005.12.9, 2004두6563).

Ⅲ. 권리구제

신체등위판정에 대하여 이의가 있는 자는 처분성이 있는 지방병무청장의 병역처분을 대상으로 행정쟁송을 제기하여야 한다. 병역처분이 변경된 경우에도 변경된 병역처분을 다투어야 한다.

참고문헌

1. 특별행정법 개설서

김남진/김연태, 『행정법Ⅱ』, 제15판, 법문사, 2011.
김남철, 『행정법Ⅱ』, 박영사, 2014.
김동희, 『행정법Ⅱ』, 제16판, 박영사, 2010.
박균성, 『행정법강의』, 제11판, 박영사, 2014.
박균성, 『행정법론(하)』, 제10판, 박영사, 2011.
석종현/송동수, 『일반행정법(하)』, 제13판, 삼영사, 2013.
장태주, 『행정법개론』, 제9판, 법문사, 2011.
정형근, 『행정법』, 제2판, 피앤씨미디어, 2014.
정하중, 『행정법개론』, 제6판, 법문사, 2012.
홍정선, 『행정법원론(하)』, 제21판, 박영사, 2013.
홍정선, 『행정법특강』, 제13판, 박영사, 2014.

Achterberg/Püttner/Würtemberger (Hrsg.) : Besonderes Verwaltungsrecht, 2. Aufl., Müller, 2000.
Schmidt-Aßmann/Schoch (Hrsg.) : Besonderes Verwaltungsrecht, 14. Aufl., Berlin : De Gruyter, 2008.
Steiner (Hrsg.), Besonderes Verwaltungsrecht, 8. Aufl., Heidelberg : Müller, 2006.
Tettinger, Peter, (Hrsg.) : Besonderes Verwaltungsrecht, 5. Aufl., Müller, 1998.

2. 개별 특별행정법

1) 행정조직법

塩野 宏, 『行政組織法の諸問題』 有斐閣, 1991.
길준규외, 『공공기관의 운영에 관한 법률 비교법적 연구』, 한국법제연구원, 2008.12.

2) 지방자치법

홍정선, 『신지방자치법』, 박영사, 2007.
이기우, 『지방자치행정법』, 법문사, 1991.
김해룡역, 『독일 지방자치법 연구』, 한울아카데미, 1994.
이주희, 『지방자치법 이론과 운영』, 서강출판사, 2010.
Mann/Püttner, Handbuch der kommunlaen Wissenschaft und Praxis, Springer, 2007.

3) 경찰법

김남진, 『경찰행정법』, 경세원, 2002.
홍정선, 『경찰행정법』, 제2판, 박영사, 2010.
최영규, 『경찰행정법』, 제2판, 법영사, 2005.
경찰대학, 『경찰행정법』, 2000.
박균성/김재광, 『경찰행정법』, 박영사, 2010.
Schenke, Polizei- und Ordnungsrecht, 7. Aufl., C. F. Müller, 2011.
Götz, Polizei- und Ordnungsrecht, 14. Aufl., C. H. Beck, 2008.
Pieroth/Schlink/Knisel, Polizei- und Ordnungsrecht mit Versammlungsrecht, 4. Aufl., C. H. Beck, 2007.
Kneymeyer, Polizei- und Ordnungsrecht, 11. Aufl., C. H. Beck, 2007.
Gusy, Polizei- und Ordnungsrecht, 8. Aufl., Mohr Siebeck, 2011.

6) 토지행정법/건축법

석종현/김원보/신봉기, 『신토지공법론』, 제10판, 삼영사, 2011.
류해웅, 『토지공법론』, 제6판, 삼영사, 2008.
신봉기, 『국토계획법의 현안문제』, 동방문화사, 2009.
Hoppe/Bönker/Grotefels, Öffetnliches Baurecht, 3. Aufl., C. H. Beck, 2004.

7) 환경법

조은래, 『환경법』, 세종출판사, 2003.
박균성 · 함태성, 『환경법』, 제3판, 박영사, 2008.
고영훈, 『환경법』, 법문사, 2000.
이순자, 『환경법』, 법원사, 2010.
Michael Kloepfer/Thilo Brandner, Umweltrecht, 2. Aufl., 1998.
Reiner Schmidt, Einführung in das Umweltrecht, 4. Aufl., 1995.

8) 경제행정법

Hand D. Jarass, Wirtschaftsverwaltungsrecht, 3. Aulf., Luchterhand, 1997.
Reiner Schmidt, Öffentliches Wirtschaftsrecht, Bd. AT. Springer, 1990.
Reiner Schmidt, Öffentliches Wirtschaftsrecht, Bd. BT. 1, Springer, 1995.
Reiner Schmidt, Öffentliches Wirtschaftsrecht, Bd. BT. 2. Springer, 1996.
Reiner Schmidt, Kompendium Öffentliches Wirtschaftsrecht, Springer, 1998.
길준규, 『지방공기업의 설립에 관한 법리적 고찰』, 행정자치부, 2004.
길준규, 『지방재정건전화를 위한 지방의 영리경제적활동 개선방안』, 한국법제연구원, 2006.

길준규, 『국가와 지방자치단체의 지방공기업의 관리감독체계에 관한 연구』, 한국자치경영평가원, 2007.
길준규, 『민간투자사업 관리법제의 법적 검토(Ⅲ) - 사후관리방안』, 한국법제연구원, 2009.

9) 재정법

Christoph Gröpl, Haushaltrecht und Reform, Mohr Siebeck, 2001.
Hans-Günther Henneke, Öffentliches Finanzwesen Finanzverfassung – Eine szstematische Darstellung, 2. Aufl., C. F. Müller, 2000.
(성승제/문병효/변무웅/유주선/이영종, 『재정법』, 한국법제연구원, 2010.
길준규, 『주민참여를 통한 재정투명성확보방안』, 한국법제연구원, 2007.
길준규, 『독일의 지방재정지원제도』, 한국법제연구원, 2008.
길준규외, 『재정건전성확보를 위한 재정규율의 법적 고찰』, 한국법제연구원, 2009.

10) 사회보장법

전광석, 『한국사회보장법론』, 제10판, 집현재, 2014.

사항색인

[ㅈ]

길 준 규 – Prof. Dr. Dr. iur. Kil Joon Kyu

한양대학교 법학사, 법학석사, 박사과정수료
독일 쾰른대학교 법학박사(Dr. iur.), 한양대학교 법학박사(Ph. D. in Law)
호남대, 대진대 교수 역임, 현 아주대학교 법학전문대학원 교수
국회 법사위, 행정자치부, 법무부, 정보통신부 등 자문위원
국세공무원교육원, 정보통신공무원, 서울·광주·전북 공무원 교육원 출강
사법·행정·변호사시험 출제위원, 노무사, 세무사, 공인중개사 등 각급시험 출제
한국공법학회 및 한국토지공법학회 학술상 수상
한국공법학회 상임이사, 한국토지공법학회 연구이사, 한국법정책학회 감사

Der Schutz Privater im Wettbewerb mit der öffentlichen Hand nach deutschem und koreanischem Recht, Köln : Diss., 1999.
독일연방정부론, 공저, 2001.
정보사회에서의 개인정보보호, 호남대출판부, 2004.
행정법입문, 박영사, 2008.
Eine kritische Betrachtung über die Rekommunalisierung privatisierter Leistungen in der Republik Korea - ein schließlich rechtvergelichender Bewertungen mi denen im deutschem Recht, 2013.

외 저서 40여 권, 논문 90여 편.

행정법각론

2015년 2월 25일 초판인쇄
2015년 3월 1일 초판발행

저 자 길 준 규
발 행 인 고 호 균
발 행 처 **법 영 사**

135-835 서울시 강남구 대치동 611
전화 (501)8898(대) Fax (501)8895
등록 1987. 5. 11. 제3-125호(윤)
Homepage : www.bubyoungsa.co.kr
E-mail : bypuco@chol.com

※ 파본은 교환해 드립니다. 정가 **29,000원**

ISBN 978-89-7032-305-3